O COMBATE MORAL

O COMBATE MORAL

Heidi M. Hurd

Tradução
EDSON BINI

Revisão da tradução
VALTER LELLIS SIQUEIRA

Revisão técnica
PLÍNIO FERNANDES TOLEDO

Martins Fontes
São Paulo 2003

Esta obra foi publicada originalmente em inglês com o título
MORAL COMBAT por Cambridge University Press.
Copyright © Heidi M. Hurd, 1999.
Copyright © 2002, Livraria Martins Fontes Editora Ltda.,
São Paulo, para a presente edição.

1ª edição
março de 2003

Tradução
EDSON BINI

Revisão técnica
Plínio Fernandes Toledo
Revisão da tradução
Valter Lellis Siqueira
Revisão gráfica
Marise Simões Leal
Alessandra Miranda de Sá
Maria Luiza Fravet
Produção gráfica
Geraldo Alves
Paginação/Fotolitos
Studio 3 Desenvolvimento Editorial

Dados Internacionais de Catalogação na Publicação (CIP)
(Câmara Brasileira do Livro, SP, Brasil)

Hurd, Heidi M.
O combate moral / Heidi M. Hurd ; tradução Edson Bini ; revisão
da tradução Valter Lellis Siqueira ; revisão técnica Plínio de Toledo
Fernandes. – São Paulo : Martins Fontes, 2003. – (Justiça e direito)

Título original: Moral combat
Bibliografia.
ISBN 85-336-1679-1

1. Direito e ética 2. Perspectivismo jurídico 3. Relativismo ético
I. Título. II. Série.

02-5279   CDU-34:17

Índices para catálogo sistemático:
1. Direito e ética   34:17
2. Direito e filosofia moral   34:17

Todos os direitos desta edição para o Brasil reservados à
Livraria Martins Fontes Editora Ltda.
Rua Conselheiro Ramalho, 330/340   01325-000   São Paulo SP Brasil
Tel. (11) 3241.3677   Fax (11) 3105.6867
e-mail: info@martinsfontes.com.br   http://www.martinsfontes.com.br

Aos meus filhos Gillian e Aidan

Índice

Apresentação.. IX
Prefácio.. XI
Agradecimentos... XIX

PRIMEIRA PARTE
O DILEMA DO PERSPECTIVISMO JURÍDICO

I. A incompatibilidade entre o retributivismo frágil,
o estado de direito e a separação dos poderes...... 3

SEGUNDA PARTE
ORIGENS DO DILEMA
DO PERSPECTIVISMO JURÍDICO

II. A rejeição do relativismo moral............................. 33
III. A insustentabilidade da autoridade prática.......... 83
IV. O malogro da autoridade influente........................ 129
V. Os limites da autoridade consultiva...................... 171
VI. Uma defesa da autoridade teórica........................ 211

TERCEIRA PARTE
O CASO MORAL DO PERSPECTIVISMO
JURÍDICO

VII. Erros práticos: fundamentos pragmáticos do perspectivismo jurídico... 261

VIII. Os valores do estado de direito: fundamentos principiológicos para o perspectivismo judicial............ 281

IX. Os valores da democracia e a separação dos poderes: fundamentos principiológicos para o perspectivismo constitucional.. 315

QUARTA PARTE

O CASO MORAL CONTRA
O PERSPECTIVISMO JURÍDICO

X. Conseqüencialismo e correspondência moral...... 357

XI. Deontologia e correspondência moral.................. 379

QUINTA PARTE

RESOLVENDO O DILEMA
DO PERSPECTIVISMO JURÍDICO

XII. Práticas legais sem combate moral........................ 415

Bibliografia 451

Índice remissivo 471

Apresentação

Esta obra examina o ponto de vista problemático de que as funções legais forçam os agentes a se confrontar entre si no combate moral. Esta afirmação está implícita na suposição ordinária de que dos cidadãos é, por vezes, moralmente exigido que desobedeçam às leis injustas enquanto dos juízes é exigido moralmente que punam os cidadãos por sua desobediência civil. Como demonstra a Professora Hurd, pensa-se comumente que a punição de agentes moralmente justificados é necessária à preservação do estado de direito, da democracia e da separação dos poderes. Mas na medida em que nossas melhores teorias morais não podem tolerar o combate moral, não podem elas nos autorizar a preferir a proteção de nossos valores institucionais à proteção dos inocentes.

Na construção de sua argumentação contra a hipótese comum de que a lei transforma os cidadãos, os juízes e os que concebem os sistemas em "gladiadores morais", Hurd discute problemas de fundamental importância para a filosofia do direito, a filosofia moral, a teoria política, o direito criminal e a teoria da responsabilidade profissional. Empenhando-se num exame minucioso da autoridade da lei, ela advoga a surpreendente afirmação de que à lei falta autoridade para compelir as pessoas a observar o que ela proíbe. Argumenta que nossos compromissos políticos tradicionais com o estado de direito, a democracia e a separação dos poderes não podem justificar a punição dos justificados. Também demonstra que uma compreensão "relativa a funções"

X

O COMBATE MORAL

de nossas obrigações morais é incompatível tanto com as filosofias morais conseqüencialistas quanto com as deontológicas. No fim, Hurd refuta de modo convincente a possibilidade do combate moral e, com ele, a pressuposição comum de que os que assumem funções públicas num Estado democrático só poderão cumprir suas obrigações aplicando a lei àqueles aos quais a lei propriamente não se aplica.

O combate moral é uma obra ponderadamente concebida, cuidadosamente argumentada e de caráter provocativo a respeito de um tema importantíssimo na junção do pensamento jurídico, moral e político. Será do interesse de filósofos morais, filósofos do direito e filósofos políticos bem como de advogados, juízes e professores de direito e de ética jurídica preocupados com as obrigações morais que dizem respeito aos agentes no âmbito de nosso sistema de Justiça.

Heidi M. Hurd é Professora de Direito e Filosofia, e Co-diretora do Instituto de Direito e Filosofia na Universidade da Pensilvânia.

Prefácio

Os filósofos da moral muitas vezes suspeitaram que aquilo que devemos fazer fosse, de uma maneira ou de outra, incompatível com aquilo que somos capazes de fazer. Alguns deles se preocuparam com que a moralidade pudesse ser literalmente contraditória: pode nos ordenar tanto realizar certos atos como nos abster de realizá-los. Assim, houve quem pensasse, por exemplo, que podemos ser tanto categoricamente obrigados a não matar quanto categoricamente obrigados a matar em defesa própria. Se ameaçados por uma força letal, incorremos em erro, independentemente do que possamos fazer. Outros acharam que, embora a moralidade possa não ser contraditória, ela pode ser conflitante, uma vez que pode impor aos indivíduos obrigações que não podem ser cumpridas ao mesmo tempo. Sartre, por exemplo, julgava possível que um homem fosse obrigado tanto a participar da Resistência francesa para a defesa contra o nazismo quanto ficar em casa cuidando da mãe doente.

Minha preocupação neste livro não é que a moralidade possa resultar em injunções contraditórias ou nos confrontar com conflitos intrapessoais. Minha preocupação é que a moralidade possa requerer o combate interpessoal. Ela pode fazer com que o êxito moral de uma pessoa dependa do fracasso moral de outra. Pessoas podem ser moralmente obrigadas a impedir que outras cumpram seus deveres morais e moralmente forçadas a punir outras por fazerem precisamente o que deveriam ter feito.

XII *O COMBATE MORAL*

A suspeita de que a moralidade possa ser conflitante deriva da pressuposição muito comum de que aqueles que assumem certas funções na nossa sociedade assumem ao mesmo tempo obrigações únicas – obrigações que não pesam sobre aqueles que não desempenham essas funções. Por exemplo, funções pessoais, como a função de um pai ou de um esposo, são freqüentemente definidos como obrigações especiais para com os que são próximos e caros. E acredita-se correntemente que funções profissionais geram obrigações igualmente únicas. É a isso que se dedicam os cursos sobre responsabilidade profissional. Nas faculdades de Direito, os estudantes aprendem de modo geral que os advogados e oficiais de justiça têm razões para fazer ou não fazer coisas que outros não têm. Desse modo, embora um advogado possa saber onde está enterrado o corpo em questão, não lhe cabe revelar sua localização, embora certamente pudesse fazê-lo se não fosse o representante legal do assassino. E, embora um juiz possa achar que uma lei seja injusta, não está autorizado a recusar sua aplicação; mesmo que acreditasse que fosse ele um cidadão comum, a desobediência civil seria aplicável.

Se a função de um juiz é definida por um dever especial de proteger o estado de direito, tal como geralmente se supõe, e se o papel de alguém que concebe um ordenamento jurídico é definido por um dever único de preservar a democracia e a separação dos poderes, então temos de acreditar que a moralidade é perspectiva. Obrigações morais variam de uma função para outra, de sorte que temos de verificar que chapéu estamos usando a fim de descobrir os deveres que nos cabem. Todavia, a afirmação de que a moralidade é perspectiva cria um dilema para a filosofia do direito. Um compromisso (relativo à função) com a regra jurídica pode levar juízes a punir cidadãos que (livres de constrangimentos judiciais) justificavelmente violam a lei. E um dever (relativo à função) de preservar a democracia e a separação dos poderes pode levar aqueles que concebem o ordenamento jurídico a criticar, disciplinar ou contestar juí-

PREFÁCIO XIII

zes que (livres dos deveres que obrigam aqueles que concebem os ordenamentos) agem justificavelmente ao absolver cidadãos que violam a lei sem uma justificativa ou escusa legal. Se nossos valores institucionais são relativos a funções, como há muito se supõe, então nossos compromissos jurisprudentes mais fundamentais estão em conflito. Ou teremos de apoiar a punição dos que se justificam ou teremos de abandonar a pressuposição corrente de que os funcionários da Justiça estão singularmente obrigados a seguir a lei sem considerar o estado de direito e a democracia.

Optar pela primeira dessas alternativas significa admitir que os agentes possam ser forçados a se confrontar em combate moral; significa concluir que um juiz, para ser moralmente bem-sucedido no cumprimento de seu dever de proteger o estado de direito, pode ser forçado a punir um cidadão cujo êxito moral depende do cumprimento de um dever de violar a lei. Alternativamente, aquele que concebe um ordenamento obter êxito moral no cumprimento de seu dever de proteger a tomada majoritária de decisões pode ser forçado a punir um juiz que justificavelmente tenha se recusado a punir um cidadão que justificavelmente tenha violado a lei sem uma justificativa ou desculpa legal.

Por outro lado, optar pela segunda das alternativas acima significa expor nossos compromissos jurisprudentes ao estado de direito e à separação dos poderes. Se os juízes devem desconsiderar a lei toda vez que os cidadãos justificavelmente desobedecem a ela, e se aqueles que julgam os juízes desobedientes (ou seja, os que concebem o ordenamento jurídico) devem se negar a exigir a obediência judicial que acarrete a punição de transgressores justificados, o que será do estado de direito e da democracia? A maioria não rege a si mesma, e os poderes não serão mantidos separados se os indivíduos puderem ignorar democraticamente leis promulgadas sempre que elas não lograrem atingir resultados moralmente ideais.

Esse dilema e a velha suposição de que ele só pode ser satisfatoriamente solucionado tolerando-se o combate mo-

XIV · O COMBATE MORAL

ral constituem o objeto desta obra. A primeira parte do livro delineia os contornos do dilema do perspectivismo jurídico e reconhece suas raízes em três teses: a primeira é a de que o conteúdo da lei não reflete com perfeição o conteúdo da moral; a segunda, que o conteúdo da moral não é relativo às crenças dos indivíduos ou das comunidades; e a terceira, que a lei, na qualidade de lei, não força a nossa obediência. Na linha de minha argumentação, se qualquer uma destas teses for falsa, o dilema desaparecerá: ou não há exemplos de desobediência justificada ou não é moralmente problemático punir tal desobediência.

A segunda parte é dedicada às defesas pormenorizadas da verdade dessas teses. No seu conjunto, os capítulos dessa parte tratam o perspectivismo como um dilema vigoroso a exigir uma solução que vá além da negação de suas premissas. O capítulo II contesta as teorias predominantes do relativismo moral, refutando os argumentos a favor do combate moral a que esse posicionamento metaético facilmente induz. Os capítulos de III a VI compõem uma discussão minuciosa da autoridade que pode ser justificavelmente atribuída à lei, terminando por argumentar que a lei pode servir, no máximo, como uma autoridade teórica com relação ao conteúdo de nossos deveres morais (antecedentemente existentes). O capítulo III discute a predominante teoria da autoridade legal, que atribui "autoridade prática" à lei e, conseqüentemente, o poder moral de nos compelir a fazer o que a moral nos proibiria. O capítulo IV contesta a afirmação de que a lei pode, pelo menos, ser considerada detentora de "autoridade influente", ou seja, o poder de nos proporcionar novas razões para agir com as quais não contávamos antes da promulgação da lei. O capítulo V rejeita a afirmação ainda mais modesta de que a lei deveria ser vista como detentora de "autoridade consultiva": uma espécie de autoridade teórica que provém da perícia dos legisladores em discernir os arranjos socialmente perfeitos. O capítulo VI apresenta uma defesa da afirmação de que a lei (não os legisladores) pode, no máximo, fornecer-nos aconselha-

PREFÁCIO   XV

mento moral confiável, mas não pode fornecer-nos nenhuma razão para fazer o que a moralidade proíbe.

Os capítulos III a VI apresentam uma discussão aberta e detalhada da autoridade legal, embora paralela ao projeto deste livro como um todo. Há, contudo, dois motivos para a inclusão desses capítulos com todos os seus pormenores. Em primeiro lugar, é profundamente tentador resolver o dilema do perspectivismo jurídico pela negação da possibilidade da desobediência justificável ou pela adoção de uma teoria da autoridade legal que torna sua incidência trivial. Esses capítulos constituem a maior justificativa possível para a alegação de que o dilema do perspectivismo jurídico não pode ser solucionado pela insistência de que a lei possui um tipo de autoridade que impede a desobediência justificada (ou minimiza sua ocorrência além do ponto de interesse da filosofia do direito). Em segundo lugar, o dilema do perspectivismo jurídico aparece nesses capítulos como a questão de princípio enfrentada pelos que concordam que a lei não pode nos forçar a fazer o que a moralidade proíbe. Ser capaz de solucionar o dilema do perspectivismo jurídico sem retornar a uma teoria da autoridade legal que atrai os problemas relatados detalhadamente nos capítulos III a VI constitui o mais significativo desafio para alguém que atribui autoridade teórica à lei. Não se pode enfrentar esse desafio sem se apreciar quão devastadoras são as objeções às teorias da autoridade alternativas, e quão resistente o dilema do perspectivismo jurídico se revela ante essas objeções.

Os que não são aficionados do relativismo moral e que estão preparados para supor (pelo menos menos em termos de argumentação) que a lei só possui autoridade teórica estão autorizados a saltar da primeira para a terceira parte, assim evitando a minuciosa discussão dedicada às posições dos que buscam negar a plausibilidade *prima facie* do dilema do perspectivismo jurídico. A terceira parte examina a viabilidade de se resolver o dilema do perspectivismo jurídico acolhendo o parecer de que a moralidade pode realmente exigir o conflito entre os que se encontram no âmbito das

XVI   *O COMBATE MORAL*

funções legais e os que se encontram fora desse âmbito. Os três capítulos da terceira parte examinam um conjunto de razões que levam a pensar que os nossos valores jurisprudentes proporcionam razões singulares para a ação dos que desempenham funções legais – razões de tal peso que forçam os agentes legais a preservar o estado de direito, a democracia e a separação dos poderes mesmo à custa de punir os que transgridem justificavelmente. O capítulo VII ocupa-se de argumentos segundo os quais a perspectiva do erro deveria induzir cidadãos, funcionários da Justiça e os que concebem as instituições a conferir distintos graus de deferência à lei. O capítulo VIII trata da alegação de que os valores do estado de direito obrigam juízes e outros funcionários da Justiça de uma maneira diferente daquela com que obrigam os cidadãos. O capítulo IX considera argumentos análogos e concernentes ao peso a ser atribuído aos valores constitucionais – especificamente os valores democráticos e a separação dos poderes – no domínio das decisões dos que estabelecem as instituições. Coube à terceira parte articular e avaliar de maneira crítica a melhor hipótese da tese segundo a qual o dilema do perspectivismo deveria ser resolvido favoravelmente aos nossos compromissos jurisprudentes, mesmo à custa do combate moral.

A quarta parte da obra vira a mesa e procede ao exame crítico dos argumentos favoráveis à resolução do dilema do perspectivismo jurídico considerando firmemente o lado oposto do dilema. Seus capítulos propõem e avaliam os motivos pelos quais tanto conseqüencialistas quanto deontologistas preferem sacrificar valores institucionais a apoiar a alegação de que os justificados podem ser justificavelmente punidos. O capítulo X examina e rejeita um conjunto de argumentos que tentam demonstrar como o conseqüencialismo é capaz de abrir espaço favorável a razões relativas a função que fundamentam a ação geradora do combate moral. O capítulo XI investiga as mais prementes circunstâncias nas quais deontologistas poderiam encontrar máximas para a ação que lançam os agentes uns contra os outros no

PREFÁCIO XVII

combate moral, argumentando, em cada caso, que a nossa melhor teoria deontológica resistiria a afirmações de que as máximas da moralidade podem ser perspectivas. Juntas, a terceira e a quarta partes conspiram para tornar o dilema do perspectivismo aparentemente insolúvel: podemos dar sentido aos nossos compromissos em jurisprudência para com o estado de direito, a democracia e a separação dos poderes apenas atribuindo razões relativas a funções à ação dos agentes legais que os levam ao combate moral (terceira parte); entretanto, nenhuma de nossas melhores teorias da moralidade é capaz de dar sentido ao combate moral (quarta parte). A quinta parte arrisca uma solução para o dilema do perspectivismo jurídico aventando argumentos que reconciliam nossos valores sistêmicos com os princípios do conseqüencialismo e da deontologia. O capítulo XII demonstra como se pode atribuir suficiente importância ao estado de direito, à democracia e à separação dos poderes a fim de assegurar sua proteção sistêmica e, simultaneamente, recusa a tolerar o tipo de combate moral entre agentes legais que se considera necessário à preservação dessas instituições. O capítulo XII encerra a obra com uma breve exposição das implicações jurisprudentes advindas da negação de que os agentes legais podem-se empenhar no combate moral.

Agradecimentos

Sou imensamente grata aos muitos amigos e colegas cujas desafiadoras críticas ao meu último trabalho fizeram surgir esta obra, especialmente Matthew Adler, David Braybrooke, Stephen Burbank, Richard Craswell, Meir Dan-Cohen, Jacques deLisle, Colin Diver, John Dreher, William Ewald, Samuel Freeman, Richard Fumerton, Ronald Garet, Frank Goodman, Barbara Herman, Leo Katz, Kenneth Kress, Howard Lesnick, David Lyons, Scott MacDonald, Stephen Morse, Eric Posner, Gerald Postema, Joseph Raz, Edward Rock, Kenneth Simons, Jeremy Waldron, Elizabeth Warren e R. George Wright. Sou particularmente grata a Larry Alexander, cujas longas cartas e telefonemas propiciaram importantes seções deste livro. Estou perenemente em débito com meus pais, Carroll e Jeanne Hurd, que me encaminharam para as idéias quando eu era muito jovem e que me nortearam toda vez que perdi meu rumo. Acima de tudo, agradeço ao meu marido, Michael Moore, cuja paciência com minha obsessão de um decênio pelas questões levantadas nesta obra inspirou boa parte de minha reflexão quanto a elas e também produziu anos preciosos de debate e discussão.

Estou muito grata às Faculdades que me convidaram a ministrar *workshops* sobre capítulos deste livro (ou sobre os artigos que lhes foram precursores) e a quem compareceu ao círculo de palestras nas quais apresentei material do livro. Fui receptora de comentários muito proveitosos da Boston University School of Law, University of Chicago Law School, Chicago-Kent College of Law, Cornell Law School, George Washington University National Law Center, University of Iowa College of Law, University of Iowa Philosophy Department, Northwestern University School of Law, University of San Diego School of Law, University of Southern California Law Center, University of Texas School of Law e Vanderbilt University School of Law. Estou particularmente em débito com meus colegas da University of Pennsylvania Law School por ministrarem jovial e pacientemente

XX

workshops anuais a respeito do manuscrito em desenvolvimento. Minha gratidão particular é endereçada a Colin Diver, Frank Goodman, Stephen Morse, Howard Lesnick e Edward Rock pelas respostas ponderadíssimas ao trabalho por mim apresentado.

Fui beneficiada pela cuidadosa assistência em matéria de pesquisa e os comentários editoriais positivamente provocativos de muitos estudantes brilhantes, entre os quais Matthew Biben, Daniel Epstein, Louis Feldman, Halley Finkelstein, Reid Fontaine, Aaron Katzel, Howard Lager, Angela Pelletier e Jami Wyatt. Agradecimentos especiais também à minha secretária, Patricia Meier, por manter minha vida organizada, aos meus contatos bibliotecários Catharine Krieps e Edwin Greenlee, por seu intenso apoio durante a pesquisa, e à minha enteada Ellen Moore, por compilar a versão mais antiga da bibliografia.

Meu trabalho foi generosamente apoiado pela University of Pennsylvania Law School (Faculdade de Direito da Universidade da Pensilvânia). Estendo minha gratidão ao Rockefeller Foundation's Study e ao Conference Center de Belágio, Itália, por me proporcionarem um magnífico refúgio no qual pude terminar o manuscrito.

Muitos dos capítulos deste livro refletem segmentos modificados de trabalhos já publicados. Os capítulos I, VII, VIII e IX provêm de "Justifiably Punishing the Justified", *Michigan Law Review* 90 (1992), 2203-2324, e de "The Morality of Judicial Disobedience", *Penn Law Journal* 29 (1993), 22-24. O capítulo II provém de "Relativistic Jurisprudence: Skepticism Founded on Confusion", *Southern California Law Review* 61 (nota de 1988), 1417-1506. Os capítulos III e IV procedem de "Challenging Authority", *The Yale Law Journal* 100 (1991), 1611-77. Os capítulos V e VI têm sua origem em "Sovereignity in Silence", *The Yale Law Journal* 99 (1990), 945-1028 e em "Interpreting Authorities", em *Law and Interpretation*, ed. Andrei Marmor (Oxford: Clarendon Press, 1995). Os capítulos X e XI provêm de "Justifiably Punishing the Justified", *Michigan Law Review* 90 (1992), 2203-2324 e de "What in the World is Wrong?", *Journal of Contemporary Legal Issues* 5 (1994), 157-216. Seções dos capítulos I, III, VII, VIII, IX, X e XI também aparecem em minha tese de doutorado, *Legal Perspectivalism*, nos arquivos da *University of Southern California*. Expresso minha gratidão aos editores de minha obra anterior por terem permitido a reprodução de segmentos modificados.

[T]oda lei é universal, porém no que tange a certas coisas é impossível formular uma afirmação universal que seja correta. Nesses casos, então, nos quais é necessário falar universalmente, mas impossível fazê-lo corretamente, a lei recorre ao costumeiro, embora não ignore a possibilidade de erro... Assim, quando a lei fala universalmente, e surge um caso que não é coberto pela afirmação universal, então seria correto, onde o legislador se nos mostra falho e erra por excesso de simplismo, para retificar a omissão – dizer o que o próprio legislador teria dito se estivesse presente... E esta é a natureza do eqüitativo, uma retificação da lei onde ela é defeituosa devido à sua universalidade... [Q]uando a coisa é indefinida, também a regra é indefinida, como a régua de chumbo usada na feitura da modelagem lesbiana; a régua se adapta à forma da pedra e não é rígida, e assim também o decreto é adaptado aos fatos.

ARISTÓTELES, *Ética a Nicômaco*

Deve o cidadão, seja por um momento ou no mais ínfimo grau, submeter sua consciência ao legislador? Por que, então, todo homem possui uma consciência? Penso que deveríamos ser primeiramente homens para depois sermos súditos. Não é desejável cultivar um respeito pela lei ou pelo direito. O único dever que tenho o direito de assumir é fazer, a qualquer tempo, o que julgo certo.

HENRY DAVID THOREAU, *Desobediência civil*

PRIMEIRA PARTE

O dilema do perspectivismo jurídico

A filosofia moral, a teoria política e a filosofia do direito contemporâneas convergiram para a criação de um dilema completamente desconcertante. Esse dilema é gerado pela aparente incompatibilidade de três princípios, sendo cada um deles base de características de nosso sistema legal e de nosso governo, detendo cada um deles um peso normativo substancial. Chamarei o primeiro desses princípios de *princípio do retributivismo frágil*: um princípio moral doutrinariamente entrincheirado no direito civil e criminal norte-americano, que sustenta que indivíduos justificados moralmente em suas ações não devem ser culpabilizados ou punidos por essas ações. O segundo é o princípio do estado de direito: um princípio de filosofia do direito complexo que exige que a lei se harmonize com um conjunto de valores formais, tais como a generalidade e a coerência, como meio de proteger valores morais substanciais como a liberdade e a igualdade. O terceiro é o princípio da democracia e da separação dos poderes: um princípio de moralidade política que sustenta o direito das maiorias de se autogovernarem atribuindo poderes para produção de programas de ação política a um Legislativo democrático e restringindo o Executivo e o Judiciário às tarefas secundárias de implementação e aplicação das políticas.

Esses três princípios atualmente funcionam como pedras angulares de nossos sistemas legal e político. Entretanto, se forem realmente incompatíveis, um deles, ou mais de um, terá que ser abandonado. Temos que nos resignar à punição dos justificados ou sacrificar valores sistêmicos que há muito são invocados para justificar nosso compromisso com o pluralismo estrutural e o julgamento orientado por regras.

Capítulo I
A incompatibilidade entre o retributivismo frágil, o estado de direito e a separação dos poderes

Visto que nossos compromissos fundamentais com o retributivismo frágil, com o estado de direito e com os princípios da democracia e da separação dos poderes não estão em evidente conflito, o dilema gerado por sua mútua defesa exige uma certa estruturação. Vou começar pelo que parecem ser os seus primórdios.

Correspondência moral

Considere-se a seguinte hipótese. Smith é atacada por um vagabundo ao passear com seu cão no parque da cidade. Justificavelmente, Smith acredita estar sua vida em perigo, de sorte que é forçada a escolher entre matar o vagabundo ou ser morta ou mutilada. Jones é um caminhante lento que testemunha o ataque do vagabundo a Smith. Incapaz de afetar o comportamento do vagabundo, Jones tem que escolher entre permitir que Smith mate o vagabundo ou intervir a fim de impedir essa morte. Long é o proprietário de uma banca de jornais de espaço alugado que também testemunha o acontecimento. Long não está capacitado para afetar o comportamento quer do vagabundo, quer de Smith, podendo assim apenas escolher entre obstar a intervenção de Jones para impedir a morte do vagabundo ou permitir essa intervenção.

A moralidade da escolha de cada agente parece determinada pelo que chamarei de "tese da correspondência". A tese

4   *O COMBATE MORAL*

da correspondência defende uma reivindicação moral da justificação de ações co-dependentes. Sustenta que a justificabilidade de uma ação determina a justificabilidade de permitir ou impedir essa ação. De acordo com a tese da correspondência, se há justificativa para Smith matar o vagabundo (como um recurso de defesa própria), então não há justificativa para Jones intervir impedindo essa morte, de modo que se justifica que Long obste a intervenção de Jones.

A tese da correspondência se apóia na intuição de que, visto que uma ação não pode ser simultaneamente correta e errada, não se pode admitir o caso de haver justificativa para um agente executar um ato ao mesmo tempo que há uma justificativa para outro agente impedir esse ato[1]. A plausibilidade intuitiva da tese pode ser explicada como se segue.

Primeiro passo: ação correta é aquela que concorda com o equilíbrio das razões para a ação[2]. As razões para a ação

---

1. Assim argumentou Immanuel Kant:

> Todo membro da comunidade tem direito de coerção em relação a todos os outros membros, exceto o chefe de Estado. Pois só ele está autorizado a exercer coerção sobre os outros sem estar sujeito a qualquer lei coercitiva...

> Mas se houvesse duas pessoas isentas de coerção, nenhuma das duas estaria sujeita a leis coercitivas, *e nenhuma das duas poderia fazer à outra qualquer coisa contrária ao direito, o que é impossível.*

Immanuel Kant, sobre a afirmativa: *"Isto pode ser verdadeiro em teoria, mas não é aplicável na prática"*, em *Kant's Political Writings*, ed. Hans S. Reiss, trad. H. B. Nisbet (Cambridge and New York: Cambridge University Press, 1970), 61, 74-5 (*itálicos* nossos).

2. Joseph Raz formula esse princípio da seguinte maneira: "É sempre o caso de que alguém deve, consideradas todas as coisas, fazer tudo quanto se deva fazer de acordo com o equilíbrio das razões." Joseph Raz, *Practical Reason and Norms*, 2. ed. (Londres: Hutchinson & Sons, 1990), 36. Como Raz deixa claro, a frase "deve, consideradas todas as coisas" funciona nesse princípio para indicar "o que deve ser feito com base em todas as razões para ação que sejam relevantes à questão, e não apenas com base nas razões que o agente realmente considerou ou poderia ter considerado". *Ibid.* Quanto às declarações similares sobre as condições da ação correta, ver Stephen Darwall, *Impar-*

O DILEMA DO PERSPECTIVISMO JURÍDICO

são objetivas no sentido de que suas características retificadoras são universais. Se é correto para alguém executar um ato, terá que ser correto para todas as outras pessoas que esse alguém o execute. Se, para Smith, o equilíbrio das razões objetivas para a ação favorece a ação A (na qual A mata o vagabundo em defesa própria), então o equilíbrio de razões a favor de Smith fazer A tem que ser idêntico para Jones e Long, ou seja, tem que ditar a conclusão a que eles chegam de que é certo que Smith faça A.

Segundo passo: onde outros agentes encaram escolhas entre ações alternativas que irão ou não contrariar a ação A, o certo de A vincula o errado das ações que irão contrariar A. Por exemplo, Jones se vê diante da escolha entre intervir para impedir Smith de matar o vagabundo ou não intervir. Seria moralmente anômalo se A fosse a coisa certa a ser feita por Smith ao mesmo tempo que impedir A fosse a coisa certa a ser feita por Jones. As razões objetivas que constituem o conteúdo da moralidade têm que tornar correto (para Jones e para todos os demais) que Smith execute A, de maneira que essas mesmas razões aparentemente não podem tornar correto que Smith não execute A. Por conseguinte, o equilíbrio das razões para ação tem que exigir a permissão de ações justificadas e a coibição de tentativas de contrariar ações justificadas.

Será proveitoso, neste estágio inicial, nos determos para considerar uma série de possíveis objeções à tese da correspondência. Considerando essas objeções neste ponto, esta-

---

tial Reason (Ithaca, NY: Cornell University Press, 1983), 99; John Rawls, *A Theory of Justice* (Cambridge: Harvard University Press, Belknap Press, 1971), 341, 408. Com referência às concepções alternativas que limitam epistemicamente as condições da ação correta, ver Richard A. Fumerton, *Reason and Morality: A Defense of the Egocentric Perspective* (Ithaca, NY: Cornell University Press, 1990), 90-128; Donald Davidson, *Essays on Actions and Events* (Oxford: Clarendon Press, 1980), 21-42. Critico essas concepções alternativas no capítulo X.

6   *O COMBATE MORAL*

remos capacitados tanto a estimar melhor a asserção contida na tese da correspondência, quanto a prevenir a futura
confusão acerca de suas implicações. Primeiramente, alguém
poderá ficar tentado a opor-se à tese da correspondência
devido ao seguinte caso. Suponhamos que Green tenha
fundamento para crer razoavelmente que um homem está
se aproximando dela em silêncio com o intuito de matá-la.
Suponhamos, também, que ela acredita razoavelmente que
o homem que percebe estar circundando furtivamente sua
casa é, na verdade, aquele que a espreita. Conseqüentemente, ela crê razoavelmente que sua vida corre perigo e atira
no homem quando ele se aproxima dela. Entretanto, o homem, Brown, é de fato o funcionário da companhia de eletricidade que faz a leitura dos medidores e que se encontra
em sua propriedade a fim de realizar a tarefa de rotina que
consiste em monitorar o uso da eletricidade feito por ela.
Acreditando razoavelmente que sua vida está em perigo,
Brown dispara sua arma, erra o alvo e é morto por um segundo tiro de Green.

Não se trata aqui do caso de dois indivíduos que estão
autorizados a tentar impedir que o outro execute um ato
justificado? Não demonstra este caso que a tese da correspondência é falsa, pois a justificabilidade da conduta de
Green não torna injustificável que Brown a ela se oponha, e
a justificabilidade da conduta de Brown não torna injustificável que Green a ela se oponha? Cada um deles parece justificar-se tentando contrariar as ações do outro e, desta feita, a justificabilidade da conduta de um agente não parece
determinar a justificabilidade da tentativa do outro de impedir essa conduta.

Esta análise é inicialmente plausível apenas porque o
significado da frase "ação justificada" é equívoco. Esta frase
é empregada alternativamente para apreender tanto a ação
correta quanto a ação não-culpável. Mas as condições da
ação correta e as condições da ação não-culpável são distintas.
E a tese da correspondência concerne exclusivamente às condições da ação correta; não se trata de uma tese acerca das
condições da ação não-culpável. Permitam que eu explique.

O DILEMA DO PERSPECTIVISMO JURÍDICO

Um indivíduo é não-culpável se executa uma ação justificadamente acreditando-a correta. Alternativamente, um indivíduo é culpável se executar uma ação acreditando-a errada ou injustificavelmente acreditando-a correta[3]. Assim, a culpabilidade é uma condição do estado de espírito de um agente. Reflete o grau de justificação epistêmica mediante o qual um agente conclui que suas ações estão corretas. Um agente está epistemicamente justificado ao acreditar que uma ação está correta se, circunstancialmente, investiu uma quantidade razoável de tempo, talento, diligência e recursos para obter informações sobre suas circunstâncias e para determinar as exigências morais pertinentes às circunstâncias. Terá investido uma razoável quantidade de tempo, talento, diligência e recursos nessas tarefas se, *grosso modo*, os custos de maior investimento desses bens forem superiores aos custos de uma decisão errada que é descontada devido à sua probabilidade[4]. No caso de Green e Brown, poder-se-ia concluir que Green justificadamente acreditava que tinha o direito de atirar em Brown. Ela acreditava honestamente que uma pessoa inocente está autorizada a utilizar força mortal em casos de perigo iminente e, com base no que sabia a respeito das atividades do homem que a espreitava, concluiu razoavelmente correr tal perigo e, portanto, que os custos de investir mais tempo para apurar com maior precisão a identidade do homem desconhecido em seu jardim eram suficientemente grandes a ponto de exceder os custos deduzidos de disparar contra um homem inocente. Ao mes-

---

3. Para uma discussão extensiva acerca da distinção entre a ação errada e a culpabilidade, ver Heidi M. Hurd, "What in the World is Wrong?", *Journal of Contemporary Legal Issues* 5 (1994): 157-216.

4. Há, por certo, relatos de culpabilidade merecedores de crédito que não contam explicitamente com o tipo de análise custo-benefício aqui empregado por mim. Para uma discussão dessas concepções alternativas da culpabilidade e uma defesa da alegação de que mesmo os deontologistas deveriam empregar uma teoria da culpabilidade do custo-benefício, ver Heidi M. Hurd, "The Deontology of Negligence", *Boston University Law Review* 76 (1996): 249-72.

8   O COMBATE MORAL

mo tempo, Brown acreditava justificadamente que estava autorizado a defender-se. Honestamente concluiu que, como uma pessoa inocente, estava no direito de fazer uso de força mortal para defender-se do perigo iminente e investiu uma razoável quantidade de tempo e diligência para determinar que Green o estava realmente colocando em tal perigo.

A tese da correspondência é claramente falsa se interpretada como tese sobre as condições da culpabilidade. Dois indivíduos podem justificadamente crer que estão, cada um deles, no direito de contrariar mutuamente suas ações porque cada um deles pode dispor de quantidades suficientemente distintas de informação, tempo, talento e recursos para tornar razoável a eles abrigar distintas crenças sobre o que cada um está no direito de fazer. Assim, é possível que um agente esteja epistemicamente justificado ao acreditar que deveria realizar uma ação que um outro agente está epistemicamente justificado ao acreditar que deveria contrariar. Portanto, numa interpretação epistêmica, é falso que a justificabilidade de uma ação determina a justificabilidade de permitir ou coibir tal ação.

Contudo, a tese da correspondência não é uma tese epistemológica sobre as condições da culpabilidade; é uma tese metafísica sobre as condições da ação correta. Enquanto a culpabilidade é uma função do estado de espírito de um agente, a retidão de uma ação é uma função do grau em que a ação satisfaz os critérios objetivos especificados por nossa melhor teoria normativa. A afirmação contida na tese da correspondência é que os critérios da ação correta especificados por nossa melhor teoria moral – seja ela qual for – não podem, simultaneamente, tornar corretas ações contraditórias. Embora dois indivíduos possam justificar-se *acreditando* que é correto contrariar as ações um do outro, não pode ser correto que cada um contrarie as ações do outro. Se a ação de um indivíduo é realmente correta, não pode ser simultaneamente correto que o outro coíba essa ação.

Assim, embora Green e Brown possam ter razoavelmente acreditado que deveriam disparar suas armas um

O DILEMA DO PERSPECTIVISMO JURÍDICO

9

contra o outro, apenas um deles agiu corretamente ao fazê-lo. Visto que Brown não estava realmente atacando Green, esta não agiu corretamente ao disparar a arma contra Brown. Se ela tivesse se contido, não disparando contra Brown, uma vida inocente teria sido poupada sem qualquer custo para a vida dela própria. Se é categoricamente errado tirar a vida de um inocente (de acordo com nossa melhor teoria deontológica), então Green agiu erradamente, ainda que não culpavelmente, ao disparar contra Brown, pois este era, na verdade, um agente inocente. Se é correto maximizar a preservação das vidas dos inocentes (de acordo com nossa melhor teoria conseqüencialista), então Green agiu erradamente porque sua ação tirou a vida de um inocente sem, na verdade, salvar outras (já que sua vida teria sido preservada se ela não houvesse disparado contra Brown). Uma vez que está claro que a tese da correspondência não é uma tese acerca da culpabilidade, mas uma tese acerca da ação correta, fica claro que hipóteses como essa que envolve Green e Brown não constituem exemplos contrários a ela.

Entretanto, seria cogitável que, embora essa prévia hipótese de Green e Brown outorgue plausibilidade à tese da correspondência tanto para as avaliações da ação correta deontológicas quanto para as conseqüencialistas, a verdade dessa tese realmente depende de teoria. Embora a tese pudesse ser necessariamente verdadeira em relação a uma avaliação conseqüencialista da ação correta, não é necessariamente verdadeira se se referir a uma avaliação deontológica da ação correta. Terei muito que dizer a respeito dessa sugestão nos capítulos X e XI, nos quais me dedico a determinar a verdade relativa da tese da correspondência para conseqüencialistas e deontologistas. Neste estágio, contudo, vale a pena admitir a plausibilidade da tese para ambos os tipos de teóricos.

Os conseqüencialistas estão comprometidos com a alegação de que a ação correta consiste em maximizar boas conseqüências ou minimizar más conseqüências. Os conseqüencialistas monistas defendem uma teoria do bem de

10   *O COMBATE MORAL*

valor único. Assim, os utilitaristas definem o bem em termos de prazer humano; os egoístas definem o bem em termos daquilo que servirá aos interesses próprios do indivíduo, e os teóricos da virtude definem o bem em termos de qual desejo tornará os indivíduos virtuosos. Os conseqüencialistas pluralistas, por outro lado, adotam uma teoria do bem de valores múltiplos. Também sustentam que o bem deveria ser maximizado, mas o definem em termos de alguma combinação complexa dos tipos de valores anteriormente mencionados.

Como tese acerca das condições da ação correta, a tese da correspondência se afigura necessariamente verdadeira para os conseqüencialistas[5]. No nosso relato anterior, no qual Smith é atacada por um vagabundo enquanto Jones e Long são meros espectadores, a morte do vagabundo constitui um melhor estado de coisas do que sua única alternativa, ou seja, a morte de Smith (na suposição, é claro, de que nossa melhor teoria conseqüencialista dá preferência às vidas dos inocentes e não às dos culpáveis). E constitui um melhor estado de coisas não apenas para Smith, como também para Jones e Long. Visto que o único critério da ação correta para o conseqüencialista é se uma ação promove bons estados de coisas, segue-se que Smith, Jones e Long devem todos promover esse bom estado de coisas. De qualquer forma, não pode ser correto, com base no conseqüencialismo, que Jones interfira no ato de defesa própria de Smith, mesmo que por alguma razão não seja obrigatório que Jones se una a Smith no esforço dela.

Contrastando com os conseqüencialistas, os deontologistas estão comprometidos com a alegação de que um ato é bom não em função de suas conseqüências, mas da qualidade inerente ao próprio ato. De acordo com as teorias morais deontológicas, certos tipos de atos são intrinsecamente corretos ou errados. Assim, se é correto preservar a vida de

---

5. Nos capítulos X e XI dedico-me a uma análise muito mais ampla dessa hipótese.

O DILEMA DO PERSPECTIVISMO JURÍDICO

11

um inocente, não se pode tirar a vida de um inocente, mesmo que, assim fazendo, se salve um número muito maior de vidas inocentes[6]. Os deontologistas contemporâneos amiúde exibem essa posição anticonseqüencialista, descrevendo a moralidade como um conjunto de imperativos categóricos relativos ao agente[7]. A moral orienta cada agente a não matar uma pessoa inocente, mesmo que esse ato impeça um número maior de assassinatos realizados por outrem.

Uma teoria moral deontológica ou relativa ao agente não partilha da característica que parece tornar a tese da correspondência necessariamente verdadeira para o conseqüencialista. É logicamente possível que uma (certa forma de) teoria deontológica torne falsa a tese da correspondência[8]. Suponhamos, por exemplo, que a moralidade contivesse uma permissão (ou obrigação) relativa ao agente para matar quando fosse necessária a preservação da própria

---

6. Como afirma Finnis, "não se deve optar por realizar qualquer ato que *de per si nada faz além de* prejudicar ou impedir uma realização ou participação de qualquer uma, ou mais de uma, das formas básicas do bem humano". John Finnis, *Natural Law and Natural Rights* (Oxford: Clarendon Press, 1980), 118.

[Essa] formulação talvez não familiar... é bem conhecida sob a forma de outras formulações: de maneira mais genérica, como "o fim não justifica os meios", e de maneira mais precisa, embora ainda ambígua, como "inexeqüível é o mal que poderia ser sucedido pelo bem" e, com um sabor especial de Iluminismo, como o categórico imperativo *kantiano*: "Age de modo a tratar a humanidade, seja em tua própria pessoa, seja na pessoa do outro, sempre como um fim e jamais tão-somente como um meio."

Ibid., 122, citando Immanuel Kant, *Foundations of the Metaphysics of Morals*, trad. Lewis W. Beck (Indianapolis: Bobbs-Merrill, 1959).

7. Ver, por exemplo, Thomas Nagel, *The Last Word* (New York and Oxford: Oxford University Press, 1997), 119-25; Thomas Nagel, *The Possibility of Altruism* (Oxford: Clarendon Press, 1970), 90-5; Thomas Nagel, *The View From Nowhere* (Nova York: Oxford University Press, 1986), 152-4 (trad. bras. *Visão a partir de lugar nenhum*, São Paulo, Martins Fontes, em preparação); Thomas Nagel, *Equality and Partiality* (Oxford e Nova York: Oxford University Press, 1991), 40, 85; Derek Parfit, *Reasons and Persons* (Oxford: Clarendon Press, 1984), 143.

8. No capítulo XI, entretanto, é apresentada uma defesa da afirmação de que uma teoria deontológica plausível incorporaria a tese da correspondência.

12 *O COMBATE MORAL*

vida. Sob essa diretiva moral, seria correto que Smith defendesse a si mesma matando seu atacante. Mas suponhamos que essa moralidade também contivesse uma obrigação (ou permissão) relativa ao agente de impedir o assassinato por parte de outrem, ainda que em defesa própria. Então seria correto que Jones impedisse que Smith corretamente defendesse a si mesma. Nessa teoria não há correspondência entre o que é correto para Smith fazer e o que é correto para Jones fazer.

Embora essa teoria deontológica acarrete a rejeição da tese da correspondência, ela não contém qualquer contradição formal. E, todavia, seu conteúdo é sumamente implausível. A moralidade relativa ao agente continua sendo universal: se é correto para Smith defender a própria vida, é correto para Jones defender a própria vida. O ponto de vista aqui considerado tem, ao mesmo tempo, que admitir isso e sustentar que é também correto para Jones impedir Smith de defender a vida dela. A relatividade do agente contida nessa moral deontológica impede que essas normas do correto se contradigam entre si, mas não impede que sua mútua asserção seja bastante insustentável. Se a moralidade devesse combinar tais máximas, então haveria ocasiões nas quais seríamos forçados a nos confrontar no combate moral. Outros seriam invocados para nos impedir de fazer aquilo a que estaríamos autorizados, ou talvez obrigados, a fazer. A moralidade faria de nós gladiadores numa arena em que o êxito moral de um dependeria do fracasso moral de outro.

Sob pena de nos condenar ao combate moral, pareceria, assim, que qualquer teoria moral deontológica plausível subscreveria a tese da correspondência. Se isso fosse verdadeiro, então a tese da correspondência não dependeria, para sua viabilidade intuitiva, de qualquer teoria moral em particular.

Perspectivismo jurídico

Diante do aspecto aparentemente constrangedor apresentado pela tese da correspondência com base em qual-

O DILEMA DO PERSPECTIVISMO JURÍDICO 13

quer teoria moral plausível, seu apelo intuitivo parece ceder quando se é forçado a levar em conta as considerações relacionadas às funções. Suponhamos agora que Smith está casada com um homem que com freqüência a espanca, bem como a seus três filhos. Ela, corretamente, acredita que seu marido vai acabar tentando matá-los todos. Também acredita, corretamente, que, se ele chegou a esse ponto, ela será incapaz de defender qualquer um deles. E ela, corretamente, se crê incapaz de garantir a segurança deles caso tentem fugir. Assim, de modo plausível, ela raciocina e conclui em favor de um ataque preventivo, a despeito do fato de admitir e levar a sério a recusa da lei em reconhecer uma defesa especial de esposa espancada que comete homicídio. Ela espera que seu marido adormeça, entra em seu quarto e dispara contra ele letalmente.

Suponhamos que Jones é um juiz cujo dever é decidir pela condenação ou absolvição de Smith. Jones considera que Smith tinha uma justificativa moral para atirar no marido porque concorda que o equilíbrio das razões aplicável à escolha dela favorecia tal assassinato. Mas Jones é um juiz encarregado de aplicar a lei, e a lei não permite a absolvição daqueles que alegam defesa própria, mas admitem a ausência de qualquer ameaça iminente de dano. Jones, como Smith, tem, portanto, que decidir quanto a violar ou não a lei. Ele tem que decidir quanto a se conformar com a regra de decisão que exige a punição dos que matam sem justificativa *legal* ou violar essa regra e absolver alguém que tem uma justificativa *moral*[9].

---

9. Revelar-se-á proveitoso, ao longo do exame do perspectivismo jurídico, recorrer à distinção entre regras de conduta e regras de decisão cunhadas por Jeremy Bentham e notoriamente exploradas por Meir Dan-Cohen. Regras de conduta são aquelas destinadas a guiar o comportamento diário dos cidadãos. Regras de decisão são aquelas destinadas a guiar juízes no julgamento de disputas concernentes ao comportamento dos cidadãos. Ver Jeremy Bentham, *A Fragment on Government and an Introduction to the Principles of Morals and Legislation,* ed. Wilfred Harrison (Oxford: Oxford University Press, 1948), 430; Meir Dan-Cohen, "Decision Rules and Conduct Rules: On Acoustic Separation in Criminal Law", *Harvard Law Review* 97 (1984): 625-30.

14   *O COMBATE MORAL*

Suponhamos, finalmente, que Long é responsável pela concepção e manutenção de nosso sistema político e legal. Entre as muitas tarefas exigidas pelo cultivo da democracia, a preservação da separação dos poderes, a manutenção da lei e da ordem e a garantia da ação correta de cidadãos e funcionários públicos, está a de nomear e disciplinar os membros do judiciário. Long, como Jones, reconhece a plausibilidade da alegação fundada na justificativa de Smith. Long também reconhece que Jones poderia, corretamente, concluir que deveria absolver Smith, a despeito da regra de decisão que exige a punição dela. Long, assim, encontra-se diante da escolha entre disciplinar Jones, no caso de Jones deixar de conformar-se à regra de decisão, ou permitir a espécie de legislação judicial que a desobediência judicial justificada representaria.

Estamos agora em condições de avaliar o dilema com o qual começamos. Jones e Long estão diante de escolhas que lançam nossos valores morais, políticos e jurisprudentes fundamentais uns contra os outros. Se a tese da correspondência se aplicar a atos punitivos do mesmo modo que se aplica a atos preventivos e permissivos, pareceria então que Jones deveria absolver Smith, e Long não deveria disciplinar Jones por tal absolvição. Pareceria, também, que a tese da correspondência deveria ser tão verdadeira no que se refere a atos de punição quanto no que se refere a atos de prevenção[10], porque a punição rotula um ato como errado e assim serve para impedir que futuros agentes (inclusive o agente que é punido) realizem aquele ato em circunstâncias similares. Se o ato de Smith é correto, pareceria errado responder a esse ato com sanções que significam que Smith não deveria ter realizado aquele ato ou que futuros agentes não deveriam realizar o mesmo ato em circunstân-

---

10. Entretanto, deve-se ver o exame mais amplo dessa afirmação na primeira parte do capítulo XII, em que se esclarecem as potenciais diferenças morais entre impedir um ato moral e punir um ato moral – diferenças que possibilitam que um ato só possa ser moral se for punido.

O DILEMA DO PERSPECTIVISMO JURÍDICO 15

cias similares. Mas se juízes como Jones absolvem os que têm justificativa moral para violar a lei, o que será do estado de direito? Aparentemente, a lei deixará de ser lei se os juízes tiverem o direito de repensar o saber nela contido em todo caso a que ela se aplica e a desprezar sempre que for inferior à regra por eles moldada[11]. Ademais, se os que, como Long, concebem os sistemas, se negarem a disciplinar os membros do judiciário que desobedecem a regras de decisão promulgadas democraticamente, o que será da democracia e da separação dos poderes? A maioria não governa a si mesma e os poderes do governo não serão mantidos separados se indivíduos isolados estiverem autorizados a substituir os pareceres de uma legislatura democrática por suas próprias opiniões[12].

Entretanto, a tese da correspondência só é aplicável se o equilíbrio das razões para a ação for realmente o mesmo para Jones e Long como o é para Smith, ou seja, é aplicável somente se for correto para Jones e Long, bem como para Smith, que Smith viole a regra de conduta que proíbe o homicídio numa situação na qual não há receio de dano iminente. O estado de direito é seguro se houver razões para a ação que sejam aplicáveis a Jones mas não a Smith – razões que tornam a conduta de Smith errada para Jones, embora correta para ela. Tais razões para a ação, se detentoras de suficiente peso, poderiam justificar a punição judicial de um transgressor reconhecidamente justificado. E mesmo se es-

---

11. Segundo o raciocínio de Lon Fuller, na medida em que a substituição pelo julgamento individual significar que se deixa de conformar com a "moralidade interna da lei", essa substituição constituirá "ausência absoluta de lei". Lon Fuller, *The Morality of Law*, ed. rev. (New Haven, CT: Yale University Press, 1969), 39.

12. [B]oas razões para evitar-se a criação de elites políticas não-democráticas contrariam juízes aos quais é conferida a autoridade para modificar regras jurídicas existentes com base em suas percepções pessoais do que teria provavelmente as melhores conseqüências no caso em pauta... [T]odo o escopo do empreendimento legislativo seria perdido se fosse conferida aos tribunais a autoridade de subvertê-lo. Rolf E. Sartorius, *Individual Conduct and Social Norms* (Encino, CA: Dickenson Publishing Co., 1975), 178.

16   O COMBATE MORAL

sas razões judiciais forem insuficientes para justificar a punição que Jones impõe a Smith, nosso compromisso com a democracia e a separação dos poderes terá firmeza se houver razões para a ação que, sendo aplicáveis a Long, não o são a Jones – razões que tornam errada, para Long, a absolvição de Smith por Jones, embora possa parecer correta para Jones. Neste caso, poderia haver justificativa para Long punir Jones por este, justificadamente, recusar-se a punir Smith.

Todavia, o custo de preservar os nossos valores sistêmicos é o abandono do princípio do retributivismo frágil – um princípio que se encontra indelevelmente inscrito em nossa atual concepção das condições da justiça. De acordo com esse princípio, o mérito moral constitui uma condição necessária de culpa ou punição: os indivíduos moralmente inocentes (indivíduos cujas ações são justificadas) não merecem punição e, assim, não deveriam ser punidos, mesmo quando sua punição pudesse promover um certo bem-estar[13]. O princípio do retributivismo extrai sua força intuitiva

---

13. Gerald Postema questiona essa compreensão do retributivismo frágil. Em sua opinião, o retributivismo frágil transforma o mérito *legal* numa condição necessária à punição e não o mérito *moral*, isto é, a retribuição é apropriada se alguém tiver violado a lei de uma forma que não é justificada ou escusada.

Essa opinião envolve pelo menos quatro problemas, cada um dos quais é suficiente para justificar a concepção do retributivismo que eu aqui antecipei. Em primeiro lugar, parece que os que concordam com a interpretação que Postema faz do retributivismo fazem-no devido a razões que atestam a verdade da interpretação acima desenvolvida, ou seja, acreditam que as pessoas estão *moralmente* obrigadas a obedecer à lei e, por conseguinte, que os que violam a lei são moralmente merecedores de punição. Se as pessoas estão obrigadas moralmente a obedecer à lei, então, por certo, o mérito legal constituirá uma condição necessária da punição. Mas isto ocorrerá *porque* o mérito moral constitui uma condição necessária da punição.

Em segundo lugar, a interpretação que Postema faz do retributivismo frágil torna triviais os constrangimentos impostos por ele sobre juízes e legisladores. Se a moralidade nos compele a acatar a lei, então o fato de uma lei ter sido sancionada levanta a questão do mérito de um transgressor da lei, o que significa, entretanto, que o legislativo pode aprovar qualquer lei sem considerar se ela criminaliza moralmente a conduta meritória porque, uma vez san-

O DILEMA DO PERSPECTIVISMO JURÍDICO   17

do sentimento de que é moralmente repulsivo culpar ou punir indivíduos que fizeram exatamente o que deveriam ter feito. Abandonar o princípio do retributivismo frágil é ameaçar os indivíduos com um *ardil 22*, ou seja, para escapar à punição, eles têm que renunciar ao equilíbrio das razões para a ação – e, assim, agir imoralmente; para preservar

---

cionada a lei, qualquer violação será moralmente merecedora de punição. E se toda violação é moralmente merecedora de punição, não há necessidade de os próprios juízes se preocuparem com a possibilidade de, ao punirem um transgressor da lei, estarem de fato punindo o inocente.

Em terceiro lugar, no que tange à sociologia acadêmica, não parece que os que defendem o retributivismo frágil o façam nos termos de Postema. Retributivistas convictos como Michael Moore desenvolveram a tese do retributivismo frágil precisamente como um meio de tornar proporcional às condições de culpa moral a aplicação das sanções que respaldam a lei proporcional. Como explica Moore, é preciso contrastar o princípio do retributivismo frágil com o princípio do retributivismo forte, o qual sustenta que o mérito moral não é apenas uma condição necessária, mas também uma condição suficiente de louvor e culpa: indivíduos moralmente culpáveis merecem punição e, assim, deveriam ser punidos mesmo quando sua punição não servisse para promover forma de bem-estar, como por exemplo, a prevenção do crime. Para uma defesa de ambos os princípios do retributivismo, ver Michael S. Moore, "The Moral Worth of Retribution", em *Responsibility, Character, and the Emotions*, ed. Ferdinand Shoeman (Cambridge: Cambridge University Press, 1987), 179-219. É essa afirmação mais vigorosa que distingue as teorias retributivas do direito criminal das teorias mistas. Ver Rawls, "Two Concepts of Rules", *Philosophical Review* 64 (1955): 3-4 ("O que podemos chamar de ponto de vista retributivo é aquele pelo qual se justifica a punição com o fundamento de que o agir errrado merece punição"). Os teóricos mistos em geral argumentam que o mérito *moral* constitui uma condição necessária mas não suficiente à punição; considerações de utilidade, por exemplo, também devem cooperar para exigir punição antes que seu infligir seja justificado. Como esclarece Rawls, a premissa de sua teoria mista é uma concepção *moral* do mérito porque a "punição" daqueles que são moralmente inocentes é melhor descrita como *"telishment"*. John Rawls, "Two Concepts of Rules", 11.

Finalmente, devoto os capítulos de III a VI ao debate das posições segundo as quais a lei tem a autoridade (moral) de compelir-nos a fazer o que a moralidade, por um lado, obriga-nos a não fazer. Se meus argumentos forem persuasivos, a interpretação de Postema do retributivismo frágil se mostrará indefensável. A lei não pode nos obrigar a fazer o que nós, por nosso lado, temos razões para não fazer, de modo que não podemos ser merecedores de punição apenas por violar a lei.

18 O COMBATE MORAL

a moralidade de sua conduta, eles têm que se conformar ao equilíbrio das razões para a ação – e, assim, sofrer punição. Observe-se que, se a tese da correspondência for verdadeira, o princípio do retributivismo frágil se tornará apenas uma caso especial da aplicação dela. A moralidade do ato de um indivíduo determina a justificabilidade ou injustificabilidade de sua punição, pois o equilíbrio das razões que determina a moralidade de seu ato é idêntico ao equilíbrio das razões que determina a moralidade de sua punição. Na medida em que um agente está justificado a realizar um ato, um outro agente não pode ser justificado por puni-lo por esse ato[14].

Contudo, o reconhecimento de razões relativas a funções para a ação põe o princípio do retributivismo frágil em risco porque acarreta a indefensabilidade da tese da corres-

---

14. É a defesa do princípio do retributivismo frágil pela tese da correspondência que distingue esse princípio do que Rolf Sartorius chamou de "princípio de reflexão". De acordo com o princípio de reflexão "[o]nde um indivíduo houver decidido que deve fazer X, qualquer julgamento de ordem mais elevada a respeito de sua decisão de fazer X ou seu ato efetivo de fazê-lo deve mais propriamente conferir permissão ou aprovação do que reprovar ou penalizar a decisão e/ou o próprio ato". Rolf Sartorius, *Individual Conduct and Social Norms*, 56-7. O princípio de reflexão, tal como afirmado por Sartorius, pressupõe que as razões para a ação podem diferir com relação a um agente e alguém que julga esse agente. Constitui, assim, mais uma tese normativa acerca do tipo de julgamento que deve ser feito com referência à conduta de um agente do que uma tese conceitual acerca do tipo de julgamento que se deve fazer com relação àquela conduta. Se a tese da correspondência for verdadeira, o princípio de reflexão perderá sua força dentro do princípio do retributivismo frágil, o que ocorrerá porque as razões para julgamentos de ordem mais elevada acerca da conduta de um agente são idênticas às razões para aquela conduta; por conseguinte, se a conduta for justificada, o único julgamento justificável quanto a essa conduta será o de aprovação. Não é porque as razões para julgamento incluem um princípio de segunda ordem a sustentar que, não obstante o fato de as razões para a conduta e as razões para o julgamento acerca da conduta poderem ser diferentes, devem ser calculadas *como se* fossem idênticas às razões para a conduta.

Para discussões úteis do princípio de reflexão de Sartorius, veja-se Larry Alexander, "Pursuing the Good – Indirectly", *Ethics* 95 (1985): 323-5; Larry Alexander, "Law and Exclusionary Reasons", *Philosophical Topics* 18 (1990): 10-11.

O DILEMA DO PERSPECTIVISMO JURÍDICO

19

pondência. Se a moral exige a conduta em conformidade com o equilíbrio das razões para a ação, e se esse equilíbrio difere entre cidadão, juiz e quem concebe as instituições, então parecerá que pode haver exemplos nos quais a punição dos justificados é ela própria justificada. O máximo que o princípio do retributivismo frágil pode realizar sob a moral relativa a funções é servir como uma razão, ainda que possivelmente de peso, para refrear a punição do transgressor justificado[15]. Mas visto que tal razão precisa ser somada ao equilíbrio das razões a favor e contra a punição, pode ser insuficiente para forçar a absolvição dos justificados[16].

O dilema agora se mostra claro. Ou renunciamos ao princípio do retributivismo frágil (e com ele à tese da correspondência mais geral) e aquiescemos à punição dos transgressores justificados, ou temos que renunciar ao nosso entendimento tradicional dos princípios sistêmicos que justificam correntemente nosso sistema judicial. Sendo mais preciso: 1) ou os juízes terão que violar o princípio do retributivismo frágil e punir os cidadãos que violam justificada-

---

15. O princípio do retributivismo frágil, nesta análise, malogra dentro do princípio de reflexão. Ver *ibid.*

16. Eu o afirmo na hipótese de que o princípio do retributivismo frágil (como o princípio de reflexão com o qual se identifica nesta análise) não pode funcionar como causa excludente para a ação. Esta hipótese resulta dos argumentos que apresentarei no capítulo III a favor da alegação de que razões exclusionárias são conceitualmente indefensáveis.

É importante reconhecer que, se o deontologista considera tanto o princípio do retributivismo frágil quanto as razões relativas a funções para ação singulares para cidadãos, juízes e os que concebem as instituições como tanto intrinsecamente retificadoras quanto, ao menos, incompatíveis na prática, então ele, o deontologista, se verá diante de um conflito moral, o qual, aparentemente, só poderá ser resolvido pelo tipo de balanceamento moral aqui descrito. Para uma discussão clássica do balanceamento deontológico, ver W. D. Ross, *The Right and the Good* (Oxford: Clarendon Press, 1930), 16-47. Comparar com Barbara Herman, "Obligation and Performance: A Kantian Account of Moral Conflict", em *Identity, Character and Morality: Essays in Moral Psychology*, eds. Owen J. Flanagan e Amelie Oksenberg Rorty (Cambridge, MA e Londres, Inglaterra: MIT Press, 1990), 319; Barbara Herman, "The Practice of Moral Judgment", *The Journal of Philosophy* 82 (1985): 414.

20 *O COMBATE MORAL*

mente a lei, ou terão que violar o estado de direito e desobedecer às regras de decisão que requerem a punição dos justificados; analogamente, 2) ou os que concebem o sistema terão que violar o princípio do retributivismo frágil e punir os juízes que, com justificativa, desobedecem às regras de decisão (ao se recusarem a punir cidadãos justificadamente desobedientes), ou terão que violar os princípios da democracia e da separação dos poderes, permitindo que a vontade de uma maioria legislativa seja substituída pela decisão judicial individual.

A primeira alternativa presente em todos esses casos parece ser o resultado inevitável de englobar a possibilidade da moralidade relativa a funções, ou aquilo que chamarei de "perspectivismo".[17] Se funções institucionais criam novas razões para a ação (ou eliminam, pelo contrário, razões válidas para a ação), a tese da correspondência é falsa, e a moral pode forçar a punição dos justificados. A segunda alternativa parece ser o resultado inevitável da negação da possibilidade da moralidade relativa a funções. Se os cidadãos compartilharem com os funcionários públicos um conjunto idêntico de razões para a ação, a tese da correspon-

---

17. Um teórico assim formulou a tese perspectivista:

> Decisões tomadas no pleno exercício da responsabilidade pessoal e da consideração individual podem conduzir a avaliações diversas quanto ao fato de os valores por elas promovidos ordenarem ou não os assuntos da sociedade de maneira a fazer progredir a condição humana. A autoridade maior pode ver a situação de forma inteiramente diferente dos produtores de decisões não-legislativos envolvidos na avaliação inicial da apropriabilidade do comportamento de um agente específico.

Rex J. Zedalis, "On First Considering Whether Law Binds", *Indiana Law Journal* (1993): 208.

É decisivo não confundir uma teoria da moral perspectiva ou relativa a funções com uma teoria do relativismo metaético. Uma teoria da moral relativa a funções é inteiramente compatível com uma teoria do realismo metaético. Na verdade, o quebra-cabeça com o qual me envolvo aqui só é interessante mediante a suposição de que o relativismo metaético é falso. No capítulo II argumentarei que ele o é.

O DILEMA DO PERSPECTIVISMO JURÍDICO 21

dência será verdadeira, e a desobediência justificável de um cidadão justificará a desobediência de um funcionário público, o que, por sua vez, justificará a aprovação dessa desobediência por parte daquele que concebe o sistema.

Origens do dilema do perspectivismo jurídico

O dilema do perspectivismo jurídico não surgiria se uma de três coisas fosse verdadeira. Em primeiro lugar, se o conteúdo da lei espelhasse perfeitamente o conteúdo da moralidade, de modo que cidadãos e funcionários públicos nunca fossem obrigados pela lei a fazer qualquer coisa contrária ao equilíbrio das razões morais para a ação, os cidadãos e os funcionários públicos seriam justificados ao violarem a lei. O dilema do perspectivismo jurídico constitui um dilema real somente se lei e moral forem incongruentes.

Em segundo lugar, se o relativismo metaético fosse verdadeiro, a tese da correspondência seria trivialmente falsa. A verdade das proposições morais seria relativa às crenças dos indivíduos (no caso do subjetivismo metaético) ou às crenças das comunidades (no caso do convencionalismo metaético). Porquanto pode haver diferença de crenças, a moralidade de qualquer ato determinado poderia diferir entre indivíduos ou comunidades. Seria, assim, trivialmente verdadeiro que um agente pudesse estar moralmente justificado (dadas as suas crenças) ao realizar um ato que um outro (que ocupa uma função diferente) está moralmente justificado (dadas as suas crenças) a punir. O quebra-cabeça gerado pela incompatibilidade de nossos compromissos institucionais, portanto, só é significativo se o relativismo metaético for falso.

Finalmente, se a lei, *qua* lei, fornecesse razões para a obediência incondicional, então mesmo que ela não espelhasse perfeitamente a moralidade, impediria, todavia, a desobediência dos cidadãos. Na verdade, mesmo se faltasse à lei o poder de controle sobre a obediência incondicional,

22   *O COMBATE MORAL*

mas tivesse o poder de conferir de forma geral razões de peso para a obediência, não esperaríamos que cidadãos e funcionários públicos tivessem justificativa para violar a lei com suficiente freqüência a ponto de gerar uma crise na filosofia do direito da espécie representada pelo dilema do perspectivismo jurídico.

É a essas duas últimas teses que devotarei a segunda parte desta obra. Como argumentarei em seus capítulos, não se pode escapar do dilema do perspectivismo nem adotando o relativismo moral metaético nem executando a defesa de uma teoria da autoridade legal que torna nossos deveres morais subservientes aos legais, porque nem o relativismo moral nem as teorias da autoridade moral que impedem a desobediência moral são defensáveis. A primeira tese é consideravelmente menos controvertida do que essas duas últimas. Porquanto sua defesa nos fornece a categoria de casos que constitui o objeto deste livro, é útil dela dispor aqui. Estaremos então numa posição de assumir as pressuposições do dilema do perspectivismo com relação ao qual provavelmente haja uma disputa considerável.

O conteúdo da lei, distinta e claramente, não consegue ser coerente com o conteúdo da moral até mesmo nos sistemas legais como o nosso, nos quais se empreende um esforço efetivo para sancionar leis que se harmonizem com as exigências da moralidade. Para apreciar a possibilidade de que um agente com justificativa moral possa estar sujeito à punição da lei anglo-americana, comecemos por considerar o direito criminal em particular, depois do que nos voltaremos para as sanções civis do direito que trata dos delitos civis.

Os sistemas penais anglo-americanos não pretendem punir os transgressores justificados. Por vezes, isso é percebido pelo fato de que muitos daqueles que contam com justificativa em suas ações não são interpretados como "transgressores" de modo algum. O xerife que prende um mensageiro do correio federal por assassinato enquanto esse mensageiro está *literalmente* portando o correio, "obstrui os correios", mas não obstrui *legalmente* os correios porque sua obstrução é justificada. Ou o xerife que põe em risco

O DILEMA DO PERSPECTIVISMO JURÍDICO

uma propriedade federal ao tentar prender um mensageiro assassino do correio não a expõe *temerariamente* ao risco de dano porque a temeridade legal envolve a necessidade de correr um risco substancial *e* injustificável[18]. Nesses casos, a conseqüência benéfica alcançada (a de prender um assassino) torna a conduta do xerife não-punível, porque se diz que falta ao xerife ou o *actus reus* ou a *mens rea* da transgressão em pauta. Por vezes, a recusa em punir tal transgressor justificado é captada por uma defesa separada, como a defesa do "equilíbrio dos males" do Código Penal Modelo: a conduta que, por outro lado, é criminosa não será punível se "o dano ou mal que se procurou evitar por meio dessa conduta for maior do que o dano ou mal que se procurou prevenir por meio da lei definidora da transgressão determinada..."[19].

Entretanto, a despeito da manifesta relutância do direito criminal em punir transgressores justificados, o direito criminal exigirá essa punição nos casos abordados por mim nesta obra. Há, pelo menos, três classes de pessoas incapacitadas de se valerem de quaisquer das exceções legais que garantiriam uma absolvição. A primeira classe consiste nos que incorrem em desobediência civil, ou seja, transgressores que, acertadamente, acreditam que uma lei é tão imoral que justifica ações ilegais visando à sua revogação. Aqueles que protestam contra o recrutamento militar, por exemplo, poderiam, acertadamente, pensar que uma guerra é suficientemente imoral a ponto de justificar que invadissem os escritórios do *Selective Service* para interromper as operações. Contudo, a justificação moral invocada por esses ativistas para violar leis que concernem à invasão criminosa e à destruição de propriedade do governo não propicia o reco-

---

18. Essas ilustrações são aqui livremente construídas a partir dos fatos do caso *Estados Unidos contra Kirby*, 72 U.S. (7 Wall.) 482 (1869), no qual um xerife de condado foi processado por obstruir o correio após prender um portador de correio federal em serviço, mas suspeito de assassinato. Eu examino esse caso mais detalhadamente no capítulo VIII.

19. *American Law Institute, Model Penal Code*, seção 3.02 (Projeto oficial proposto, N.p.: 1962).

24   *O COMBATE MORAL*

nhecimento legal, porém, ao contrário, é válida para preempção pelas leis que permitem o recrutamento[20].

A segunda classe de transgressores justificados em relação aos quais a nossa lei requer juízes para puni-los consiste em transgressores para os quais a lei criou uma exceção, mas que carecem das condições dessa exceção. A esposa espancada poderia, corretamente, pensar que, se não matar seu marido durante o sono, será incapaz de impedi-lo de tirar sua vida. Mas ela não consegue satisfazer as condições de defesa própria porque não leva a cabo a morte de seu marido enquanto está sob ameaça de dano iminente. Nesse caso, ela pode não ser civilmente desobediente (no sentido clássico) porque pode acreditar que a lei está (no geral) justificada ao exigir o perigo iminente como condição para o uso de força letal e pode não agir para executar quaisquer mudanças nessa lei. Todavia, como em casos de desobe-

---

20. Como afirma a seção 3.02 do Código Penal Modelo:

(1) A conduta que o agente acredita ser necessária para evitar um dano ou mal contra si ou contra outrem é justificável contanto que:

(...)
     c. um propósito legislativo que exclua a justificação reivindicada, de outra maneira não apareça claramente.

American Law Institute, Código Penal Modelo, seção 3.02. Ver, por exemplo, *O Estado contra Tate*, 102 N.J. 64, 505 A.2d 941 (1986), em que o tribunal sustentou que a defesa de necessidade estava indisponível para um tetraplégico que portava maconha para fins médicos porque uma lei estadual que permitia o uso de substâncias controladas com a supervisão de um médico sugeria uma intenção legislativa para excluir a defesa.

Quanto às opiniões proveitosas acerca da história das tentativas de desobediência civil norte-americana no sentido de justificar legalmente suas deliberadas e abertas violações da lei, ver Matthew Lippman, "Civil Resistance: Revitalizing International Law in the Nuclear Age", *Whittier Law Review* 13 (1992): 17-105; Martin C. Loesch, "Motive Testimony and a Civil Disobedience Justification", *Notre Dame Journal of Law, Ethics and Public Policy* 5 (1991): 1069-119. Como expõem ambos os autores, os tribunais norte-americanos têm consistentemente rejeitado as tentativas dos réus desobedientes de negar a posse de *mens rea* culpável, bem como as tentativas de invocar uma defesa de erro legal, a defesa de necessidade ou a chamada defesa Nuremburg.

O DILEMA DO PERSPECTIVISMO JURÍDICO   25

diência civil, a lei da defesa própria produz preempção em sua própria capacidade de invocar uma justificação *legal* para sua conduta (moralmente) justificada[21].

A terceira classe de transgressores justificados e incapazes de se valerem de quaisquer justificações legais consiste naqueles transgressores cuja justificação para violar a lei é demasiado pessoal para receber reconhecimento legal pela defesa do equilíbrio dos males ou por outras doutrinas escusatórias. O cidadão que se vê num sinal vermelho no meio da noite num lugar deserto pode, corretamente, concluir que, enquanto a inconveniência de parar é desprezível, o perigo para si e outros de atravessar no sinal vermelho é nulo. Esse cidadão pode muito bem encontrar uma justificativa para atravessar no sinal vermelho, mas a lei considerará a justificativa dele como sendo objeto de preempção das normas de trânsito.

Em cada um desses três tipos de casos, o direito criminal anglo-americano exige a punição dos transgressores justificados. Consideremos agora o direito civil. Diferentemente do direito criminal, o direito civil, via de regra, não "pune" transgressores justificados por responsabilidade civil[22]. Isto

---

21. Assim, de acordo com a seção 3.02 do Código Penal Modelo:

(1) A conduta que o agente acredita ser necessária para evitar um dano ou mal contra si ou contra outrem é justificável contanto que:

(...)
b. nem o Código nem outra lei que define a transgressão proporcione exceções ou defesas que tratem da situação específica envolvida...

American Law Institute, Código Penal Modelo, seção 3.02.

22. Somente aqueles que sustentam que o objetivo próprio da responsabilidade por delitos civis é punir réus culpáveis podem falar em punir os justificados por meio de responsabilidade civil sem citações alarmantes. Aqueles que (mais plausivelmente) acreditam que o direito dos delitos civis serve à meta da justiça corretiva ou à meta utilitarista de maximizar o bem-estar social têm que empregar a noção de punir os justificados de uma maneira puramente metafórica. Contudo, se o direito dos delitos civis impuser responsabilidade aos plenamente justificados, a metáfora será adequada. A questão, porém, não é se a metáfora é adequada ou não. A questão é se o dilema do perspectivismo jurídico se coloca diante dos agentes nos casos civis bem como nos casos criminais. E a resposta será afirmativa se o direito dos delitos civis permi-

26   O COMBATE MORAL

fica particularmente claro no caso da lei da negligência, a qual exime explicitamente de responsabilidade os que agem com base no equilíbrio das razões para a ação. Só se tem que pagar indenização por danos, segundo a lei da negligência, se alguém fica sem justificativa por ter assumido riscos que se materializaram sob a forma de dano para um demandante.

O direito dos delitos civis é menos claro a respeito de sua recusa em "punir" os justificados em casos que convidam à aplicação da responsabilidade estrita. Na medida em que o direito dos delitos civis impõe responsabilidade nesses casos, sem considerar a justificação com a qual um indivíduo causou o dano do demandante, pode-se pensar que esse direito "pune" os justificados. Assim, por exemplo, em casos como o famoso *Vincent contra Lake Erie Transportation Co.*[23], justifica-se que os indivíduos usem ou danifiquem a propriedade alheia porque, assim fazendo, previnem uma perda maior para si mesmos. Entretanto, a lei exige que compensem aqueles a quem justificadamente prejudicaram. Em casos que envolvem danos causados por animais selvagens de propriedade particular, entende-se que os proprietários estão justificados enquanto mantiverem os animais de maneira não-negligente. Não obstante, a lei os considera responsáveis por todos os danos causados por seus animais[24]. Em casos que envolvem danos causados por atividades que representam perigo incomum, tais como dinamitação de túneis ou transporte de gasolina, entende-se que aqueles empenhados nessas atividades estarão justificados

---

tir ou exigir a imposição de responsabilidade civil sobre agentes que agiram de maneira correta. É esta última afirmação que estamos explorando agora: uma afirmação que não depende de qualquer teoria particular da responsabilidade por delitos civis (e certamente de uma teoria retributiva).

23. 109 Minn. 456 N.W. 221 (1910). Neste caso, o tribunal julgou um proprietário de embarcação responsável pela perda da doca por seu proprietário, embora o tribunal tenha considerado que o proprietário da embarcação tivesse agido razoavelmente ao prender sua embarcação à doca durante uma tempestade.

24. *American Law Institute, Restatement (Second) of Torts* seção 509 (N.p.: 1965).

O DILEMA DO PERSPECTIVISMO JURÍDICO   27

nessa ação se agirem sem negligência. Serão, entretanto, responsabilizados por todos os danos que causarem[25].

Aparentemente, esses tipos de casos seguramente sugerem que, pelo menos em alguns exemplos, indivíduos serão civilmente "punidos" por conduta moralmente justificada. Mas essa sugestão é enganosa. Se, por um lado, o equilíbrio das razões pode favorecer o uso de propriedade alheia em circunstâncias de necessidade, ou a propriedade de animais selvagens, ou atividades que representam perigo incomum, por outro lado, o equilíbrio das razões para a ação, em tais casos, provavelmente também exija a compensação dos prejudicados. Assim, se os réus, em tais casos, podem ter causado dano de maneira justificada, provavelmente não têm justificativa para sua recusa em se conformar à lei civil que exige compensação por esse dano. Dito em outros termos, as razões que os juízes teriam para cobrar a compensação nesses casos são as mesmas para os réus apresentarem pedido de compensação como ponto de partida. Nesses casos, a compensação conduz ao vício do enriquecimento injusto granjeado pelo réu às expensas do demandante. Se a reparação do enriquecimento injusto constitui uma razão para um juiz exigir compensação, também constitui razão para um cidadão oferecê-la[26]. E réus que realmente se recusam *erroneamente* a compensar aqueles por eles prejudicados não são transgressores *justificados* da lei civil. Por conseguinte, se, por um lado, os juízes deveriam exigir-lhes a compensação daqueles que prejudicam,

---

25. *American Law Institute, Restatement (Second) of Torts*, seções 519, 520.

26. A tese segundo a qual o enriquecimento injusto constitui uma razão moralmente legítima para a imposição da responsabilidade civil foi exposta por Jules Coleman, *Markets, Morals and the Law* (Cambridge and New York: Cambridge University Press, 1988), 166-201; Jeffrie G. Murphy e Jules L. Coleman, *The Philosophy of Law: An Introduction to Jurisprudence* (Totowa, NJ: Rowman & Allanheld, 1984), 167-89; Jules Coleman, "Moral Theories of Torts: Their Scope and Limits: Part II", *Law and Philosophy* 2 (1983): 5-36; George Fletcher, "Fairness and Utility in Tort Theory", *Harvard Law Review* 85 (1972): 537-73. Ver também Heidi M. Hurd, "Correcting Injustice to Corrective Justice", *Notre Dame Law Review* 67 (1991): 62-84 (debatendo a teoria do enriquecimento injusto da responsabilidade civil de Jules Coleman).

28 O COMBATE MORAL

essa imposição de responsabilidade não significa que transgressores genuinamente justificados serão considerados civilmente responsáveis, porque transgressores genuinamente justificados são os que seriam tanto justificados por causarem dano quanto justificados por não pagarem por esse dano.

Assim, o direito referente aos delitos civis, via de regra, não torna responsáveis os transgressores genuinamente justificados. As únicas exceções a isso são constituídas pelos casos em que a responsabilidade estrita é imposta a réus que nem agiram negligentemente nem obtiveram enriquecimento pessoal por meio da conduta que causou dano a um demandante. Não conheço nenhum caso sem controvérsia, mas alguns casos de responsabilidade por produtos apresentam essa qualidade[27], tais como alguns casos que envolvem atividades que representam perigo incomum empreendidas mais em benefício público do que em benefício particular[28]. Em tais casos, impõe-se responsabilidade estrita a indivíduos que fizeram a coisa certa e que não foram injustamente beneficiados por tê-la feito. A menos que a moralidade proporcione aos indivíduos uma razão para pagarem por todos os danos que causam, essas partes parecem carecer de razão moral para oferecer compensação àqueles que são prejudicados por sua conduta justificada. Na medida em que o direito dos delitos civis impõe responsabilidade de qualquer maneira, ele "pune" os justificados.

É, portanto, contingentemente verdadeiro no nosso sistema legal a responsabilidade criminal e civil ser, por vezes, imposta a agentes que agem moralmente. Mas alguns iriam mais longe. Alguns afirmariam ser necessariamente verdadeiro, em todos os sistemas legais, o conteúdo da lei ter que divergir do conteúdo da moral. Daí ser necessariamente verdadeiro que a lei exija a punição dos justificados.

---

27. *Seigler contra Kuhlman*, 81 Wash. 2d 448, 502 P.2d 1181 (1973); *Koos contra Roth*, 293 Or. 670, 652 P.2d 1255 (1982).

28. *Brody contra Overlook Hospital*, 121 N.J. Super. 299, 296 A.2d 688 (1972) (revogação afirmada 66 N.J. 448, 332 A.2d 596 [1975]).

O DILEMA DO PERSPECTIVISMO JURÍDICO 29

Fred Schauer, por exemplo, argumentou recentemente que as regras jurídicas são *necessariamente* subótimas em comparação com as regras morais[29]. As regras jurídicas, segundo Schauer, são uma espécie de regras prescritivas, criadas para orientar o comportamento alheio[30]. Regras prescritivas são generalizações probabilísticas inevitavelmente sobre e subinclusivas[31]. Nem todos os cães criam transtornos que incomodam, e muitas coisas que não são cães criam efetivamente esses transtornos; conseqüentemente, uma regra que proibisse a presença de cães em prédios públicos, embora probabilisticamente vinculada à justificação dessa regra, seria simultaneamente sobre e subinclusiva. Como afirma Schauer, "é logicamente impossível para uma regra gerar um resultado para um caso particular superior ao resultado que teria sido gerado na ausência de regras, mas... é de fato plenamente possível para as regras gerar resultados em casos particulares que são inferiores àqueles gerados sem elas"[32]. Segundo sua explicação:

> Em muitos casos, na verdade na maioria dos casos, o resultado indicado pela aplicação de uma regra será idêntico ao resultado indicado pela aplicação direta das justificações de fundo da regra... Mas... haverá alguns casos nos quais o resultado indicado pela regra será inferior ao resultado indicado pela aplicação direta de sua justificação. E, no entanto, esses exemplos não serão acompanhados por quaisquer exemplos equivalentes na direção oposta.
>
> (...)
>
> O único padrão de medida seria o da justificação final, e, assim, o resultado indicado por aquela justificação seria, por definição, o melhor para qualquer caso particular. Con-

---

29. Frederick F. Schauer, *Playing by the Rules: A Philosophical Examination of Rule-Based Decision-Making in Law and in Life* (Oxford: Clarendon Press, 1991), 100-2.

30. *Ibid.*, 17-37.

31. *Ibid.*, 31-4.

32. *Ibid.*, 101.

30   *O COMBATE MORAL*

seqüentemente, qualquer resultado indicado por regra divergente do resultado indicado por justificação seria *eo ipso* um resultado inferior.[33]

A afirmação de Schauer de que as regras jurídicas têm necessariamente que divergir das regras morais depende da hipótese de que a função das regras jurídicas é orientar a ação. Com base nessa hipótese, Schauer atinge sua asserção da necessidade em duas etapas: 1) para que as regras jurídicas orientem a ação mais eficientemente do que as regras morais, as regras jurídicas têm que ser mais claras, mais simples e mais acessíveis do que as regras morais; 2) para que possuam essas características, as regras jurídicas têm que ser sobre e subinclusivas, em face das razões mais complexas e obscurecidas para a ação que a moral proporciona.

Não vou discutir se Schauer está correto ou não, seja supondo que a função da lei é orientar a conduta, seja calculando que a lei tem que divergir necessariamente da moral para preencher essa função. No que concerne aos nossos propósitos, basta observar que os sistemas legais vigentes realmente punem alguns transgressores justificados porque tais sistemas carecem de uma defesa legal para todo caso no qual um cidadão desobediente conta com uma justificação moral. Segue-se desse fato único que, a não ser que a própria lei proporcione aos cidadãos uma razão moral preponderante para que obedeçam à lei, haverá casos nos quais os indivíduos terão justificativa moral para violar a lei. E a menos que o relativismo moral seja a nossa melhor explicação da natureza dos julgamentos morais, a possibilidade de tais violações sugerirá que a moralidade é, ela própria, profundamente paradoxal. Se os nossos valores morais incluem os nossos valores sistêmicos, a moral pode compelir algumas pessoas a violar a lei, enquanto, simultaneamente, compele outras a puni-las por sua desobediência plenamente justificada, ou seja, a moralidade pode nos lançar uns contra os outros no combate moral.

---

33. *Ibid.*, 100-1.

SEGUNDA PARTE
Origens do dilema do perspectivismo jurídico

Como esclarecido no capítulo I, o dilema do perspectivismo jurídico é produto de três pressuposições: 1) que o conteúdo da lei diverge do conteúdo da moralidade; 2) que o conteúdo da moralidade não é relativo às crenças individuais ou comunais; e 3) que a autoridade da lei diverge da autoridade da moralidade. No capítulo I, fiz a defesa da primeira dessas pressuposições. Nesta parte da obra vou me ocupar da segunda e da terceira pressuposição, numa tentativa de determinar se temos ou não de efetivamente escolher entre os axiomas da filosofia do direito que o dilema do perspectivismo jurídico torna incompatíveis. No capítulo II exporei razões que levam a conceber o relativismo moral como insustentável. No capítulo III demonstrarei a indefensabilidade da teoria predominante da autoridade legal – a teoria da autoridade prática –, a qual defende o poder da lei para superar a moral nas instâncias em que as duas divergem. No capítulo IV, de modo análogo, criticarei uma variação popular dessa teoria, ou seja, a que sustenta que a lei, embora careça do poder para superar a moral, não obstante possui o poder de influência, de sorte a estar investida de um acato de tal peso que, apenas nas mais raras ocasiões, estará alguém autorizado a colocá-la de lado em nome da moral. Nos capítulos V e VI irei explorar duas avaliações de como a lei poderia ser comprobatória da moralidade, mas não superior a esta. No capítulo VI defenderei a teoria segundo a qual só a moral está capacitada a nos obrigar, pois a lei é capaz de possuir, no máximo, autoridade teórica. Caso se revelem persuasivos, os capítulos desta parte, no seu conjunto, darão vigor ao dilema do perspectivismo jurídico, ou seja, deixarão claro que não podemos nos safar de uma escolha entre os nossos mais básicos princípios da filosofia do direito. Ou teremos que abandonar o princípio do retributivismo frágil e permitir a punição daqueles que agem moralmente violando a lei, ou teremos que revisar nosso entendimento dos deveres impostos aos agentes legais por nossos compromissos institucionais com o estado de direito, a democracia e a separação dos poderes estatais.

Capítulo II
A rejeição do relativismo moral

A primeira pressuposição do dilema do perspectivismo jurídico é que o relativismo moral constitui uma avaliação insustentável da natureza da moral. Se fosse de outra maneira, a tese da correspondência seria falsa, e o dilema formulado no capítulo I seria ilusório[1]. Lembremos que a tese da correspondência afirma que a justificabilidade de uma ação determina a justificabilidade de permitir ou impedir essa ação. A defesa dessa tese depende de duas exigências. A primeira é a de que as razões para a ação determinantes da moralidade da conduta são objetivas no sentido de que suas características retificadoras são universais. Se é correto para um agente realizar um ato, terá que ser correto para todos os outros que ele o realize. A segunda exigência é de que, onde outras pessoas encaram uma escolha entre ações alternativas que contrariarão ou não o desenrolar da conduta do agente, a justeza da conduta do agente vincula o erro de quaisquer ações que a ele se oporão.

---

1. Embora o dilema do perspectivismo pressuponha a falsidade do relativismo metaético, esse dilema não pressupõe a verdade do realismo metaético. Alguns não-cognitivistas acreditam que podem duplicar virtualmente todas as pretensões feitas pelos realistas metaéticos. Ver, por exemplo, Simon Blackburn, *Spreading the Word* (Oxford: Clarendon Press, 1984); Jeremy Waldron, "The Irrelevance of Moral Objectivity", em *Natural Law Theory*, ed. Robert P. George (Oxford: Clarendon Press, 1992), 158-87. Se estiverem certos, a questão da moralidade ser ou não relativa a funções será tão significativa para eles quanto para os realistas morais.

34 *O COMBATE MORAL*

Se o relativismo fornece a melhor compreensão da natureza dos juízos normativos, então a primeira pretensão sobre a qual se apóia a defesa da tese da correspondência tem que ser falsa, e o dilema do perspectivismo jurídico terá pouca importância. Afinal, se a moralidade de uma ação é relativa às crenças de indivíduos ou de comunidades, então, visto que as crenças das pessoas e as convenções das comunidades podem ser diferentes, o mesmo pode ocorrer em relação à moralidade de ações similares ou co-dependentes. É simplesmente falso que as razões para a ação sejam objetivas no sentido de que suas características retificadoras sejam universais. Posto que um agente pode acreditar ser correto realizar o ato A, enquanto outros podem acreditar ser errado ele realizar esse ato, pode ser correto, para o agente, realizar o ato A, e errado para os outros que ele o realize. Segue-se, de maneira trivial, que um agente pode ter justificativa moral (devido às suas crenças) para contrariar ou punir uma ação que um outro agente (devido às suas crenças) tem justificativa moral para realizar. O quebra-cabeça gerado no capítulo I só será, assim, um quebra-cabeça autêntico se o relativismo moral for falso. É minha intenção, neste capítulo, apresentar razões suficientes para a efetiva falsidade do relativismo moral[2]. Se capazes de persuasão, essas razões respaldam a pretensão de que o dilema do perspectivismo jurídico é real, exigindo de nós que abandonemos a tese da correspondência (e o princípio do retributivismo frágil, que lhe é partidário) ou que sejamos privados de valores sistêmicos há muito considerados inatacáveis.

Cinco teses do relativismo moral

Aqueles que defendem o relativismo moral podem estar recorrendo a qualquer um (ou qualquer combinação)

---

2. Fiz a exposição de uma crítica mais extensa e detalhada do relativismo moral em Heidi M. Hurd, "Relativistic Jurisprudence: Skepticism Founded on Confusion", *Southern California Law Review* 61 (1988), Nota.

ORIGENS DO DILEMA DO PERSPECTIVISMO JURÍDICO

dos cinco argumentos que se seguem. Primeiramente, podem estar fazendo a afirmação metafísica radical de que as proposições morais não possuem valor de verdade singular: o valor de verdade das proposições morais é relativo às crenças dos indivíduos que as afirmam ou negam (no caso do subjetivismo moral) ou à aceitação ou rejeição delas por um dado grupo de referência (no caso do convencionalismo moral). Daí, o que pode ser correto para um pode ser simultaneamente errado para um outro em semelhantes circunstâncias. Em segundo lugar, aqueles que se descrevem como relativistas morais podem estar fazendo a afirmação metafísica completamente diferente de que ao menos alguns juízos morais são incomensuráveis: não há literalmente nenhuma verdade a respeito da matéria que tange à moralidade comparativa de certas ações. Por conseguinte, pelo menos em alguns casos, não haverá qualquer resposta quando se pergunta se uma ação que contraria a ação justificada de um outro é, consideradas todas as coisas, correta ou errada.

Em terceiro lugar, e com muito mais modéstia, os que se intitulam relativistas morais podem simplesmente estar fazendo a observação empírica de que pessoas e comunidades discordam a respeito da moralidade. Em quarto lugar, podem estar exprimindo a afirmação epistemológica de que, dado o desacordo empírico em torno da verdade das proposições morais, a justificabilidade para asseverar proposições morais tem que ser considerada como relativa às crenças dos indivíduos ou grupos que fazem as asserções. Finalmente, os que defendem o relativismo moral podem estar fazendo a afirmação de cunho semântico de que não existe nenhuma linguagem comparativa mediante a qual se possa julgar o significado dos termos morais quando usados por indivíduos ou grupos que parecem discordar sobre matérias morais. O termo "correto" usado por Hitler pode ter um significado algo diferente do termo "correto" usado por Gandhi; conseqüentemente, contrariando as aparências, Hitler e Gandhi podem não ter, com efeito, acolhido quaisquer divergências morais (embora não haja nenhum meio de tra-

36   *O COMBATE MORAL*

duzir seus usos do termo "correto" de maneira a estabelecer a verdade ou a falsidade de tal sugestão).

Posto que a tese da correspondência é uma tese metafísica, somente as duas primeiras dessas cinco teses do relativismo moral lhe colocam desafios autênticos. Pessoas e comunidades podem muito bem discordar entre si relativamente à verdade de certas proposições morais (a terceira tese empírica), e, conseqüentemente, pode não ser possível chegar a um acordo acerca da correção da ação de um indivíduo, ou seja, acerca do equilíbrio das razões para a ação que determina a moralidade da conduta dessa pessoa[3]. Porém, esse fato, por si só, não estabelece que tal conjunto de razões não existe objetivamente; simplesmente significa que agora não podemos chegar a um acordo sobre sua especificação. Que não possamos concordar quanto ao conteúdo da moralidade em todas as suas minúcias não implica que não possamos obter conclusões raciocinadas a respeito da relação geral entre obrigações e permissões morais, como, por exemplo, a conclusão incorporada na tese da correspondência, segundo a qual qualquer que seja o conteúdo da moralidade, suas disposições não podem tornar moralmente conflitantes ações co-dependentes.

De modo semelhante, a justificação com a qual as pessoas enunciam proposições morais pode muito bem ser (e, de fato, presumivelmente é) relativa à informação e aos recursos cognitivos disponíveis para elas. Assim, pode ser justificável que uma pessoa defenda a moralidade de uma ação, embora seja simultaneamente justificável que uma outra (detentora de informações ou capacidades cognitivas distintas) questione a moralidade dessa mesma ação (a quarta tese epistemológica). Mais uma vez, contudo, essa preten-

---

3. Para defesas ponderadas da tese de que o desacordo moral *irreconciliável* (nascido do conflito moral insolúvel) é compatível com a objetividade moral, ver Stuart Hampshire, *Morality and Conflict* (Cambridge, MA: Harvard University Press, 1983), 151-5 e Judith Wagner DeCrew, "Moral Conflicts and Ethical Relativism", *Ethics* 101 (1990): 27-41.

ORIGENS DO DILEMA DO PERSPECTIVISMO JURÍDICO 37

são, por si só, é insuficiente para difundir a tese segundo a qual as disputas morais determinam respostas corretas. Desse modo, não basta derrotar a conclusão da tese da correspondência segundo a qual, embora dois partidos possam ter justificativa para fazer oposição mútua às ações de um e de outro, um deles estará, em última instância, correto em fazê-lo, e o outro, em última instância, errado. Com efeito, como argumentarei em seguida, desde que consideremos que as crenças sejam justificadas a ponto de pensarmos que elas chegam perto do verdadeiro, será impossível construir uma teoria da justificação moral que não pressuponha uma teoria independente da verdade moral. Assim, quando nossa teoria da justificação nos comprometer com o parecer de que duas pessoas estão, cada uma delas, justificadas por defender julgamentos morais conflitantes, teremos razão em buscar promover o aprimoramento de nossa teoria da justificação, de forma que ela nos capacite a declarar como verdadeiro o julgamento mais justificado dos dois.

Por fim, se a linguagem utilizada por pessoas ou grupos de pessoas diferentes for incomensurável (a tese semântica), então talvez seja impossível saber se uma pessoa que se opõe à ação correta de outra o faz como resultado de desacordo, confusão, ignorância ou psicopatia morais. Mas a indisponibilidade de uma linguagem moral comum não implica a inexistência de critérios objetivos da ação moral[4]. Por conseguinte, continua sendo completamente coerente afirmar uma correspondência moral entre ações co-dependentes, ao mesmo tempo que se admite (se necessário) que possa nos faltar uma linguagem comum mediante a qual sejamos capazes de discursar sobre a metafísica da moral (dos costumes) com alguma garantia de que haverá comunidade de pensamentos.

---

4. Como deixarei claro na terceira seção deste capítulo, os que defendem a primeira tese do relativismo moral podem fiar-se numa teoria do relativismo semântico para apoiar suas pretensões metafísicas. Contudo, estas permanecem como desafio à verdade da tese da correspondência, e não as assertivas semânticas por eles expostas no desenrolar de sua defesa.

38   *O COMBATE MORAL*

Por outro lado, se uma das duas primeiras teses do relativismo moral for verdadeira, a tese da correspondência estará em perigo, e uma defesa do perspectivismo jurídico poderá ser incapaz de formular qualquer dilema. Posto que é possível prescindir rapidamente do argumento contra a correspondência moral das ações co-dependentes predicadas na segunda tese do relativismo moral, examinemos as duas teses acima na sua ordem inversa. Ocupar-me-ei primeiramente da pretensão de que alguns juízos morais são incomensuráveis e, conseqüentemente, de que algumas ações co-dependentes podem carecer de qualquer correspondência moral. Devotarei o resto do capítulo à primeira tese, segundo a qual o valor de verdade dos juízos morais pode variar entre os indivíduos ou grupos e, por conseguinte, a moralidade presente nas ações co-dependentes de dois agentes pode não ser correspondente.

Incomensurabilidade moral e correspondência moral

Se acreditarmos que as coisas de valor, inclusive as ações, podem ser incomensuráveis, então poderemos considerarnos bem equipados para contestar a tese da correspondência. Se duas ações aparentemente co-dependentes detêm valor incomensurável, então não é possível dizer que a moralidade de uma corresponde (ou de qualquer outra forma se relaciona) à moralidade da outra.

Dizer que duas ações detêm valor incomensurável é negar que uma é melhor do que a outra, e que ambas detêm igual valor. Joseph Raz descreve "a marca da incomensurabilidade" como uma falha de transitividade. Segundo ele:

> Dispomos aqui de um modo simples de determinar se duas opções são ou não incomensuráveis, supondo-se conhecer que nenhuma delas é melhor do que a outra. Se for possível para uma delas ser melhorada, sem com isso se tornar melhor do que a outra, ou se puder haver uma outra opção

ORIGENS DO DILEMA DO PERSPECTIVISMO JURÍDICO 39

que seja melhor do que uma, mas não melhor do que a outra, então as duas opções originais serão incomensuráveis.[5]

Raz argumenta que, onde as considerações a favor e contra alternativas disponíveis são incomensuráveis, a razão é indeterminada. Em tais casos, raciocina ele, a moralidade propicia às pessoas uma larga esfera de liberdade na qual desfrutam de permissões para escolher entre opções mutuamente incompatíveis. "Desde que se infere que não há razão para afastar uma das alternativas em favor da outra, estamos num certo sentido livres para escolher o curso a seguir."[6]

Aqueles que chamariam a si mesmos de relativistas morais pelo fato de adotarem a afirmação de que valores podem ser incomensuráveis no sentido de Raz estão empregando um entendimento bizarro do conceito de relativismo. Nada na afirmação de que dois valores são incomparáveis sugere que o valor deles é relativo a alguma coisa. Nada na afirmação de que a razão é indeterminada quando confrontada com opções incomensuráveis sugere que a moralidade pode desafiar os constrangimentos da razão, de modo a ser contraditória. É, portanto, a rigor, um erro terminológico tratar afirmações de incomensurabilidade como afirmações de relativismo moral. Contudo, uma vez que os que descrevem a si mesmos como relativistas morais podem apenas querer dizer que endossam a incomensurabilidade moral, examinarei o argumento da incomensurabilidade como um argumento a favor do ceticismo metaético acerca de afirmações objetivas de correspondência moral.

Existem duas concepções de liberdade que os autodenominados relativistas poderiam estar buscando agregar à

---

5. Joseph Raz, *The Morality of Freedom* (Oxford: Clarendon Press, 1986), 325-6. Joseph Raz não é, certamente, nenhum relativista moral. Entretanto, sua formulação do conceito de incomensurabilidade poderia muito bem ser empregada na defesa de uma conclusão cética acerca da existência de características universais produtoras do correto.

6. *Ibid.*, 334.

40   *O COMBATE MORAL*

noção de incomensurabilidade, a fim de derrotar a tese da correspondência. Em primeiro lugar, poderiam estar usando o conceito de incomensurabilidade visando a argumentar que, quando as ações detêm valor incomensurável, as pessoas dispõem de *permissões* para nelas se empenharem, mesmo que o fazendo estejam se opondo a outra pessoa que faz o mesmo. Em segundo lugar, poderiam estar usando o conceito de incomensurabilidade com o propósito de argumentar que, quando duas ações detêm valor incomensurável, as pessoas estão *em liberdade* (num sentido *hohfeldiano*) para se empenhar nessas ações, mesmo à custa de anular os esforços mútuos.

A distinção entre dispor de uma permissão e estar em liberdade adquire importância aqui[7], embora no fim nem um conceito nem outro habilitem os relativistas morais a contestar a tese da correspondência. Dispor de uma permissão para realizar um ato (no sentido tradicional no qual essa peça da maquinaria moral é empregada) é dispor de um direito para realizar esse ato. Nos termos de Wesley Hohfeld, é estar numa posição em que 1) os outros não têm o direito de que alguém não realize o ato e 2) os outros têm o dever de não interferir na realização do ato por alguém[8]. Estar em liberdade, contudo, é dispor (dentro de uma análise *hohfeldiana*) meramente de um privilégio para realizar um ato. Quando alguém dispõe de um privilégio para realizar um ato, os outros não dispõem do direito de que alguém deixe de realizar o ato, mas os outros tampouco têm o dever de não interferir nesse ato[9].

---

7. Esta distinção serve a um uso semelhante no capítulo XI pelos deontologistas que discutem a tese da correspondência argumentando que, enquanto as obrigações não podem ser conflitantes, as permissões podem sê-lo. Os argumentos antecipados e expostos aqui por mim, a fim de demonstrar a resistência da tese da correspondência em face das pretensões a respeito de incomensurabilidade moral, anunciam os argumentos apresentados no capítulo XI em face das pretensões em torno da assimetria de obrigações e permissões.

8. Wesley Newcomb Hohfeld, *Fundamental Legal Conceptions*, ed. W. W. Cook (New Haven: Yale University Press, 1919), 36-9.

9. *Ibid.*, 41.

ORIGENS DO DILEMA DO PERSPECTIVISMO JURÍDICO 41

Os que procuram usar o conceito de incomensurabilidade objetivando argumentar que as permissões podem competir sob formas que violam a tese da correspondência atraem a confusão conceitual. Se as permissões constituem direitos, e direitos dão origem a deveres de não-interferência por parte dos outros (como constituem segundo qualquer teoria-padrão da natureza dos direitos), então duas pessoas não podem ter permissões que as deixem agir de maneira que confundam os esforços alheios. Assim, embora possa haver ações de valor incomensurável que geram direitos da parte de agentes individuais para que optem entre elas, os direitos gerados não podem justificar que um agente faça algo oposto ao que um outro agente tenha o direito de fazer. Em síntese, não se pode contestar a tese da correspondência recorrendo ao conceito de incomensurabilidade moral para conferir sentido a direitos morais conflitantes.

Os que procuram usar o conceito de incomensurabilidade moral para argumentar em favor de privilégios concorrentes provocam uma confusão menos óbvia. Se alguém dispõe de um privilégio *hohfeldiano* para realizar um ato, então os outros não dispõem do direito desse alguém de não realizar o ato. Mas os outros podem, ainda, ter um direito de interferir no ato de alguém, e em tal caso ninguém dispõe do direito de eles não intervirem. A tese da correspondência parece estar em perigo porque a liberdade que permite o ato de alguém não implica uma ausência de liberdade, por parte de uma outra pessoa, de impedir o ato desse alguém.

O problema enfrentado por aqueles que empregassem o conceito de incomensurabilidade moral para geração de privilégios (*hohfeldianos*) violadores da tese da correspondência seria que as ações assim privilegiadas carecem de valor moral de qualquer espécie, enquanto a tese da correspondência diz respeito à relação entre ações possuidoras de valor moral. Liberdades do tipo *hohfeldiano* definem as arenas de ação amoral. Os atores no interior de tais arenas não são limitados por quaisquer máximas de ação: elas estão autenticamente em liberdade. Não têm obrigações, mas tam-

42   *O COMBATE MORAL*

bém não têm direitos. Conseqüentemente, quando num estado de liberdade (concebido em termos *hohfeldianos*), os atores estão tanto desembaraçados quanto desprotegidos pela moralidade. Assim, o fato de suas ações poderem ser conflitantes não tem importância normativa porque suas ações não têm importância normativa. São as ações daqueles que se encontram num estado moral de natureza. Por ser a tese da correspondência uma tese sobre as condições da ação moral, não é nem problemático nem mesmo surpreendente que ela seja inaplicável às ações amorais.

Afinal de contas, portanto, o recurso à incomensurabilidade dos valores visando a gerar argumentos céticos contra a tese da correspondência acaba por fracassar. Algumas ações podem, por certo, ser de valor incomensurável, e a razão pode, por certo, ser indeterminada quando se está escolhendo entre um conjunto de tais ações, mas se a indeterminabilidade da razão gerar um direito de escolher entre várias opções incomensuráveis, então forçosamente será o caso de essas opções não incluírem ações que impediriam outros de adotar opções às quais têm direito. Analogamente, se a indeterminabilidade da razão gerar um privilégio (*hohfeldiano*) para escolha entre várias opções incomensuráveis, então será necessariamente o caso de que essas opções são destituídas de importância moral, e, por conseguinte, será o caso, forçosamente, de que qualquer escolha conflitante com a escolha de uma outra pessoa não constitua uma violação da tese da correspondência.

Assim, a tese da correspondência não pode ser desafiada pelos que predicam uma teoria do relativismo moral com base numa teoria da incomensurabilidade moral. Sendo assim, o dilema do perspectivismo jurídico, dependente como é da tese da correspondência, permanece tão desconcertante como antes. Se a tese da correspondência estiver certa, os juízes deverão se conformar ao princípio do retributivismo frágil e se recusar a punir cidadãos em circunstâncias em que suas violações à lei são moralmente justificadas. Entretanto, se os juízes substituírem por juízos mo-

ORIGENS DO DILEMA DO PERSPECTIVISMO JURÍDICO

rais as regras jurídicas sempre que a lei divergir da moral, os juízes se converterão em legisladores e o estado de direito, a democracia e a separação dos poderes se tornarão metas institucionalmente inatingíveis.

Relativismo metaético e correspondência moral

Um meio mais promissor de negar a agudeza do dilema do perspectivismo jurídico mediante a rejeição da tese da correspondência está disponível para aqueles que defendem a primeira e mais radical tese do relativismo moral: a tese de que todas as proposições morais carecem de um valor de verdade determinado. É esta afirmação metaética que capta o significado convencional da expressão "relativismo moral", e é esta mesma afirmação que é feita, de maneira típica, pelos que buscam discutir a objetividade dos juízos morais defendendo a relatividade ontológica das proposições morais. No âmbito dessa teoria, o valor de verdade das proposições morais é relativo a um conjunto particular de crenças.

O relativismo moral metaético apreende duas espécies de teorias: as subjetivistas e as convencionalistas. Um *subjetivista* afirma que a verdade dos juízos morais é relativa às crenças daqueles indivíduos que os afirmam ou negam. Um *convencionalista* acredita que a verdade das proposições morais é relativa às crenças ou convenções de uma comunidade de referência. Assim, embora um indivíduo não possa estar errado quanto à moralidade de uma ação numa teoria subjetivista (exceto na medida em que pode estar errado a respeito de suas próprias crenças), um indivíduo pode estar errado quanto à moralidade de uma ação numa teoria convencionalista porque suas crenças podem não conseguir se compatibilizar com as convenções de sua comunidade. Em parte por preocupações de caráter econômico, e em parte porque o convencionalismo é, dentre as duas versões do relativismo moral radical, a mais corrente (porque a maioria dos

44   *O COMBATE MORAL*

teóricos pensam que indivíduos podem cometer erros morais), eu me concentrarei nas teorias convencionalistas da ética. Os argumentos aventados tanto a favor quanto contra tais teorias, entretanto, são majoritariamente aplicáveis também às teorias subjetivistas.

Relativistas morais de um ou outro tipo discutem a objetividade dos juízos morais e assim argumentam, por exemplo, que é tanto moralmente correto terem os nossos ancestrais mantido escravos quanto moralmente errado para nós os termos hoje. De maneira análoga, a prática da eutanásia é moralmente correta para os *inuit* atualmente, mas, ao mesmo tempo, moralmente errada para os britânicos. O aborto é moralmente correto para os que são pró-escolha, e moralmente errado para os que são pró-vida. Segundo William Frankena:

> [O] que é correto ou bom para um indivíduo ou sociedade não é correto ou bom para um outro ou uma outra, mesmo se as situações envolvidas forem similares, significando não apenas que o que é considerado correto ou bom por uma não é considerado correto ou bom para uma outra... mas que o que é *realmente* correto ou bom num caso não o é em outro.[10]

E, como argumenta Phillipa Foot, "a verdade local é a única verdade substancial de que dispomos, e é essa verdade que tacitamente afirmamos na qualidade de nossas opiniões [morais] quando as expressamos"[11]. Temos que admitir, afirma ela, que, se o relativismo moral for verdadeiro, então "juízos opostos aos que nos são próprios são verdadeiros segundo os padrões de outros povos, como os nossos são verdadeiros segundo os nossos padrões, e... não há como

---

10. William K. Frankena, *Ethics*, 2. ed. (Englewood Cliffs, NJ: Prentice-Hall, 1973), 109.

11. Phillipa Foot, "Moral Relativism", em *Relativism: Cognitive and Moral*, eds. Michael Krausz e Jack W. Meiland (Notre Dame, IN: University of Notre Dame Press, 1982), 161.

ORIGENS DO DILEMA DO PERSPECTIVISMO JURÍDICO 45

escolher entre eles com bases objetivas"[12]. Se relativos aos padrões da comunidade local ou aos padrões do indivíduo, os juízos morais têm que proceder "sem o mais ínfimo pensar que [esses]... padrões estejam 'corretos'"[13].

A falsidade da tese da correspondência é facilmente deduzível de uma teoria metaética da relatividade moral. Na medida em que as que nelas se empenham podem, de maneira convencional, acreditar que as ações co-dependentes são moralmente assimétricas, um agente pode agir corretamente ao se opor ao que um outro agente faz corretamente. Com a finalidade de vencer esse desafio preliminar com relação à tese da correspondência, não é possível empregar a estratégia da seção anterior e acusar os que defendem a primeira tese do relativismo moral de fracassarem na compreensão das implicações de sua própria teoria. Os relativistas morais metaéticos não estão equivocados em sua convicção de que, se estiverem certos, a tese da correspondência estará errada. Assim, enquanto se revelava desnecessário, na seção anterior, admitir os méritos dos argumentos formulados em nome da incomensurabilidade moral (porque, como demonstrei, a tese da correspondência não é, em última instância, afetada pela verdade de afirmações sobre a incomensurabilidade moral), é absolutamente necessário admitir os méritos do relativismo moral metaético. Na seqüência, delinearei uma série de quatro objeções ao relativismo moral radical, cada uma em resposta às tentativas cada vez mais sofisticadas de defendê-lo. Sumariamente, argumentarei, em primeiro lugar, que o relativismo moral não leva a concluir que as crenças morais incompatíveis com as que são próprias de alguém têm que ser toleradas, e, desse modo, não gera a espécie de princípio de tolerância universal que supuseram aqueles motivados a defender o rela-

---

12. *Ibid.*, 162. Como na famosa sátira de Oliver Wendell Holmes, falar de valores objetivos não passa de uma referência a "uma sorumbática onipresença no céu". *Southern Pacific Co. contra Jensen*, 244 U.S. 205, 222 (1917).

13. Foot, "Moral Relativism", 155.

46   O COMBATE MORAL

tivismo moral em nome da tolerância. Em segundo lugar, na medida em que o relativismo moral declara como morais as crenças e práticas culturais mais detestáveis, suas afirmações no tocante ao conteúdo da moralidade parecem ser simplesmente falsas. Em terceiro lugar, o relativismo moral metaético é conceitualmente indefensável porque viola um princípio fundamental da lógica – o princípio de bivalência – ou invoca as afirmações do relativismo semântico, atraindo, com isso, uma regressão viciosa e uma condenável *reductio ad absurdum*. Em quarto lugar, o convencionalismo moral descamba em subjetivismo moral, assim gerando os mesmos problemas que, de início, motivam a maioria dos relativistas morais a declarar insustentável o subjetivismo.

Tolerando a intolerância

Muitos relativistas declarados se sentem motivados a defender as doutrinas do relativismo porque supõem que essas doutrinas resultam num princípio de tolerância que requer a não-intervenção nos hábitos, crenças e práticas de grupos distintos dos seus. Como afirmou o antropólogo Melville Herskovits, "na prática, a filosofia do relativismo é uma filosofia da tolerância"[14]. Considera-se que o princípio de tolerância se deduz do argumento de que, se todas as convenções morais são igualmente verdadeiras, nenhum grupo está justificado a impor seus valores a outros grupos. Fazer julgamentos morais de diferentes culturas ou comunidades significa empenhar-se numa espécie de imperialismo ético. Porque é forçoso dizer que todas as convenções morais são

---

14. Melville J. Herskovits, *Cultural Relativism: Perspectives in Cultural Pluralism* (Nova York: Random House, 1972), 31. Herskovits dissera anos antes que o relativismo "é uma filosofia que, ao reconhecer os valores estabelecidos por toda sociedade com o fito de orientar a própria vida dessa sociedade, enfatiza a dignidade inerente a todo corpo de costumes e a necessidade de tolerância das convenções, embora estas possam diferir das que lhe são próprias". Melville J. Herskovits, *Man and His Works* (Nova York: A. A. Knopf, 1948), 76.

ORIGENS DO DILEMA DO PERSPECTIVISMO JURÍDICO 47

igualmente corretas, todas as crenças morais devem, igualmente, ser merecedoras de respeito. Assim, afirma-se que a verdade do relativismo moral dá origem a um princípio de tolerância que constrange nossa intervenção nas práticas de grupos cujas crenças morais diferem das nossas[15].

Contudo, os relativistas motivados a defender o relativismo moral por pensarem que ele fundamenta um princípio de tolerância são responsáveis por dois erros correlacionados. Em primeiro lugar, o princípio de tolerância por eles defendido não é relativizado a um conjunto único de padrões ou crenças. À medida que o princípio é formulado, ele impõe obrigações absolutas a qualquer grupo que enfrenta pretensões morais conflitantes com as suas. No entanto, desenvolver tal princípio é claramente incompatível com a defesa do relativismo moral que o motiva. Como explica Bernard Williams, esse relativista obtém uma conclusão "a respeito do que é correto e errado no intercâmbio com outras sociedades, utilizando um sentido *não-relativo* do 'correto' não-tolerado [pela teoria do relativismo]"[16]. E segundo a formulação que Geoffrey Harrison faz do problema, a doutrina do relativismo moral é uma teoria metaética, cuja verdade ou falsidade está sujeita à averiguação empírica. Ser um relativista é ser um observador externo dos sistemas morais. A apologia da tolerância, entretanto, implica um

---

15. É um tanto difícil reconhecermos que o valor que atribuímos à nossa civilização deve-se ao fato de participarmos dessa civilização e de esta se manter no controle de todas as nossas ações desde o momento de nosso nascimento; mas é certamente concebível que possa haver outras civilizações talvez baseadas em tradições distintas e num diferente equilíbrio de emoção e razão que não possui menos valor do que o nosso, embora nos possa ser impossível estimar seus valores sem termos crescido sob sua influência. A teoria geral da valoração das atividades humanas, tal como ensinada pela pesquisa antropológica, nos ensina uma tolerância superior...

Franz Boas, "The Mind of Primitive Man", *Journal of American Folklore* 14 (1901): 11.

16. Bernard A. O. Williams, *Morality: An Introduction to Ethics* (Nova York: Harper & Row, 1972), 21.

48 *O COMBATE MORAL*

abandono de qualquer perspectiva externa: o defensor se torna um participante moral cujos juízos terão que ser considerados relativos a um ponto de vista moral particular. Desta forma, os relativistas são impedidos de fazer o juízo moral de que todos deveriam ser tolerantes em relação a opiniões contrárias, porque fazer tal afirmação significaria que estão desistindo da perspectiva externa que, para começar, faz deles relativistas[17].

Em segundo lugar, e de maneira correlata, os grupos que não adotam nenhum princípio interno de tolerância têm que ser considerados pelos relativistas como desembaraçados, na medida em que podem impor seus valores sobre outros. Em outros termos, se uma comunidade não considera a tolerância um valor, então a tolerância não é um valor para ela; conseqüentemente, essa comunidade não deveria (em função de suas convenções) ser tolerante com aqueles cujas convenções ela rejeita. Em vez de ordenar que o intolerante seja tolerante, o relativismo moral autoriza a intolerância em relação a todos aqueles que já não lhe atribuem valor. Possui ele, portanto, exatamente a implicação oposta para a tolerância daquela deduzida pelos defensores de seu princípio[18].

É claro que os defensores do relativismo moral poderiam estimular sua adoção porque acham que ele gera tolerância naqueles que o acolhem (a despeito do quão irracional isso possa ser). Mas enquanto um compromisso com o relati-

---

17. Geoffrey Harrison, "Relativism and Tolerance", em *Relativism: Cognitive and Moral,* eds. Michael Krausz e Jack W. Meiland (Notre Dame, IN: University of Notre Dame Press, 1982), 239.

18. Nicholas Sturgeon argumentou adicionalmente que, embora o relativismo possa fornecer "uma plataforma da qual se pode objetar a difundida hipótese, em nossa própria sociedade, de que outros povos têm muito que aprender com o nosso discernimento moral superior", também implica que nada temos a aprender com o discernimento dos outros. Advogando um simples refúgio em nossos próprios padrões quando nos defrontamos com o desacordo moral, o relativismo pode reduzir o debate moral, e com ele a oportunidade de compreender outros pontos de vista. Nicholas L. Sturgeon, "Moral Disagreement and Moral Relativism", *Social Philosophy and Policy* 11 (1994): 111-4.

ORIGENS DO DILEMA DO PERSPECTIVISMO JURÍDICO 49

vismo moral pode eliminar a motivação para ser intolerante, nada há na teoria que impeça o relativista de sustentar que, posto que todos os valores são iguais, estamos justificados (em virtude de não se conseguir um princípio de tolerância) ao impor nossos valores a outrem. Como argumentou Max Hocutt, "não há nada que impeça um relativista de condenar uma instituição social ou uma ordem social simplesmente com o fundamento de que não se trata do tipo preferido por ele"[19]. Embora um relativista possa não recorrer a uma autoridade superior a fim de condenar uma prática moral, esta pode ser denunciada exclusivamente mediante o fundamento de que é ofensiva à *sua* concepção do conteúdo da moralidade.

Embora os argumentos que demonstram a falácia de deduzir a tolerância do relativismo moral sejam inoperantes para questionar a verdade do relativismo moral, muito avançam no sentido de solapar a motivação-padrão de sua defesa. Muitos estudantes se apressam em renunciar a sua defesa do relativismo, de início entusiástica, ao reconhecerem que não podem empregá-la na defesa de um programa liberal de trabalho. Está claro que os que acolhem o relativismo moral como meio de derrotar a tese da correspondência podem afirmar plausivelmente que jamais foram motivados a defender o relativismo moral abrigando um desejo de fomentar qualquer tolerância. Afinal, se fossem motivados por um compromisso com a tolerância, poderiam se mostrar inclinados a adotar uma tese que impedisse um agente de contrariar as ações justificadas de algum outro. Por conseguinte, demonstrar que uma defesa do relativismo moral se incompatibiliza com um apelo pela tolerância universal pouco pode fazer para persuadir os que buscam derrotar a tese da correspondência a abandonar como seu meio as doutrinas do relativismo moral. Deixemos, então, esta linha de argumentação para trás, em favor de uma que não

---

19. Max Hocutt, "Must Relativists Tolerate Evil?", *The Philosophical Forum* 17 (1986): 197.

50   *O COMBATE MORAL*

caminhe para a motivação pelo relativismo, mas para sua sustentabilidade moral.

Dando um caráter moral ao mal

É falacioso pensar que o relativismo gera um princípio de tolerância. Permanece verdadeiro, contudo, que o relativista se empenha em pensar que todas as crenças morais detêm igual verdade enquanto forem coerentes com o conjunto de crenças com o qual sua verdade se relaciona. Na opinião do relativista, o único critério a ser atendido para tomar uma crença moral como verdadeira é o de a crença representar as atitudes da comunidade à qual ela é aplicada. Desta forma, o relativismo reconhece em qualquer coisa o potencial de se tornar moral. Como sugeriu Sanford Kadish quanto à opinião de um relativista sobre o devido processo: "Se e quando... o linchamento de assassinos sexuais de crianças deixar de ofender a consciência de porção suficiente da comunidade, o patrocínio dessa atividade pelo Estado será presumivelmente compatível com o devido processo legal."[20]

Pelo fato de os relativistas não poderem recorrer a nenhum padrão "externo" absoluto de verdade moral mediante o qual pudessem criticar crenças aparentemente imorais, eles estão circunscritos ao que pode ser denominado "crítica interna"[21]. Crenças e práticas de um grupo podem ser internamente criticadas demonstrando-se que as crenças se apóiam em convenções inconsistentes e, portanto, irracionais. Assim, a crença de um grupo de que o aborto é moral pode ser criticada se se descobre também que o grupo acredita tanto que o aborto é tirar a vida de uma pessoa quanto

---

20. Sanford Kadish, "Methodology and Criteria in Due Process of Adjudication: A Survey and Criticism", *Yale Law Journal* 66 (1958): 345.

21. Como afirmou Joseph Bingham, não existe "nenhuma medida externa do correto ou incorreto de uma asserção particular de retidão ou delinqüência morais". Joseph Bingham, "The Nature of Legal Rights and Duties", *Michigan Law Review* 12 (1913): 2.

ORIGENS DO DILEMA DO PERSPECTIVISMO JURÍDICO 51

tirar a vida de uma pessoa é uma ação imoral. Mas o que dizer de crenças e práticas más que são inteiramente consistentes e detêm coerência interna? O que dizer de uma sociedade de canibais? De uma sociedade que crê na tortura de bebês como um meio de torná-los vigorosos? De uma comunidade de proprietários de escravos? De um grupo que acredita na limpeza étnica? Da Ku Klux Klan? Se presumirmos que as crenças desses grupos podem receber consistência interna (e tal presunção é plausível, porque o relativista tem, inevitavelmente, que endossar uma teoria da racionalidade substancialmente neutra e, portanto, frágil[22]), o relativista terá que admitir que as práticas nas quais esses grupos se envolvem estão além da crítica. O relativista terá, assim, que considerar moral a perpetuação da barbárie, o chauvinismo, o racismo, o sadismo, a limpeza étnica, a perseguição religiosa, a escravidão, a prostituição, a guerra das gangues e assim por diante.

Alguns relativistas morais têm realizado contorções surpreendentes numa tentativa de negar que o relativismo moral necessariamente torna moral o que é (consistentemente) mau. Max Hocutt, por exemplo, insiste que os relativistas podem condenar os mais básicos padrões morais e legais de uma sociedade não apelando para inconsistências nos padrões mesmos, mas pelo emprego de princípios ou valores externos que fogem de proporções "absolutistas"[23]. Hocutt sugere duas estratégias mediante as quais os relativistas podem ter êxito na "crítica externa": 1) podem descobrir que os padrões de uma outra sociedade são contrários aos interesses desta sociedade; ou 2) podem descobrir que os padrões

---

22. Isto é, o relativista não pode incorporar numa teoria da racionalidade o cânone de que o imoral é irracional porque fazê-lo significaria um abandono do dogma central do relativista de que a moralidade não é um aspecto da racionalidade, mas das convenções coletivas. Assim, o relativista não pode, sob o risco de abandonar o relativismo, insistir que o nazismo jamais poderia revelar consistência, porque tal argumento pressuporia uma defesa da razão de crenças más serem inerentemente irracionais.

23. Hocutt, "Must Relativists Tolerate Evil?", 188-9.

52   *O COMBATE MORAL*

de uma outra sociedade são "contrários às [suas] preferências pessoais ou aos valores daqueles que [os] ouvem"[24].

A fim de empregar a primeira estratégia, raciocina Hocutt, é preciso que os relativistas estabeleçam uma diferença entre "chamar uma ação de *correta* e chamá-la de *moralmente correta*"[25]. Indagar se uma ação é moralmente correta, afirma Hocutt, consiste meramente em indagar se ela é coerente com as convenções de um grupo. Indagar se uma ação é correta, entretanto, significa indagar "se o agente faria bem em preferi-la" após levar em consideração "tudo que tem relevância"[26]. Quando as exigências da convenção entrarem em confito com os interesses de um agente, o agente estará diante de uma obrigação moral de fazer o que é contrário à razão. Como os agentes jamais deveriam realizar atos contrários à razão, argumenta Hocutt, esses agentes não deveriam cumprir obrigações morais que entrassem em conflito com seus interesses. Assim, a primeira estratégia disponível ao relativista para criticar externamente valores de uma comunidade é examinar se esses valores são coerentes com os interesses de seus membros.

Hocutt supõe que essa estratégia proporciona ao relativista munição suficiente para criticar ou condenar moralmente os nazistas. O ataque procede da maneira que se segue. Embora os nazistas estivessem moralmente obrigados a apoiar as metas do partido, tais metas eram contrárias aos seus interesses e, conseqüentemente, contrárias à razão. Os nazistas não deveriam, portanto, ter apoiado as metas do nazismo. O nazismo é mau, assevera Hocutt, não porque seja internamente inconsistente, mas porque contraria os interesses daqueles que o apóiam, sendo, por conseguinte, irracional.

A primeira estratégia de Hocutt, contudo, esbarra numa série de dificuldades, a maioria das quais se origina de sua pretensão de fornecer uma base para a crítica externa que não conta com premissas morais objetivas. E ainda assim,

---

24. *Ibid.*, 188.
25. *Ibid.*, 192.
26. *Ibid.*, 192.

ORIGENS DO DILEMA DO PERSPECTIVISMO JURÍDICO   53

se Hocutt forneceu uma fonte de crítica externa, ele o fez pela introdução clandestina de suposições morais objetivas – uma estratégia que implica o abandono do relativismo moral. Se, por outro lado, sua tese é interpretada como capaz de evitar com sucesso um compromisso com a objetividade moral, então sua tese não consegue fornecer aos relativistas um meio de realizar críticas *externas*.

Hocutt admite explicitamente que sua primeira estratégia para proporcionar aos relativistas morais um meio de crítica externa se apóia na premissa de que as pessoas deveriam fazer o que fariam bem em preferir. Tal premissa é objetiva em dois aspectos. Primeiramente, é sugerida como máxima universal que é verdadeira em todas as circunstâncias para todas as pessoas, independentemente de quaisquer crenças contrárias às que alguns poderiam abrigar. Em segundo lugar, ela pressupõe que se pode avaliar a racionalidade dos fins alheios – uma pressuposição que introduz uma clandestina pretensão objetivista de que há algum fato concreto que determina o que um agente deveria preferir. Assim, Hocutt viola seu próprio relativismo em duas frentes.

Para não se apoiar em asserções morais objetivas, Hocutt tem que adotar a tese mais modesta de que as práticas de um grupo podem ser criticadas sempre que não conseguem ser o meio instrumentalmente mais eficaz de realizar os objetivos desse grupo. Essa estratégia não faz o relativista empreender a avaliação dos fins de um grupo, mas somente uma apreciação de seus meios. Ainda assim, tal tese dificilmente oferece uma oportunidade para o tipo de crítica externa esperado por Hocutt. Permite aos relativistas avaliar se os nazistas adotaram meios eficazes para seus fins sem capacitar os relativistas a dizer qualquer coisa a respeito desses fins. E certamente são os fins dos nazistas e não a eficácia dos seus meios que exigem exame[27].

---

27. Para uma defesa semelhante da habilidade dos relativistas de empreenderem a crítica externa, ver Charles Sayward, "System Relativism", *Ratio* 1 (1988): 173-4. Sayward afirma que códigos morais podem ser classifica-

54   *O COMBATE MORAL*

Nesse ponto, Hocutt poderia recorrer a uma defesa de sua segunda estratégia para capacitar os relativistas a empreenderem uma crítica externa. Os relativistas, ele argumenta, podem condenar instituições morais baseando-se em que tais instituições são contrárias aos seus próprios valores ou aos valores do seu público. Nada impede o relativista, insiste Hocutt, de asperamente julgar um princípio ou prática simplesmente baseado no fato de "não gostar deles"[28]. Tal estratégia, entretanto, ameaça um recuo ao emotivismo puro. Afigura-se uma tentativa desesperada de fundar a crítica no altamente relativista porém incorrigível mundo do sentimento. Embora essa tentativa preserve a exterioridade do juízo moral, abandona a função de crítica. Criticar padrões morais de uma comunidade não é meramente responder emocionalmente a eles; é, pelo contrário, fornecer argumentos racionais para a adoção ou rejeição daqueles padrões. A adoção de uma tese emotivista conduz quem a fez justamente a encarar a incomensurabilidade das emoções: se todos os nazistas preferem ou valoram ou gostam de matar judeus e todos os americanos consideram tal matança repulsiva, bárbara e horrenda, qual o auxílio dado pela segunda estratégia de Hocutt no que tange a decidir quais as preferências ou sentimentos morais deveriam prevalecer? A resposta é clara: nenhum.

Hocutt falha, assim, em sua tentativa de ajustar o relativismo moral à crítica externa. Ele nos leva de volta à objeção ao relativismo pela qual começamos: as piores práticas imagináveis têm que ser consideradas morais se praticadas coe-

---

dos quanto aos propósitos com que as pessoas aderem aos códigos morais. Ele, então, nega que alguém esteja empreendendo juízo moral ao dizer que "quanto a este ou àquele propósito, este código é melhor do que aquele". Todavia, de uma maneira que lembra a primeira estratégia de Hocutt, essa tese ou clandestinamente introduz juízos morais objetivos concernentes ao valor dos vários propósitos com os quais as pessoas adotam códigos morais ou deixa de fornecer fundamentos para a crítica externa, permitindo apreciações dos meios mas não dos fins.

28. *Ibid.*, 198.

ORIGENS DO DILEMA DO PERSPECTIVISMO JURÍDICO   55

rentemente por uma comunidade. Tal objeção sugere que o relativismo moral é falso porque, quando uma teoria moral implica que qualquer coisa sob o sol pode ser moral, não fica claro em qual sentido trata-se de uma teoria moral viável. Os problemas que se seguem procuram demonstrar não apenas que o relativismo moral é moralmente desagradável, mas também conceitualmente insustentável. Ou implica uma violação do princípio de bivalência, assim se tornando incoerente, ou descamba no subjetivismo radical, assim tornando sem significado o discurso moral[29].

Violando a bivalência

Se os relativistas morais afirmarem que a proposição "o aborto é moral" é simultaneamente verdadeira para um grupo mas falsa para um outro, pareceria que estão perpetrando uma violação do princípio de bivalência – o princípio segundo o qual uma proposição não pode ser, simultaneamente, tanto verdadeira quanto não-verdadeira. E, de fato, o relativismo moral pareceria estar acarretando, com

---

29. Um terceiro argumento conceitual com freqüência formulado contra o relativismo é que ele resulta em autocontradição. Diz-se ocorrer essa autocontradição quando se pede aos relativistas que justifiquem a tese de que a verdade moral reside nas crenças da maioria corrente. Se os relativistas afirmam que a tese é verdadeira porque a maioria acredita ser ela verdadeira, dão a questão como provada. Se, todavia, dizem que é verdadeira por deduzir-se de outras proposições verdadeiras, admitem que a verdade não é dada pelas crenças da maioria. Para uma formulação similar deste dilema, ver Steven D. Smith, "Skepticism, Tolerance, and Truth in the Theory of Free Expression", *Southern California Law Review* 60 (1987): 670-1.

Esta argumentação, contudo, somente incomoda o relativista *cognitivo*. Alguém que defenda o relativismo *moral* não precisa ser um relativista cognitivo e, portanto, não precisa justificar a afirmação metaética de que a moralidade é relativa por fazer referência às crenças de uma comunidade. Pelo contrário, o relativismo moral pode sustentar a tese realista de que constitui um fato (não-relativo) a respeito do mundo que a verdade moral seja relativa e, daí, evitar a incoerência geralmente atribuída ao relativismo pela argumentação acima.

56 O COMBATE MORAL

regularidade, exatamente essa contradição. Parece que o relativista está empenhado em declarar correta cada uma de duas sociedades acerca da moralidade do aborto se uma sociedade acredita convencionalmente na moralidade do aborto, enquanto a outra acredita convencionalmente em sua imoralidade. Vem-nos à memória a história do rabi a quem foi pedido que julgasse a disputa entre duas mulheres. O rabi ouviu a primeira mulher e disse imediatamente: "Você está correta!" Ouviu, em seguida, a segunda mulher e declarou: "Você está correta!" Chamando-o à parte, seu companheiro murmurou: "Não podem ambas estar corretas." E o rabi exclamou novamente: "Você está correto!" Como nos lembra esta história, a asserção simultânea de ambas as proposições *p* e *não-p* é considerada definidora de incoerência. Como o relativismo moral parece afirmar a verdade simultânea tanto de *p* quanto de *não-p*, ele se mostra conceitualmente insustentável[30].

Não é de surpreender que essa crítica tenha sido firmemente rejeitada pelos que defendem o relativismo. Na seqüência, ocupar-me-ei de três lances filosóficos distintos realizados pelos relativistas com a finalidade de escapar da contradição. O primeiro lance relativiza a semântica das proposições morais; o segundo relativiza as pressuposições dos juízos morais; e o terceiro relativiza a pragmática das expressões morais.

Relativismo semântico

Os relativistas semânticos se defendem da alegada violação da bivalência relativizando a semântica dos predica-

---

30. A violação da bivalência não é mais óbvia que na popular formulação do relativismo metaético proposta por William Frankena. Segundo Frankena, "no caso de juízos éticos básicos, não há maneira objetivamente válida e racional para justificar um com base no outro; conseqüentemente, dois juízos básicos conflitantes podem ser *igualmente válidos*". Frankena, *Ethics*, 109 (os itálicos são nossos).

ORIGENS DO DILEMA DO PERSPECTIVISMO JURÍDICO 57

dos morais. Argumentam que o próprio significado de nossos predicados morais: "bom", "mau", "correto", "errado" é relativo aos padrões do que está em julgamento[31]. Assim, quando os relativistas dizem que "o aborto na sociedade S1 é correto" e "o aborto na sociedade S2 é errado", querem dizer que "o aborto é correto-relativamente-aos-padrões-de-S1" e "o aborto é errado-relativamente-aos-padrões-de-S2". Como o predicado "correto-pelos-padrões-de-S1" não contradiz o predicado "errado-pelos-padrões-de-S2", o desafio da incoerência é declarado vencido. Os relativistas semânticos rejeitam, assim, a acusação de que estão empenhados em afirmar que a proposição "o aborto é moral" é tanto verdadeira quanto falsa; pelo contrário, por conta de seu relativismo semântico, estão afirmando que a proposição "o aborto é correto-relativamente-aos-padrões-de-S1" é em toda parte verdadeira, e que a proposição "o aborto é errado-relativamente-aos-padrões-de-S2" é em toda parte verdadeira.

Causa surpresa que os relativistas insistam confiantemente nessa resposta, como se ela, sem qualquer problema, os livrasse da incoerência. Pelo contrário, relativizar o significado como meio de relativizar a verdade atrai dois problemas conceituais graves. Em primeiro lugar, a análise semântica do relativista da sentença "o aborto é errado" resulta na

---

31. Assim, como afirma Richard Brandt, "embora os romanos e os esquimós possam usar as mesmíssimas palavras para descrever um certo tipo de ato – para, então, expressar apreciações éticas conflitantes com relação a ele – na realidade, num certo sentido, eles têm em mente coisas muito diferentes". Richard B. Brandt, *Ethical Theory: The Problems of Normative and Critical Ethics* (Englewood Cliffs, NJ: Prentice-Hall, 1959), 100. Quanto às tentativas recentes de relativizar o significado dos termos morais como meio de salvar o relativismo moral da acusação de violar a bivalência, ver James Dreier, "Internalism and Speaker Relativism", *Ethics* 101 (1990), 6-26 (que argumenta que tanto pode a incoerência ser evitada como pode o aspecto internalista das proposições morais prestar as suas contas pela fixação do conteúdo das proposições morais pelo contexto de sua expressão); Philip Hugly e Charles Sayward, "Moral Relativism and Deontic Logic", *Synthese* 85 (1990): 139-52 (que sustenta que a incoerência pode ser evitada recorrendo-se às metateorias semânticas da lógica deôntica).

58   *O COMBATE MORAL*

sentença complexa "relativamente aos padrões S1, o aborto é errado". Ora, o relativista necessita de uma análise do significado do fragmento da sentença "o aborto é errado" dentro da sentença complexa assim criada. Esse fragmento também deve ser analisado como "relativamente aos padrões S1, o aborto é errado"? Se assim for, o relativista atrairá uma regressão infinita de prefixos a um fragmento de sentença cujo significado jamais é dado[32].

Em segundo lugar, a sugestão de que o significado é relativo a um certo conjunto de padrões atrai o que chamarei de *reductio* do relativismo semântico. Essa *reductio* tem quatro etapas, cada uma delas constituindo um problema independentemente devastador para os relativistas semânticos. Em primeiro lugar, se o significado dos predicados morais é relativo a um conjunto de convenções discretas, então não há base para a comparação das convenções. Embora predicados como "correto-pelos-padrões-S1" e "errado-pelos-padrões-S2" possam não ser *conflitantes* nessa teoria, tampouco podem eles ser *concordantes*. Assim, embora indivíduos fiéis a um conjunto de padrões S1 possam afirmar que "a eutanásia é errada" e indivíduos presos a um conjunto de padrões S2 possam igualmente afirmar que "a eutanásia é errada", isto não sugere que todos concordem que a eutanásia seja errada. A tese do relativismo semântico endossada pelos relativistas ansiosos por poupar o relativismo das acusações de incoerência impede comparações morais. O significado dos juízos morais é interpretado como significado relativo a algum conjunto de padrões; independentemente de qualquer conjunto de padrões, a noção de que termos morais possuem significado carece de qualquer sentido.

Em segundo lugar, se predicados pertencentes a diferentes padrões não são nem conflitantes nem concordan-

---

32. Esta objeção lembra a famosa queixa de G. E. Moore com relação a várias versões do que denominei relativismo semântico. Ver G. E. Moore, *Ethics* (Cambridge: Cambridge University Press, 1912). Ver também Sayward, "System Relativism", 171, em que se pode encontrar uma formulação semelhante desta objeção.

ORIGENS DO DILEMA DO PERSPECTIVISMO JURÍDICO 59

tes, como podem os padrões morais ser alcançados ou combinados em qualquer sociedade? Afinal, um padrão ou convenção moral é um acordo explícito ou implícito com relação às crenças ou atitudes dos membros de uma sociedade. E se "correto" significa "correto segundo o padrão S", então os acordos iniciais entre indivíduos tornam-se impossíveis. Tais acordos podem não passar de meras coincidências sintáticas da expressão oral. O fato de dois indivíduos pronunciarem a frase "a eutanásia é imoral" equivale meramente a uma coincidência de sons orais. Não pode haver uma identidade de conteúdo proposicional porque não pode haver nenhum padrão segundo o qual um ou outro possa julgar que a eutanásia é errada. "Errado" no caso desses acordos iniciais, isto é, acordos que estabelecem convenções de uma sociedade, só pode ser um símbolo destituído de sentido ou referência. O que mais poderia ser "errado" diante da ausência de qualquer padrão relativo em que "errado" poderia ter significado?

As duas primeiras etapas desta *reductio* demonstram que o relativista não pode dar conta da existência das convenções morais às quais ele pensa que os juízos morais se referem. Isto deve bastar para impelir o relativista metaético a renunciar ao relativismo semântico. Mas a *reductio* não termina aqui. Na opinião relativizada sugerida do significado, o que fazer da coerência da suposição antes desinteressante de que indivíduos podem dispor de conjuntos de crenças, isto é, de acordos intra-individuais? O fato de um indivíduo afirmar *p* no tempo *t1* e *p* novamente no tempo *t2* não pode ser interpretado como evidência de algum acordo que ele tem consigo (ou seja, pertencente a um conjunto de crenças que ele possui de maneira consistente). Pelo contrário, a consistência das expressões de um indivíduo pode ser, no máximo, uma coincidência sintática (mas não semântica). Se o relativista não é capaz de salvar sua teoria da *reductio* do relativismo semântico, ele está comprometido com o ponto de vista de que as próprias asserções de um indivíduo não podem ser comparadas de modo a decifrar, a

60   *O COMBATE MORAL*

partir delas, um conjunto de crenças ao qual se pode dizer que o indivíduo se conforma. E dizer isto significa negar que a conduta verbal (e provavelmente os estados de crença íntimos) não possa jamais ter qualquer significado real.

Por fim, em quarto lugar, *vis-à-vis* a expressões de pré-acordo das quais nascem convenções interindividuais ou intra-individuais, a tentativa de relativizar o significado não isenta o relativismo moral de violar o princípio de bivalência. Suponhamos que, no tempo *t1*, um indivíduo afirma a proposição *p*, mas, no tempo *t2*, esse mesmo indivíduo afirma a proposição *não-p*. Ao afirmar "acredito que *p*", o indivíduo estará comprometido com *p*; no entanto, ao afirmar "acredito que *não-p*", o indivíduo estará comprometido com *não-p*. Assim, para esse indivíduo, tanto *p* quanto *não-p* são verdadeiros. Na ausência de algum acordo com o qual a verdade dessas proposições morais se relacionem, o relativista se verá comprometido a reconhecer a verdade simultânea tanto de *p* quanto de *não-p*, ficando assim incapacitado de vencer o desafio segundo o qual o relativismo implica uma violação do princípio de bivalência.

Relativismo pressuposicional

Os que reconhecem que o relativismo moral não pode escapar à violação da bivalência por meio da relativização da semântica do discurso moral podem se sentir tentados a livrar o relativismo da incoerência relativizando, em lugar disso, as pressuposições desse discurso. Com base nesse argumento, o *significado* das proposições morais não é dado pelas convenções de uma sociedade. Mas para que proposições morais (significativas) tenham algum *valor de verdade*, elas precisam estar coerentes com as convenções de uma sociedade. Imaginemos, por exemplo, que na sociedade S1 a proposição "o aborto é moral" recebe a crença unânime de que é verdadeira. Imaginemos que na sociedade S2 a maioria da população não acredita nem na moralidade do

ORIGENS DO DILEMA DO PERSPECTIVISMO JURÍDICO   61

aborto nem na sua imoralidade, ou seja, essa sociedade carece de uma convenção sobre o aborto. Se o valor de verdade das proposições for relativo a crenças de sociedades, então nessas duas sociedades o relativista pressuposicional é poupado da contradição. De acordo com a teoria do relativista pressuposicional, por haver apenas uma proposição sobre o aborto que reflete (de uma ou outra maneira) as convenções de uma sociedade, há apenas uma proposição sobre o aborto possuidora de um valor de verdade, *ou seja*, a proposição de que "o aborto é moral". Por conseguinte, o aborto é moral.

Quatro problemas independentes transtornam a tentativa de satisfazer o princípio de bivalência por meio da relativização das pressuposições (mas não do significado) das proposições morais. Em primeiro lugar, embora tal teoria escape à contradição de primeira ordem, ela comete uma contradição meta-horizontal, isto é, no tipo de caso acima, afirma tanto que "a proposição 'o aborto é moral' é verdadeira" como que "a proposição 'o aborto é moral' não é verdadeira nem falsa". Uma vez que isto significa afirmar tanto p quanto *não-p* (agora acerca de metaproposições concernentes à verdade de proposições morais de primeira ordem), o relativismo pressuposicional se mostra tão vulnerável quanto o relativismo semântico às acusações de incoerência.

Em segundo lugar, o relativismo pressuposicional somente escapa plausivelmente à contradição de primeira ordem em casos em que uma sociedade possui uma convenção clara quanto à moralidade de um certo tópico, enquanto outra sociedade não possui nenhuma convenção a respeito desse tópico. Mas o que dizer de sociedades que têm convenções patentemente conflitantes? Se uma sociedade acredita convencionalmente que o aborto é moral, enquanto outra sociedade acredita convencionalmente que ele é imoral, então, segundo o relativista pressuposicional, as afirmações "o aborto é moral" e "o aborto é imoral" são ambas significativas *e* possuem um valor de verdade. E se o seu valor de verdade (ainda que não o seu significado) é dado pelas convenções daqueles que as proferem, então essas afir-

62   *O COMBATE MORAL*

mações têm que ser, ambas, consideradas verdadeiras pelo relativista pressuposicional.

Em terceiro lugar, o relativista pressuposicional assume explicitamente que as sentenças contendo palavras carentes de referência não podem possuir um valor de verdade. Assim, no famoso debate entre Bertrand Russell e Peter Strawson[33], o relativista pressuposicional se uniria a Strawson ao sustentar que a afirmação "o atual rei de França é calvo" carece de um valor de verdade, ao menos enquanto a França carecer de um rei. Mas os que se filiam a Russell negarão que proposições significativas podem carecer de valor de verdade. Se a França não tem um rei, então a proposição "o atual rei de França é calvo" é uma proposição falsa e não uma proposição que não é nem verdadeira nem falsa, pois a proposição *quer dizer (significa)* que "há um rei de França e ele é calvo". Se os que tomam o partido de Russell estiverem certos, o relativista pressuposicional não poderá escapar à incoerência estabelecendo a premissa de seu argumento na pretensão de que sentenças significativas podem carecer de valor de verdade porque o valor de verdade da afirmação "o aborto é moral" é falso na segunda sociedade imaginada acima. Daí, numa situação em que uma sociedade acredita convencionalmente na moralidade do aborto e a outra carece de qualquer convenção referente à moralidade do aborto, o relativista pressuposicional terá que dizer que "o aborto é moral" é tanto verdadeiro quanto falso.

Finalmente, na medida em que o relativista pressuposicional lida com a afirmação "o aborto é moral" (quando dito com relação a uma sociedade que não possui nenhuma convenção a respeito da moralidade do aborto) do mesmo modo que Strawson lida com a afirmação "o atual rei de França é calvo" (quando dito com relação à França numa época em que ela não tem rei), o relativista pressuposicional terá que assumir que, precisamente porque a última sen-

---

33. Ver Bertrand Russell, "On Denoting", *Mind* New Series 14 (1905): 479-93; Peter Strawson, "On Referring", *Mind* New Series 59 (1950): 320-44.

ORIGENS DO DILEMA DO PERSPECTIVISMO JURÍDICO　　63

tença não é nem verdadeira nem falsa pelo fato de a palavra "rei" não se referir a ninguém, também a primeira sentença não é nem verdadeira nem falsa porque a palavra "moral" não se refere a nada. Mas isto equivale simplesmente a dizer que a frase "é moral" refere-se a uma convenção possuída por uma sociedade. Se os relativistas pressuposicionais tiverem que estabelecer a referência dos termos morais por meio de convenções das sociedades, então a teoria deles cairá inevitavelmente no domínio do relativismo semântico.

Esse mesmo ponto pode ser formulado de um modo totalmente diferente. Em benefício do argumento, inicialmente concedamos ao relativista pressuposicional a pretensão de que as sentenças às quais falta valor de verdade podem, contudo, ser significativas. Esta é a pretensão, está claro, que permite ao relativista pressuposicional discutir o relativismo semântico enquanto sustenta o relativismo moral. Suponhamos, então, que a sentença "o aborto é moral" seja significativa mesmo se lhe falta um valor de verdade, porque não existe nenhuma sociedade que possua alguma convenção acerca do aborto. O relativista pressuposicional está empenhado em afirmar que tal sentença adquire um valor de verdade à medida que é repetida pelos membros de uma sociedade. Mas como pode a pura e simples repetição de uma afirmação torná-la verdadeira? Sob pena de pensar que o tartamudear possa ter notáveis conseqüências metafísicas, a única resposta pode ser que a frase "é moral" se refere a uma convenção, e convenções adquirem existência com a repetição de proposições morais. Daí, proposições que nunca foram nem verdadeiras nem falsas podem se tornar verdadeiras por meio de seu múltiplo pronunciamento. Mas, evidentemente, se é assim que as proposições morais adquirem valor de verdade, então a referência das proposições morais é dada por convenções da sociedade. E porquanto a referência de um termo (ao menos em parte) outorga o sentido do termo em qualquer teoria do sentido plausível, o relativismo pressuposicional se dissolve em relativismo semântico. Assim, o relativismo pressuposicional não só en-

64   *O COMBATE MORAL*

frenta problemas próprios, mas também enfrenta os problemas que tornaram o relativismo semântico insustentável.

Relativismo pragmático

Admitindo a futilidade de empenhar-se em novas tentativas visando a relativizar o significado ou as pressuposições da verdade, de modo a sustentar as pretensões do relativismo metaético, Bernard Williams e Gilbert Harman optaram por um rumo pragmático. Ambos construíram teorias destinadas a demonstrar que, *como matéria pragmática*, é filosoficamente inadequado fazer juízos morais a respeito de crenças ou práticas de comunidades que, de alguma forma, estão distantes daquela que nos é própria. Este movimento representa uma tentativa de reconciliar o relativismo com o princípio de bivalência, porque este nega a legitimidade de emitir juízo sobre as convenções morais dos que chegariam a conclusões morais opostas às nossas, negando, conseqüentemente, que jamais se poderia afirmar, de maneira apropriada, tanto que "o aborto é moral" quanto que "o aborto é imoral".

Relativismo de apreciação. Bernard Williams produziu uma linha de relativismo a que denomina tanto "relativismo de apreciação"[34] quanto "relativismo da distância"[35]. Diferentemente do relativismo tradicional, o que avalia a moralidade das ações relativamente a um conjunto de convenções morais, o relativismo de apreciação de Williams avalia apreciações das convenções morais. Trata-se, assim, de uma tese de terceira ordem acerca da prática de segunda ordem de apreciar acordos morais. De acordo com Williams, a prá-

---

34. Bernard A. O. Williams, "The Truth in Relativism", *Proceedings of the Aristotelian Society* 75 (1974-75): 215-28.

35. Bernard A. O. Williams, *Ethics and the Limits of Philosophy* (Londres: Fontana Press/Collins, 1985): 162.

ORIGENS DO DILEMA DO PERSPECTIVISMO JURÍDICO

tica de segunda ordem de avaliar um conjunto de convenções é relativa a várias condições, tais como a natureza do código moral que nos é próprio e dos interesses ou preferências que nos são próprios.

As apreciações de convenções morais só podem ocorrer, segundo Williams, se atendidas duas condições: 1) existem dois ou mais sistemas de crenças completos e fechados (S1 e S2) e 2) esses sistemas de crenças são exclusivos[36]. No que Williams considera o mais direto dos casos, S1 e S2 apresentam conseqüências conflitantes: quando interpelados com perguntas que requerem sim ou não como resposta, as pessoas que sustentam S1 responderão "sim", enquanto as pessoas que sustentam S2 dirão "não". Por exemplo, dir-se-ia que dois grupos sustentam sistemas conflitantes de crenças se, em resposta à questão "o aborto é moral?", um grupo diz "sim", enquanto o outro diz "não".

Quando a exclusividade de dois sistemas fechados resulta no que Williams chama de "confronto real", existe "um grupo, nessa ocasião, para o qual cada sistema, S1 e S2, constitui uma opção real; isto inclui, embora não se restrinja a ele, o caso de um grupo que já sustenta S1 ou S2, para o qual a questão é *aderir* ou não ao outro S"[37]. Em contraste com o confronto real está o confronto nocional, que "se assemelha ao confronto real por haver pessoas cientes de S1 e S2 e cientes de suas diferenças", mas difere do confronto real "pelo fato de que ao menos alguém de S1 e S2 não apresenta uma opção real a elas"[38].

Para um sistema de crenças, para que S2 seja uma "opção real" para algum grupo que sustenta S1, duas condições devem ser atendidas. Primeiramente, é mister que haja a possibilidade de os membros do grupo acederem a S2 – para aceitá-lo plenamente ou viver dentro dele – ainda que retendo "sua sustentação na realidade"[39]. Em segundo lu-

---

36. Williams, "The Truth in Relativism", 175-6.
37. *Ibid.*, 180 (itálicos do original).
38. *Ibid.*
39. *Ibid.*, 181. Ver também Williams, *Ethics and the Limits of Philosophy*, 160.

66   O COMBATE MORAL

gar, tem que ser possível ao grupo justificar racionalmente a adoção ou a adesão de S2[40].

De acordo com a interpretação pragmática que Williams faz da doutrina do relativismo moral, "o relativismo com relação a um dado tipo de S é o ponto de vista segundo o qual, para alguém cujo S permanece em confronto puramente nocional com um tal S, não surgem questões autênticas de apreciação"[41]. As únicas apreciações legítimas são as apreciações de opções reais. "[P]ermanecer no confronto meramente nocional significa carecer da relação com os nossos interesses, a qual é a única capaz de submeter qualquer ponto ou substância à apreciação..."[42] Como conclui Williams, somente as opções reais podem ser julgadas porque, "quanto mais remoto estiver um dado S de nos ser uma opção real, menos substancial se mostrará a questão de ser 'verdadeira', 'correta' etc."[43].

Williams afirma que evita a regressão e a *reductio* atraídas pelo relativismo semântico e pressuposicional porque ele se abstém explicitamente de qualquer tentativa de relativizar o vocabulário da apreciação, de sorte a declarar opções meramente "verdadeiras para nós" ou "verdadeiras para eles". Como diz ele, "temos que dispor de uma forma de pensamento não relativizado para o nosso próprio S existente para pensar sobre outros Ss que podem ser de nosso interesse e expressar aqueles interesses..."[44]. Entretanto, na trilha do relativismo semântico e do pressuposicional, Williams atrai três problemas aparentemente devastadores.

O primeiro problema provém de sua concepção do que constitui uma opção real qualificada para a apreciação. Para um sistema de crenças S2, que acarreta conseqüências contrárias às de S1, ser uma opção real para as pessoas que

---

40. Williams, "The Truth in Relativism", 181. Ver também Williams, *Ethics and the Limits of Philosophy*, 160.

41. Williams, "The Truth in Relativism", 183.

42. *Ibid.*

43. *Ibid.*

44. *Ibid.*, 184 (itálicos omitidos).

ORIGENS DO DILEMA DO PERSPECTIVISMO JURÍDICO

sustentam S1, será necessário que as pessoas que sustentam S1 possam "passar" para S2 sem perder sua "sustentação na realidade". Williams finalmente proporcionou aquela oportunidade há muito esperada de indagar com toda a seriedade: "O que é a realidade?" Se a realidade é relativa ao sistema de crenças de alguém, então "passar" para um sistema de crenças que implica conseqüências opostas às que são próprias a esse alguém, tem certamente que ser a própria definição de "perder nossa sustentação na realidade". Se, em contrapartida, a realidade não é relativa a algum sistema de crenças, mas é, ao contrário, objetiva, então um entre dois conjuntos de crenças conflitantes não deve ser uma opção real para *qualquer pessoa*, pois, se ambos fossem opções reais, isto acarretaria que as crenças poderiam ser, simultaneamente, verdadeiras e falsas, corretas e erradas, e aceitáveis e inaceitáveis.

Williams deve ter em mente uma noção de realidade que reflete mais compromissos psicológicos que metafísicos. Ele deve pensar que, em algum ponto, a adoção de crenças inteiramente novas – crenças contraditórias às previamente sustentadas – resultará numa incapacidade de competir com o mundo. Estamos, assim, pragmaticamente constrangidos àquilo que consideramos uma opção real: uma opção real tem que representar um sistema de crenças suficientemente próximo do nosso próprio sistema a ponto de uma conversão a ele não expor ao risco nossa capacidade de nos conduzir normalmente. Mas como encontrar um sistema de crenças que esteja "próximo o bastante" para permitir a conversão que não determine ruptura e, ainda assim, tão diferente que propicie respostas a questões morais completamente contraditórias às nossas próprias?

Além da exigência de que uma opção real seja uma opção que permita a um grupo manter sua sustentação na realidade, Williams exige de uma opção real que esta seja um sistema de crenças cuja adoção demonstraria a racionalidade de um grupo. Mais uma vez podemos indagar: "O que é racional?" Se a racionalidade é relativa a um sistema de crenças, então como poderia a conversão a um sistema acarretar conseqüências opostas às de nossas próprias crenças? Alternativamente, se a racionalidade não é relativa a algum sistema de crenças, mas é algo objetivo, então, sob pena de violar o princípio de bivalência, isto mais uma vez significa que há respostas certas para as questões morais, de modo que um dos dois grupos a dar respostas conflitantes a uma questão moral deve estar errado. Se Williams rejeitar esta última interpretação e, com isso, rejeitar a noção de que existe algum meio de avaliar a racionalidade dos fins, então ele se comprometerá com a posição segundo a qual somente a crítica interna de um sistema de crenças é possível. Mas se este fosse o caso, então não poderíamos considerar um sistema de crenças superior ao nosso (exceto na medida em que o possamos considerar mais consistente que o nosso) e não poderíamos, baseados nisso, demonstrar que a conversão a ele é algo racional. Assim, parece que Williams não faz uma idéia clara do que significaria, para um sistema de crenças conflitante, consistir uma opção real.

O segundo problema produzido pela teoria de Williams resulta de sua recusa em relativizar a semântica do discurso moral. É, sem dúvida, esta recusa que o capacita a escapar à regressão e à *reductio* que incomodaram os relativistas semânticos e pressuposicionais. Mas se a linguagem da apreciação não for relativa a um sistema de crenças (de forma que uma prática possa ser "correta" num sistema, e "errada" em outro), como poderia haver dois sistemas conflitantes conduzindo a conseqüências opostas que igualmente constituam opções reais para algum grupo? Como poderia a palavra "correto" significar o mesmo ao ser aplicada a práticas conflitantes? Se em S1 todos responderem "não" à questão "o aborto é moral?", estarão comprometidos com o pensamento de que o aborto é imoral. E se em S2 todos responderem "sim" à questão "o aborto é moral?", estarão comprometidos com o pensamento de que o aborto é moral. Mas em qualquer teoria semântica que atribui o mesmo significado ao termo "moral" nesses pronunciamentos, como

ORIGENS DO DILEMA DO PERSPECTIVISMO JURÍDICO

seria possível que o termo moral pudesse expandir-se a ponto de permitir abortos e proscrevê-los? Sem relativizar a semântica dos juízos morais, Williams parece comprometido com o ponto de vista de que práticas podem ser (e, realmente, têm que ser se confrontos reais são possíveis) tanto corretas quanto erradas. Sua teoria, assim, constitui flagrante violação do princípio de bivalência.

É presumível que Williams respondesse a esta acusação invocando sua concepção singular de verdade ética – uma concepção que equipara a verdade ética àquele conjunto determinado de conclusões éticas para o qual "uma série de investigadores poderiam convergir de maneira racional, razoável e não-constrangedora..."[45] Ele insiste que a convergência para a verdade moral exigirá as habilidades empregadas "na descoberta de nosso caminho em todas as direções num mundo social... e isto, crucialmente, significa *em um ou outro mundo social*, visto ser certo que os seres humanos são incapazes de viver sem uma cultura e que há muitas culturas distintas nas quais são capazes de viver, com diferenças em seus conceitos locais"[46]. As crenças éticas, portanto, só são verdadeiras no parecer de Williams "no sentido oblíquo de que [são] as crenças que nos ajudariam a descobrir o nosso caminho em todas as direções num mundo social..."[47]. Williams argumentaria que esta teoria da verdade moral o capacitaria a reconciliar seu relativismo com o princípio de bivalência, porque, de acordo com esta teoria da verdade, o significado de dizer que duas pessoas que usam o mesmo termo avaliativo para descrever práticas morais contraditórias estão ambas corretas, é que um grupo reflexivo de investigadores concordaria que o juízo moral de cada pessoa representa o melhor meio de progredir em sua (dele ou dela) sociedade particular.

Contudo, Williams não pode se valer desse expediente sem deixar de levantar dois problemas cruciais. Em primei-

---

45. Williams, *Ethics and the Limits of Philosophy*, 151.
46. *Ibid.*, 152.
47. *Ibid.*, 155.

70   *O COMBATE MORAL*

ro lugar, qualquer conjunto de crenças para o qual investigadores racionais, razoáveis e não-constrangidos não conseguiriam convergir como demonstrativo do melhor meio de se fazerem conhecidos numa sociedade particular não seria, para esses investigadores, uma opção real. Mas, então, segundo a teoria de Williams, esses investigadores estariam impedidos de emitir um juízo relativo àquele conjunto de crenças. Se Williams fosse permitir que investigadores externos avaliassem ou apreciassem um conjunto de crenças visando a determinar sua "verdade" ou "falsidade" quando tal conjunto de crenças não fosse para eles uma opção real, Williams teria que abandonar sua pretensão central de que as apreciações são impróprias onde os pontos de vista éticos estão em confronto nocional. Mas se crenças "falsas" não são necessariamente opções reais, estando por isso isoladas da avaliação, como podem elas ser julgadas falsas?

Em segundo lugar, sob pena de retornar ao relativismo semântico, Williams se mostra incapaz de construir o argumento de que dois indivíduos que empregam o mesmo termo avaliativo de maneiras contraditórias podem ambos estar certos se, ao fazê-lo, refletirem o melhor método disponível para viver com os outros em suas sociedades particulares; ou seja, a afirmação da primeira pessoa seria "verdadeira-relativa-à-sociedade 1", enquanto a afirmação da segunda pessoa seria "verdadeira-relativa-à-sociedade 2". Esta conclusão, é claro, seria compatível com as exigências do princípio de bivalência, mas faria Williams defrontar-se com a *reductio* do relativismo semântico e, assim, confundiria qualquer tentativa de sua parte de dar sentido a como indivíduos e grupos poderiam chegar a ter compartilhado conjuntos de crenças, e isto só para começar.

O problema final que o relativismo de apreciação de Williams atrai talvez seja o mais condenável. Limitando os juízos éticos a opções reais, Williams restringe o alcance de nossas avaliações de outros sistemas éticos aos sistemas que poderíamos adotar. No entanto, é precisamente em relação a esses sistemas que *não* nos apresentam uma opção real que

ORIGENS DO DILEMA DO PERSPECTIVISMO JURÍDICO 71

mais sentimos a necessidade de crítica. A teoria de Williams efetivamente impede nossa avaliação das práticas quando estas se tornam tão diferentes das nossas que não as poderíamos adotar; mas este é o caso sempre que as práticas se mostram a nós hediondas, bárbaras ou injustas. Como conseqüência, exatamente quando a reprovação moral parece a mais apropriada, a teoria de Williams a torna ilegítima. Sua teoria, assim, nos permite apreciar somente o que nós, em geral, já aprovamos. Somos impedidos, no domínio desta teoria, de condenar aquelas práticas consideradas por nós ultrajantes precisamente *porque* as consideramos moralmente ultrajantes. Parece, portanto, que a teoria pragmática de Williams é conceitual e moralmente insustentável.

Relativismo dos juízos morais. Gilbert Harman descreve seu relativismo moral como uma "tese sobriamente lógica – uma tese sobre a forma lógica, se preferirem"[48]. Harman sustenta que "a moralidade surge quando um grupo de pessoas alcança um acordo implícito ou chega a um entendimento tácito acerca de suas relações recíprocas... [J]uízos morais... só fazem sentido em relação a esse acordo ou esse entendimento, e com referência a eles"[49]. Assim como faz pouco sentido indagar se um cão é grande independentemente de sua relação a alguma classe de animais ou objetos, também faz pouco sentido indagar se uma ação é errada independentemente de sua relação com qualquer acordo.

De acordo com Harman, os juízos morais (definidos como aqueles que assumem a forma "X deveria ou não deveria fazer Y" ou "X estava correto ou errado por ter feito Y") possuem duas importantes características: "Primeiramente implicam que o agente tem razões para fazer algo. Em segundo lugar, o orador, em algum sentido, endossa essas razões e supõe que o público também as en-

---

48. Gilbert Harman, "Moral Relativism Defended", *Philosophical Review* 84 (1975): 3.

49. *Ibid.*

72   *O COMBATE MORAL*

dossa."[50] A primeira característica atribuída por Harman aos juízos morais reflete uma teoria *humiana* da motivação, pois para que razões motivem uma ação, elas têm que refletir certas metas, desejos ou intenções subjetivos[51]. Assim, segundo Harman, quando dizemos que os outros devem dizer a verdade, pressupomos que eles têm uma razão subjetiva para dizer a verdade[52].

A segunda característica atribuída por Harman aos juízos morais provém de sua afirmação de que os juízos morais são tornados relativos a um acordo entre o orador e o sujeito do juízo do orador. Segundo Harman, os acordos resultam de "barganha moral". São afetados quando todos os indivíduos envolvidos tencionam aderir a um conjunto de princípios entendendo que outros, de maneira análoga, constrangerão a si mesmos. Harman afirma que:

> [Q]uando S faz o... juízo de que A deve fazer D, S supõe que A tenciona agir em harmonia com um acordo que S e o público de S também tencionam observar. Em outras palavras, desejo argumentar que a fonte das razões para fazer D que S atribui a A é a intenção sincera de A de observar um certo acordo.[53]

Portanto, quando afirmamos, com relação aos outros, que eles não devem mentir, nosso julgamento só faz senti-

---

50. *Ibid.*, 8.

51. Assim, para Harman, teremos uma razão para a ação se, e somente se, tivermos alguma atitude motivacional para realizar o ato. Donald Davidson apresenta uma formulação mais ampla dessa tese *humiana*. Davidson declara que "[s]empre que alguém faz algo por uma razão... podemos caracterizá-lo como a) tendo algum tipo de pró-atitude para ações de um certo tipo e b) acreditando (ou sabendo, percebendo, notando, lembrando) que sua ação é daquele tipo". Davidson denomina esse conjunto de critérios "razão primária" para a ação de um agente. Donald Davidson, *Essays on Actions and Events* (Oxford: Clarendon Press, 1980), 3-4.

52. "[U]ma pessoa só não deve, moralmente, ter feito uma coisa específica se pudermos supor que tinha uma razão para não fazê-lo." Gilbert Harman, *The Nature of Morality* (Nova York: Oxford University Press, 1977), 106.

53. Harman, "Moral Relativism Defended", 9-10.

ORIGENS DO DILEMA DO PERSPECTIVISMO JURÍDICO 73

do se existir algum acordo quanto a dizer a verdade ao qual nos conformamos e ao qual esperamos que eles se conformem. Onde os outros não têm nenhuma razão para se refrear de mentir porque não participam de nosso acordo quanto a dizer a verdade, nossa prescrição de que eles devem dizer a verdade é tão vazia quanto um aviso a um cego para que observe por onde anda.

Harman, assim, argumenta que seria logicamente estranho dizer dos assassinos de aluguel que não devem assassinar porque isso, incorretamente, implica que eles têm uma razão subjetiva para não assassinar. Analogamente, "[n]ão parece certo dizer [com relação aos canibais] que cada um deles não deve moralmente comer carne humana ou que cada um deles tem um dever ou obrigação moral de não fazê-lo"[54]. E, finalmente, é "estranho dizer que Hitler não deveria ter ordenado o extermínio dos judeus, que foi errado da parte dele tê-lo feito"[55]. Por seus atos, Hitler mostrou a si próprio que estava fora de qualquer acordo ao qual nos conformamos e "não podemos, portanto, fazer... juízos [morais] sobre ele"[56].

Harman declararia que aqueles que acham tais conclusões contra-intuitivas estão inevitavelmente confundindo o "deve" moral com o "deve" avaliativo. O "deve" avaliativo, argumenta Harman, é usado para descrever estados desejáveis de coisas do mundo (por exemplo, "os judeus não deviam ter sido exterminados"), enquanto o "deve" moral é reservado a juízos a respeito das ações dos agentes (por exemplo, "Hitler não devia ter ordenado o extermínio dos judeus"). Embora possamos fazer juízos avaliativos na ausência de alguém que tenha razões subjetivas para com eles se conformarem, não podemos fazer juízos morais judiciosos na ausência de uma motivação por parte daqueles julgados para que ajam em conformidade.

---

54. Harman, *The Nature of Morality*, 106.
55. Harman, "Moral Relativism Defended", 7.
56. *Ibid.*

Por sustentar que só se pode julgar moralmente aqueles com os quais se tem um acordo, Harman pode insistir que nunca se produzirão, simultaneamente, juízos morais contraditórios e, conseqüentemente, jamais se violará o princípio de bivalência, pois é presumível que alguém jamais se encontrará a si mesmo em acordo simultâneo com dois grupos que adotam pontos de vista morais contraditórios. Deste modo, ninguém jamais estará autorizado a dizer que uma pessoa estava moralmente correta em se submeter a um aborto enquanto outra pessoa, em situação semelhante, estava, ao mesmo tempo, moralmente errada em se submeter a um aborto.

Entretanto, como vimos anteriormente, o custo de atender ao princípio de bivalência é um típico compromisso implícito ao relativismo semântico. E Harman, como Williams, não deixa de pagar este tributo. Harman tem que admitir que o significado dos termos de um juízo moral é dado pelo acordo que necessariamente existe entre o orador (aquele que fala) e o sujeito. Assim, se convocado para explicar como um orador poderia estar correto ao dizer de uma mulher: "Ela não devia ter se submetido a um aborto", enquanto um outro está simultaneamente correto ao dizer de uma outra mulher: "Ela devia ter se submetido a um aborto", Harman teria que afirmar que o significado do termo "devia" é variável entre os acordos invocados implicitamente entre esses dois oradores e seus sujeitos. Ao realizar esse lance, entretanto, Harman atrai a regressão e a *reductio* que frustraram tentativas prévias de relativizar o significado da linguagem moral de sorte a escapar da violação da bivalência.

Além de sucumbir diante dos problemas das teorias anteriores, Harman não consegue defender muitas premissas de sua argumentação, que são, no mínimo, controvertidas. Por exemplo, Harman nos dá pouca razão para acreditar que há uma razão para realizar uma ação se, e somente se, contarmos com uma atitude motivacional para uma ação. Há uma longa e respeitável tradição na ética que recorre a razões objetivas para a ação – razões que podem não nos

ORIGENS DO DILEMA DO PERSPECTIVISMO JURÍDICO 75

motivar a agir, mas que realmente ditam modos em que agir nos seria correto ou errado. Que tais razões para a ação não conseguem inspirar atitudes motivacionais para a ação moral em psicopatas aparentemente não as torna uma base menos adequada para dizer dessas pessoas que devem agir moralmente. Assim, mesmo que assaltantes não tenham *inclinação* para deixar de arrombar cofres, pode-se, ainda, considerar terem eles uma *razão* para abandonar sua vida criminosa. Aqui não aparece nenhuma confusão de significado avaliativo e moral. Não se está sugerindo meramente que o mundo seria um lugar melhor se os assaltantes não roubassem; sugere-se que os assaltantes cometem um ato moralmente mau por meio do roubo e, *portanto*, não devem roubar.

Se Harman forçar sua distinção entre o moral e o avaliativo como forma de rechaçar a acusação de que ele não conseguiu assumir seriamente o papel das razões objetivas para a ação nos juízos morais, estará se comprometendo a defender uma bifurcação altamente suspeita de descrição e prescrição, ou seja, com base em sua teoria, podemos dizer do canibal e do assassino de aluguel que são selvagens e bárbaros, mas não podemos dizer que não devem comer carne humana ou atirar nas pessoas a sangue-frio. Analogamente, podemos descrever Hitler como mau, mas não podemos dizer que ele não devia ter assassinado seis milhões de pessoas. Estas afirmações sugerem claramente que Harman considera descritivo o empreendimento de identificar razões objetivas para a ação, enquanto considera prescritivo o empreendimento de recorrer a algum acordo entre o orador (aquele que fala) e o sujeito como meio de avaliar as ações do sujeito. Mas Harman não nos apresenta nenhuma razão para que pensemos que a descrição não seja simultaneamente prescrição – que o juízo de que Hitler foi mau não seja, simultaneamente, o juízo de que ele devia ter agido de outra forma[57].

---

57. Como argumenta Anne Wiles, a teoria de Harman rompe impropriamente a conexão ontológica entre um agente e seus atos. Anne M. Wiles,

76   *O COMBATE MORAL*

Essas preocupações sugerem que a tese de Harman não é, de modo algum, uma tese "sobriamente lógica". Pelo contrário, trata-se de uma tese pragmática acerca da inutilidade prática do uso de termos morais em conversações com aqueles que não falam a língua. Como sugeriu David Lyons, nossa tendência a julgar a ação alheia de acordo com as atitudes de uma pessoa pode ser considerada "com referência às nossas convicções substanciais a respeito da insipidez de aconselhar uma pessoa quando achamos que não podemos influenciá-la..."[58] Quando sabemos que alguém não se inclina a aceitar nossos conselhos, é possível que não sejamos sábios ao dispender nosso tempo dando-os. Mas, certamente, não desejaríamos dizer que o fato de nossos conselhos caírem em ouvidos surdos *torna* falso o nosso aconselhamento. Mas admiti-lo, é claro, é admitir a verdade objetiva de declarações éticas. É desistir da ambiciosa tese metafísica segundo a qual a verdade moral é relativa pela prosaica pretensão empírica de que é insípido ou sem propósito pregar aos surdos.

Finalmente, da mesma forma que o relativismo de apreciação de Williams nos deixou incapazes de condenar as práticas mais imorais, o relativismo de Harman quanto aos juízos morais impede a crítica daqueles que mais a merecem. Como, segundo Harman, Hitler não partilhava de nosso consenso de que toda vida humana é valiosa, não podemos dizer que ele não devia ter se empenhado no genocídio.

"Harman and Others on Moral Relativism", *Review of Metaphysics* 42 (1989): 786-9. Ver também Louis P. Pojman, "Gilbert Harman's Internalist Moral Relativism", *The Modern Schoolman* 68 (1990): 27-9, 31-3 (argumentando que o compromisso de Harman com a teoria *humeana* da motivação conflitua com sua teoria contratual da moralidade).

58. David Lyons, "Ethical Relativism and the Problem of Incoherence", em *Relativism: Cognitive and Moral*, eds. Michael Krausz e Jack W. Meiland (Notre Dame, IN: University of Notre Dame Press, 1982), 223-4. Ver também Wojciech Sadurski, "Harman's Defence of Moral Relativism", *Philosophical Investigations*, 12 (1989): 35-6 (também argumentando que os exemplos de Harman parecem "estranhos" porque são exemplos de ineficiência retórica, e não de incorreção lógica).

ORIGENS DO DILEMA DO PERSPECTIVISMO JURÍDICO   77

Porque a defensora do pró-vida não participa de um acordo a respeito do aborto com a defensora do pró-escolha, a defensora do pró-vida não pode dizer da defensora do pró-escolha que ela não devia se submeter a um aborto. Como a vítima do estupro não partilha da atitude motivacional de seu estuprador para o crime violento, ela não pode dizer que seu estuprador não devia tê-la estuprado. Parece ser deduzível da teoria de Harman que não se pode jamais afirmar de outros que devem agir de outra forma porque sua própria falta de motivação para fazê-lo, para começar, sugere que eles não participam de qualquer acordo ao qual a prescrição é relativa. Isto sugere que nunca há uma oportunidade apropriada para a prescrição: se outros são motivados a agir como pensamos que devem agir, eles agirão sem nosso aconselhamento; mas se outros não são motivados a agir como pensamos que devem agir, não participarão de nossa atitude motivacional, e assim não constituem parte de um acordo relativo diante do qual possamos julgar sua conduta. Como, segundo Harman, a motivação não é transitiva, não podemos sequer prescrever a ação onde ela parece resultar dedutivamente de outras crenças sustentadas por um indivíduo. A teoria de Harman fica, assim, reduzida a uma descrição de condições para o envolvimento no juízo moral onde essas condições, devido aos seus próprios termos, impedem a possibilidade do juízo moral.

Dissolução no subjetivismo

Vimos, até aqui, que os relativistas não podem sustentar sua afirmação metafísica de que a moralidade é relativa a convenções sem 1) abandonar o princípio de tolerância que motiva muitos deles a começar por defender o relativismo, 2) defender a afirmação moralmente contra-intuitiva de que muito do que consideramos mau é, na verdade, moral e 3) ou violar o princípio de bivalência ou relativizar a semântica do discurso moral de maneiras que os colocam no terreno da incoerência conceitual. Nesta seção final vou-me

78   *O COMBATE MORAL*

ocupar de mais um problema para os que se proporiam a defender o relativismo moral.

Os relativistas morais são convencionalistas típicos que abandonariam seu relativismo se achassem que este os comprometeria com o subjetivismo. Reconhecem que, se os valores são inteiramente subjetivos, então são incorrigíveis: um indivíduo não pode estar errado acerca de qualquer crença moral, e toda crença moral é verdadeira em virtude de se acreditar nela[59]. Tal teoria destitui de significado as práticas de investigação e crítica moral como as conhecemos. Se o subjetivismo moral estiver correto, o discurso moral poderá ser, no máximo, a tentativa realizada pelos indivíduos de se persuadirem entre si de que acreditam genuinamente na verdade de proposições morais particulares porque, ao acreditarem sincera e coerentemente que uma proposição é verdadeira, eles a *tornam* verdadeira. E se as proposições morais são tornadas verdadeiras pela crença nelas, indagar se uma afirmação moral é verdadeira apenas significa indagar se o outro acredita nela.

Para preservar a significação do discurso moral, a maioria dos relativistas argumenta que os valores são padrões partilhados por uma comunidade e que não podem ser reduzidos a preferências subjetivas[60]. As crenças ou asserções morais de um indivíduo podem ser criticadas, afirma o relativista, sempre que não lograrem ter coerência com as crenças daqueles com os quais o indivíduo forma uma comuni-

---

59. É claro, como salienta Foot, que até mesmo um subjetivista concordaria que "um homem pode aplicar seus próprios padrões erroneamente e, como conseqüência, há uma possibilidade de 'correção' que não é apenas uma mudança de opinião". Foot, "Moral Relativism", 158. A despeito disso, embora os indivíduos possam não lograr o conhecimento de suas próprias crenças, ou possam não conseguir agir de maneiras que sejam coincidentes com elas, a afirmação do subjetivista continuará a ser que a crença sincera e internamente coerente de um indivíduo na moralidade de alguma proposição normativa *torna* essa proposição verdadeira (para ele).

60. Mas convém ver Sayward, "System Relativism", 167-9, em que há a admissão de um relativista de que o convencionalismo terá que ceder ao subjetivismo se o relativismo quiser evitar incorrer em incoerência.

ORIGENS DO DILEMA DO PERSPECTIVISMO JURÍDICO 79

dade. Porquanto a verdade de um juízo seja medida por sua coerência com um conjunto de padrões, é preciso que exista o que H. L. A. Hart chamou de uma "regra de reconhecimento" pela qual se identifiquem os padrões apropriados ao julgamento de uma proposição[61]. O erro pode resultar da aplicação errônea da regra de reconhecimento, ou da aplicação errônea do padrão que essa regra reconhece.

No entanto, a despeito da afirmação de que o convencionalismo preserva a possibilidade de erro e, por conseguinte, o propósito do discurso moral, parece não haver qualquer via pela qual interpretar a tese do relativista que não atraia, mais uma vez, a regressão e *reductio* do relativismo semântico ou faça o convencionalismo dissolver-se no subjetivismo. Os convencionalistas afirmam que os juízos serão errados (e, com isso, não apenas matéria de crença subjetiva) sempre que forem incapazes de se mostrar coerentes com os padrões comuns relevantes. Para estabelecer tal pretensão, os convencionalistas têm que dispor de uma teoria da coerência – uma teoria que fixe as condições nas quais as proposições de um indivíduo sejam compatíveis com as consideradas convencionais. Há, pelo menos em princípio, dois tipos de teorias para as quais os convencionalistas poderiam se voltar: teorias semânticas e teorias sintáticas.

Aqueles que optam por construir uma teoria semântica da coerência devem rejeitar a pretensão de que a coerência possa ser uma relação puramente sintática entre sentenças. Pelo contrário, a questão de duas afirmações guardarem ou não coerência entre si depende forçosamente do que elas significam. Se isso for verdadeiro, então, mais uma vez, o relativista necessitará de uma teoria do significado dos predicados morais. Como vimos, os relativistas não podem adotar uma teoria semântica que conceda significado objetivo aos predicados morais sem violar o princípio de bivalência.

---

61. H. L. A. Hart, *The Concept of Law* (Oxford: Clarendon Press, 1961), 92-3, 97-107.

80   *O COMBATE MORAL*

Em vez disso, os relativistas que buscam uma teoria da coerência têm que sustentar que o significado é relativo a um conjunto de convenções ou padrões. Mas esta posição torna a atrair os dois problemas que incomodaram os relativistas semânticos em sua tentativa de relativizar o significado dos predicados morais de maneira a escapar da violação da bivalência. Essa teoria não só deixa carente de análise o significado da proposição essencial com a qual concorda uma comunidade ou subentende-se que concorda (o problema da regressão), como também impede a capacidade de dar sentido ao desenvolvimento dos acordos (a *reductio* do relativismo semântico).

A fim de evitar os problemas que confundem as tentativas relativistas de construir uma teoria semântica da coerência, os relativistas têm que endossar uma teoria sintática do acordo: diz-se que existe um acordo sempre que há coincidência dos pronunciamentos dos indivíduos. Assim, quando dois indivíduos pronunciam a proposição "a fertilização *in vitro* é moral", pode-se dizer que ambos estão de acordo que a fertilização *in vitro* é moral. Quando se defronta com a possibilidade de o conteúdo proposicional ser diferente para cada um dos indivíduos que expressam a proposição, o relativista que defende uma teoria sintática da coerência tem que responder que a totalidade do significado de um acordo é constituída pela emissão dos mesmos sons.

Todavia, ainda que os acordos sejam meros pronunciamentos de grupos múltiplos, nada existe que impeça que a extensão desse tipo de "acordo" abranja os pronunciamentos múltiplos de um único indivíduo. Visto que, para o relativista que propõe uma teoria sintática do acordo, o dizer múltiplo de algo o torna verdadeiro, então o dizer múltiplo de algo feito por um único indivíduo tem que tornar verdadeiro esse dizer. E visto que somente na Terra de Oz o dizer de algo três vezes o torna verdadeiro, trata-se necessariamente do caso de o dizer de algo apenas uma vez por um indivíduo bastar para torná-lo verdadeiro. Isto significa, con-

ORIGENS DO DILEMA DO PERSPECTIVISMO JURÍDICO   81

tudo, afirmar a verdade do subjetivismo. O relativista que assim tenta escapar à regressão e à *reductio* do relativismo semântico endossando uma teoria sintática da coerência atrai a espécie de subjetivismo que seu endosso inicial do convencionalismo se propunha a evitar.

Neste ponto, o relativista poderia procurar negar que termos empregados em avaliações morais tenham alguma referência ou extensão. Entretanto, requer-se, por certo, algum argumento em apoio a tal manobra. A gramática superficial da afirmação "a escravidão é injusta" é precisamente a mesma da afirmação "estradas com gelo são escorregadias". Aqui, talvez fosse útil para o relativista recorrer ao argumento emotivista familiar segundo o qual, pelo fato de expressarmos apenas nossas próprias *emoções* mediante atos de fala avaliativos, não podemos estar descrevendo nada. Todavia, esse lance levaria o relativista diretamente de volta ao subjetivismo. Parece, assim, que, apesar de afirmações como a de Foot de que os relativistas não precisam adotar o *slogan* "o que ele acha que é correto é correto"[62], não há nenhum meio de explicar a tese de que os juízos são verdadeiros em virtude de sua coerência com um conjunto de padrões que atraem a regressão e a *reductio* do relativismo semântico de um modo que traz o risco da incoerência conceitual ou fazem o relativismo descambar para alguma forma de subjetivismo de um modo que torna sem sentido o discurso moral.

Os quatro argumentos que dirigi, neste capítulo, contra o relativismo moral falam, no seu conjunto, da indefensabilidade de uma teoria do relativismo moral. Se persuasivos, demonstram que não se pode escapar à escolha apresentada pelo dilema do perspectivismo jurídico mediante o emprego das alegações do relativismo a fim de derrotar a plausibilidade *prima facie* da tese da correspondência. Nos capítulos que se seguem, discutirei a afirmação de que, visto que a lei possui a autoridade de se colocar acima da moral em

---

62. Foot, "Moral Relativism", 160.

82   *O COMBATE MORAL*

casos de conflito, a noção de desobediência justificada é vazia. Se isto for verdadeiro, o dilema do perspectivismo jurídico será ilusório, porque nunca há casos nos quais a moral exige uma violação da lei e, conseqüentemente, nunca há casos em que os juízes possam ser convocados para punir os justificados.

Capítulo III
A insustentabilidade da autoridade prática

Chegamos agora à terceira pressuposição do dilema do perspectivismo jurídico por mim esboçado no capítulo I: a pressuposição de que falta à lei a autoridade de fornecer aos cidadãos uma razão preponderante para a obediência. Se a lei, *qua* lei, fornece razões para a obediência incondicional, então, muito embora não reflita perfeitamente a moralidade, ela impede, todavia, a desobediência justificada dos cidadãos. Não temos nenhuma causa para preocupação quanto à punição dos cidadãos desobedientes, porque a lei não admite casos nos quais um juiz poderia estar moralmente justificado em recusar-se a punir a desobediência.

Neste capítulo, vou-me ocupar da teoria predominante da autoridade legal – a teoria da autoridade prática – a qual sustenta que a lei efetivamente supera a moral em casos de conflito. No capítulo IV abordarei a alternativa favorita para essa teoria: a teoria da autoridade de influência, que nega que a lei exige obediência cega, mas sustenta que, na maioria dos casos, fornece razões suficientemente poderosas para que haja conformação às normas legais, de modo a não ensejar conflitos morais. Segundo os argumentos que apresentarei, nenhuma dessas teorias é capaz de dar suporte à afirmação de que a lei proporciona às pessoas razões para fazer o que a moral, de outra maneira, proibiria e, conseqüentemente, nem uma nem outra dessas teorias previne persuasivamente os tipos de conflitos entre a lei e a moral que servem de combustível ao dilema do perspectivismo jurídico.

84 *O COMBATE MORAL*

Principiamos este capítulo com a suposição comum de que a lei detém o poder de comandar o comportamento, ao contrário de meramente o aconselhar ou solicitar. Os teóricos políticos denominaram esta afirmação de teoria da "autoridade prática"[1]. A autoridade prática não é entendida apenas como o poder que se limita a inspirar a crença numa proposição deôntica e a influenciar a conduta mediante o fornecimento de uma nova razão para a ação; pelo contrário, a autoridade prática é entendida como a autoridade de compelir a ação, mesmo diante de um enorme número de boas razões para agir de maneira diversa. Por constituírem as prescrições dessa autoridade a espécie mais vigorosa possível – aquela dos comandos –, sua compreensão poderá ser facilitada examinando-se primeiramente a autoridade de seus primos "mais fracos", ou seja, o conselho e o pedido.

Três modelos de autoridade

Autoridade epistêmica

Os que estão em posição de dar bons conselhos sobre como os outros devem agir em certas circunstâncias possuem autoridade epistêmica, ao menos em alguma gama de proposições deônticas[2]. Os pronunciamentos de uma auto-

---

1. "A autoridade produz (as autoridades emitem) comandos a serem obedecidos, ou regras a que devemos nos conformar, e não afirmações a serem objeto de crença... Pode-se dizer imparcialmente desta... teoria da autoridade que é a dominante na atualidade." Richard E. Flathman, *The Practice of Political Authority* (Chicago, IL: University of Chicago Press, 1980), 14-16. "Ordens e comandos estão entre as expressões típicas da autoridade prática. Só aqueles que afirmam a autoridade [prática] podem comandar." Joseph Raz, *The Morality of Freedom* (Oxford: Clarendon Press, 1986), 15.

2. Nos capítulos V e VI distingo duas espécies de autoridade epistêmica: autoridade de aconselhamento e autoridade teórica. Estão investidas da autoridade de aconselhamento as pessoas que se acham bem situadas para julgar as razões alheias para a ação. Está investida de autoridada teórica, de maneira contrastante, qualquer coisa (seja esta os conselhos ou a grande literatura) que

ORIGENS DO DILEMA DO PERSPECTIVISMO JURÍDICO   85

ridade epistêmica conferem razões para a crença, mas não razões para a ação, ou seja, funcionam com caráter evidencial. Quando uma autoridade epistêmica faz uma afirmação que concerne à ação correta, o seu emitir outorga uma razão para pensar que há outras razões (além do puro fato de que a autoridade falou) para agir segundo a recomendação. As prescrições dessa autoridade epistêmica são, assim, orientações heurísticas para a detecção da existência e determinação da verdade provável de razões antecedentemente existentes para a ação[3]. Se, por exemplo, alguém é aconselhado por uma autoridade epistêmica a portar seu guarda-chuva, esse alguém tem todas as razões para pensar que há bons motivos para agir assim, como o fato de estar chovendo, que um guarda-chuva impedirá que alguém se molhe e assim por diante. O efeito do conselho é ponderar como mais provável a plausibilidade da existência dessas outras razões. Mas são estas outras razões, e não o próprio conselho, que funcionam no raciocinar prático quanto a como se deve agir.

Assim, o fato de uma autoridade epistêmica ter emitido um conselho não serve, por si, como nova razão para a ação; pelo contrário, isso apenas torna mais provável a verdade de razões para a ação previamente existentes. Os pro-

---

melhor nos capacite a cumprir nossas obrigações morais. Embora, dessa forma, tenderei a falar dos conselhos como o produto de autoridades de aconselhamento, as prescrições apreendidas pouco a pouco das autoridades teóricas atuam no raciocínio prático de uma maneira análoga aos conselhos. Assim, os atributos gerais das autoridades epistêmicas discutidos nesta seção são aplicáveis tanto a autoridades de aconselhamento quanto a autoridades epistêmicas.

3. Para análises semelhantes da dinâmica da autoridade epistêmica, ver Flathman, *The Practice of Political Authority*, 16-17; Leslie Green, *The Authority of the State* (Nova York: Oxford University Press, 1988), 26-9, 108-9; H. L. A. Hart, *Essays on Bentham* (Oxford e Nova York: Oxford University Press, 1982), 262; Joseph Raz, *The Authority of Law: Essays on Law and Morality* (Oxford: Clarendon Press, 1979), 13-14; Raz, *The Morality of Freedom*, 29-31; Richard T. DeGeorge, "The Nature and Function of Epistemic Authority", em *Authority: A Philosophical Analysis*, ed. R. Baine Harris (University, AL: University of Alabama Press, 1976), 76.

86   *O COMBATE MORAL*

nunciamentos emitidos por uma autoridade epistêmica deixam assim incólume o equilíbrio das razões que alguém tenha, previamente, tanto a favor quanto contra realizar uma certa ação. Antes da sugestão alheia do uso de um guarda-chuva, existem todas as razões que sempre teremos para portar um guarda-chuva. O conselho de uma autoridade epistêmica confiável, no que tange ao que se deve fazer, apenas cria a circunstância em que aquelas razões mais provavelmente têm pertinência. A base da autoridade epistêmica é, assim, dependente-de-conteúdo[4]. Algo constitui uma autoridade epistêmica no tocante a como os outros devem agir se, e somente se, os outros agirão, mais freqüentemente segundo o equilíbrio de razões para a ação se se conformarem ao que esse algo aconselha, em vez de seguirem seu próprio discernimento. Isto pode ser formulado com maior rigor da seguinte forma: X tem autoridade epistêmica sobre Y se, e somente se, como resultado de X ter declarado que Y deve realizar o ato A, Y tiver uma razão para acreditar que o equilíbrio de razões (dependentes de conteúdo) dita que Y deve realizar A[5].

Se uma autoridade epistêmica não consegue afetar o equilíbrio de razões a favor ou contra uma ação, deduz-se imediatamente que os pronunciamentos emitidos por uma

---

4. A noção de uma razão dependente de conteúdo aqui aludida é um produto teórico da noção de uma razão independente de conteúdo discutida na subseção que se segue. Razões independentes de conteúdo foram primeiramente explicadas por H. L. A. Hart e, posteriormente, formuladas para um uso mais rigoroso por Joseph Raz. Ver Hart, *Essays on Bentham*, 254-5; Raz, *The Morality of Freedom*, 35-7; Joseph Raz, "Voluntary Obligations and Normative Powers", *Aristotelian Society Proceedings* 46 (Supp. 1972): 95-8. As razões dependentes de conteúdo surgiram em Raz, *The Authority of Law*, 297; id., *The Morality of Freedom*, 41.

5. Esta definição capta o que poderia ser chamado de "ampla autoridade epistêmica". Podemos distinguir uma noção de "autoridade epistêmica restrita" como se segue: X tem autoridade epistêmica restrita sobre Y se, e somente se, como um resultado de Y ter declarado que X deve realizar o ato A, Y tiver uma nova razão para acreditar que há razões (independentes de conteúdo) para realizar A. A diferença entre autoridade epistêmica restrita e ampla autoridade epistêmica é uma diferença de grau, e não de espécie.

ORIGENS DO DILEMA DO PERSPECTIVISMO JURÍDICO

autoridade epistêmica não conseguem nos obrigar. O que pode nos obrigar é o equilíbrio de razões previamente existentes que os conselhos de uma autoridade epistêmica de situação confiável meramente evidenciam. Embora possa muito bem ser irracional desconsiderar a evidência para esse equilíbrio proporcionado por uma autoridade confiável, e embora os ditames da racionalidade possam muito bem nos obrigar, a simples emissão de conselhos de modo algum nos obriga. Em outros termos, se formos obrigados a agir como fomos aconselhados a agir por uma autoridade epistêmica confiável, nosso ser obrigado não será um resultado do fato de a autoridade epistêmica ter emitido conselhos, mas do fato de a racionalidade requerer que ajamos com base no equilíbrio de razões das quais os conselhos são mera evidência.

Autoridade influente

Voltemo-nos agora para o caso intermediário de um pedido. Parece haver uma diferença genuína e importante entre o efeito de um conselho e o efeito de um pedido. Diferentemente do conselho, um pedido com freqüência fornece a alguém uma nova razão para a ação. Quem faz um pedido afirma implicitamente que possui aquilo que chamarei de "autoridade influente". Quando alguém pede a um amigo para lhe prestar ajuda, não tenciona apenas alertar tal amigo a respeito de sua necessidade de ajuda, uma necessidade que pode ser perfeitamente aparente, mas também influenciar as ações desse amigo fornecendo-lhe uma nova razão para prestar assistência, a saber, que alguém lhe pediu que o fizesse. Além de todas as razões que o amigo de alguém tinha para prestar assistência antes do pedido desse alguém, tais como razões oriundas de considerações de justiça distributiva, deveres do bom samaritano, princípios de amizade e assim por diante, o pedido o supre de uma nova razão para agir. Essa razão é independente de conteúdo. Provém do próprio fato de alguém ter emitido um pedido. Como explica Joseph Raz:

88   *O COMBATE MORAL*

Uma razão é independente de conteúdo se não há nenhuma conexão direta entre a razão e a ação para a qual é ela uma razão. A razão está no fato aparentemente "estranho" de que alguém... assim disse, e dentro de certos limites o seu assim dizer seria razão para um número qualquer de ações, inclusive (em casos típicos) ações contraditórias.[6]

Perguntasse o amigo por que deveria se conformar ao que é pedido, não seria impróprio dizer: "Porque eu pedi a você", e esperar que isso fosse adicionado ao elenco de razões que ele, o amigo, de outra maneira, tem para prestar assistência.

Assim, um pedido realmente altera o equilíbrio de razões que se tem para agir. Antes de um pedido, tem-se uma razão a menos para realizar o ato em questão. Na medida em que o pedido funciona simplesmente como mais uma razão para agir de um modo particular, ele pode ser superado por outras razões para que se aja de maneira contrária. O amigo de alguém poderia muito bem concluir que, embora haja razões para prestar auxílio a alguém, uma das quais é o fato de o auxílio ter sido pedido, existem, entretanto, considerações de compensação que fazem pender o equilíbrio de razões para a ação a favor de uma recusa em ajudar. Portanto, embora um pedido deva ser diferenciado de um bom conselho pelo fato de o pedido fornecer a alguém uma nova razão para a ação, e não apenas com a evidência de razões previamente existentes para a ação, o pedido, como o conselho, não obriga por si mesmo. Não sobrepuja, por si mesmo, razões que poderíamos ter para nos recusar a atender o pedido. Se somos obrigados a agir, é em virtude de o equilíbrio de razões, do qual o fato de ter havido um pedido para agir constitui apenas uma delas, favorecer a ação. Pode-se, assim, definir as condições da autoridade influente como se segue: X tem autoridade influente sobre Y se, e somente se, como resultado do pedido de X para Y realizar o ato A, Y tiver uma nova razão (independente de conteúdo) para realizar A.

---

6. Raz, *The Morality of Freedom*, 35.

Autoridade prática

Por fim, ocupemo-nos do caso completamente diferente de um comando. Quem profere um comando por certo pretende proporcionar a outro uma nova razão para a ação. A mãe que manda o filho levar seu guarda-chuva pretende que seu filho aceite o próprio fato de ela ter emitido um tal comando como razão para o uso de um guarda-chuva. Se a mãe for indagada por seu filho por que tem ele de carregar o objeto desdenhado, pode-se muito bem esperar que a mãe invoque essa razão consagrada pelo tempo, a saber: "porque eu lhe disse que sim", e antecipe que esse mesmo fato será uma razão acima e além daquelas que a criança tinha antes para portar seu guarda-chuva. Entretanto, o "porque eu lhe disse que sim" pretende fornecer mais do que apenas uma nova razão para a ação por que a mãe não pretende que seu filho acresça o pronunciamento por ela emitido às razões que ele tinha antes para levar seu guarda-chuva e pesá-las contra o que ele considera excelentes razões para deixar o objeto. Pelo contrário, o "porque eu disse que sim", materno por si mesmo, significa dar ao filho uma razão suficiente para levar seu guarda-chuva, isto é, pretende implicitamente barrar a ação da parte dele de acordo com as razões que ele previamente possuía para não levar seu guarda-chuva. O próprio fato de que algum procedimento foi ordenado entende-se, assim, como funcionando, por si só, como uma razão suficiente para se agir como ordenado. Considera-se que ele torna impotentes as razões que se tinha antes para evitar a ação de comando[7].

---

7. "[A]quele que comanda pretende, de maneira característica, que quem o ouve assuma sua vontade (a de quem comanda) em lugar da sua como diretriz para a ação e, assim, a assuma em lugar de qualquer deliberação ou raciocínio próprios: a expressão da vontade de alguém que comanda... destina-se a obstar ou excluir qualquer deliberação independente da parte do ouvinte dos méritos pró e contra de realizar o ato." Hart, *Essays on Bentham*, 253. Foi esta a teoria da autoridade à qual recorreu de maneira famosa Alfred Lord Tennyson quando escreveu: "A eles não cabe raciocinar por que/a eles cabe apenas

90   O COMBATE MORAL

Quem emite um comando pretende, assim, ser uma autoridade prática. As razões para a ação fornecidas por uma autoridade prática são descritas por Joseph Raz como "razões protegidas": são tanto independentes de conteúdo quanto excludentes[8]. Como resultado de ser comandado, considera-se que alguém tem tanto uma nova razão para agir como comandado quanto uma razão para abster-se de agir segundo as razões que tinha anteriormente para não agir como comandado. Se alguém não tivesse razões (dependentes de conteúdo) para agir como comandado antes de receber o comando, então o próprio fato de o comando ter sido emitido fornece a esse alguém a única razão que tem para assim agir. Mas como o comando também impede alguém de agir com base nas razões que se tem para evitar o ato ordenado, fica-se somente com essa razão (independente de conteúdo) singular para a ação. Assim, o "porque eu disse que sim" materno pode ser a única razão que tem a criança para levar seu guarda-chuva. Essa razão, todavia, afasta as muitas outras razões que ela tem para não levar seu guarda-chuva, porque a impede de pesar essas muitas razões no confronto com a única razão para a ação fornecida pelo comando

---

fazer e morrer." Alfred Lord Tennyson, "The Charge of the Light Brigade", em *The Poetical Works of Tennyson*, ed. G. Robert Strange (Boston, MA: Houghton Mifflin, 1974), 226.

8. Raz, *The Morality of Freedom*, 18. Embora esta terminologia seja característica de Raz e seus adeptos, a noção de que certos princípios e regras nos proíbem de atribuir peso a certos tipos de razões para a ação é comumente invocada na filosofia moral anti-utilitarista. Ver, por exemplo, G. E. M. Anscombe, "Modern Moral Philosophy", *Philosophy* 33 (1958): 10 (que argumenta que proibições deontológicas operam para prevenir deliberações em torno de suas conseqüências concomitantes); Peter Geach, *God and the Soul* (Nova York: Schoken, 1909), 24 (que sustenta que práticas como a mentira, o infanticídio e o adultério são tão indesejáveis que "os homens não deveriam *pensar* em recorrer a elas"); Robert Nozick, *Anarchy, State, and Utopia* (Nova York: Basic Books, 1974), 28-35 (que discute direitos como "constrangimentos colaterais"); John Rawls, *A Theory of Justice* (Cambridge, MA: Harvard University Press, Belknap Press, 1971), 150-61 (trad. bras. *Uma teoria da justiça*, São Paulo, Martins Fontes, 1997 [que argumenta que os benefícios da escravidão não devem ser considerados no estabelecimento de uma sociedade justa]).

ORIGENS DO DILEMA DO PERSPECTIVISMO JURÍDICO   91

da mãe. A criança é assim "forçada" a se conformar ao comando de sua mãe. Tal é a dinâmica da obrigação. Essa dinâmica pode ser definida do seguinte modo: X tem autoridade prática sobre Y se, e somente se, como resultado do dizer de X "realize o ato A", Y tiver uma nova e suficiente razão (independente de conteúdo) para realizar A.

Encontramo-nos agora numa posição que nos permite ver com clareza a distinção entre conselhos, pedidos e comandos. Quem emite conselhos não faz pender a balança a favor do agir como aconselhado adicionando uma nova razão para a ação ou excluindo a ação baseada em razões compensatórias. Apenas se afirma a função de autoridade epistêmica fornecendo razões dependentes de conteúdo para a crença no tocante à existência ou o peso das razões previamente existentes a favor ou contra um determinado procedimento. Quem pede a outro a execução de alguma ação particular, contudo, afirma possuir autoridade influente – o poder de fazer pender o equilíbrio de razões a favor daquela ação fornecendo uma nova razão para assim agir, mas não barrando a ação em conformidade com os méritos genuínos tal como computados pelo indivíduo a quem é feito o pedido. Todavia, quem emite um comando tanto pretende alterar as razões do outro para a ação a favor de um procedimento particular quanto excluir a ação que se harmoniza com as razões contrárias àquele procedimento, ou seja, afirma-se a posse da autoridade prática proporcionando tanto uma razão independente de conteúdo para a ação quanto uma razão excludente para agir de acordo com aquela razão independente de conteúdo, e não de acordo com as razões previamente existentes para a ação.

Os teóricos do direito há muito consideram que a autoridade do Estado – das instituições legislativas, agências

---

9. Como escreveu Richard Flathman:

De oponentes anarquistas da autoridade, tais como William Godwin e Robert Paul Wolff, até defensores moderados, tais como John Rawls e Joseph Raz, e entusiastas como Hobbes, Hannah Arendt e Mi-

92   *O COMBATE MORAL*

de controle e dos tribunais – é do tipo prático[9]. Certamente é autoridade prática a que a lei *reivindica* em seu próprio nome[10]. Quando alguém permanece junto a um semáforo no meio da noite a despeito do fato gritante de que seria seguro atravessar o cruzamento, é de se pensar que esse alguém propriamente toma a cor do semáforo tanto como uma razão (independente de conteúdo) para ali permanecer quanto uma razão (excludente) para não agir com base nas razões esmagadoras para passar pelo semáforo. Quan-

---

chael Oakeshott, um considerável coro de estudiosos tem feito ecoar o refrão de que as diretivas que são aspectos padrões e destacados das práticas da autoridade devem ser obedecidas por [aqueles sobre os quais a autoridade é exercida] *independentemente dos juízos que [esses indivíduos] fazem de seus méritos.*

Flathman, *The Practice of Political Authority*, 90 (grifos meus). Chaim Gans torna conceitual a conexão entre a lei e a autoridade prática: "O dever de obedecer à lei é um dever de obedecer a comandos. Esta verdade se origina do conceito de lei, e não dos conceitos de obediência ou dever." Chaim Gans, *Philosophical Anarchism and Political Disobedience* (Cambridge: Cambridge University Press, 1992), 22. Quanto à famosa insistência de Kant de que a lei exige obediência absoluta, "não obstante quão falha possa ser", ver Immanuel Kant, *Metaphysical Elements of Justice*, trad. John Ladd (Indianápolis, IN: Bobbs-Merill, 1965), 140. Para uma boa discussão da teoria *kantiana* da autoridade legal ver Kenneth W. Westphal, "Kant on the State, Law, and Obedience to Authority in the Alleged 'Anti-Revolutionary' Writings", *Journal of Philosophical Research* 17 (1992): 383-426.

Alguns teóricos contemporâneos do direito argumentam que se deveria pensar nas leis como articuladoras de padrões, e não de regras. Esta opinião rejeita a pressuposição comum de que a lei tem autoridade prática, mas favorece a afirmação de que a lei possui mera autoridade teórica. Ver, por exemplo, Duncan Kennedy, "Form and Substance in Private Law Adjudication", *Harvard Law Review* 89 (1976): 1685-1778. É a esta afirmação que são devotados os capítulos V e VI.

10. Quanto às defesas da tese de que a lei ao menos *reivindica* autoridade prática, ver Green, *The Authority of the State*, 63-89; Flathman, *The Practice of Political Authority*, 227; Raz, *The Morality of Freedom*, 76-7. Philip Soper argumentou recentemente, entretanto, que os dados da prática social sugerem que os sistemas legais realmente não fazem reivindicações à autoridade prática da espécie comumente suposta pelos teóricos do direito. Ver Philip Soper, "Law's Normative Claims", em *The Autonomy of Law*, ed. R. George (Oxford: Oxford University Press, 1996).

ORIGENS DO DILEMA DO PERSPECTIVISMO JURÍDICO 93

do alguém é objeto de uma sentença adversa num tribunal, a qual exige um pagamento compensatório a um demandante prejudicado, considera-se que o fato de o tribunal ter emitido tal sentença é em si tanto uma razão (independente de conteúdo) para pagar a compensação quanto uma razão (excludente) para se abster de agir com base nas razões apresentadas por alguém durante o julgamento para não pagar tal compensação. E quando o legislativo promulga uma disposição estatutária barrando o uso pela promotoria da evidência de caráter para provar a conduta criminosa de um réu, considera-se que um juiz dispõe tanto de uma nova razão (independente de conteúdo) para excluir tal evidência quanto uma razão (excludente) para abster-se de fazer uma estimativa secundária do critério da legislatura e admitir tal evidência com base no fato de que a decisão da legislatura é considerada errônea pelo juiz.

O paradoxo da autoridade prática

A despeito da plausibilidade atribuída pela prática comum à noção tradicional de que as instituições governamentais possuem autoridade prática, não fica de modo algum claro que obedecer a sinais de trânsito, pagar compensações e obstruir tipos particulares de testemunhas são racionais se feitos *porque* um cidadão ou funcionário público foi para isso instruído. Em síntese, não fica de modo algum claro que o conceito contemporâneo de obrigação legal não é insoluvelmente paradoxal. Se constitui cânone da racionalidade prática agirmos com base no equilíbrio de razões disponíveis a nós, e se um governo só tem autoridade prática se puder nos mandar agir de maneiras que podem não ser compatíveis com o equilíbrio de razões como nós o vemos, então a obediência à lei do tipo requerido pelo exercício da autoridade prática viola um princípio básico de racionalidade. Como poderia ser racional agir contrariamente ao equilíbrio de razões como o vemos, unicamente porque foi

94   *O COMBATE MORAL*

dito a alguém que procedesse assim?[11] Eis aí o paradoxo da autoridade prática[12].

---

11. Os anarquistas formularam este dilema em termos um tanto diferentes. Por exemplo, segundo a formulação de Robert Paul Wolff, o princípio da autonomia, tomado por ele como valor moral supremo, requer a ação com base no próprio juízo que se faz sobre todas as questões morais. Robert Paul Wolff, *In Defense of Anarchism* (Nova York: Harper & Row, 1970), 12-14. Pelo fato de o exercício da autoridade prática poder requerer ação contrária ao próprio juízo, pode requerer a perda da autonomia moral pessoal. Na avaliação de Wolff, então, o dilema da autoridade prática emerge de sua imoralidade fundamental e não, como eu esbocei, de sua fundamental irracionalidade. Entretanto, como a noção de Wolff do juízo autônomo é parasitária em relação aos princípios de racionalidade prática aqui pressupostos, o dilema enfrentado pelo defensor da autoridade prática é, em última instância, melhor reduzido a um dilema conceitual. Para outras formulações desse dilema, ver Carl Friedrich, *Tradition and Authority* (Londres: Pall Mall Press, 1972), 45; William Godwin, *Enquiry Concerning Political Justice*, ed. K. Codell Carter (Oxford: Clarendon Press, 1971), 90; Green, *The Authority of the State*, 23-6; Raz, *The Authority of Law*, 3; Charles W. Hendel, "An Exploration of the Nature of Authority", em *Nomos I: Authority*, ed. Carl J. Friedrich (Cambridge, MA: Harvard University Press, 1958), 4-6. Para uma ponderada discussão do que ele chama de "anarquismo baseado em autonomia", ver Gans, *Philosophical Anarchism and Political Disobedience*, 5-41.

12. George Christie propôs o novo argumento de que, se não pode haver nenhuma obrigação geral de obedecer à lei, não pode haver obrigações morais gerais. É presumível que ele insistisse que, se conceder autoridade prática à lei é paradoxal, o mesmo ocorre quando ela é concedida às máximas da moral. Por ser tal conclusão absurda, argumenta ele, não deverá ser forçosamente paradoxal atribuir autoridade prática à lei. Seu argumento procede da afirmação de que obrigações morais podem ser tanto sobre e subinclusivas quanto as regras jurídicas.

> É tido como evidente por si que se é obrigado a comportar-se moralmente. Tal obrigação é então interpretada como se incluísse uma obrigação geral de manter as próprias promessas e uma obrigação moral geral de não mentir etc. A moralidade é considerada como uma totalidade e não é rompida quando se considerar o caráter moral específico de atos particulares. Quando esses autores se voltam para a lei, entretanto, não se contentam com um preceito lato – como aquele que prevê que se tem obrigação moral geral de obedecer à lei – mas, ao contrário, enfocam a obrigação moral de obedecer a obrigações legais específicas em circunstâncias específicas. É bastante justo. O que afirmo é que, se você aplica a mesma técnica às obrigações morais, não será de espantar

ORIGENS DO DILEMA DO PERSPECTIVISMO JURÍDICO 95

O paradoxo como ilusão

Tendo nos munido dos intrumentos teóricos elementares com os quais possamos compreender o paradoxo enfrentado pelo que postula a autoridade prática como fundamento da autoridade legal, estamos agora em posição de examinar o que, talvez, tenha se transformado na mais célebre tentativa de explicar tanto a origem quanto a solução desse paradoxo. Joseph Raz argumentou que aquele que considera incoerente o conceito da autoridade prática está fundamentalmente confuso quanto à dinâmica do raciocínio prático[13]. O que ele afirma é que uma visão sofisticada daquilo que deve ser envolvido na deliberação prática torna o paradoxo da autoridade prática apenas aparente. O recurso de Raz à chamada visão sofisticada do raciocínio prático tem sido saudado por muitos teóricos contemporâneos do direito como o meio definitivo de escapar, de uma vez por todas, das dificuldades que se considera que há muito tempo incomodam o ponto de vista tradicional quanto à auto-

---

que chegue aos mesmos resultados. As pessoas podem fazer promessas tolas e mesmo promessas que seria imoral manter, o que não significa que não faça sentido falar de uma obrigação moral geral de manter as próprias promessas.

George Christie, "On the Moral Obligation to Obey the Law", *Duke Law Journal* 1990 (1990): 1331-32. Não acho que máximas morais possam ser sobre ou subinclusivas. Se há casos em que se deveria mentir, então não pode haver nenhuma máxima geral que proíba a mentira de maneira categórica e sem exceção. Na verdade, pensar que as máximas morais possam ser sobre ou subinclusivas é pensar que há obrigações "verdadeiras" – chamemo-las de "obrigações *shmorais*" – relativamente às quais nossas obrigações podem ser sobre ou subinclusivas. Mas afirmar tal coisa é gerar uma regressão viciosa. O máximo que Christie argumenta é que afirmações breves e incompletas de nossas obrigações morais mais complexas (como as proporcionadas pelos Dez Mandamentos) podem ter autoridade teórica. O mesmo se mostra verdadeiro em relação às regras jurídicas. Mas, como ficará claro nos capítulos V e VI, conferir à lei (ou às afirmações abreviadas de nossas obrigações morais) autoridade teórica não significa conferir-lhe o poder de nos obrigar.

13. Ver Joseph Raz, *Practical Reason and Norms*, 2. ed. (Londres: Hutchinson & Sons, 1990), 65-84.

96 *O COMBATE MORAL*

ridade e obrigação legais[14]. Aqueles que se situam na tradição *raziana* concordam que, se aquilo que deve ser feito, consideradas todas as coisas, fosse idêntico àquilo que deve ser feito segundo o equilíbrio de razões de primeira ordem, então as exigências de uma autoridade prática realmente violariam os princípios da racionalidade, porque as exigências da autoridade requereriam que nos abstivéssemos de agir com base precisamente naquelas razões que precisam produzir efeito para um procedimento particular ser justificado racionalmente[15]. Os defensores de Raz insistem que a razão jamais justifica o abandono das próprias conclusões no tocante ao que deve ser feito, consideradas todas as coisas. Argumentam, entretanto, que o que deve ser feito, consideradas todas as coisas, não é idêntico ao que deve ser feito com base no equilíbrio de razões de primeira ordem para a ação. Decisões concernentes ao que deve ser feito, consideradas todas as coisas, envolvem deliberações complexas que incluem o recorrer tanto a razões de primeira quanto de segunda ordem para a ação. Ocorre freqüentemente que a própria razão exige que ajamos contrariamente ao equilíbrio das razões de primeira ordem – que ajamos com base em razões de segunda ordem que nos impedem de considerar ou agir segundo o equilíbrio de razões de primeira ordem.

Razões de primeira ordem para a ação são, do ponto de vista *raziano*, tanto as razões dependentes de conteúdo que determinam os méritos de uma ação particular, da qual os pronunciamentos de uma autoridade epistêmica são mera

---

14. Como afirmou Leslie Green, "Joseph Raz ofereceu uma explicação da [autoridade legal] que é, ao mesmo tempo, elegante e substancialmente correta. Segundo ele, o dilema da autoridade é uma ilusão criada por uma visão excessivamente simples do raciocínio prático em geral". Green, *The Authority of the State*, 37-8 (nota de rodapé omitida). Ver também Hart, *Essays on Bentham*, 262; Neil MacCormick, *Legal Right and Social Democracy* (Oxford: Clarendon Press, 1982), 232; Donald Reagan, "Law's Halo", em *Philosophy and Law*, eds. Jules Coleman and Ellen Frankel Paul (Oxford: Basil Blackwell, 1987), 15.

15. Ver Raz, *The Authority of Law*, 27.

ORIGENS DO DILEMA DO PERSPECTIVISMO JURÍDICO 97

evidência, quanto as razões independentes de conteúdo para a ação conferidas pelos pronunciamentos performativos de alguém que possui autoridade influente ou autoridade prática (ex.: pedidos, comandos, promessas). Razões de segunda ordem, por outro lado, são aquelas que temos para agir com base em certas razões de primeira ordem ou para nos abster de agir com base em certas razões de primeira ordem. As pertencentes à última categoria das razões de segunda ordem foram chamadas anteriormente, neste livro, de "razões excludentes". As razões dadas por uma autoridade prática – aquelas anteriormente chamadas de "razões protegidas", funcionam – do ponto de vista *raziano*, tanto no nível de primeira ordem quanto no de segunda ordem: funcionam tanto como razões independentes de conteúdo para a ação, a serem somadas ao equilíbrio de razões de primeira ordem que se apóiam no conhecimento de uma ação particular, quanto como razões excludentes que impedem a ação baseadas nas razões de primeira ordem que alguém tinha previamente para não se empenhar na conduta ordenada[16].

De acordo com os partidários de Raz, quem pensa que o exercício da autoridade prática é incompatível com a produção racional de escolhas supõe erroneamente que não há razões protegidas válidas para a ação – isto é, que ninguém jamais é justificado por não fazer o que deve ser feito com base no equilíbrio de razões de primeira ordem para a ação. Em síntese, supõe-se erroneamente que não há razões excludentes de segunda ordem para a ação. Se há um exemplo que torna inteligível a maneira pela qual se poderia recusar a agir com base no equilíbrio de razões de primeira ordem para a ação, então se tem que admitir a exis-

---

16. Esta avaliação das razões proporcionadas por uma autoridade prática apreende pontos de vista comumente concernentes à função das regras do raciocínio prático. Como afirma G. J. Warnock: "O que a regra faz, de fato, é *excluir* da consideração prática os méritos particulares dos casos particulares pela especificação antecipada do que *deve ser feito*, não importando quais sejam as circunstâncias dos casos particulares." G. J. Warnock, *The Object of Morality* (Londres: Methuen, 1971), 65 (itálicos no original).

98   *O COMBATE MORAL*

tência e a força das razões excludentes de segunda ordem. E com essa admissão, o paradoxo da autoridade prática torna-se ilusório, e a tradicional teoria da obrigação legal é reivindicada.

O paradoxo como realidade

Dois problemas correlatos afrontam essa avaliação de como uma teoria complexa do raciocínio prático dissolve o paradoxo da autoridade prática. O primeiro é que é extremamente difícil produzir um exemplo de caso no qual algum princípio funcione claramente de maneira compatível com os cânones da racionalidade como uma razão protegida que exclua alguém do agir com base no equilíbrio de razões de primeira ordem. O segundo problema, o mais significativo, fornece a razão pela qual é difícil construir tal exemplo; o conceito de uma razão protegida é conceitualmente incoerente e, assim sendo, a solução *raziana* para o paradoxo da autoridade prática não constitui, de modo algum, uma solução.

O problema dos exemplos

Consideremos o exemplo que tanto Raz quanto Green empregam para explicar o aspecto excludente das razões protegidas para a ação que se acredita serem fornecidas pelas leis[17]. Suponhamos que alguém teve um dia longo e muito ativo, e que está exausto física e psicologicamente. Suponhamos também que alguém tem diante de si uma proposta de negócio que tem que ser examinada até o fim da tarde – uma proposta que promete tanto vantagens significativas quanto um grau preocupante de risco. Suponha-

---

17. Green, *The Authority of the State*, 38; Joseph Raz, "Reasons for Actions, Decisions and Norms", em *Practical Reasoning*, ed. Joseph Raz (Oxford e Nova York: Oxford University Press, 1978), 130.

ORIGENS DO DILEMA DO PERSPECTIVISMO JURÍDICO

mos que alguém concluiu que, mesmo que tentasse avaliar o equilíbrio de razões em favor da aceitação da proposta, não poderia estar certo de chegar a uma conclusão exata. Então alguém teria uma razão (de segunda ordem) para abster-se de agir com base no equilíbrio de razões (de primeira ordem) como o vemos, ou seja, o fato de alguém estar cansado constitui uma razão para declinar a proposta de negócio – abster-se da ação baseado nas razões de aceitação de tal proposta. Mesmo se a avaliação que alguém faz do equilíbrio das razões (de primeira ordem) sugira que se deve aceitar a proposta de negócio, o princípio de segunda ordem que prescreve que não se deve tomar decisões de negócio quando se está excessivamente cansado torna racional, consideradas todas as coisas, a recusa de agir com base no equilíbrio (como alguém agora o avalia) de razões (de primeira ordem).

A despeito de sua plausibilidade intuitiva, esse exemplo é infeliz. O que o teórico *raziano* precisa demonstrar é que existe um caso plausível no qual alguém tem uma razão para não agir com base no que se considera ser o equilíbrio de razões de primeira ordem. Mas alguém estar cansado não constitui razão para se abster de agir com base no equilíbrio de razões de primeira ordem. Na verdade, não constitui, de modo algum, razão para a *ação*. Pelo contrário, quando alguém julga a si mesmo incompetente para tomar decisões sábias, tem-se uma razão para *crença*, isto é, atua-se como autoridade epistêmica a respeito da provável verdade das conclusões de alguém no tocante ao equilíbrio de razões de primeira ordem a favor e contra uma ação particular. Alguém estar cansado constitui mera evidência do fato de que as premissas empregadas por alguém nas inferências práticas próprias a esse alguém podem muito bem ser falsas. A exaustão dá a alguém uma razão para acreditar que há *outras* razões para não se envolver na negociação, as quais, se aparentes, mostrariam ser precária a negociação. Na medida em que a exaustão torna provável, ou pelo menos possível, que o equilíbrio das razões para a ação como se o vê é inexato, tem-se razão de pensar que há outras ra-

100 O COMBATE MORAL

zões para a ação que são enganosas no presente, mas que, se somadas ao equilíbrio, resultam em que alguém julgará o negócio uma proposta imprudente. Assim, o conhecimento de uma condição de incompetência tão-somente faz de alguém uma autoridade epistêmica a respeito da verdade de inferências envolvendo conjuntos complexos de premissas. E, assim sendo, não significa obstar a deliberação de alguém a respeito disso ou a ação com base em razões de primeira ordem por desconsiderar a incompetência de alguém. Embora o único procedimento racional possa muito bem ser deixar de celebrar um contrato complexo, esse procedimento é ditado pelo equilíbrio de razões de primeira ordem dependentes de conteúdo. A condição de incompetência de alguém é apenas evidência do fato de que, desenvolvendo essas razões dependentes de conteúdo, pode-se não estar empregando premissas verdadeiras[18].

Para tomar um exemplo que, aparentemente, melhor capta o aspecto excludente das razões protegidas que se pretende possam ser defendidas mediante uma teoria complexa do raciocínio prático, consideremos o caso de uma promessa. Suponhamos que um irmão prometeu a sua irmã cuidar da mãe deles, de modo que a irmã possa tirar férias. A irmã recusara-se a deixar a mãe porque esta não gosta de ficar sozinha, não tem amigos próximos e receia ter uma pessoa estranha contratada para cuidar dela. Suas necessidades, entretanto, são mínimas. Ela apenas necessita que al-

---

18. Leslie Green reconhece esta resposta "problemática": "Por que, então, não deveriam os vários casos de incapacidade ser simplesmente tratados como expressões de dúvida acerca da validade da avaliação que alguém faz do equilíbrio de razões? Não será isso simplesmente o que significa não confiar no próprio juízo?" Green, *The Authority of the State*, 53. A resposta a tais dúvidas, afirma Green, ficará fora da análise de como razões independentes de conteúdo podem ter força prática mesmo não sendo elas razões principais. Mas, embora Green prossiga numa discussão sobre a validade das razões independentes de conteúdo, ver *ibid.*, 54-62, ele não consegue explicar exatamente como sua discussão supera a objeção reconhecida por ele como tão perturbadora para qualquer tentativa de proporcionar um exemplo de razões protegidas recorrendo-se a casos de incapacidade.

ORIGENS DO DILEMA DO PERSPECTIVISMO JURÍDICO　　101

guém escreva suas cartas ocasionais, execute os afazeres difíceis da manutenção da casa e lhe faça uma certa companhia. O filho, que nunca gostou da mãe, promete atender a essas necessidades durante a ausência da irmã, na esperança de que, ao fazê-lo, possa melhorar seu relacionamento com a mãe. Contudo, depois de alguns dias assumindo essa responsabilidade, ele se cansa da tarefa e contrata uma acompanhante profissional para aliviá-lo de suas obrigações.

Na opinião de muitas pessoas, o irmão não conseguiu levar a sério a força da promessa feita a sua irmã. Como os *razianos* o descreveriam, a promessa deu ao irmão uma nova razão independente de conteúdo e para prestar assistência a sua mãe – uma razão além de seu desejo de melhorar seu relacionamento – porque o próprio fato de ele ter prometido foi, por si mesmo, uma razão para agir como prometido. A promessa também lhe proporcionou uma razão excludente para desconsiderar as razões dependentes de conteúdo de primeira ordem que ele, de outra maneira, teria para não prestar ajuda à mãe, tais como inconveniência, frustração, raiva e assim por diante. Assim, ao prometer cuidar da mãe, o irmão não estava no direito de pesar e agir com base no equilíbrio de razões de primeira ordem previamente existentes que afetassem o fornecimento da assistência requerida, mesmo se esse equilíbrio (nele incluído a razão independente de conteúdo dada pelo puro e simples fato de que a assistência foi prometida) pendesse em favor de contratar uma outra pessoa para assumir a responsabilidade. Em outras palavras, o irmão impediu a si mesmo de concluir que os benefícios da promessa não valiam os seus custos, mesmo que tal conclusão fosse verdadeira[19]. Sua promessa fez dele uma

---

19. Para profícuas discussões da teoria do prometer refletida por esta formulação, ver P. S. Atiyah, *Promises, Morals and Law* (Oxford: Clarendon Press, 1981), 106-22; H. L. A. Hart, *The Concept of Law* (Oxford: Clarendon Press, 1961), 42-3; Rawls, *A Theory of Justice*, 344-50; Rawls, "Two Concepts of Rules", 3; Joseph Raz, "Promises and Obligations", em *Law, Morality, and Safety*, eds. P. M. S. Hacker e Joseph Raz (Oxford: Clarendon Press, 1977), 210.

102   *O COMBATE MORAL*

autoridade prática em relação às suas ações futuras, pois lhe proporcionou uma razão protegida para prestar ajuda à mãe, a despeito do desagradável da tarefa. Tal é a dinâmica da autoridade prática – afirmam os adeptos da tradição *raziana*.

Está claro que o problema desse exemplo é ele não conseguir cumprir a tarefa que precisa ser cumprida. Embora todos nós nos inclinemos a pensar que haja algo especialmente importante no que toca ao prometer, o exemplo não consegue demonstrar que o prometer é racional. O objetivo do exemplo, aqui, é ilustrar como poderia ser racional, consideradas todas as coisas, abster-se de fazer o que o equilíbrio de razões de primeira ordem impõe. E no caso do irmão, não é mais obviamente racional agir contra o equilíbrio de razões de primeira ordem para a ação do que seria assim agir em face de uma lei. Em sua capacidade de proporcionar razões protegidas para a ação, tanto as leis quanto as promessas ficam de pé ou caem juntas[20]. Raz e Green invocaram seu exemplo (o da pessoa de negócios cansada), em vez de um exemplo que recorre ao prometer ou qualquer outro pronunciamento performativo considerado gerador de uma razão protegida para a ação, precisamente porque tal exemplo parece tornar mais plausível a maneira pela qual sua teoria sofisticada do raciocínio prático torna racional o que uma teoria simples do raciocínio prático torna irracional. Acharam, assim, necessário apelar para um exemplo no qual a razão, num certo sentido, julga a si mesma e descobre a si mesma como lacunar. Mas, como vimos, em todos esses casos nos quais temos uma razão para duvidar de nossa capacidade de ser razoáveis – para determi-

---

20. Assim, pareceria resultar que, se o conceito tradicional de autoridade prática é considerado conceitualmente incoerente porque a noção de uma razão protegida da qual ele depende (na formulação *raziana*) é confusa, então o conceito do prometer tem também que ser considerado incoerente se desfeito pela referência às razões protegidas. Argumentei alhures que essa conclusão não é desastrosa porque a natureza especial do prometer pode ser apreendida sem invocar os componentes problemáticos das razões protegidas. Ver Heidi M. Hurd, "Challenging Authority", *Yale Law Journal* 100 (1991): 1661-2. Ver também a discussão em torno do prometer no capítulo IV.

ORIGENS DO DILEMA DO PERSPECTIVISMO JURÍDICO

103

nar e equilibrar as razões de primeira ordem que favorecem ou contrariam a ação – essa dúvida atua apenas como razão para a crença relativa à validade daquelas razões, e não como uma razão para a ação. Funciona, assim, com autoridade epistêmica, não proporcionando nem razões independentes de conteúdo nem razões excludentes para a ação.

O problema conceitual

A dificuldade que se enfrenta ao tentar construir um exemplo persuasivo de uma situação na qual é racional abster-se de agir com base num equilíbrio de razões de primeira ordem é apenas a ponta do *iceberg* filosófico. A maior e mais profunda dificuldade acarretada por esse problema é o malogro dos que se filiam à tradição *raziana* quanto a dissolver o paradoxo da autoridade prática. A "solução" raziana depende fundamentalmente da impossibilidade de alguém ser claro a respeito do que é acarretado pelo conceito de uma razão protegida para a ação.

Consideremos o que restaria para alguém se esse alguém, de fato, precisasse de uma razão protegida para levar a cabo uma ação específica. Raz afirma que uma razão protegida para a ação deixa alguém com uma nova razão (independente de conteúdo) para levar a cabo aquela ação e também com uma nova razão excludente para não agir com base nas razões para não levá-la a cabo. Mas Raz passa explicitamente por cima dessa formulação da força de uma razão excludente mediante uma avaliação diferente e bastante reveladora. Ao contrário de afirmar que uma razão excludente confere a alguém uma razão para não *agir* com base nas razões (de primeira ordem) contra o procedimento ordenado, Raz afirma freqüentemente que uma razão excludente confere a alguém razão para não *considerar mais* as razões (de primeira ordem) contra a ação ordenada[21]. Isto

---

21. "Todo o desígnio e propósito das autoridades... é fazer antecipação do *juízo* individual com base nos méritos de um caso (itálico acrescentado)."

104   O COMBATE MORAL

é enigmático porque, em pontos cruciais, ele rejeita essa equação[22].

A dissonância entre essas afirmações pode ser resolvida fazendo-se uma distinção entre os respectivos pontos de vista sustentados pelos que comandam e os submetidos ao comando. Embora a ordem de um comandante possa, do ponto de vista daquele que comanda, não fazer a antecipação da própria deliberação de um submetido no tocante aos méritos da ordem, ela pode muito bem fazer antecipação de tal deliberação do ponto de vista daquele que obedece à ordem. Duas razões para essa antecipação se revelam. Em primeiro lugar, se alguém é impedido de agir com base em certas razões, é desnecessário, ao menos como questão pragmática, prosseguir na sua consideração dos méritos das razões[23]. Em

---

Raz, *The Morality of Freedom*, 47-8. "[A]través da aceitação de regras instauradoras de autoridades, as pessoas podem confiar o *juízo*, no que diz respeito ao que deve ser feito, à outra pessoa ou instituição... (itálico acrescentado)." *Ibid.*, 58-9. As autoridades "têm o direito de substituir o juízo das próprias pessoas com base nos méritos do caso". *Ibid.*, 59. "[S]omente permitindo o juízo da autoridade que executa a antecipação de minha plena vontade, obtenho êxito no aprimoramento de meu desempenho e no trazê-lo ao nível da autoridade." *Ibid.*, 68.

22. Assim, ele insiste que "nenhuma capitulação do juízo no sentido de abster-se de formá-lo é envolvida, porque não existe nenhuma objeção a que as pessoas formem seu próprio juízo sobre qualquer assunto que desejarem". Raz, *The Morality of Freedom*, 40. E em resposta a Hart, que formalmente interpreta a autoridade como um poder de barrar a deliberação, sustenta Raz:

> Por certo o que conta, do ponto de vista da pessoa que detém autoridade, não é o que o indivíduo submetido à autoridade pensa acerca de como age. Faço tudo que a lei exige de mim se minhas ações se conformam a ela. Não há nada de errado em eu considerar os méritos da lei ou da ação que se harmonizam com ela. A reflexão dos méritos das ações exigidas pela autoridade não é automaticamente proibida por nenhuma diretiva da autoridade...

Ibid., 39. Ver também Raz, *The Authority of Law*, 26.

23. Como ele afirma: "Pode-se formar uma opinião com base nos méritos, porém, enquanto alguém atender à autoridade, isso será um exercício acadêmico destituído de importância prática." Raz, *The Authority of Law*, 24-5. Uma avaliação alternativa do porquê de essas formulações serem freqüentemente fundidas poderia apoiar-se na afirmação de que o *ato* mental de contemplar tais razões está ele próprio entre as ações barradas pelo aspecto excludente de uma razão protegida.

ORIGENS DO DILEMA DO PERSPECTIVISMO JURÍDICO   105

segundo lugar, se fosse para alguém continuar insistindo nas razões para a ação em relação às quais se é impedido de agir, poder-se-ia ser levado a agir contrariamente à razão excludente proporcionada pela autoridade prática. Não se pode selecionar as razões com base nas quais alguém age, ou seja, não se pode tornar verdadeiro que se é motivado a agir de uma maneira, e não de outra[24]. Por conseguinte, insistir na consideração das razões para a ação excluídas por uma razão protegida expõe ao risco da possibilidade de alguém ser levado a agir com base em uma daquelas razões, de preferência a fazê-lo segundo a base autorizada pela razão protegida.

Contudo, o mesmo pode ser dito, na consideração que alguém faz das *outras* razões dependentes de conteúdo de primeira ordem, que se tem de seguir o procedimento ordenado – as razões tidas anteriormente à razão independente de conteúdo proporcionada pelo fato de que o comando foi emitido. O fato de as razões contra a ação ordenada serem reduzidas à impotência pelo comando cria a situação na qual se necessita apenas de uma única razão de primeira ordem para agir conforme ordenado, e isso é concedido pelo puro fato de que o comando foi emitido. Ao receber um comando, fica-se com uma única razão para agir de acordo com ele: o fato de o comando ter sido proferido.

A questão, portanto, que exige resposta é esta: por que seria sempre racional agir tão-somente porque foi dito a alguém para assim fazer? O que torna tal ação racional é o puro fato de alguém ter sido ordenado a adotá-la? Ou a racionalidade de um ato ordenado depende de algo mais? Esta questão nos lembra curiosamente o enigma secular que transtornou a cabeça de tantos teólogos cristãos: é correto o que diz Deus porque Deus o diz? Ou Deus o diz porque é correto? Exatamente como esta indagação análoga parece

---

24. Para uma defesa da tese de que as pessoas não podem escolher ou controlar as razões com as quais agem, ver Michael S. Moore, "Authority, Law, and Razian Reasons", *Southern California Law Review* 62 (1989): 878-83.

106   *O COMBATE MORAL*

atrair apenas duas respostas possíveis, a indagação acerca da racionalidade da ação de acordo com um comando atrai apenas duas respostas possíveis.

Examinemos, primeiramente, o análogo teológico. Se os comandos de Deus são corretos apenas porque Deus os ordena, então quaisquer desses comandos, por mais hediondos que possam parecer (e aqui se deveria imaginar um comando particularmente chocante), teriam que ser considerados como detentores do *status* moral de ser uma verdadeira descrição deôntica de como devemos agir. Alternativamente, se Deus emite comandos porque são os comandos corretos, então a estirpe moral deles não provém de Deus, mas de alguma autoridade "mais elevada" (isto é, alguma realidade moral independente de Deus). De maneira semelhante, se uma ação é racional porque alguém foi ordenado a empenhar-se nela, então qualquer coisa que possa ser ordenada por alguém investido de autoridade prática (e aqui poder-se-ia pensar nas ordens de extermínio de uma Gestapo) gozará do *status* de racional. Por outro lado, se a racionalidade de uma ação é determinada por algo diverso do fato de ter sido ordenada, então dispor, como única razão para a ação, do fato de alguém ter sido ordenado a assim fazer não é dispor como razão para a ação daquilo que determina sua racionalidade prática, ou seja, a racionalidade, tal como a força moral dos comandos de Deus, tem que se originar de uma autoridade "mais elevada" (alguma fonte distinta da autoridade de quem comanda).

Assim, a autoridade prática se mostra conceitualmente confusa. Essa confusão talvez seja mais bem compreendida como se segue:

1. Se a razão excludente gerada por um comando barra a ação de acordo com razões de primeira ordem *contra* a ação comandada, então (pragmaticamente) barra a consideração dessas razões.

2. Se a razão excludente gerada por um comando (pragmaticamente) barra a consideração daquelas razões, então

ORIGENS DO DILEMA DO PERSPECTIVISMO JURÍDICO 107

(pragmaticamente) barra a consideração de quaisquer razões *para* a ação comandada além daquela proporcionada pelo fato de o comando ter sido emitido.

3. CONSEQÜENTEMENTE: no recebimento de um comando, a única razão para a ação que se deveria considerar é o fato de que alguma ação foi comandada.

4. Todavia, se uma razão é racional somente *porque* foi comandada, então qualquer ação que seja comandada é racional (o que torna racional ficar de cabeça para baixo, abandonar o emprego ou empreender uma missão *kamikaze*, se ordenado).

5. Se, alternativamente, uma ação é racional *somente* se for compatível com outras exigências, então o puro fato de uma ação ter sido comandada é incapaz de justificar racionalmente a execução do ato (o que torna racionalidade e obrigação conceitualmente distintas).

6. Visto que o conseqüente da premissa 4 é falso, o antecedente da premissa 4 tem que ser falso.

7. Visto que o antecedente da premissa 4 tem que ser falso, o antecedente da premissa 5 tem que ser verdadeiro[25].

8. Se a premissa 5 é verdadeira, para agir racionalmente tem-se que agir em função de razões além do fato de que alguém foi assim ordenado.

9. CONSEQÜENTEMENTE: a ação adotada com base numa razão excludente é irracional.

Raz e seus seguidores não precisam, nesse estágio do jogo, fazer uma volta e admitir que, ao interpretar leis como comandos de uma autoridade prática, se enganaram a respeito da dinâmica da autoridade legal. Ainda há muito em torno da argumentação tal como a indiquei que deveria apoiar sua tese conjunta. Com efeito, pareceria que os ansiosos por defender a estratégia *raziana* têm à disposição cinco

---

25. A premissa suprimida em 7 é: se não é o caso de uma ação ser racional somente *porque* foi ordenada, então uma ação é racional somente se for compatível com outras exigências.

108   *O COMBATE MORAL*

argumentos, cada um deles podendo ser considerado capaz de demonstrar que um exercício de autoridade prática não reduz completamente a capacidade de alguém se empenhar na deliberação de primeira ordem. Se qualquer um desses argumentos for verdadeiro, eliminará a acusação de incoerência ao mostrar que o aspecto excludente das razões protegidas para a ação, que se pretendem outorgadas pelas leis, é compatível o suficiente com um equilíbrio de primeira ordem de razões dependentes de conteúdo para tornar a obrigação legal, racional. Os dois primeiros desses argumentos são vistos proveitosamente como tentativas de frustrar a premissa 4 da análise indicada nas páginas imediatamente anteriores, enquanto é de se considerar que os três últimos argumentos são tentativas de "abrandar" a premissa 3.

Contestando a legitimidade e jurisdição de uma autoridade prática. Em primeiro lugar, os partidários de Raz irão, indubitavelmente, procurar nos lembrar que sua análise é uma análise do que é a autoridade prática se esta for, com efeito, *legitimamente* possuída por alguém. Seu argumento não está na dependência de que um governo realmente possua a autoridade prática nem nos apresenta razões para supormos que qualquer governo, em particular, devesse possuí-la[26]. Assim, os defensores da teoria de Raz argumentarão que a premissa 4 do argumento das páginas anteriores deve ser reformulada de modo a estar condicionada a uma autoridade prática legítima já existente. Assim, ela poderia ser expressa como se segue:

4'. Se uma ação é racional somente *porque* foi comandada por uma autoridade prática *legítima*, então qualquer ação comandada por uma autoridade prática legítima é racional.

---

26. Green, *The Authority of the State*, 23; Raz, *The Morality of Freedom*, 46; Raz, *The Authority of Law*, 13, 46, 182.

ORIGENS DO DILEMA DO PERSPECTIVISMO JURÍDICO   109

Ao tornar a premissa 4 condicionada a uma legitimidade da autoridade, os que propõem a teoria de Raz podem muito bem pensar que criaram um considerável horizonte dentro do qual agentes racionais gozam ainda de liberdade para balancear razões de primeira ordem para a ação antes de serem obrigados a obedecer às leis promulgadas por uma autoridade prática. Sob pena de uma regressão infinita, os *razianos* prontamente admitem que, sejam quais forem as razões que justificam o exercício da autoridade prática, seu *status* precisa ser dependente de conteúdo[27]. Sugerir que as razões que legitimam a autoridade prática de uma instituição governamental são independentes de conteúdo apenas nos levaria a investigar por que essas razões independentes de conteúdo eram legítimas, e isso nos forçaria a buscar razões que justificassem a concessão de razões independentes de conteúdo. Por ter que haver um conjunto de considerações dependentes de conteúdo de primeira ordem que legitime o exercício da autoridade prática, está um agente racional plenamente habilitado a perguntar, ao defrontar-se com uma afirmação da autoridade prática, se esse conjunto de considerações realmente legitima a autoridade afirmada[28]. E

---

27. "[A] validade de razões independentes de conteúdo é explicada da maneira mais plausível pelo fato de que agir com base em tais razões pode, indiretamente, produzir conformidade com razões dependentes de conteúdo do tipo ordinário." Green, *The Authority of the State*, 56. Para uma análise explícita da dependência das razões independentes de conteúdo das dependentes de conteúdo, ver as discussões de Raz de sua "teoria da dependência" e sua "tese da justificação normal". Raz, *The Morality of Freedom*, 42-57.

28. É com esta base que Raz chega gradualmente ao seu ponto de vista da autoridade e obrigação legais. Como afirma ele:

> As pessoas diferem quanto ao seu conhecimento, habilidades, força de caráter e compreensão. Visto que o principal argumento da autoridade depende desses fatores, é impossível generalizar e indicar uma área de regulamentação governamental que seja melhor para os indivíduos. Mas, no que concerne a cada pessoa, há várias áreas desse tipo. Uma pessoa possui conhecimento amplo e confiável sobre automóveis, bem como um caráter moral inatacável. Ela pode não dispor de razão alguma para reconhecer a autoridade do governo sobre ela no tocante à excelência de seu carro na estrada.

110   O COMBATE MORAL

essa indagação capacita o agente a balancear as razões dependentes de conteúdo de primeira ordem para a ação de uma maneira que acaba por tornar racional qualquer subseqüente submissão às leis promulgadas por aquela autoridade.

Acompanhando este argumento muito de perto, um segundo argumento pretende conferir nova modificação à reexposição da premissa 4 feita acima. Conforme este segundo argumento, a premissa 4' tem que ser tornada condicional na jurisdição própria da autoridade prática. Não será racional conformar-se ao comando de uma autoridade prática, mesmo que for constatado ser essa autoridade legítima, a menos que se tenha também estabelecido que o comando está dentro da jurisdição dessa autoridade. Como diz Raz: "A maioria das autoridades, se não todas, têm poderes limitados. Erros por elas cometidos com relação a fatores que determinam os limites de sua jurisdição tornam nulas suas decisões."[29] Assim, a premissa 4' tem que ser submetida a nova modificação, como se segue:

4". Se uma ação é racional somente *porque* foi comandada por uma autoridade prática legítima *atuando nos limites de sua jurisdição*, então qualquer ação comandada por uma autoridade prática legítima atuando nos limites de sua jurisdição é racional.

Raz, *The Morality of Freedom*, 77-8. Trata-se, então, segundo Raz, de a autoridade governamental *legítima* variar de indivíduo para indivíduo. Porque o grau no qual um governo constitui uma autoridade legítima para um dado cidadão depende do grau em que existem razões dependentes de conteúdo para considerar suas leis como investidas de autoridade, existe, pelo menos inicialmente, uma necessidade de averiguar a legitimidade por meio da ponderação de razões de primeira ordem para a ação. E na medida em que a balança "indicará um peso" diferente para diferentes cidadãos, um governo obrigará, legitimamente, os cidadãos de maneiras diferentes. Daí, embora haja uma obrigação de obedecer à lei quando esta é promulgada por uma autoridade prática legítima, não há, como admite Raz, uma obrigação geral para obedecer à lei. Ver Raz, *The Authority of Law*, 233-49.

29. Raz, *The Morality of Freedom*, 62.

ORIGENS DO DILEMA DO PERSPECTIVISMO JURÍDICO 111

Afirmarão os teóricos *razianos* que, assim formulado, o conseqüente da premissa 4" não é mais falso. Uma vez a autoridade prática sustentada por uma instituição governamental seja considerada legítima e uma vez fique determinado que suas leis se acham em sua jurisdição própria, então o procedimento racional será, realmente, obedecer a essas leis, com a exclusão de razões contrárias para a ação. O paradoxo da autoridade prática será, assim, convertido numa ilusão se a reformulação acima for sustentável. Mas ela é sustentável? Podem Raz e seus adeptos realmente escapar do paradoxo da autoridade prática tornando a premissa 4 condicional a uma constatação de legitimidade e jurisdição?

No âmago da convicção de que a premissa 4" é verdadeira, e talvez trivialmente verdadeira, está a suposição de que, uma vez se tenha estabelecido a legitimidade e jurisdição de uma autoridade prática, será, então, racional tomar os comandos como razões singularmente suficientes para a ação[30]. Em outras palavras, uma vez que se tenha modificado a premissa 4 a fim de torná-la condicional, havendo uma autoridade prática legítima cujos comandos se acham nos limites de seu poder próprio, a premissa 6 será falsa, porque, realmente, será o caso de ser racional se conformar aos seus comandos.

Tal ponto de vista se apóia justamente na suposição adicional de que o raciocínio prático, na presença de uma autoridade prática legítima, é um processo hierárquico. O curso racional da ação em tais circunstâncias é, primeiramente, estabelecer a legitimidade e a jurisdição da autoridade e, depois, ser fiel às diretivas dessa autoridade sem se submeter em seguida ao crivo das próprias razões para julgar se o exercício dessa autoridade é legítimo ou se está

---

30. "Deve-se tomar muito cuidado quanto ao fato de que ela não excederá sua autoridade e será sensível à presença de considerações não-excluídas. Mas ao barrar tais possibilidades, tem-se que seguir aquela autoridade a despeito da própria opinião dos méritos do caso (isto é, cegamente)." Raz, *The Authority of Law*, 24.

112   O COMBATE MORAL

dentro de sua jurisdição própria[31], isto é, tem-se que abrir mão do próprio julgamento das razões dependentes de conteúdo a favor e contra a ação e agir somente com base na razão independente de conteúdo para a ação proporcionada pelo fato de a autoridade (que se constatou antes estar atuando legitimamente dentro de sua jurisdição) ter emitido alguma diretiva[32]. É o compromisso com um processo seriado do raciocínio prático que justifica essa capitulação do juízo; e é esta justificação para a capitulação do juízo que permite aos que defendem uma teoria *raziana* da autoridade

---

31. Como afirma Richard Friedman:

> [Um indivíduo não pode] tornar condicional sua obediência com base em seu... exame... pessoal da coisa que estão lhe pedindo que faça. De preferência, ele aceita como razão suficiente para seguir uma prescrição o fato de ter sido prescrita por alguém por ele reconhecido como autorizado a mandar. O homem que aceita a autoridade... abre mão de seu... juízo individual... [no sentido de que] não insiste que sejam dadas razões que ele possa compreender e que a satisfaçam como condição de sua obediência.

Richard Friedman, "On the Concept of Authority in Political Philosophy", em *Concepts in Social and Political Philosophy*, ed. Richard E. Flathman (Nova York: Macmillan Co., 1973), 129. O efeito de uma regra de autoridade é que, "nos casos em que é aplicável, é antecipadamente especificado o que é para ser feito; essa questão é eliminada da esfera de julgamento com base nos méritos particulares de cada caso". Warnock, *The Object of Morality*, 65 (itálicos omitidos).

32. "Tem havido uma notável aglutinação de opinião em torno da proposição de que a autoridade e as relações de autoridade envolvem uma espécie de 'capitulação do juízo' da parte daqueles que aceitam, se submetem ou aprovam a autoridade de pessoas ou de um conjunto de regras..." Flathman, *The Practice of Political Authority*, 90. Ver, por exemplo, Hannah Arendt, "What Was Authority?", em *Nomos I: Authority*, ed. Carl J. Friedrich (Cambridge, MA: Harvard University Press, 1958), 82 ("Autoridade... é incompatível com persuasão... Onde são usados argumentos, a autoridade fica em suspenso."); Thomas Hobbes, *Leviathan*, ed. Michael Oakeshott (Oxford: Basil Blackwell, 1946), 166 ("Há COMANDO onde um homem diz *faça isso, ou não faça isso* sem esperar outra razão senão a vontade daquele que o diz."); John Locke, *The Second Treatise of Government*, ed. J. W. Gough (Oxford: Basil Blackwell, 1976), 44 ("Sendo excluído todo julgamento particular de todo membro privado, a autoridade passa a ser árbitro...").

ORIGENS DO DILEMA DO PERSPECTIVISMO JURÍDICO 113

prática disputar a verdade da premissa 6 com base na modificação da premissa 4 e, assim, "resolver" o paradoxo acima. Entretanto, a adoção de uma teoria hierárquica da deliberação prática gera dificuldades de tais proporções que se revela incapaz de fornecer um fundamento para uma solução do paradoxo da autoridade prática.

O que poderia tornar praticamente racional a capitulação do juízo de alguém? Como poderia ser racional se conformar com as leis de uma autoridade prática legítima *somente porque* essas leis foram promulgadas e vigoram dentro dos limites jurisdicionais dessa autoridade? A própria resposta de Raz tem duas partes, correspondentes às duas teses que precisam ser estabelecidas com a finalidade de defender tanto a legitimidade quanto a jurisdição de uma autoridade prática. Em primeiro lugar, uma vez que se tenha estabelecido a legitimidade de uma autoridade prática, a obediência "cega" de alguém à vontade dessa autoridade permitirá, em geral, que melhor se chegue à ação coerente com o equilíbrio de razões de primeira ordem dependentes de conteúdo para a ação do que se chegaria caso se agisse com base diretamente no próprio julgamento desse equilíbrio (a "tese da justificação normal" de Raz)[33]. Em segundo lugar, uma vez estabelecido que as leis de uma autoridade prática se encontram dentro da jurisdição dessa autoridade, pode-se ficar relativamente confiante de que a obediência "cega" de alguém a essas leis em geral é compatível com as razões que teriam sido aplicadas previamente à conduta de alguém (a "tese da dependência" de Raz)[34]. O juízo, portan-

---

33. Raz, *The Morality of Freedom*, 53-7.

34. *Ibid.*, 47-53. A tese da dependência de Raz é uma tese moral acerca de como as autoridades *devem* agir; elas *devem* emitir diretivas que, em geral, refletem o equilíbrio de razões para a ação disponíveis aos submetidos a essas diretivas. Todavia, na medida em que um agente racional estimasse a probabilidade de uma autoridade aquiescer à tese da dependência no momento de determinar a legitimidade de uma autoridade (via tese da justificação normal), a determinação de legitimidade do agente lhe daria razão, em conseqüência disso, de considerar os comandos da autoridade como dependentes e, portanto, racionais.

114   *O COMBATE MORAL*

to, requer sua própria capitulação. Como, a longo prazo, nossas ações se harmonizarão melhor com as razões certas para a ação se deixarmos de ponderar essas razões e, em lugar disso, agirmos com base nos comandos de uma autoridade legítima que não ultrapassam a jurisdição dessa autoridade, a própria racionalidade prática requer que deixemos de ponderar as razões para a ação. A razão prática, assim, exige que abandonemos os métodos dela a curto prazo para assegurar, a longo prazo, a conduta que melhor se harmonize com esses métodos.

Contudo, como os filiados à tradição *raziana* admitem prontamente, essa justificação para a capitulação do juízo consoante uma constatação da legitimidade de autoridade e jurisdição implica que uma autoridade prática legítima possa realmente aprovar leis indesejáveis e moralmente contestáveis de vez em quando[35]. Raz escreve que "mesmo assim, pode ser que, com relação a cada indivíduo, seja ele provavelmente menos bem-sucedido em adotar razões corretas que a ele se aplicam de um modo ou outro se deixado ao seu próprio critério do que se ele obedecer sempre às diretivas de um governo justo, inclusive as moralmente repreensíveis"[36]. E ainda, como afirma Raz, algumas diretivas podem ser tão imorais – tão grosseiramente violadoras do equilíbrio de razões para a ação circunstancial – que nenhum governo que as emita pode ser considerado legítimo[37]. E é aqui que está localizado o ponto crucial.

---

35. "Convém lembrar que, às vezes, leis imorais ou injustas podem ser obrigatórias por força de autoridade... Governos podem estar atuando no âmbito de sua autoridade quando agem injusta ou imoralmente." *Ibid.*, 78, 79. "Sob as melhores condições não há nenhuma garantia de que todas as leis serão compatíveis com a moralidade." William N. Nelson, *On Justifying Democracy* (Londres e Boston: Routledge & Kegan Paul, 1980), 131.

36. Raz, *The Morality of Freedom*, 79.

37. *Ibid.* Assim, como reconhece Green, "a independência de conteúdo tem que ser interpretada de forma a ser compatível com a verdade substancial a que [leis] grosseiramente imorais não obriguem". Green, *The Authority of the State*, 47.

ORIGENS DO DILEMA DO PERSPECTIVISMO JURÍDICO

Se é racional se manter fiel a leis promulgadas por uma autoridade prática somente se essa autoridade for *legítima* (premissa 4") e se uma autoridade é legítima somente se suas leis revelarem melhor coerência com o equilíbrio das razões dependentes de conteúdo para a ação do que os julgamentos daqueles para os quais constitui uma autoridade (a tese da justificação normal), então teremos, necessariamente, a situação na qual para julgar se uma autoridade está realmente agindo legitimamente será preciso avaliar por si as razões para a ação em cada caso em que uma lei seja aplicável, de modo a policiar a capacidade da autoridade afirmada em ordenar a ação conforme essa avaliação. A capacidade de uma autoridade afirmada de realizar a ação que a longo prazo melhor se harmoniza com o equilíbrio de razões somente pode ser medida se, a cada decisão, julgar-se por si mesmo as razões para a ação e comparar o próprio juízo com o obtido pela autoridade. Sem se empenhar em tais comparações a longo prazo, ninguém dispõe de nenhuma base para considerar legítima a autoridade afirmada, e, conseqüentemente, ninguém dispõe de nenhum fundamento racional para se manter fiel à vontade daquela autoridade. Em suma, não se dispõe de qualquer fundamento para pensar que a tese da justificação normal de Raz seja aplicável. Além disso, pelo fato de a atribuição da autoridade prática às instituições governamentais impedir que se faça precisamente os tipos de comparação dos quais a autoridade prática depende, tal atribuição não pode ser racionalmente defendida.

Raz pretende derrubar essa objeção ao negar que "o poder legítimo das autoridades é geralmente limitado pela condição de ser vencido por erros significativos que não são claros"[38]. Como afirma Raz, há uma diferença substancial entre grandes erros e erros claros. Embora a legitimidade da autoridade seja vencida pela realização de um erro claro, não é vencida pela realização de um erro que exigiria muito

---

38. Raz, *The Morality of Freedom*, 62.

116   *O COMBATE MORAL*

empenho para ser descoberto, por maior que fosse esse erro. E como "[e]stabelecer que algo está claramente errado não exige o exame do raciocínio subjacente"[39], a admissão de que erros claros vencem a legitimidade não é uma admissão de que os indivíduos têm que balancear as razões dependentes de conteúdo para a ação em cada caso no qual uma autoridade ordena a ação a fim de estabelecer a legitimidade dessa autoridade.

Contudo, a analogia em que esse argumento se apóia é sua destruição. Raz nos pede para considerar a adição de trinta números. Essa adição pode ser ligeiramente errada, mas completamente clara, como quando a soma é um número inteiro, enquanto somente um dos números adicionados é uma fração decimal. Mas pode também ser grosseiramente errada, porém completamente imperceptível, como quando a soma é inexata em vários milhares devido a uma razão que só pode ser descoberta por meio de um novo e laborioso cálculo. O objetivo deste exemplo é nos fornecer a intuição de que, quando uma calculadora comete o erro claro, porém pequeno, podemos considerá-lo "ilegítimo"; entretanto, quando ela comete o erro grave, porém imperceptível, podemos, a despeito disso, nos autorizar a tomar sua cifra como definitiva da soma se, em geral, nos fornecer cifras corretas.

Mas, é claro, uma calculadora poderia, de maneira sistemática, calcular erroneamente quando as coisas estivessem indo mal (quando os números se tornassem grandes e os cômputos, muito extensos), ou seja, jamais poderia cometer um erro claro enquanto estivesse cometendo continuamente erros obscuros. Portanto, precisamos de algum meio de determinar se, no geral, essa calculadora nos fornece os resultados corretos. Certamente, Raz não consideraria racional aquilatar a precisão de uma calculadora em cálculos difíceis somente com base em sua precisão em cálculos simples. Analogamente, Raz não podia considerar ra-

---

39. *Ibid.*

ORIGENS DO DILEMA DO PERSPECTIVISMO JURÍDICO 117

cional aquilatar a legitimidade da autoridade de um governo por este não conseguir cometer erros claros. Tal como uma calculadora que, de maneira sistemática mas obscura, faz cálculos errôneos não é propriamente uma calculadora, do mesmo modo um governo que promulga leis que, de maneira sistemática mas obscura, não conseguem refletir as razões corretas para a ação, não constitui uma autoridade legítima (do ponto de vista do próprio Raz). E porque esse erro sistemático somente pode ser descoberto recalculando-se (ou avaliando de outra forma) os cômputos de uma calculadora e "reavaliando" as razões das leis promulgadas por um governo, é forçoso admitir que a legitimidade, de modo efetivo, exige precisamente a espécie de deliberação de primeira ordem que uma autoridade prática se propõe a barrar.

Assim, se 1) a racionalidade de se manter fiel a uma autoridade prática depende da legitimidade dessa autoridade; 2) a legitimidade de uma autoridade prática só pode ser estabelecida avaliando-se as razões dependentes de conteúdo de primeira ordem para a ação; e 3) a autoridade prática impede que se avaliem essas razões dependentes de conteúdo de primeira ordem, então a autoridade prática não pode ser racional. Eis a dificuldade inevitavelmente atraída por uma tentativa de amparar a racionalidade da autoridade prática no conceito de legitimidade.

Um argumento paralelo pode ser formulado contra a condição jurisdicional. Se é racional conformar-se às leis de uma autoridade prática somente se essas leis estiverem na jurisdição *própria* dessa autoridade (premissa 4") e se uma autoridade atua em sua própria jurisdição somente quando suas leis são baseadas nas razões para a ação aplicáveis a alguém antes da promulgação daquelas leis (tese da dependência), então será o caso de, para se julgar se as leis promulgadas por um governo se acham na juridisdição de sua autoridade prática, ter que avaliar as razões para a ação previamente existentes em cada caso a que tais leis sejam aplicáveis, de modo a assegurar que, ao estender sua autoridade àquele caso, o governo não ultrapassou os limites de

118 O COMBATE MORAL

sua jurisdição. A propensão de uma pretensa autoridade afirmada de emitir comandos observando a sua jurisdição apenas pode ser aquilatada se, a cada decisão, nós mesmos julgarmos as razões previamente existentes para a ação e, em seguida, determinarmos se os comandos da autoridade realmente refletem essa avaliação. Sem empreender esse processo de avaliação, não dispomos de razão para pensar que os comandos da autoridade afirmada observam sua jurisdição própria e, conseqüentemente, de nenhum fundamento racional para pensar que a tese da dependência de Raz tenha aplicação. E mais uma vez, entretanto, pelo fato de a atribuição da autoridade prática impedir que haja envolvimento precisamente nesse tipo de deliberação de primeira ordem, tal atribuição não pode ser racionalmente defendida.

Assim, se 1) a racionalidade de conformar-se a uma autoridade prática depende da medida em que essa autoridade atua na sua esfera de jurisdição; 2) a jurisdição de uma autoridade prática pode ser determinada somente pela avaliação das razões dependentes de conteúdo de primeira ordem para a ação; e 3) a autoridade prática impede que se avaliem essas razões dependentes de conteúdo de primeira ordem, então a autoridade prática não pode ser racional. Eis a dificuldade adicional inevitavelmente engendrada por uma tentativa de tornar a racionalidade da autoridade prática condicional a uma limitação jurisdicional.

Não é possível evitar as dificuldades que se apresentam ante as tentativas de suplementar a premissa 4 com as condições de legitimidade e jurisdição afirmando-se que a investigação dessas condições realizada por alguém deve ser limitada temporalmente, ou seja, não é possível que se trate do caso de uma autoridade prática necessitar apenas ser submetida a um período de experiência. Não se pode submeter à prova uma autoridade governamental durante algum período de teste e concluir, ao fim desse período, que, pelo fato de as leis promulgadas por esse governo terem, com efeito, melhor alcançado uma ação em harmonia com o equilíbrio de razões do que o teriam feito as próprias de-

ORIGENS DO DILEMA DO PERSPECTIVISMO JURÍDICO 119

cisões de alguém, o procedimento racional para a conduta é abrir mão do próprio juízo ante esse governo e acatar suas leis sem futuro questionamento. Enquanto a racionalidade depender da legitimidade ou jurisdição de uma autoridade – enquanto a premissa 4" permanecer verdadeira – somente será racional se conformar à vontade de uma autoridade se essa vontade compatibilizar-se com o equilíbrio de razões para a ação, o que apenas é determinável comparando-se os próprios juízos tocantes àquele equilíbrio com os da autoridade durante a vigência da reivindicação dessa autoridade à legitimidade ou jurisdição. O processo de comparação a ser empreendido para estabelecer a legitimidade ou jurisdição que um governo reivindica à autoridade prática tem, assim, que durar tanto quanto a reivindicação.

O resultado desse argumento, então, é que, mesmo se substituíssemos a premissa 4 pela premissa 4", o conceito de autoridade prática permaneceria confuso; como o conseqüente da premissa 4" não é mais verdadeiro do que era o conseqüente da premissa 4, a premissa 6 permanece verdadeira. Se o propósito da teoria *raziana* é tornar a autoridade prática conceitualmente coerente, precisa fazê-lo contestando alguma premissa que não seja a premissa 4.

Voltemo-nos agora para um conjunto alternativo de argumentos do qual os *razianos* poderiam se valer – esse conjunto que pretende suavizar a força da premissa 3. Como forma de estimular esses argumentos, será proveitoso recordar o lema do qual a premissa 3 é a conclusão. Lê-se da seguinte maneira esse lema:

1. Se a razão excludente gerada por um comando barra a ação de acordo com razões de primeira ordem *contra* a ação comandada, então ela (pragmaticamente) barra a consideração daquelas razões.

2. Se a razão excludente gerada por um comando (pragmaticamente) barra a consideração dessas razões, ela pragmaticamente barra a consideração de quaisquer razões *para* a ação comandada além daquela proporcionada pelo fato de o comando ter sido emitido.

120　　　　　　　　　　　　　　　　*O COMBATE MORAL*

3. CONSEQÜENTEMENTE: no recebimento de um comando, a única razão para a ação que se deveria considerar é o fato de alguma ação ter sido comandada.

Se a premissa 3 puder ser abrandada – se puder ser mostrado que um comando não exclui a consideração de alguém de *todas* as razões de primeira ordem para a ação, exceto a razão independente de conteúdo proporcionada pelo simples fato de o comando ter sido emitido –, o paradoxo da autoridade prática estará resolvido.

Contestando as exceções não declaradas às leis de uma autoridade prática. Um meio de contestar a premissa 3 é afirmar que, embora os comandos de uma autoridade prática legítima proporcionem, de fato, razões suficientes para a ação, aqueles aos quais elas são dirigidas têm, todavia, que interpretar precisamente quais ações são requeridas por esses comandos. Os comandos que aparentemente funcionam como ordens gerais podem, realmente, conter exceções não declaradas, do mesmo modo que as promessas, como argumentou Rawls, contêm exceções não declaradas[40]. Alguém fazer uma promessa não quer dizer que esta será cumprida faça chuva ou faça sol. De maneira análoga, aquele que emite uma ordem provavelmente não tenciona que a ordem seja executada caso fique patente que sua execução levará a um desastre imprevisto, ou seja, na medida em que exceções não declaradas são efetivamente não declaradas, aquele que recebe uma ordem geral tem que levar em conta mais do que o fato de que essa ordem foi emitida (contrariamente ao que é afirmado pela premissa 3). Temos que levar em conta se as circunstâncias de alguém são aquelas dentro das quais somos excluídos da ação. E, presumivelmente,

---

40. Ver Rawls, "Two Concepts of Rules", 17. Ver também Flathman, *The Practice of Political Authority*, 115 (defendendo o parecer de que regras e comandos possuem condições não declaradas análogas àquelas envolvendo declarações de intenções e declarações de direito).

ORIGENS DO DILEMA DO PERSPECTIVISMO JURÍDICO   121

isso exigirá que avaliemos as razões dependentes de conteúdo para a ação como meio de determinar a probabilidade de que as próprias circunstâncias estão entre as que dão origem a uma exceção não declarada. A premissa 3, de acordo com esse argumento, é exagerada porque não consegue admitir uma quantidade substancial de deliberação no que tange às razões dependentes de conteúdo para pensar que uma exceção não declarada está implícita no comando.

Entretanto, esse recurso de admitir o ingresso de razões dependentes de conteúdo para a ação nas deliberações práticas de alguém em relação ao que alguém deve fazer em face de uma lei está certamente condenado como meio de abrandar a força da premissa 3. Se houvesse uma exceção não declarada à generalidade de uma lei em *todos* os casos nos quais existisse um conflito entre a ação comandada por aquela lei e a ação autorizada pelo equilíbrio das razões dependentes de conteúdo de primeira ordem, faltaria às leis a espécie de poder normativo que os *razianos* atribuem a elas. Por nunca exigir nada além do que é previamente exigido pelo equilíbrio das razões dependentes de conteúdo de primeira ordem para a ação, as leis não conseguiriam alterar nossas razões para a ação e, assim, não conseguiriam possuir autoridade prática tal como se analisa em sentido *raziano*. Sob pena de renunciar ao próprio conceito que procuram defender, Raz e seus adeptos, desse modo, não podem permitir que todos os conflitos entre os comandos da lei e as razões de primeira ordem para a ação sejam um resultado de exceções não declaradas no interior dos comandos.

Contudo, se apenas algumas leis encerram exceções não declaradas, retorna-se ao paradoxo tal como indicado nas páginas anteriores. Os defensores da teoria *raziana* têm que fornecer um critério de como distinguir entre os casos nos quais as leis de uma autoridade prática legítima suportam exceções não declaradas que dispensam o conformar-se de alguém e os casos nos quais não as suportam. Para determinar se uma lei é acompanhada por uma exceção não declarada, seremos forçados a avaliar as razões dependentes de conteúdo para a ação, concluindo presumivelmente que, se as razões contrárias à ação comandada excedem de maneira esmagadora as razões para essa ação, provavelmente se é isentado de agir segundo o comando de algum dispositivo não declarado. Esta é, contudo, precisamente a espécie de deliberação completa de primeira ordem em que se está impedido de incorrer pela razão excludente proporcionada por uma lei segundo a análise *raziana*. E assim temos o paradoxo: se 1) as leis promulgadas por uma autoridade prática contêm, em alguns casos, exceções não declaradas; se 2) é preciso avaliar as razões dependentes de conteúdo a favor e contra uma lei em *cada conjunto* de circunstâncias em que aquela lei se aplica para determinar se a lei exclui a ação nessas circunstâncias; e se 3) é barrado pela natureza excludente das leis de uma autoridade prática avaliar essas razões dependentes de conteúdo para a ação em cada conjunto de circunstâncias ao qual uma lei se aplica, então 4) uma autoridade prática exige o que simultaneamente previne, sendo, assim, incoerente. Na medida em que o argumento concernente às exceções não declaradas tenta capacitar alguém a considerar mais do que o simples fato do comando de uma autoridade prática, encontra-se em conflito com um princípio central relativo à natureza da autoridade prática, a saber, que o aspecto excludente das razões protegidas impede que se considerem as razões dependentes de conteúdo para a ação cada vez que se é convocado a agir em favor dessa razões protegidas. A premissa 3 não pode, portanto, ser abrandada por meio de um recurso às exceções não declaradas sem o alijamento do conceito central da autoridade prática defendido por Raz e seus seguidores.

Contestando o alcance das leis de uma autoridade prática. A premissa 3, entretanto, poderia ser atacada sobre uma base um tanto diferente. Os defensores de uma teoria *raziana* da autoridade prática provavelmente afirmariam que a conclusão alcançada na premissa 3 não consegue refletir o fato de

ORIGENS DO DILEMA DO PERSPECTIVISMO JURÍDICO 123

que razões excludentes tendem a ser restritas no seu alcance[41]. Embora as razões protegidas para a ação que são proporcionadas pelos comandos da lei realmente excluam a deliberação adicional de alguém a respeito de algumas razões de primeira ordem para a ação, elas não excluem a deliberação de alguém a respeito da totalidade dessas razões. O alcance excludente limitado de um comando, assim, autoriza a considerar mais do que o simples fato de que uma certa ação foi comandada. Se, com efeito, existem razões para a ação que se acham além do alcance de uma diretiva da autoridade, tem-se a liberdade de ponderá-las contra a razão independente de conteúdo para a ação que o comando da autoridade, de outra maneira, torna suficiente para a ação[42]. Assim, por exemplo, o comando da mãe dirigido ao filho para levar seu guarda-chuva poderia muito bem eximi-lo de considerar ulteriormente algumas razões para não levar seu guarda-chuva, tais como o fato de *desejar* se molhar, de *desejar* estragar suas calças novas e achar tolo carregar um guarda-chuva, embora não o eximindo de considerar outras razões para não levar seu guarda-chuva, por exemplo, que o guarda-chuva não é seu e que, estando o guarda-chuva

---

41. Leslie Green escreveu:

> Não se presume, é claro, que a autoridade política tenha que reivindicar ou fruir *alcance excludente* máximo, excluindo da corte de justiça todas as razões, exceto as sancionadas pela lei. A autoridade do Estado pode muito bem ser, e melhor seria se fosse, limitada. Dentro destes limites, entretanto, ela funciona para controlar os compromissos dos que estão a ela submetidos (grifo meu).

Green, *The Authority of the State*, 61.

42. Como escreve Raz:

> [A]firmar que as ordens são tanto razões de primeira ordem quanto excludentes não é a mesma coisa que afirmar que são razões absolutas. Elas podem não excluir certas razões conflitantes e, quando este for o caso, tem-se que decidir o que fazer com base no equilíbrio das razões de primeira ordem não excluídas, incluindo a própria ordem como razão *prima facie* para a execução da ação ordenada.

Raz, *The Authority of Law*, 22.

124 O COMBATE MORAL

danificado, conseqüentemente não o manterá seco. A premissa 3 pode, assim, ser abrandada admitindo-se o alcance limitado das diretivas competentes da autoridade. E uma vez abrandada, a premissa 3 será incapaz de gerar o paradoxo da autoridade prática na medida em que ele perde a eficácia nas premissas 4 a 9.

Todavia, o que precisamente determina o alcance dos comandos legítimos de uma autoridade prática? Está claro que os próprios comandos não especificam seu alcance excludente. O comando materno para levar um guarda-chuva não especifica o fato de que o embaraço do filho é excluído como razão para não levar o guarda-chuva, embora a verdadeira propriedade do guarda-chuva não seja excluída como razão para não levá-lo. Ao contrário, o alcance excludente de um comando tem que ser derivado das razões dependentes de conteúdo para a ação existentes antes do comando. Na observância da tese da justificação normal *raziana*, considera-se que a promulgação de uma lei tem que excluir aquelas razões para a ação que, se incluídas, fariam com que alguém agisse menos freqüentemente com base nas razões corretas para a ação do que alguém agiria se essas razões para a ação fossem, de fato, excluídas. Não se deve considerar uma lei como excludente dessas razões para a ação que, se incluídas, resultariam numa ação que melhor se conformasse com as razões corretas do que se conformaria a ação que não fosse baseada nessas ações.

Mais uma vez, essa prova do alcance excludente de uma lei exige que nos empenhemos exatamente na espécie de deliberação de primeira ordem que se pretende barrada pelo exercício da autoridade prática. Ao receber um comando, temos, primeiramente, que determinar as razões dependentes de conteúdo para a ação e, então, julgar quais dessas razões seriam mais bem excluídas de nossas deliberações e quais seriam mais bem incluídas. Pode-se considerar aquelas razões mais bem excluídas como determinantes do alcance excludente do comando. Este grau de deliberação de primeira ordem já excede aquele que se considera coe-

ORIGENS DO DILEMA DO PERSPECTIVISMO JURÍDICO

rente com os decretos de uma autoridade prática, mas ele não pára por aqui. Para saber quais razões seriam mais bem incluídas em nossas deliberações e quais seriam mais bem excluídas, seria necessário que tivéssemos uma certa noção de quais razões, se incluídas em nossas deliberações, nos capacitariam a agir, a longo prazo, de uma maneira que fosse compatível com o correto equilíbrio das razões para a ação, e vice-versa. O problema torna-se, assim, análogo ao enfrentado quando se tenta determinar a legitimidade de uma autoridade prática. A extensão na qual as ações de alguém a longo prazo se harmonizam melhor com o equilíbrio das razões se certas razões forem excluídas das próprias deliberações, somente pode ser medida se, a cada decisão no desenrolar a longo prazo, julgar-se se a própria ação em face das razões excluídas melhor se compatibiliza com o equilíbrio das razões corretas para a ação do que se compatibilizaria a própria ação se essas razões excluídas fossem incluídas. Mas esse processo exige muito mais deliberação de primeira ordem do que a mera ponderação das (totalidade das) razões dependentes de conteúdo para a ação, porque seremos agora forçados a ponderar nossas ponderações! Para determinar se o embaraço funciona como razão para a ação que devesse, em geral, ser incluída ou excluída, teríamos que avaliar todas as ocasiões em que a inclusão do embaraço como razão para a ação produzisse o correto equilíbrio no confronto com todas as ocasiões nas quais sua exclusão resultasse numa avaliação mais precisa. E teríamos que computar todas as nossas avaliações novamente e ponderá-las entre si em cada caso em que fôssemos convocados a determinar o alcance de um comando – porque elas mudarão com cada novo caso que contribua para essas avaliações com uma razão para incluir ou excluir uma razão dependente de conteúdo particular.

Assim, o *raziano* é apanhado pelo mesmo velho laço. Se tenta abrandar a premissa 3, permitindo que os indivíduos limitem o alcance excludente de uma lei, é forçado a admitir que a premissa 3 autorizará toda forma de deliberação

126   O COMBATE MORAL

de primeira ordem. Pelo fato de esta deliberação ser exatamente o que se pretende excluir pelas razões protegidas para a ação que unicamente os comandos da lei proporcionam, essa estratégia destruirá o conceito de autoridade prática que o *raziano* procura defender. Os que buscam um meio de preservar a teoria *raziana* da autoridade prática permanecem, assim, embaraçados com a premissa 3 como indicada nas páginas anteriores e, desta forma, continuam incapazes de resolver o paradoxo produzido pela mesma teoria.

Contestando a força das leis de uma autoridade prática. Mas ainda resta uma estratégia final. Os que se persuadiram de que as dificuldades encontradas acima são esmagadoras podem realmente decidir que é a hora exata de se desembaraçar da noção raziana de uma razão protegida. Poderão, assim, estar inclinados a juntar-se a Stephen Perry no pensamento de que o conceito de uma razão excludente, como é formulado por Raz e muitos de seus adeptos, tem que ser modificado. A modificação proposta por Perry implica tomar razões excludentes como razões para alterar o peso de razões para a ação previamente existentes, de preferência a tomá-las como razões para excluir conjuntamente aquelas considerações dependentes de conteúdo[43]. Na opinião de Perry, uma razão protegida exclui a *força* previamente existente de certas razões dependentes de conteúdo, mas não obstrui inteiramente a consideração dessas razões. Uma vez diminuída a sua força, entretanto, não é de surpreender que essas razões não consigam competir com a razão independente de conteúdo que é proporcionada pelo fato de que alguém foi comandado a adotar um procedimento particular.

Será que esta reavaliação da dinâmica de uma razão protegida ajuda a anular o paradoxo da autoridade prática? Perry poderia, com efeito, pensar que ajuda pois, uma vez que alguém não seja excluído por uma lei da consideração de

---

43. Ver Stephen Perry, "Judicial Obligation, Precedent and the Common Law", *Oxford Journal of Legal Studies* 7 (1987): 215.

ORIGENS DO DILEMA DO PERSPECTIVISMO JURÍDICO 127

razões dependentes de conteúdo para a ação, a premissa 3 parecerá falsa e, conseqüentemente, o paradoxo parecerá eliminado. No entanto, as mesmas questões levantadas a respeito da exclusão de uma razão para a ação podem ser levantadas a respeito da diminuição de força de uma razão para a ação. Como poderia o simples fato de uma lei ter sido sancionada reduzir a importância de razões previamente existentes para a ação? O que haveria, possivelmente, de racional em reduzir o peso de certas razões dependentes de conteúdo para a ação somente com o fundamento de que um comando foi emitido? Algo análogo à tese da justificação normal é exigido aqui. Mas assim como a tese da justificação normal não consegue fornecer uma saída ao paradoxo da autoridade prática porque ela depende daquilo que previne, a saber, da avaliação a longo prazo de todas as razões de primeira ordem para a ação, uma tese análoga também falhará aqui. Todos os argumentos que demonstraram a dependência da tese da justificação normal da nossa capacidade de avaliar razões de primeira ordem para a ação estarão disponíveis para demonstrar a dependência de uma tese análoga de nossa capacidade a longo prazo de calcular o peso correto dessas razões de primeira ordem. Assim, a diminuição do peso de certas razões de primeira ordem se revelará tão irracional quanto excluir essas razões de primeira ordem completamente.

Parece, assim, que o paradoxo da autoridade prática demonstrou ser de uma qualidade particularmente elástica. A solução *raziana* para o paradoxo não é solução alguma. Raz e seus seguidores falharam na tarefa de mostrar que o que deve ser feito, consideradas todas as coisas, não equivale ao que deve ser feito com base no equilíbrio de razões de primeira ordem. E como o próprio Raz admitiu, se o que deve ser feito, consideradas todas as coisas, é idêntico ao que deve ser feito com base no equilíbrio de razões de primeira ordem, as exigências da autoridade prática violam os princípios da racionalidade. Em virtude de primeiramente reduzir as razões (de primeira ordem) de alguém para a ação à razão singular independente de conteúdo proporcionada pelo fato de uma lei ter sido sancionada, e depois requerer a ação em conformidade com aquela razão, a autoridade prática acarreta o divórcio conceitual entre obrigação e racionalidade. Visto que os comandos não tornam racionais todas as ações comandadas, mesmo quando são emitidos por uma autoridade prática legítima que atua dentro de sua jurisdição, e a despeito de possuírem exceções não declaradas e esfera limitada, é preciso reconhecer que o que é racional fazer é conceitualmente distinto daquilo que se é comandado a fazer. Embora o que é comandado possa muito bem correlacionar-se com o equilíbrio de razões de primeira ordem (dependentes de conteúdo e independentes de conteúdo) como computado em conformidade com as exigências da racionalidade prática, isto não tem, necessariamente, que acontecer. Mas, então, para agir racionalmente, tem-se que computar aquele equilíbrio de razões, ou seja, é preciso se empenhar precisamente na espécie de deliberação prática que o aspecto excludente de uma razão protegida barra – e, então, agir com base naquele equilíbrio. As razões protegidas são, assim, conceitualmente incoerentes. Exigem o que a razão proíbe. E visto que o conceito de autoridade prática exige a concessão de razões protegidas, ele tampouco pode ser sustentado.

Capítulo IV
O malogro da autoridade influente

Se o conceito tradicional de autoridade legal é insustentável, somos forçados a concluir que a origem das obrigações legais tem que estar em outro lugar. Os que procuraram construir uma teoria alternativa da obrigação legal que apreendesse convicções triviais acerca do poder compulsório da lei se voltaram para a noção que chamo de "autoridade influente". Segundo uma teoria da autoridade influente, a lei não possui o poder de forçar à obediência cega, isto é, ela não proporciona razões excludentes para a ação. Mas ela realmente proporciona novas razões (independentes de conteúdo) para a ação – razões que, de maneira típica, têm peso suficiente para exigir que alguém aja "como se" a lei possuísse autoridade prática.

Se, em virtude de possuir autoridade influente, a lei fornece às pessoas razões para a obediência apenas nas circunstâncias mais excepcionais, o dilema do perspectivismo jurídico poderá, certamente, ser incapaz de inspirar uma preocupação séria. Embora os cidadãos, em circunstâncias excepcionais, possam se achar moralmente justificados a violar a lei, e os juízes, em tais casos, possam se achar divididos entre as exigências da tese da correspondência e os valores sistêmicos que dão sentido a sua função de juízes, dificilmente se poderia caracterizar isso como causa para uma crise de filosofia do direito.

Neste capítulo vou examinar a afirmação de que a lei possui uma autoridade influente de um tipo que impede a desobediência virtualmente em todos os casos. Nos capítu-

130   *O COMBATE MORAL*

los V e VI farei distinção entre duas teorias que interpretam a autoridade da lei como mais epistêmica do que moral. Como argumentarei, somente a segunda nos proporciona uma teoria conceitualmente convincente e normativamente atraente sobre o tipo de obediência que a lei pode corretamente reivindicar. Embora esta teoria nos leve de volta justamente ao dilema do perspectivismo jurídico, ela escapa dos problemas fundamentais enfrentados pelos que aventam teorias da autoridade alternativas mais tradicionais.

A natureza da autoridade influente

Os que atribuem à lei autoridade influente afirmam proporcionar razões convincentes para a obediência da lei sem atrair o paradoxo da autoridade prática. Sustentam que, ao avaliar o obedecer ou não à lei, as pessoas estão habilitadas a considerar (e agir com base) naquelas razões que definiriam os limites da legitimidade da lei, sua jurisdição e esfera, *e* que, uma vez considerados esses fatores, as pessoas continuarão tendo razões persuasivas para permanecer fiéis à lei, mesmo na maioria dos casos em que possam julgar as disposições da lei moralmente ilegítimas.

A fim de motivar essa teoria, imaginemos que, em resposta ao comando da mãe para levar o guarda-chuva, um filho argumente que o simples fato de ela ter emitido um comando não constitui, para ele, razão para agir de uma maneira contrária às suas (dele) muitas razões para não levar o guarda-chuva. Em síntese, ele nega a reivindicação dela à autoridade prática. A mãe poderia responder que existe uma razão alternativa do porquê seu filho deveria levar um guarda-chuva. Esta razão é dupla. Em primeiro lugar, o filho tem que admitir que o pronunciamento da mãe está investido, pelo menos, do peso de um pedido: concede a ele uma nova razão independente de conteúdo para levar seu guarda-chuva, embora essa razão meramente se some às outras razões (dependentes de conteúdo de primeira ordem) que ele

ORIGENS DO DILEMA DO PERSPECTIVISMO JURÍDICO 131

poderia ter para assim agir e que pesavam contra as razões dele para dispensar o guarda-chuva. Em segundo lugar, a mãe poderia insistir que, embora seu pronunciamento lhe dê apenas mais uma razão de primeira ordem para a ação, há muitas outras considerações (independentes de conteúdo) que conferem a essa razão um peso particularmente elevado. Por exemplo, as crianças têm com seus pais uma considerável dívida de gratidão, e acatar pedidos dos pais (seja qual for seu conteúdo) constitui uma forma particularmente boa de compensar, numa certa medida, esse débito. Com base nessa razão alternativa da autoridade materna, o filho é obrigado a levar o guarda-chuva porque, como resultado do peso que tem que ser atribuído ao seu dever de gratidão e, conseqüentemente, ao pedido de sua mãe, o equilíbrio das razões favorece essa ação. E, com efeito, pelo fato de qualquer pedido da parte dela estar investido de grande peso por motivos semelhantes, seu filho será sempre compelido a agir "como se" sua mãe fosse uma autoridade prática.

A mãe, com efeito, invoca exatamente o tipo de reivindicações a que seria necessário recorrer para tornar racional o conformar-se às exigências de uma autoridade prática, ou seja, ela reivindica fundamentar a racionalidade da ação do filho em algo distinto da emissão de um comando. Há, afirma ela, considerações normativas que tornam o próprio fato de ela ter prescrito um certo ato uma razão de primeira ordem particularmente obrigatória para a realização desse ato. Contudo, em lugar de afirmar que essa nova razão de primeira ordem é também uma razão protegida, ela apenas afirma que se trata de uma razão de primeira ordem de grande peso. Na medida em que essa razão geralmente deterá peso suficiente para superar razões compensatórias, o filho geralmente agirá da maneira que seria exigida se as razões dela fossem de um tipo protegido, isto é, ele agirá "como se" ela fosse uma autoridade prática.

Como uma teoria da autoridade influente possibilita a ponderação e o balanceamento de todas as razões a favor e contra a ação, ela não dá origem ao lema que desencadeia o paradoxo da autoridade prática. Ao proporcionar uma nova razão independente de conteúdo para a ação, uma autoridade influente não exclui nossa consideração de razões compensatórias para a ação (e assim a premissa 1 do lema é evitada). Uma autoridade influente não torna supérflua nossa consideração das razões para a ação que sustentam as razões independentes de conteúdo proporcionadas por seus pronunciamentos (e assim a premissa 2 do lema é evitada). Portanto, não se trata de, quando nos é feito um pedido, a única razão para a ação que precisamos considerar ser o fato de o pedido ter sido feito (a conclusão a que se chega na premissa 3 do lema). E estando isto claro, não surge nenhuma questão no que tange à racionalidade da nossa ação subseqüente, o que é determinado pela precisão do balanço que se faz do equilíbrio das razões de primeira ordem para a ação, incluindo tanto as razões dependentes de conteúdo quanto as razões independentes de conteúdo que estão disponíveis.

Se, com efeito, as leis do Estado proporcionam novas razões independentes de conteúdo para a ação, e se há argumentos normativos persuasivos a serem construídos que questionem o motivo de essas razões serem particularmente de peso, então temos à mão uma avaliação plausível do motivo pelo qual *parece* que as prescrições do Estado exigem uma capitulação do juízo por parte dos cidadãos. Se as razões para a ação proporcionadas pelas promulgações legislativas em geral possuem peso substancial, não é de surpreender que os cidadãos ajam, e devam continuar agindo, como se pensassem que a lei possuísse autoridade prática. Na seqüência, abordarei e, por último, questionarei um conjunto de argumentos normativos que pretendem explicar por que se deveria pensar que o Estado gera novas razões independentes de conteúdo para a ação, detentoras de um peso particularmente obrigatório.

Fontes da autoridade influente

Como meio de abordar os tipos de argumento que têm que ser construídos para estabelecer que o Estado deve ser considerado como fornecedor de razões independentes de conteúdo para a ação, consideremos os tipos de argumento necessários para mostrar por que devemos tomar o pedido de outra pessoa como nova razão para a ação. Comecemos supondo que nos fizeram um pedido de empréstimo que consideramos destituído de mérito. O indivíduo que fez o pedido não precisa de dinheiro, é plenamente capaz de ganhá-lo sozinho e o gastará insatisfatoriamente se o receber. Há razões, entretanto, para dar dinheiro ao indivíduo somente porque ele o pediu? Os que dariam uma resposta negativa a esta pergunta deveriam lembrar-se das muitas ocasiões em que deram dinheiro a mendigos locais e moradores de rua somente porque foram incapazes de evitar seus pedidos. Se há, realmente, razões para considerar pedidos como novas razões para a ação, essas razões têm que ser de um tipo especial. Terão que justificar por que um pedido ao qual falta merecimento funciona, apesar disso, como razão para a ação de algum peso.

Alguém que pensa que um pedido não-meritório constitui razão para a ação não pode afirmar que essa é uma razão apenas porque, e na medida em que, se compatibiliza com o equilíbrio de razões dependentes de conteúdo de primeira ordem para a ação, porque, *ex hypothesi*, o pedido não-meritório não se compatibiliza. O que se tem que argumentar é que existe uma consideração (independente de conteúdo de primeira ordem) *adicional* que justifica que alguém tome um pedido não-meritório como razão de primeira ordem independente de conteúdo para a ação. Essa razão adicional tem que funcionar de maneira que seja distinta das razões dependentes de conteúdo que encerram o equilíbrio de razões que determina a moralidade da ação em questão, mas não deve, sob pena de atrair o paradoxo da autoridade prática, excluir a consideração individual da-

134   *O COMBATE MORAL*

quele equilíbrio de primeira ordem. As razões que precisam ser dadas em apoio à autoridade de um pedido têm, assim, que satisfazer duas condições. Primeiramente, essas razões têm que se basear em considerações independentes dos méritos do pedido (a condição de independência). Seu *status*, dessa forma, não pode ser aquele de razões puramente evidenciais para uma *crença* a respeito dos méritos dependentes de conteúdo do que é pedido, pois, nesse caso, não conseguiriam estabelecer por que os pedidos proporcionam novas razões independentes de conteúdo para a ação. Em segundo lugar, tais razões não podem ser de um tipo excludente, porque, se assim for, a teoria da autoridade influente atrairá o mesmo paradoxo atraído por uma teoria da autoridade prática (a condição não-excludente).

As mesmas condições serão aplicáveis às razões que poderiam ser apresentadas para explicar por que as leis de um Estado devem ser consideradas como detentoras de autoridade influente. Qualquer consideração acerca do motivo pelo qual alguém deveria encarar o fato de que o Estado promulgou uma lei como sendo esse próprio fato uma razão de peso para essa lei ser obedecida tem que 1) evitar recorrer aos méritos de agir segundo ordenado (a condição de independência) e 2) permitir a consideração de razões compensatórias para não agir conforme ordenado (a condição não-excludente).

Com o fito de verificar até que ponto as leis de um Estado proporcionam novas razões independentes de conteúdo para a ação, será útil postular uma situação similar àquela suposta na discussão dos pedidos, ou seja, precisamos supor que estamos diante de um governo que, periodicamente, edita leis não-meritórias. Teremos, então, que determinar se existem quaisquer fundamentos para pensar que o simples fato de tais leis terem sido sancionadas constitui, em si mesmo, uma razão para agir conforme o ordenado. Assim, o que precisamos é um exemplo plausível de um governo que nos proporcionasse razões independentes de conteúdo para agir de acordo com suas leis mesmo quan-

ORIGENS DO DILEMA DO PERSPECTIVISMO JURÍDICO 135

do elas sejam erradas com base no equilíbrio das razões dependentes de conteúdo para a ação.

Há muito se supõe que o governo democrático nos oferece esse exemplo. Poucos duvidam de que o fato de um governo ser democrático constitua razão singularmente compulsória para considerar suas leis como razões particularmente de peso para a ação[1]. Quando se pergunta por que alguém deveria se conformar à vontade da maioria quando o que é desejado (objeto dessa vontade) não consegue se compatibilizar com o próprio juízo preciso que alguém faz dos méritos, se é tentado a apelar ao princípio substancial de que a maioria dispõe do direito de ter o seu rumo. Ninguém pode se dar o direito de avançar no sinal vermelho, de deixar de pagar impostos, de dirigir sem seguro, de transportar produtos químicos tóxicos sem a necessária identificação ou exibir a nudez publicamente sem levar muito seriamente em conta o simples fato de que uma maioria de seus concidadãos manifestaram sua reprovação de tal conduta por meio da legislação democrática.

Eu proponho abordar aquilo que parece ser o argumento mais convincente para se cogitar que um governo é capaz de atuar como autoridade influente particularmente compulsória: o argumento da democracia[2]. Se as leis promulgadas pelas instituições democráticas proporcionam razões independentes de conteúdo de peso para a ação, ao

---

1. Mas ver Michael J. Perry, *Morality, Politics and Law* (Nova York: Oxford University Press, 1988), 110 ("[N]enhum argumento da democracia pode suportar a afirmação de que... existe uma obrigação presumida de obedecer a todas as leis.").

2. Não existe, de fato, nenhum argumento único da democracia – o que existe são apenas teorias democráticas. Ver Robert A. Dahl, *Preface to Democratic Theory* (Chicago, IL: University of Chicago Press, 1956), 52-3. De fato, como sugere a copiosa literatura sobre o tópico, inexiste um conceito único do que *é* a democracia. Não me proponho a despender tempo nesta questão de definição. Em lugar disso, juntar-me-ei aos que insistem que a correta definição de democracia resultará da correta justificação da tomada de decisão majoritária. Ver *ibid.*, 2-6.

136 O COMBATE MORAL

menos algumas espécies de governo dispõem de potencial para reivindicar uma autoridade influente que é suficiente para induzir os cidadãos a agir "como se" estivessem obrigados por uma autoridade prática. Por outro lado, se carecemos de razões para atribuir às democracias autoridade influente, parecerá que *a fortiori* seremos forçados a concluir que nenhum governo deve ser considerado atuando "como se" fosse autoridade prática. Se as democracias não conseguem proporcionar razões (independentes de conteúdo) para a obediência quando suas diretivas são equívocas, é razoável supor que o mesmo se revelará verdadeiro quanto a outros sistemas de governo, tais como ditaduras e aristocracias, para os quais dispomos de argumentos normativos menos compulsórios. Assim, o grau em que podemos recorrer a uma teoria da autoridade influente como meio de preservar uma valiosa noção da obrigação legal aparentemente dependerá do grau em que podemos defender o princípio da democracia como razão para considerar as leis de um Estado como proporcionadoras de razões independentes de conteúdo de peso particular para a ação.

Nossa investigação pode ser delineada como se segue. Suponhamos que encaramos uma escolha entre uma ditadura e uma democracia majoritária direta – uma democracia em que todos os cidadãos votam em projetos de lei propostos, e os projetos de lei que recebem a maioria dos votos são promulgados como leis[3]. Suponhamos, ademais, que o

---

3. Selecionei esta forma de governo em relação aos seus competidores unânimes ou representativos porque ela nos supre melhor de um meio de testar o princípio majoritário. Adotássemos nós, em lugar disso, um modelo de democracia direta unânime, e encontraríamos a mesma dificuldade que, muito prontamente, foi encarada pelo anarquista Robert Paul Wolff. Na avaliação de Wolff, só uma democracia direta unânime pode ser justificada porque somente sob tal regime a autoridade do Estado não põe em risco a autonomia moral. Robert Paul Wolff, *In Defense of Anarchism* (Nova York: Harper & Row, 1970), 120-8. Mas como salientou Jeffrey Reiman, "uma pessoa que 'obedece' a um comando *porque* ele coincide com sua decisão autônoma não está obedecendo à autoridade". Jeffrey H. Reiman, *In Defense of Political Philosophy*

ORIGENS DO DILEMA DO PERSPECTIVISMO JURÍDICO   137

conteúdo das leis promulgadas e aplicadas em cada um desses sistemas seja o mesmo. Suponhamos, finalmente, que essas leis carecem de mérito. Tal como no caso do pedido apresentado páginas atrás, as razões dependentes de conteúdo para agir de acordo com as leis são superadas em peso pelas razões dependentes de conteúdo para agir de maneira contrária. A questão é a seguinte: existem razões para obedecer às leis promulgadas por uma democracia majoritária direta que não são aplicáveis numa ditadura? O próprio fato de essas leis terem sido promulgadas por uma maioria de cidadãos nos concede uma razão especial para cumpri-las que não teríamos no caso de sua promulgação por um só indivíduo? Em suma, dispõe a maioria do direito de estar errada? Se estas perguntas forem respondidas afirmativamente, pelo menos os ditames das instituições democráticas proporcionam razões independentes de conteúdo para a ação e assim possuem autoridade influente de um tipo que pode ter peso suficiente para obrigar cidadãos "como se" essas diretivas possuíssem autoridade prática. Poderíamos, então, concluir razoavelmente que o dilema do perspectivismo jurídico não representa uma ameaça significativa aos nossos mais básicos valores morais e sistêmicos, porque apenas nas circunstâncias mais excepcionais os cidadãos terão justificativa para desobeder à lei e, nestes ca-

---

(Nova York: Harper, 1972), 11. A fim de averiguar a persistente intuição de que uma autoridade legal obriga os cidadãos mesmo quando estes discordam de suas leis – mesmo quando as razões dependentes de conteúdo que dão apoio à ação legislada entram em conflito com a razão independente de conteúdo para a ação proporcionada pela lei –, temos que adotar um modelo de governo democrático que admita conflitos entre o que escolheríamos (antes da promulgação da lei) e o que é exigido por essa lei. Uma democracia *majoritária* nos fornece tal modelo. E como só haverá o acréscimo de complexidade se aceitarmos essa democracia como representativa, assim agiremos em nome do argumento de que o governo em questão é um governo direto. Se houver interesse numa discussão exaustiva dos vários modelos de democracia, pode-se consultar Dahl, *Preface to Democratic Theory*, e Alf Ross, *Why Democracy?* (Cambridge, MA: Harvard University Press, 1952), 203-43.

138   O COMBATE MORAL

sos, seja lá o que for decidido pelos juízes, pouco afetará a integridade sistêmica do nosso sistema judiciário.

Dois tipos de teoria que poderiam ser cogitados para que fossem fornecidas razões especiais de por que regras promulgadas por uma maioria conferem novas razões independentes de conteúdo à ação, enquanto regras idênticas promulgadas por uma minoria (um ditador ou uma aristocracia, por exemplo) não as conferem. O primeiro tipo de teoria pode ser caracterizado como baseado no *ato*: teorias deste tipo geram razões independentes de conteúdo para se conformar com leis democraticamente promulgadas a partir da execução de certas ações voluntárias. O segundo tipo de teoria pode ser caracterizado como baseado no *dever*: teorias deste tipo geram razões independentes de conteúdo para se conformar a leis democraticamente promulgadas a partir de exigências morais que são aplicáveis independentemente de quaisquer atos realizados pelos cidadãos. Na seqüência, proponho-me a esboçar três teorias baseadas no ato e uma teoria baseada no dever, cada uma das quais tendo como objetivo conferir uma razão especial para considerar as regras promulgadas por uma maioria como proporcionadoras de novas razões para se comportar de maneira coerente com essas regras, mesmo quando se consideram tais regras erradas[4]. Em cada caso, argumentarei que a teoria não consegue nos conferir uma razão para conceder autoridade influente (de qualquer peso) a leis democra-

---

4. Esta taxinomia das razões para atribuir autoridade influente aos Estados democráticos é motivada pela categorização semelhante das razões para a obediência política em geral que é apresentada por John Simmons. Ver A. John Simmons, *Moral Principles and Political Obligations* (Princeton, NJ: Princeton University Press, 1979), 11-16. Discussões proveitosas destes argumentos quanto a como funcionam nesse contexto mais geral estão presentes em Chaim Gans, *Philosophical Anarchism and Political Disobedience* (Cambridge: Cambridge University Press, 1992), 42-93; também em Kent Greenawalt, "Promise, Benefit and Need: Ties That Bind Us to the Law", *Georgia Law Review* 18 (1984): 727-70; e também em R. George Wright, "Legal Obligation and the Natural Law", *Georgia Law Review* 23 (1989): 997-1020.

ORIGENS DO DILEMA DO PERSPECTIVISMO JURÍDICO

ticamente promulgadas, seja porque viola a condição de independência (e assim descamba para uma avaliação de como as leis democráticas possuem autoridade teórica), seja porque viola a condição de não-excludência (e assim atrai o paradoxo que anulou a teoria da autoridade prática).

Teorias da autoridade influente baseadas no ato

Muitos acreditam que nossa realização de atos particulares numa democracia dá origem a obrigações especiais para aceitar as regras promulgadas por essa democracia como se conferissem razões independentes de conteúdo para a conformidade, mesmo quando repudiamos o conteúdo dessas regras – ou seja, mesmo quando pertencemos a uma minoria política. Em outras palavras, acredita-se que certos atos geram uma obrigação para tratar as leis promulgadas democraticamente como detentoras de autoridade influente. H. L. A. Hart definiu o tipo de obrigação especial gerado por teorias de obediência baseadas no ato em termos de quatro condições: 1) é gerada pela execução de algum ato voluntário (ou omissão); 2) é devida por uma pessoa específica (o "obrigador") a uma pessoa específica ou a pessoas específicas (o[s] "obrigado[s]"); 3) gera um direito correlativo da parte daqueles aos quais é devida (os obrigados); e 4) é a natureza da transação ou relação na qual se envolvem o obrigado e o obrigador, e não a natureza do ato necessário, que torna o ato obrigatório[5]. As teorias examinadas nesta seção pretendem estabelecer uma obrigação de aceitar regras promulgadas por uma maioria política na qualidade de fontes de novas razões para a ação com base em atos voluntários executados pelos que podem se encontrar numa minoria política. Acredita-se que esses atos criam relações especiais entre os que pertencem a uma minoria e os que pertencem

---

5. H. L. A. Hart, "Are There Any Natural Rights?", *The Philosophical Review* 64 (1955): 179-80.

140   *O COMBATE MORAL*

à maioria e que, assim, proporcionam razões independentes de conteúdo para uma minoria conformar-se à vontade da maioria (ou seja, razões que satisfazem a condição de independência) – mesmo quando a minoria considera a maioria errada acerca do equilíbrio das razões dependentes de conteúdo para a ação.

A teoria da reciprocidade

Tanto H. L. A. Hart quanto o John Rawls da primeira fase sustentam que uma fonte importante da obrigação especial de conformar-se às regras promulgadas por um governo é o princípio de reciprocidade ou jogo limpo[6]. O princípio da reciprocidade proíbe o enriquecimento injusto dos que tirariam proveito da cooperação alheia sem eles próprios cooperarem. De acordo com este princípio, indivíduos que fruem dos benefícios advindos da adesão de outros às regras têm a obrigação de também acatar essas regras, e aqueles que acatam as regras dispõem do direito de exigir cooperação dos que colheram os benefícios de sua (deles) submissão às regras.

Nesta seção, proponho-me a examinar se é possível pensar nesse princípio como razão para aceitar o fato de que regras foram promulgadas por um governo democrático como razão adicional independente de conteúdo para se conformar a essas regras. Para averiguar se o princípio fun-

---

6. *Ibid.*, 108-14; John Rawls, "Justice as Fairness", *The Philosophical Review* 67 (1958): 179-83. Peter Singer aventou um argumento que se apóia num princípio muito semelhante à reciprocidade. Do seu ponto de vista, os procedimentos democráticos servem como meios eqüitativos de se lograr um compromisso em situações de desacordo pelos quais a força é evitada. "Desobedecer quando já existe um compromisso eqüitativo em atuação significa, necessariamente, privar os outros da palavra que empenharam nesse compromisso. Fazê-lo é não deixar aos outros nenhuma alternativa além de usarem, por sua vez, da força." Peter Singer, *Democracy and Disobedience* (Oxford: Clarendon Press, 1973), 36. Como a teoria de Singer dá margem às mesmas objeções levantadas nesta seção contra a teoria da reciprocidade, aqui não farei uma distinção extra dela. Entretanto, para uma completa defesa da teoria, ver *ibid.*, 30-45.

ORIGENS DO DILEMA DO PERSPECTIVISMO JURÍDICO 141

ciona como razão que confira autoridade influente nas democracias majoritárias, ele terá que ser reformulado. Na reformulação necessária, o princípio afirma que os indivíduos que fruem dos benefícios resultantes da boa vontade de outros em atribuir autoridade influente a regras democraticamente promulgadas estão reciprocamente obrigados a tratar tais regras como possuidoras de autoridade influente e, portanto, considerá-las como conferidoras de novas razões independentes de conteúdo para a ação.

De acordo com Rawls, as obrigações de reciprocidade surgem em situações que satisfazem as três condições seguintes: 1) só existe um esquema mutuamente benéfico e justo de cooperação social produtor de vantagens se todos, ou quase todos, cooperarem; 2) a cooperação requer um certo sacrifício de cada indivíduo, ou, pelo menos, envolve uma certa restrição à liberdade; e 3) os benefícios produzidos pela cooperação dentro desse esquema são, numa certa medida, gratuitos, isto é, se qualquer pessoa em particular souber que as outras continuarão a fazer a sua parte, ela estará capacitada a participar dos ganhos mesmo se não fizer a sua parte[7]. Entretanto, o mero benefício advindo de um esquema cooperativo é insuficiente para gerar uma obrigação de reciprocidade. Na linguagem de nossa discussão corrente, o mero benefício não consegue proporcionar uma razão para considerarmos as regras de um esquema cooperativo como proporcionadoras de novas razões para a ação. Embora não seja preciso incorrer deliberada ou conscientemente em obrigações de reciprocidade, é necessária uma ação voluntária de alguma espécie: alguém que seja obrigado, de acordo com esta teoria, deve ter feito algum esforço para obter o benefício em questão, ou ter considerado o benefício voluntária e conscientemente[8]. É esta ação voluntá-

---

7. Rawls, "Justice as Fairness", 179-83.

8. "Quem aceita os procedimentos, a ideologia e os benefícios de um sistema legal é obrigado a se submeter às leis promulgadas, ainda que negue sua sensatez ou mesmo sua justiça." Paul Weiss, "The Right to Disobey", em *Law and Philosophy*, ed. Sydney Hook (Nova York: New York University Press,

142   *O COMBATE MORAL*

ria que, a um só tempo, confere aos responsáveis pelos benefícios direitos de exigir o acato recíproco das regras por parte dos beneficiados, e a estes beneficiados o dever de então corresponder.

Na qualidade de teoria da autoridade influente de democracias majoritárias, a teoria da reciprocidade exige que assumamos o fato de que uma maioria promulgou leis particulares como razão (independente de conteúdo) para a adesão a essas leis porque aceitamos os benefícios de outros fazerem o mesmo. Como membros de uma maioria política, nós nos beneficiamos com a boa vontade da minoria de somar ao equilíbrio das razões para a ação o fato de que nós, pertencentes à maioria, preferimos um procedimento em particular. A teoria da reciprocidade requer, assim, que, quando nos encontramos numa minoria política, cumpramos reciprocamente nossa obrigação de tomar as leis promulgadas pela maioria como fonte de novas razões para a ação.

Esta avaliação dos motivos que nos levam a atribuir autoridade influente às leis democraticamente promulgadas parece satisfazer as três condições especificadas por Rawls para a geração de uma obrigação de reciprocidade. Primeiro, o benefício que recebemos do processo democrático é a oportunidade de legislarmos segundo nossa vontade para nós mesmos e para os outros; mas esse benefício só está disponível se, em geral, a maior parte dos indivíduos aceitar o fato de que a maioria deseja um procedimento que funcione como nova razão para agir conforme o que deseja. Aceita-se esse benefício sempre que se participa de um es-

---

1964), 98. É a condição de aceitação que induz Robert Nozick a argumentar que a teoria da reciprocidade descamba na teoria do consentimento. Robert Nozick, *Anarchy, State, and Utopia* (Nova York: Basic Books, 1974), 90-5. Para uma proveitosa discussão da teoria da reciprocidade e a crítica de Nozick a ela, ver Simmons, *Moral Principles and Political Obligations*, 101-42. Como meio de determinar quando alguém "aceitou" os benefícios de um sistema político, ver a discussão análoga do que é exigido para ser considerado um "participante" num processo político em Singer, *Democracy and Disobedience*, 45-59.

ORIGENS DO DILEMA DO PERSPECTIVISMO JURÍDICO   143

quema político que, pelo menos durante algum tempo, concretiza (ou, pelo menos, tem o potencial para concretizar) essa oportunidade. Em segundo lugar, o sacrifício que se tem que fazer para assegurar esse benefício corresponde a assumir o fato de que uma maioria prefere um certo procedimento como nova razão para a ação. Renuncia-se à liberdade de agir com base apenas no cálculo que se faz do equilíbrio das razões dependentes de conteúdo para a ação. Finalmente, os benefícios da cooperação são, numa certa medida, gratuitos: se a maior parte dos indivíduos assume o fato de que uma maioria prefere um certo procedimento como razão para agir de acordo com essa preferência, alguém dentro da maioria poderá fruir do fato de que a minoria toma a sua preferência (a desse alguém) como razão para a ação sem fazer isso analogamente quando esse alguém se encontra no seio da minoria.

Entretanto, a despeito do fato de o princípio de reciprocidade revelar-se razão para considerar leis promulgadas democraticamente como proporcionadoras de novas razões independentes de conteúdo para a ação, essa avaliação de como as democracias poderiam ser pensadas como possuidoras de autoridade influente se apóia num grande número de suposições inaceitáveis. Em primeiro lugar, para fornecer uma razão para pensar que *todos* os cidadãos dentro de um Estado democrático são obrigados a lidar com as promulgações democráticas como detentoras de autoridade influente, os que sustentam essa teoria têm que estabelecer de maneira convincente que todos esses cidadãos *participam* dos processos políticos desse Estado, e assim *aceitam* os benefícios que recebem quando uma minoria política reciprocamente toma a expressão de vontade da maioria como razão para a ação. No entanto, como se reconhece, um enorme número de cidadãos dos Estados democráticos não logra participar de atividades que apresentem alguma possibilidade de concretizar a oportunidade de constituir uma maioria política (cuja vontade a minoria tem, então, que considerar como nova razão para a ação, de acordo com

144   *O COMBATE MORAL*

o princípio de reciprocidade)[9]. Assim, é preciso admitir que essa imensa classe de cidadãos não aceita os benefícios que podem provir da boa vontade de outros para acrescer ao equilíbrio das razões para a ação o fato de que uma maioria expressou preferência por um procedimento particular, e assim não se pode pensar que tal grupo seja obrigado a permutar esses benefícios acatando leis que julga carentes de justificativa.

Em segundo lugar, e o que é mais significativo, a avaliação em pauta interpreta o objetivo próprio dos cidadãos que *efetivamente* participam dos processos democráticos mais como sendo a imposição de sua vontade sobre os outros do que a busca coletiva de formas excelentes pelas quais organizar e regular as relações sociais. "Ter o próprio rumo" é interpretado, nessa avaliação, como o benefício de uma democracia majoritária e a única base para considerar as leis promulgadas por uma maioria como proporcionadoras de novas razões independentes de conteúdo para a ação. A teoria da reciprocidade, assim, autoriza o conluio moral a favor da obtenção da imposição de nossas preferências sobre os outros[10].

---

9. Para argumentos similares, passíveis de serem empregados contra a teoria da reciprocidade, ver a segunda seção deste capítulo concernente à teoria do consentimento. Como observa John Ladd, a teoria da reciprocidade difere da teoria do consentimento somente na medida em que "nos fornece como um modelo de consentimento mais pela participação que pelo contrato". John Ladd, "Legal and Moral Obligation", em *Nomos XII: Political and Legal Obligation*, eds. J. Roland Pennock e John W. Chapman (Nova York: Atherton Press, 1970), 21.

10. Como disse Henry David Thoreau acerca do tipo de compromisso em que a teoria da reciprocidade parece se apoiar:

> Toda votação é uma espécie de jogo, como as damas ou o gamão, acrescido de um ligeiro matiz moral, um jogo com correto e errado, com questões morais; e que se faz, naturalmente, acompanhar da aposta. O caráter de quem vota não é apostado. Eu lanço meu voto, talvez, como julgo correto, mas não estou essencialmente preocupado com que esse correto deva prevalecer. Desejo deixá-lo para a maioria. Sua obrigação, portanto, jamais vai além daquela da conveniência.

Henry David Thoreau, "Civil Disobedience", em *Civil Disobedience: Theory and Practice*, ed. Hugo Bedau (Nova York: Pegasus, 1969), 28.

ORIGENS DO DILEMA DO PERSPECTIVISMO JURÍDICO 145

Mas como se deveria tratar o "ter o seu próprio rumo" como benefício, a menos que se considerasse o "próprio rumo" um reflexo de como a sociedade deve ser mais bem organizada e regulada? Ter o próprio rumo parece ter valor somente se o próprio rumo for, efetivamente, o modo *correto* de fazer as coisas – ou seja, somente se o próprio rumo for compatível com o equilíbrio das razões dependentes de conteúdo para a ação. Se as regras que se prefere forem, efetivamente, as erradas – por serem injustas ou ineficientes (isto é, porque são incapazes de refletir o equilíbrio das razões para a ação) –, não se deveria querer que fossem promulgadas e não se é beneficiado por outros tomarem a promulgação delas como nova razão independente de conteúdo para a ação[11]. Porém, se se admite que "ter o seu próprio rumo" somente conta porque se o considera reflexo da melhor forma de conceber regras para regular as transações sociais, será preciso admitir que ter o próprio rumo não é, por si, um valor[12]. Analogamente, se se acredita que a única razão para conceder um rumo à maioria é porque a vontade dela

---

11. Este argumento depende claramente de uma teoria objetiva das preferências. O que é realmente benéfico pode não ser o que pensamos ser benéfico, ou seja, somos beneficiados por viver numa sociedade justa – não necessariamente por vivermos numa sociedade que achamos que é justa. Esta tese objetiva, entretanto, está implícita nas preferências subjetivas das pessoas. Podemos preferir que nossos órgãos sejam doados por ocasião de nossa morte. E pode-se pensar que a morte é sinônimo de parada cardíaca. Mas nossa teoria da morte pode se revelar errada (isto é, a morte pode não ser sinônimo do cessar espontâneo do funcionamento do coração ou dos pulmões, mas do cessar da atividade cerebral). Neste caso, não queremos que nossos órgãos sejam doados no momento da parada cardíaca, mas no momento da morte "real" (seja esta o que for, segundo sustente a nossa melhor teoria). Qualquer coisa que careça dessa avaliação objetiva do conteúdo das preferências pressupõe uma visão superficial das preferências porque não consegue assumir seriamente a experiência do pensamento contrafactual que tão claramente caracteriza o que a maioria das pessoas realmente prefere: se se soubesse o que *realmente* nos beneficiaria, nós o preferiríamos à nossa própria opinião (errada) do que seria benéfico.

12. Tal conclusão reflete a afirmação de Thomas Nagel de que desejo-satisfação não é, por si mesmo, uma razão para a ação. Ver Thomas Nagel, *The View from Nowhere* (Nova York: Oxford University Press, 1986), 151.

146 *O COMBATE MORAL*

provavelmente seja reflexo de como estruturar da melhor forma os arranjos políticos, teremos que admitir que o fato de a maioria ter querido uma regra particular não é, *por si*, uma razão para obedecer a essa regra. E se alguém admiti-lo, admitirá que não há nenhuma razão independente de conteúdo para se conformar às regras promulgadas pela maioria.

Se os indivíduos devessem se conformar a regras promulgadas pela maioria somente porque tais regras têm probabilidade de ser melhores do que as preferidas pela minoria, sobraria algum espaço para considerações de reciprocidade? Poder-se-ia pensar que sim. A reciprocidade poderia funcionar como, por exemplo, uma regra prática epistêmica. Em casos nos quais estamos incertos quanto a qual de duas regras poderia ser a ótima, o fato de que outros tenham se submetido ao nosso juízo no passado em casos nos quais estivemos confiantes pode nos proporcionar uma razão para nos submetermos aos seus juízos confiantemente sustentados em casos em que estamos incertos. Mas a espécie de reciprocidade representada por essa estratégia certamente não é a espécie que os teóricos políticos têm invocado visando a fundamentar uma obrigação geral para obedecermos a leis democráticas. Nessa avaliação, a reciprocidade é simplesmente o resultado de considerar a confiança dos outros, em caso de incerteza, como uma orientação heurística para determinar quais regras são ótimas porque, nos casos em que estamos confiantes, consideramos nossa própria confiança como orientação heurística para as regras a serem promulgadas e, assim, consideramos nossa confiança como boa base para que outros optem pelas mesmas regras. A reciprocidade, nesta avaliação, não gera uma razão independente de conteúdo para a adesão à vontade da maioria. Funciona, antes, como uma estratégia epistêmica para detecção das razões *dependentes* de conteúdo que favoreçam ou contrariam a promulgação de regras propostas. Se o princípio de reciprocidade funciona meramente como regra prática epistêmica, ele não consegue nos fornecer uma razão para atribuir autoridade de influência aos

ORIGENS DO DILEMA DO PERSPECTIVISMO JURÍDICO 147

governos democráticos: ao não conseguir fornecer um fundamento para se tomar leis democraticamente promulgadas como novas razões para a ação, viola a condição de independência.

Parece, assim, que a teoria da reciprocidade não nos fornece de uma razão para pensarmos que as leis promulgadas por uma maioria política proporcionam razões independentes de conteúdo para a ação. Em outras palavras, não suporta uma afirmação de que o fato de a maioria ter querido um conjunto particular de regras é, contudo, *por si mesmo*, uma razão para se prender a tais regras. O princípio de reciprocidade, assim, não consegue funcionar como razão para atribuir autoridade de influência às promulgações *democráticas*.

A teoria da gratidão

Numa tentativa de solucionar o primeiro dos dois problemas que levantei contra a teoria da reciprocidade, poder-se-ia recorrer a uma fonte alternativa da autoridade influente, uma fonte que não repousa na exigência de que indivíduos *aceitem* os benefícios recebidos de esquemas cooperativos para serem obrigados por suas regras. Esta posição alternativa, a versão tradicional daquilo que foi primeiramente proposto por Sócrates no *Críton* de Platão[13], está na base da obrigação de atribuir autoridade influente a uma maioria na exigência moral de gratidão pelos benefícios recebidos das promulgações dessa maioria (embora tais benefícios possam jamais ter sido aceitos). Nesta teoria, mesmo o vasto número de indivíduos que não participa e que nunca pôde participar dos processos democráticos é obrigado a aceitar, como nova razão para a ação, o fato de uma lei em particular ter sido preferida pela maioria, porque esses indivíduos

---

13. Platão, *Crito*, em *The Collected Dialogues of Plato*, eds. Edith Hamilton e Huntington Cairns, trad. Hugh Tredennick (Princeton, NJ: Princeton University Press, 1961), 27.

148 *O COMBATE MORAL*

têm uma dívida de gratidão pelos benefícios recebidos e que resultaram do fato de outros assumirem preferências da maioria como novas razões para a ação. Tal dívida funciona como um "caso especial da obrigação geral de ajudar pessoas que nos beneficiam"[14].

Contudo, acreditar que os que não participam dos processos democráticos se beneficiam da boa vontade de outros de atribuir autoridade influente a leis majoritárias exige que se seja capaz de apresentar uma avaliação do que exatamente são esses benefícios. Poder-se-ia pensar, por exemplo, que o *potencial* para se tornar um participante capaz de constituir uma maioria política (cujas preferências todos os cidadãos têm, então, que tomar como novas razões para a ação) constitui um benefício suficiente para dar origem a uma obrigação de gratidão, exigindo que os que nunca concretizam esse potencial (e, conseqüentemente, nunca aceitam os benefícios de uma democracia majoritária) atribuam, não obstante, autoridade influente às leis da maioria. Entretanto, tal argumento por certo levaria a noção de benefício a um extremo.

Alternativamente, poder-se-ia sugerir que é mais provável que os resultados da produção democrática de deci-

---

14. John Plamenatz, *Consent, Freedom and Political Obligation*, 2. ed. (Londres e Nova York: Oxford University Press, 1968), 24. Para a defesa do ponto de vista de que a gratidão pode fundamentar uma obrigação geral de obedecer à lei, ver A. D. M. Walker, "Political Obligation and the Argument from Gratitude", *Philosophy and Public Affairs* 17 (1988): 191-211; A. D. M. Walker, "Obligations of Gratitude and Political Obligation", *Philosophy and Public Affairs* 18 (1989): 359-64. Para uma crítica da tese de Walker, ver George Klosko, "Political Obligation and Gratitude", *Philosophy and Public Affairs* 18 (1989): 352-9. Poder-se-ia considerar que Ronald Dworkin também tem uma teoria da obrigação baseada na gratidão porque, segundo sua argumentação, numa "comunidade verdadeira" os cidadãos têm obrigação de obedecer à lei proveniente do fato de eles terem recebido benefícios da comunidade. Ver Ronald Dworkin, *Law's Empire* (Cambridge, MA: Harvard University Press, 1986), 167-216 (trad. bras. *O império do direito*, São Paulo, Martins Fontes, 1999). Quanto a discussões gerais sobre o significado da gratidão para a obrigação política, ver Greenawalt, "Promise, Benefit and Need", 754; Wright, "Legal Obligation and the Natural Law", 1000.

ORIGENS DO DILEMA DO PERSPECTIVISMO JURÍDICO   149

sões sejam substancialmente benéficos que o possam ser os resultados da produção ditatorial de decisões. A produção democrática de decisões, no âmbito de tal argumento, poderia melhor produzir uma legislação que se harmonizasse com o equilíbrio das razões dependentes de conteúdo para a ação e, assim, poderia atingir maior igualdade, justiça distributiva e liberdade individual. Tem-se um débito de gratidão com aqueles que tomam as leis resultantes de processos democráticos como novas razões para a ação, porque se colhem maiores recompensas substanciais dessas leis do que se colheria das leis de qualquer outro sistema.

Em seguida, apresentamos duas respostas a tal argumento. Em primeiro lugar, esse argumento se opõe à nossa hipótese original. Começamos por supor que estávamos diante de dois regimes, sendo um deles uma democracia majoritária e o outro, uma tirania, ambos produzindo resultados substanciais *idênticos* pela promulgação de leis *idênticas*. A questão que pretendemos responder foi se dispomos de alguma razão especial para considerar que as leis promulgadas por uma maioria nos proporcionam novas razões para a ação; delas não dispomos quando essas mesmas leis são promulgadas por um ditador. Sugerir que nossas razões para atribuir condição de independência de conteúdo às razões para a ação geradas pela promulgação majoritária das leis significa que tais regras produzem resultados substanciais diferentes (e melhores) e que estamos dando a questão como provada. Se somos devedores de obrigações de gratidão àqueles que tratam as leis promulgadas por uma maioria como detentoras de autoridade influente, porque, ao fazê-lo, eles nos produzem uma distribuição justa de benefícios substanciais, teremos que ser devedores das mesmas obrigações de gratidão àqueles que consideram as leis sancionadas por um ditador como detentoras de autoridade influente, porque, ao fazê-lo, produzem a mesma distribuição justa de benefícios.

Em segundo lugar, mesmo que deixássemos de lado nossa própria hipótese temporariamente e endossássemos

150   *O COMBATE MORAL*

a suposição de que, em geral, os resultados produzidos pela atribuição de autoridade influente às leis promulgadas por maiorias são substancialmente mais justos do que os resultados produzidos pela atribuição de autoridade influente às leis promulgadas nas ditaduras, a razão para se conformar às leis promulgadas democraticamente, à qual dá origem essa suposição, não é uma razão independente de conteúdo que requer, para sua justificativa, algo como a teoria da gratidão. Se a conduta preferida pela maioria é mais provavelmente a conduta correta – ou seja, se é mais provável que se harmonize com o equilíbrio das razões dependentes de conteúdo para a ação (e, assim, é a mais justa, a mais eficiente etc.) – então, com efeito, se dispõe de uma razão para conformar-se com a vontade da maioria. Mas a razão de alguém para conformar-se não constitui uma razão independente de conteúdo; em vez disso, as promulgações da maioria concedem uma razão para se acreditar que há *outras* razões *dependentes* de conteúdo, previamente existentes, para se conformar. A razão de alguém para obedecer às leis promulgadas pela maioria é, assim, epistêmica. Obedecendo a essas leis, é mais provável que alguém não aja de acordo com o equilíbrio das razões dependentes de conteúdo para a ação. A vontade da maioria se transforma, assim, numa orientação heurística apenas para aquelas razões dependentes de conteúdo que tornam as regras endossadas pela maioria as regras corretas. A tentativa de justificar a autoridade influente de um governo democrático por meio da afirmação de que o governo atinge leis substancialmente melhores viola, desse modo, a condição de independência.

Os defensores da teoria da gratidão poderiam argumentar que embora, com efeito, tenhamos razões dependentes de conteúdo para nos conformar com leis democraticamente promulgadas, a obrigação da gratidão, entretanto, nos fornece uma razão independente de conteúdo *adicional* para nos conformarmos com tais leis, porque o incremento adicional de justiça substancial que se supõe resultar dos processos democráticos só é possibilitado se a maioria dos cida-

ORIGENS DO DILEMA DO PERSPECTIVISMO JURÍDICO   151

dãos, efetivamente, tomar tais leis como fonte de novas razões para a ação. Tem-se um débito em termos de obrigação de gratidão com os cidadãos que realmente consideram leis democraticamente promulgadas como proporcionadoras de razões independentes de conteúdo para a ação, porque, ao fazê-lo, possibilitam a existência ininterrupta de um esquema que produz maior justiça substancial do que qualquer esquema alternativo.

Esse argumento, todavia, é derrubado por dois problemas. Em primeiro lugar, não fica absolutamente claro que nós devemos *realmente* obrigações de gratidão àqueles que conferem condição de independência de conteúdo a razões geradas pelas regras de uma democracia, mesmo que, ao fazê-lo, estejam nos conferindo benefícios únicos. Conforme argumentou John Simmons, parece haver, pelo menos, cinco condições necessárias para a geração de uma obrigação de gratidão[15]. Em primeiro lugar, o benefício tem que nos ter sido conferido como resultado de algum esforço ou sacrifício especial realizado em nosso favor. Se os outros nos beneficiam meramente no curso do desempenho de seus próprios negócios, não sentimos que nenhum débito especial lhes seja devido. Em segundo lugar, o benefício não deve ter sido conferido a nós por razões desqualificadoras (tais como egoísmo, compulsão, um desejo de ferir outra pessoa etc.). Em terceiro lugar, o benefício não deve nos ter sido imposto contra nossa vontade. Em quarto lugar, é necessário que tenhamos querido o benefício (ou que tivéssemos querido o benefício se o nosso juízo não tivesse sido prejudicado). E, finalmente, não devemos ter querido que o benefício *não* fosse proporcionado por aqueles que fizeram sacrifícios no nosso interesse.

Não fica absolutamente claro se os que poderiam pensar que atribuem autoridade influente às leis produzidas pelos processos democráticos fazem-no por razões que dão origem a obrigações de gratidão da parte daqueles que são

---

15. Simmons, *Moral Principles and Political Obligations*, 170-9.

152   O COMBATE MORAL

beneficiados por essa atribuição. É improvável que os que incluem em suas razões para a ação o fato de que certas leis foram democraticamente promulgadas façam-no como esforço especial para ajudar indivíduos não participantes do processo democrático e não inclinados a conferir um *status* similar ao fato de que esse processo tenha produzido regras particulares. É mais plausível que quaisquer benefícios recebidos por alguém como resultado da boa vontade de outros em considerar as diretivas produzidas por um processo democrático como detentoras de autoridade influente não sejam conferidos intencionalmente. Pareceria, assim, que a primeira condição para a geração de uma obrigação de gratidão fica insatisfeita, e a segunda condição torna-se discutível. E como um grande número de cidadãos não torna sua vontade conhecida por meio da participação política, é difícil saber se tais indivíduos, na verdade, querem (ou quereriam) os benefícios adicionais que possam provir da atribuição, por parte de outros, de autoridade influente a regras majoritárias. Assim, é difícil saber se os próprios indivíduos que se supõe obrigados pela teoria da gratidão (aqueles que não conseguem participar de quaisquer atividades políticas) realmente satisfazem as três condições finais que devem ser atendidas antes que se possa pensar que eles tenham uma obrigação de gratidão que deles exige conferir autoridade influente a resultados democráticos.

Isto nos leva ao segundo problema enfrentado pelo teórico que afirma que temos uma dívida de gratidão com os que nos conferem os benefícios singulares da democracia por meio da ponderação do equilíbrio das razões para a ação com o fato de que a maioria preferiu um procedimento em particular. Esse problema surge do fato de que, na maioria dos casos, parece haver muitas formas de satisfazer dívidas de gratidão; considerar as regras promulgadas pela maioria como proporcionadoras de novas razões para a ação parece ser apenas um entre diversos métodos pelos quais poderíamos pagar nossa suposta dívida àqueles que nos beneficiaram agindo do mesmo modo.

ORIGENS DO DILEMA DO PERSPECTIVISMO JURÍDICO   153

Poder-se-ia afirmar em resposta que, enquanto dívidas de gratidão podem ser pagas de diversas formas, a existência permanente de uma democracia majoritária depende da boa vontade da maior parte dos cidadãos em considerar a vontade da maioria como razão adicional para agir conforme o desejado. O meio proeminente de retribuir aos outros por fazer isso é fazê-lo de maneira semelhante. Tomar as leis promulgadas pela maioria como proporcionadoras de novas razões independentes de conteúdo para a ação é, assim, o meio pelo qual essa dívida particular tem que ser paga[16]. Todavia, do fato de um benfeitor ter uma necessidade particular não se conclui que uma dívida de gratidão tenha que ser paga de maneira que ajude a satisfazer essa necessidade. Na verdade, poder-se-ia refletir na prática comum de deliberadamente escolher dádivas de "agradecimento" para os outros que, em face de suas muitas necessidades, satisfazem apenas algumas de suas carências mais triviais. Mesmo se uma dívida de gratidão exigir que alguém satisfaça as necessidades de seu benfeitor, isto poderia ser realizado, entretanto, no caso político, considerando freqüentemente, mas nem sempre, as leis da maioria que oferecem novas razões para a ação. A teoria da gratidão não consegue, portanto, prover uma avaliação geral da razão de os indivíduos deverem atribuir condição de independência de conteúdo às razões para a ação que são proporcionadas

---

16. Este argumento é a base da teoria da obrigação legal de Philip Soper. Conforme conclui Soper, a obrigação de obedecer à lei deriva da obrigação de mostrar respeito por líderes políticos que cumprem seus deveres públicos de boa-fé. Os submetidos a eles devem respeitar os esforços de boa-fé dos que detêm autoridade, e um modo crucial de mostrar esse respeito é obedecer às suas instruções. Philip Soper, *A Theory of Law* (Cambridge, MA: Harvard University Press, 1984), 80-84; Philip Soper, "The Moral Value of Law", *Michigan Law Review* 84 (1985): 63. Para uma discussão da versão única de Soper da teoria da obrigação baseada na gratidão, ver Kent Greenawalt, "Comment", em *Issues in Contemporary Legal Philosophy*, ed. Ruth Gavison (Oxford: Oxford University Press, 1987), 157. Ver também Nannerl O. Henry, "Political Obligation and Collective Goods", em *Nomos XII: Political and Legal Obligation*, eds. J. Roland Pennock e John W. Chapman (Nova York: Atherton Press, 1970), 263.

154   *O COMBATE MORAL*

pela promulgação majoritária de regras. Não consegue, assim, nos proporcionar uma razão para pensar que leis promulgadas em democracias majoritárias possuem autoridade influente de qualquer peso, sem mencionar um peso suficiente para capacitar tais democracias a funcionar "como se fossem" autoridades práticas.

A teoria do consentimento

A avaliação final baseada-em-ato do motivo pelo qual se deve atribuir autoridade influente às leis promulgadas por maiorias talvez represente o legado de maior influência. Nesta avaliação, temos a obrigação de tratar regras promulgadas democraticamente como proporcionadoras de novas razões independentes de conteúdo para a ação porque, de uma maneira ou de outra, consentimos em fazê-lo. Nossa obrigação de atribuir autoridade influente aos governos democráticos funciona, nessa teoria, como um caso especial da obrigação de manter promessas. Podem-se distinguir duas linhas da teoria do consentimento. A primeira fundamenta a obrigação de conferir autoridade influente a leis promulgadas democraticamente no *consentimento pessoal* de cada cidadão para fazê-lo. A segunda fundamenta essa obrigação numa noção de *consentimento histórico*, sustentando que o consentimento inicial de um grupo histórico para atribuir autoridade influente a uma democracia majoritária obriga todas as gerações subseqüentes[17]. Pelo fato de esta segunda

---

17. Como afirmava o filósofo político-medieval Richard Hooker:

[C]onsentimos ser comandados quando a sociedade da qual fazemos parte, em qualquer época anterior, também consentiu... motivo pelo qual a ação passada de qualquer homem é boa enquanto ele existir; assim, o ato de uma sociedade pública de homens realizado há quinhentos anos continua a existir como se fosse dos homens que hoje a compõem, pois as corporações são imortais; estávamos então vivos nos nossos predecessores, e eles ainda vivem em seus sucessores.

ORIGENS DO DILEMA DO PERSPECTIVISMO JURÍDICO   155

versão ser altamente implausível, pois somente quando um indivíduo é autorizado a dar consentimento, pode seu consentimento obrigar um outro indivíduo, aqui me ocuparei apenas dos méritos da primeira versão.

Central para a avaliação do teórico do consentimento é a suposição de que os atos performativos, tais como fazer promessas e dar consentimentos, mudam o universo normativo. Os indivíduos, na teoria do consentimento, são "naturalmente livres"[18]. Somente por meio de um ato voluntário, realizado com uma clara compreensão de sua significação moral, pode um indivíduo abandonar esse "estado natural de liberdade" no qual nenhum indivíduo ou instituição pode obrigá-lo a compartilhar de deveres com os outros. Quando um indivíduo promete executar um ato ou aceita o exercício de autoridade influente por parte de outro, esse ato proporciona ao indivíduo uma razão independente de conteúdo para manter a promessa ou conformar-se à vontade da autoridade designada, isto é, o ato voluntário do indivíduo gera uma razão além daquelas possivelmente já possuídas por ele para se empenhar na conduta prometida ou conformar-se com a vontade da autoridade.

Richard Hooker, *On the Laws of Ecclesiastical Polity*, vol. 1, cap. X, 8, citado em J. W. Gough, *John Locke's Political Philosophy*, 2. ed. (Oxford: Clarendon Press, 1972), 56. Esta noção do consentimento histórico foi duramente criticada por Hume e Kant. Ver David Hume, "Of the Original Contract", em *Social Contract: Essays by Locke, Hume and Rousseau*, ed. Sir Ernest Barker (Westport, CT: Greenwood Press, 1980), 147-66; Immanuel Kant, *The Metaphysics of Morals*, ed. Mary Gregor (Cambridge: Cambridge University Press, 1991), 125. Ver também Margaret MacDonald, "The Language of Political Theory", em *Essays on Logic and Language*, ed. 1. série Antony G. N. Flew (Oxford: Basil Blackwell, 1952), 167.

18. Ver Thomas Hobbes, *Leviathan*, ed. Michael Oakeshott (Oxford: Basil Blackwell, 1946), parte II, cap. XIV, 128; Kant, *The Metaphysics of Morals*, 125; John Locke, *The Second Treatise on Government*, ed. J. W. Gough (Oxford: Basil Blackwell, 1976), 4; Jean-Jacques Rousseau, *The Social Contract*, trad. Maurice Cranston (Baltimore, MD: Penguin Books, 1968), 1; Hart, "Are There Any Natural Rights?", 175-6 (trad. bras. *O contrato social*, São Paulo, Martins Fontes, 1989).

156 *O COMBATE MORAL*

Enquanto *avaliação* de nossas obrigações políticas, acreditou-se que a teoria do consentimento possui plausibilidade intuitiva substancial. Parece razoável reivindicar, por exemplo, que, numa democracia *direta, unânime,* os cidadãos são obrigados a encarar o fato de terem votado a favor de uma lei em particular como sendo razão para se conformar a ela, ou seja, o voto deles é apropriadamente tomado como sinal claro de sua disposição para mudar seu ambiente normativo, somando às razões para um rumo particular de ação o fato de que consentiram com tal ação. Analogamente, é plausível pensar que os cidadãos que participam de democracias diretas e majoritárias consentem em considerar a vontade da maioria como razão para a ação, mesmo quando se encontram em minoria. Finalmente, a avaliação pode, aparentemente, ser generalizada para as democracias *representativas,* porque se pode dizer de cidadãos participantes desses sistemas que consentem com a atribuição de autoridade influente às leis promulgadas por uma maioria de seus representantes.

A despeito da virtude intuitiva que se pode supor presente nessa teoria, existe um conjunto de razões para rejeitá-la como avaliação adequada do motivo pelo qual as leis promulgadas por democracias políticas fazem jus à autoridade influente. A primeira razão para considerar a teoria inaceitável é versão de uma razão há muito angariada por teóricos políticos para rejeitar toda teoria do consentimento da obrigação política. Parece virtualmente impossível determinar quando e como os cidadãos que vivem em instituições democráticas consentiram com a atribuição de autoridade influente às leis promulgadas por tais instituições[19].

---

19. Esta réplica à teoria do consentimento é antiga. Como diz John Mackie: "Um suposto dever contratual de obedecer à lei é a base de um dos principais argumentos socráticos [em apoio a uma obrigação de obedecer à lei]. Mas... não há nada na vida da maior parte dos cidadãos num Estado moderno que possa constituir um acordo tácito ou implícito para obedecer." John Mackie, "Obligations to Obey the Law", *Virginia Law Review* 67 (1981): 145. O argumento do consentimento "é incrível", concorda David Lyons, "porque pou-

ORIGENS DO DILEMA DO PERSPECTIVISMO JURÍDICO

Os teóricos do consentimento historicamente reconhecem esse problema. Todavia, eles sustentam que, enquanto poucos tiveram realmente que enfrentar uma situação na qual *expressar* consentimento sempre tenha sido possível ou apropriado, "sinais de contrato" [podem ser] ou "expressos" ou por "inferência"[20]. Eles argumentam que o importante é os indivíduos manifestamente atribuírem à maioria um direito especial de influenciar o comportamento em áreas nas quais os indivíduos estariam, de outra maneira, livres para agir – um direito que gera nesses indivíduos uma obrigação especial de não contrariar a vontade da maioria. Os teóricos do consentimento argumentam que isso pode ser feito *tacitamente* e, com efeito, *é* feito tacitamente por todos os indivíduos que vivem sob regimes democráticos.

Existe um considerável desacordo no tocante à espécie de conduta que se poderia dizer constituidora de consentimento tácito para o exercício da autoridade por uma maioria. Locke asseverava que o recebimento dos benefícios da democracia pela residência bastava para constituir o consentimento tácito[21]. Outros aderiram a Locke, afirmando

---

cos de nós jamais fizemos parte desse acordo... Este argumento não funciona porque sua conclusão se apóia em falsas premissas". David Lyons, *Ethics and the Rule of Law* (Cambridge e Nova York: Cambridge University Press, 1984), 211. Ver também Richard E. Flathman, *Political Obligation* (Nova York: Athenaeum Press, 1972), 209. Simmons, *Moral Principles and Political Obligations*, 79; A. John Simmons, "Consent, Free Choice, and Democratic Government", *Georgia Law Review* 18 (1984): 819; Singer, *Democracy and Disobedience*, 22-6; M. B. E. Smith, "Is There a Prima Facie Obligation to Obey the Law?", *Yale Law Journal* 82 (1973): 960-4; Wright, "Legal Obligation and the Natural Law", 1000.

20. Hobbes, *Leviathan*, parte II, cap. XIV, 128.
21. Escreveu Locke:

> [T]odo homem que dispõe de quaisquer posses, ou do gozo de qualquer parte dos domínios de qualquer governo, dá, em função disso, seu *consentimento tácito*, ficando, daí por diante, obrigado a obedecer às leis desse governo, durante esse gozo, como todos que dele compartilham; não importa se essa sua posse é, para ele e seus herdeiros, uma terra para sempre, um alojamento apenas por uma semana ou se se trata de apenas viajar livremente numa estrada...

Locke, *Second Treatise on Government*, 61 (grifo meu) (nota do editor omitida).

158   *O COMBATE MORAL*

que votar em eleições, candidatar-se a cargos políticos e requerer um passaporte são atos que constituem a aceitação tácita de obrigações legais dentro dos sistemas democráticos[22].

Contudo, essas afirmações desprezam uma distinção que é crucial, para a teoria do consentimento. Esta distinção é entre "sinais de consentimento" e "signos de consentimento"[23]. Um ato constitui um sinal de consentimento se, no contexto em que é realizado, contar convencionalmente como expressão da intenção, por parte de um agente, de consentir. Assim, todos os atos expressivos de consentimento são sinais de consentimento. Mas ao dizer que um ato é um sinal de consentimento ou "implica" consentimento, não queremos dizer nem que o agente tencionava consentir nem que o ato seria normalmente tomado como tentativa de consentir. Parece haver, pelo menos, três maneiras pelas quais se poderia dizer que um ato funciona como signo de consentimento[24]. Em primeiro lugar, pode nos levar a concluir que o agente se encontraria num estado de espírito

---

22. Ver Alexander Meiklejohn, *Free Speech and its Relation to Self-Government* (Nova York: Harper, 1948), 11-14; Plamenatz, *Consent, Freedom, and Political Obligation*, 168, 170-1; Singer, *Democracy and Disobedience*, 50-1; Alan Gewirth, "Political Justice", em *Social Justice*, ed. Richard B. Brandt (Englewood Cliffs, NJ: Prentice-Hall, 1972), 137-8. T. H. Green chegou mesmo ao ponto de dizer que nenhum déspota, ainda que arbitrário, jamais governa realmente simples e unicamente pela força ou contra a vontade geral. T. H. Green, "The Principles of Political Obligation", em *The Political Theory of T. H. Green*, ed. John R. Rodman (Nova York: Appleton-Century-Crofts, 1964), 117.

23. Desenvolvi esta distinção mais pormenorizadamente em Heidi M. Hurd, "Sovereignty in Silence", *Yale Law Journal* 99 (1990): 953-4. No contexto específico da teoria do consentimento político, John Plamenatz faz uma distinção semelhante entre o "consentimento direto" e o "consentimento indireto". Ver John Plamenatz, *Man and Society*, vol. 1 (Londres: Longmans, Green and Co., 1963), 239-41. Peter Singer capta essa dicotomia distinguindo entre "consentimento real" (que inclui o consentimento tácito) e o "quase-consentimento". Ver Singer, *Democracy and Disobedience*, 47. E John Simmons fala dessa distinção como uma distinção entre "signos de consentimento" e "atos que 'implicam consentimento'". Ver Simmons, *Moral Principles and Political Obligations*, 88.

24. Ver Simmons, *Moral Principles and Political Obligations*, 89.

ORIGENS DO DILEMA DO PERSPECTIVISMO JURÍDICO   159

apropriado para consentir, tivesse ele sido convocado a fazê-lo. Em segundo lugar, um ato pode comprometer o agente com o consentimento, sob pena de irracionalidade. E, em terceiro lugar, um ato pode obrigar o agente moralmente à mesma execução à qual ele seria obrigado se tivesse, de fato, consentido.

Os atos que Locke e muitos outros teóricos do consentimento consideraram como constituidores de consentimento tácito para o exercício de uma maioria da autoridade (influente) são atos que, na melhor das hipóteses, funcionam apenas como signos de consentimento; não são sinais de consentimento[25]. E os teóricos do consentimento não podem recorrer coerentemente a atos que são apenas signos de consentimento como base para atribuir autoridade influente às promulgações democráticas, porque esses atos não constituem empreendimentos deliberados de obrigações às quais se incorre com uma clara compreensão da sua significação moralmente obrigatória. Para que alguém tenha genuinamente, ou pelo menos tacitamente, consentido em considerar as leis promulgadas por uma maioria política como proporcionadoras de novas razões para a ação, é necessário que tenha executado um ato que atue como sinal de consentimento[26]. Mas se este for o caso, parecerá que somos forçados a concluir que o consentimento tácito incorre no mesmo destino do consentimento expresso: pouquíssimos indivíduos consentiram em considerar as regras promulgadas sob democracias majoritárias ou representativas como possuidoras de autoridade influente[27]. E visto que se

---

25. Mas ver Plamenatz, *Consent, Freedom and Political Obligation*, 7 (tentando refutar o ponto de vista de que Locke confundiu consentimento tácito com atos que implicam consentimento).

26. Para uma discussão detalhada das exigências do consentimento de *mens rea* e de *actus reus*, bem como sobre as condições de fundo que precisam estar presentes para que tais elementos *prima facie* tenham força moral e legal, ver Heidi M. Hurd, "The Moral Magic of Consent", *Legal Theory* 2 (1996): 121-46.

27. Leslie Green aventou uma interessante variação da tentativa *lockeana* de fundamentar a obrigação política no consentimento tácito. Green argu-

160   *O COMBATE MORAL*

pode pensar que poucos cidadãos consentiram com a atribuição de autoridade influente às diretivas da maior parte dos sistemas políticos democráticos, poucos são cogitáveis como tendo a obrigação de tomar as promulgações democráticas como novas razões para agir como instruído[28].

---

menta que as obrigações políticas podem ser assumidas ingressando-se na *função* de cidadania. A adoção dessa função "raramente será um ato isolado de comprometimento". Leslie Green, "Law, Legitimacy, and Consent", *Southern California Law Review* 62 (1989): 823. Assim como alguém se torna voluntariamente advogado (e, assim, voluntariamente assume um conjunto de deveres que, por sua vez, não estão sujeitos a alteração individual) sem executar *nenhum* ato que, num dado momento, transforma alguém num advogado, alguém pode, voluntariamente, assumir a função de cidadão (com seus deveres involuntários anexos) por meio de um sucessivo conjunto de escolhas. *Ibid.*, 823-4. Na medida em que muitos assumem voluntariamente a *função* de cidadão, assumem os deveres de obediência que (involuntariamente) se prendem a essa função. Na linguagem desta discussão, a adoção adicional da função de cidadão traz consigo a obrigação de tratar leis majoritárias como fonte de novas razões para a ação. Há muito a ser admirado na retomada que Green faz desse velho tema. E talvez Green esteja certo em pensar que, se as obrigações políticas são relativas a funções, elas, como as obrigações dos pais, podem ser interpretadas como consensualmente assumidas mesmo na ausência de qualquer ato isolado de consentimento. Mas Green ainda enfrenta dois problemas. Em primeiro lugar, ele precisa tornar plausível exatamente como a cidadania política constitui função discreta, como ser advogado, pai ou juiz. Falar de cidadania como função adotada voluntariamente, em oposição a uma condição involuntária, parece metafórico. Em segundo lugar, na medida em que uma função age como promessa, o argumento de Green atrai o problema com o qual lidarei a seguir, referente à teoria do consentimento como fonte de autoridade influente.

28. Para uma proveitosa crítica das teorias de consentimento da obrigação em geral e das teorias que dependem do consentimento explícito em particular, ver Edward A. Harris, "From Social Contract to Hypothetical Agreement: Consent and the Obligation to Obey the Law", *Columbia Law Review* 92 (Nota 1992): 651-83.

Steven Smith argumentou que a autoridade política pode se predicar da noção de consentimento mesmo quando essa noção é puramente fictícia. Como afirma ele, "a ficção deveria permitir aos cidadãos acreditar 'como se' tivessem sido cumpridas as condições necessárias para a autoridade legal, ainda que, num outro nível, saibam que essa crença não é 'realmente verdadeira'". Steven Smith, "Radically Subversive Speech and the Authority of Law", *Michigan Law Review* 94 (1995): 395-6. Certamente, como admite Smith, o crí-

ORIGENS DO DILEMA DO PERSPECTIVISMO JURÍDICO 161

No entanto, esse argumento contra a teoria do consentimento pode ser responsável pela mesma espécie de "hipo-resistência" da qual acusei defesas anteriores da autoridade influente. Lembremos que começamos por supor que estávamos preocupados somente com uma democracia *direta*, majoritária. Sob tal regime, todos os cidadãos participam do processo de promulgação. Se este tipo de participação política traz consigo consentimento tácito para a atribuição de autoridade influente a resultados majoritários, a objeção acima não conseguiria derrubar a teoria do consentimento da autoridade influente, pelo menos na medida em que ela se aplica às democracias diretas, majoritárias.

Seria possível, a este ponto, voltar-se plausivelmente para as realidades das modernas democracias, que não gozam da espécie de envolvimento político universal característico dos modelos diretos, majoritários. Permanece, entretanto, um problema mais interessante e sutil em relação à teoria do consentimento (mesmo quando aplicada a democracias diretas, majoritárias) – um problema que se origina de sua hipótese fundamental de que os atos de consentimento proporcionam razões independentes de conteúdo para a ação. Visando a instigar esse problema, suponhamos que todos no regime democrático com o qual estamos preocupados fizeram, efetivamente, tudo que puderam para consentir (seja expressa ou tacitamente) com as regras do sistema. Por que encararíamos esses atos de consentimento como algo que fornece aos cidadãos de razões independentes de conteúdo para a ação? A resposta sempre foi que tais atos constituem uma forma de prometer, e promessas funcionam para proporcionar razões independentes de conteúdo para a ação. Mas será mesmo assim?

---

tico "obtuso e rude" (como ele chamaria alguém como eu), que está menos interessado na questão de se temos ou não razão para supor que a lei tem autoridade, do que na questão de se a lei, de fato, tem ou não autoridade, tem pouco uso para as ficções.

162 O COMBATE MORAL

Pode-se sustentar, com certeza, que as promessas não funcionam como novas razões para a ação, mas como expressões de intenções para agir. A única significação moral que parecem possuir não é resultado do fato de *mudarem* o universo normativo, mas antes um resultado do fato de o *mapearem*. Como previsões de comportamento, inevitavelmente proporcionam uma base para a confiança de outros. Quando os outros realmente confiam nas previsões de alguém a tal ponto que seriam prejudicados se alguém não conseguisse agir conforme previsto, a confiança deles gera uma nova razão para agir como se previsse que se agiria. Mas essa nova razão é *dependente* de conteúdo. A coisa certa a ser feita, ante o peso da confiança deles, talvez seja agir como se disse que se agiria, mesmo se, na ausência da confiança deles, se tivesse cessado de ter razões suficientes para agir como previsto, de modo a tornar racional aquele procedimento[29].

Se o que eu disse a respeito de manter promessas é plausível, o mesmo pode ser dito quanto aos atos de con-

---

29. Minha posição, neste ponto, se aproxima parcialmente daquela defendida por William Godwin. Como reconheceu Godwin:. "Antes de eu assumir uma promessa, há algo que devo prometer, e algo que não devo." William Godwin, *Enquiry Concerning Political Justice*, ed. K. Codell Carter (Oxford: Clarendon Press, 1971), 218. Assim, quando prometemos, dispomos ou não de razões adequadas para prometer. Se não dispomos, nossa promessa não pode proporcioná-las. Como Godwin prossegue argumentando, se alguém realmente dispõe de razões suficientes para prometer, a promessa atua como "induzimento adicional" para fazer o que deve, de outra maneira, ser feito. Mas na medida em que agimos com base nesse induzimento, diz ele, agimos por uma razão errada. Porque a moralidade exige que ajamos pelas razões corretas, "as promessas são, absolutamente consideradas, um mal". *Ibid.*

Minha tese não exige que pensemos nas promessas como um mal. Pelo contrário, como as previsões dos eventos futuros são, em muitos casos, extremamente úteis, as promessas, na medida em que sejam geralmente previsões confiáveis do comportamento futuro, serão úteis. E na medida em que são úteis – na medida em que as pessoas desenvolvam interesses de confiança como um resultado delas – elas atuarão substituindo razões dependentes de conteúdo para ações (razões que refletem aqueles interesses de confiança) que são, na verdade, razões corretas para a ação.

ORIGENS DO DILEMA DO PERSPECTIVISMO JURÍDICO 163

sentimento para o exercício de autoridade influente. Tivéssemos nós, realmente, que consentir, expressa ou tacitamente, em tomar a expressão da vontade da maioria como uma nova razão para a ação, nosso consentimento apenas proporcionaria aos outros uma razão para pensar que temos outras razões para nos conformarmos à vontade da maioria, mesmo quando nos vemos como parte de uma minoria. Outros podem muito bem confiar em nosso consentimento e assim se conformarem aos ditames da maioria quando se encontram entre a minoria porque antecipam que faremos o mesmo. E a confiança deles em nosso consentimento pode, realmente, nos proporcionar uma nova razão para nos conformarmos às leis promulgadas pela maioria. Mas essa razão não é independente de conteúdo. A confiança de outros não constitui razão independente do conteúdo das razões que já temos para nos conformar a leis promulgadas democraticamente; antes, ela se torna parte dessas razões. Se as razões que contrariam o conformar-se com as leis promulgadas por uma maioria política superam em peso as razões que temos para prevenir o dano àqueles que confiaram em nosso conformar-se a essas leis, então, com base no equilíbrio das razões dependentes de conteúdo, deveríamos recusar a nos conformar a essas leis. Em outras palavras, carecemos de uma razão *independente* de conteúdo para nos conformar à vontade da maioria quando o que essa maioria quer está errado, com base no equilíbrio de razões dependentes de conteúdo para a ação. A teoria do consentimento parece, assim, violar a condição de independência e parece falhar como base para tratar as democracias como autoridades influentes.

Em síntese, a teoria do consentimento não consegue nos fornecer uma razão especial para nos conformarmos a leis promulgadas por maiorias políticas tanto porque poucos de nós realmente consentiram (mediante qualquer teoria do consentimento) em tomar as leis de uma maioria como proporcionadoras de novas razões independentes de conteúdo para a ação, quanto porque tal consentimento, mesmo se

164   *O COMBATE MORAL*

obtido, não constituiria *por si* uma razão para nos conformarmos. Esses problemas nos lembram aqueles que encontramos ao considerar as teorias da reciprocidade e da gratidão. Em cada um desses casos, não conseguimos descobrir como se poderia pensar indivíduos que tivessem agido voluntariamente de modo a assumir obrigações de obediência – quer pela aceitação de benefícios, pelo recebimento de benefícios, quer pelo consentimento de regras que proporcionam tais benefícios. E, em cada caso, não conseguimos descobrir como tais atos, mesmo se executados, realmente constituiriam razões *independentes* de conteúdo para se conformar à vontade de uma maioria política. Como uma maioria só pode funcionar como autoridade influente se houver razões independentes de conteúdo mediante as quais nos conformemos, o fracasso das três teorias baseadas em ato no estabelecimento de quaisquer razões independentes de conteúdo para se conformar à vontade da maioria representa um fracasso no estabelecimento de qualquer base sobre a qual leis democraticamente promulgadas poderiam possuir autoridade influente ou autoridade prática "como se". E como esse fracasso se mostra endêmico nas avaliações baseadas em ato da razão pela qual devemos atribuir autoridade influente a leis democraticamente promulgadas, pareceria que não se pode evitar o dilema do perspectivismo jurídico argumentando que a função de um cidadão envolve a execução de ações voluntárias que trazem consigo obrigações de se conformar a leis democráticas sempre que estas divergirem da moralidade.

Uma teoria da autoridade influente baseada no dever: a teoria de um dever natural de justiça

Se nenhuma outra avaliação baseada em ato de nossos vínculos políticos pode ser dada além das proporcionadas pelas três teorias discutidas acima, teremos que aceitar a conclusão supostamente contra-intuitiva de que os indiví-

ORIGENS DO DILEMA DO PERSPECTIVISMO JURÍDICO

165

duos não estão moralmente obrigados a considerar as leis favorecidas por uma maioria como fornecendo novas razões para a ação, ou teremos que tentar descobrir uma avaliação baseada no dever desses vínculos. Essa avaliação baseada em dever foi aventada por John Rawls após ter ele repudiado sua teoria da reciprocidade, e é a essa avaliação que devoto esta seção[30].

Lembremos que Hart definiu as obrigações baseadas em ato como exigências morais geradas não em virtude da natureza da própria obrigação, mas em virtude da natureza da relação entre uma pessoa específica obrigada e aqueles aos quais está ela obrigada. As obrigações baseadas em dever, em oposição, são independentes de qualquer quadro institucional ou relação especial: aplicam-se a todos os indivíduos, independentemente de sua condição ou dos atos que realizam. Conforme Rawls assevera explicitamente: "As obrigações podem ser julgadas pelo dever natural de justiça... [pois] [e]le basta para interpretar os atos voluntários necessários como atos pelos quais nossos deveres naturais são livremente estendidos."[31]

De acordo com Rawls, cada membro de uma comunidade política está obrigado, por um dever natural de justiça, a suportar e fomentar as instituições políticas justas de sua comunidade. Esse dever é duplo. "Em primeiro lugar, devemos nos conformar e dar nossa participação às instituições justas quando estas existem e se aplicam a nós; e, em segundo lugar, devemos colaborar no estabelecimento de disposições justas quando estas não existem, pelo menos quando isso pode ser feito com pouco custo para nós mesmos."[32] Esta teoria pretende fornecer uma abordagem perfeitamente geral do dever político a que todos os cidadãos de sociedades governadas por instituições que são jus-

---

30. John Rawls, *A Theory of Justice* (Cambridge, MA: Harvard University Press, Belknap Press, 1971), 114-17, 333-42.

31. *Ibid.*, 343.

32. *Ibid.*, 334.

166   O COMBATE MORAL

tas estão igualmente obrigados, "independentemente de [seus] atos voluntários, performativos ou de outra maneira"[33]. O dever natural de justiça pretende, além disso, satisfazer a condição de independência que precisa ser atendida por qualquer avaliação de como as instituições possuem autoridade influente, pois esse dever é concebido como razão para obedecer às regras promulgadas por uma instituição além das razões para pensar nas regras como justas.

Para que a teoria de Rawls nos forneça uma razão especial para atribuir autoridade influente às regras promulgadas por uma maioria que não temos se essas mesmas regras forem promulgadas por um ditador, teríamos que dispor de alguma avaliação da razão pela qual as instituições democráticas são justas, e as tirânicas não. Duas espécies de abordagem se apresentam. A primeira espécie é impulsionada por uma teoria substancial da justiça. Nesta abordagem, processos democráticos de legislação são justos porque é mais provável que, ao contrário dos sistemas ditatoriais de legislação, produzam efeitos substancialmente justos – quer dizer, é mais provável que produzam resultados que se harmonizem com o equilíbrio de razões dependentes de conteúdo (para a ação) previamente existente. Mas, embora isso possa ser realmente verdadeiro, tal abordagem enfrenta os mesmos problemas previamente enfrentados pela teoria segundo a qual temos uma dívida de gratidão com os que atribuem autoridade influente às regras que governam os processos democráticos, pois, ao fazê-lo, esses indivíduos preservam um sistema que nos produz maiores benefícios do que produzem outros sistemas. O primeiro problema comum é que esse argumento não consegue assumir seriamente a hipótese que põe à prova a singularidade moral das democracias. Se fosse para um governo ditatorial sancionar leis idênticas àquelas sancionadas por uma maioria e se tais leis produzissem resultados idênticos quer na ditadura, quer na democracia, pareceria que, numa teoria subs-

---

33. *Ibid.*

ORIGENS DO DILEMA DO PERSPECTIVISMO JURÍDICO 167

tancial da justiça, esses regimes seriam igualmente justos. O dever natural de justiça de Rawls exigiria, assim, que atribuíssemos autoridade influente tanto à democracia quanto à ditadura. Portanto, parece que o dever natural de justiça, se satisfeito por uma teoria substancial da justiça, não consegue nos conceder uma razão especial para considerar leis democraticamente promulgadas como conferidoras de novas razões para a ação.

O segundo problema enfrentado em comum pelo teórico defensor da teoria da gratidão e pelo que defende a teoria do dever natural de justiça é o de suas teorias violarem a condição de independência. Embora certamente se disponha de uma razão para se conformar às diretivas da maioria, se estas se harmonizam com o equilíbrio de razões dependentes de conteúdo para a ação, a razão para fazê-lo não é independente de conteúdo. As preferências da maioria, nesse caso, funcionam meramente como orientações heurísticas para as razões dependentes de conteúdo previamente existentes para a ação e, deste modo, funcionam apenas epistemicamente. Não proporcionam, assim, novas razões para a ação; meramente evidenciam razões para a ação já existentes.

Observe-se ademais que, se tivéssemos de supor que democracias em geral produziram maior justiça substancial do que espécies alternativas de sistemas políticos, o dever natural de justiça de Rawls não requereria que nos conformássemos a leis promulgadas democraticamente as quais não são substancialmente justas. Se nosso dever é alcançar justiça substancial, não pode ser o caso de esse mesmo dever exigir nossa atribuição de autoridade influente a leis substancialmente injustas. O dever natural de justiça de Rawls, se concebido numa teoria substancial da justiça, é, assim, incapaz de apresentar uma avaliação da razão de uma minoria política ser obrigada a acolher as leis promulgadas pela maioria como fonte de novas razões para a ação quando essas leis são, com acerto, julgadas erradas no tocante aos seus méritos, ou seja, não consegue fornecer uma razão independente de conteúdo para se conformar com a vontade

168   *O COMBATE MORAL*

da maioria e, assim, não consegue produzir uma avaliação da razão de as leis democraticamente promulgadas possuírem autoridade influente.

Uma teoria alternativa do porquê de as democracias serem singularmente justas poderia nascer de uma concepção processual de justiça. Para essa teoria, as democracias são justas porque os procedimentos que produzem seus resultados são eqüitativos, enquanto as tiranias são injustas porque carecem de procedimentos eqüitativos[34]. Para defender esse ponto de vista, é preciso pensar que a própria participação política é um valor: o processo da produção de decisões políticas será mais justo se todos os indivíduos que devem ser obrigados por seus efeitos tiverem uma oportunidade de falar nesse processo. Mas o mesmo repto produzido para o teórico defensor de um dever de reciprocidade pode ser levantado aqui. Por que valorar nossa própria participação no processo de produção de decisões políticas se essa participação não produzir, para nós e os outros, resultados substancialmente melhores? A resposta dada pelo famoso anarquista Robert Paul Wolff é que a participação maximiza nossa habilidade de autolegislação, porque permite o exercer autônomo da escolha e isso tem maior valor do que realizar ajustes substancialmente benéficos. Mas o agente completamente racional e autônomo seria, ao que parece, consideravelmente menos racional se valorasse a imposição de sua vontade exclusivamente pelo próprio interesse dela, e assim preferisse participar do processo político a despeito do fato de sua participação produzir resulta-

---

34. Embora Peter Singer tenha aventado o que pode ser melhor considerado como teoria da reciprocidade, ele com freqüência faz referência à eqüitatividade processual intrínseca da democracia como fonte de deveres especiais de obediência a leis democraticamente promulgadas. Conforme ele afirma: "Há fortes razões para desempenhar um papel na sustentação e preservação de um procedimento decisório que representa um compromisso eqüitativo." Peter Singer, *Democracy and Disobedience* (Oxford: Clarendon Press, 1973), 36. Para três interpretações da teoria de Peter Singer, ver Gans, *Philosophical Anarchism and Political Obedience*, 109-16.

ORIGENS DO DILEMA DO PERSPECTIVISMO JURÍDICO 169

dos substancialmente inferiores para si e para outros. Uma pessoa plenamente racional deve, ao que parece, valorar a participação política somente se pensa que sua participação concretizará melhores resultados (resultados que melhor se hamonizam com o equilíbrio das razões dependentes de conteúdo para a ação) do que o fará a sua não-participação.

Mas se a participação só for um valor se produzir maiores benefícios àqueles que participam do que o faz a não-participação, teremos que concluir que a teoria processual da justiça descamba na teoria substancial da justiça. Como as teorias baseadas em ato da autoridade influente, a defesa de Rawls do dever natural de justiça como fonte de obrigação política afunda-se na condição de independência. Ao falhar em nos dar uma razão independente de conteúdo para o conformar-se com leis promulgadas por uma maioria, parece que o dever natural de justiça de Rawls não apresenta uma avaliação do motivo pelo qual tais leis possuem autoridade influente.

À luz do fracasso tanto de avaliações baseadas em ato como de avaliações baseadas em dever para nos fornecer uma razão independente de conteúdo especial para o conformar-se com leis promulgadas por uma maioria democrática, parece que temos que concluir que as pessoas não estão moralmente obrigadas pela vontade da maioria. Colocado em termos diferentes, não temos nenhuma razão para conferir sequer autoridade influente a leis promulgadas democraticamente porque o próprio fato de tais leis terem sido democraticamente promulgadas não possui nenhum *status* moral. E se as leis promulgadas nas democracias carecem de autoridade influente, parece provável que as leis promulgadas em outros regimes não se sairão melhor. Como parece que as diretivas promulgadas democraticamente requerem aquiescência recíproca, são produto do consentimento cívico e nascem de procedimentos que parecem maximamente justos, elas têm maior possibilidade de satisfazer as condições que dão origem a razões independentes de conteúdo para a ação do que as diretivas promulgadas não

170 *O COMBATE MORAL*

democraticamente. O fato de leis democraticamente promulgadas não conseguirem possuir autoridade influente é, assim, uma indicação confiável de que as leis promulgadas em sistemas com menor probabilidade de atender a essas condições carecerão, analogamente, de autoridade influente.

E aonde isso nos leva? A resposta é, aparentemente, pior do que era antes. Em primeiro lugar, o malogro das teorias da autoridade prática e autoridade influente nos deixa diante do dilema do perspectivismo jurídico. Se os cidadãos não têm razões que os forcem a se manter fiéis à lei quando a lei entra em conflito com a moral, então, aparentemente, haverá numerosas circunstâncias nas quais a coisa certa a ser feita pelos cidadãos será violar a lei. Os juízes terão que enfrentar a infeliz perspectiva de ter que punir os justificados (em violação da tese da correspondência e seu primo teórico, o princípio do retributivismo frágil) ou absolver os desobedientes de maneiras que ofendem profundamente o estado de direito, a democracia e a separação dos poderes.

O fracasso das teorias tradicionais da autoridade legal parece nos deixar à beira da anarquia. Teremos, então, de supor que não existem obrigações legais como há muito foram concebidas? A resposta parece absolutamente clara: sim. Mas embora possa não haver nada que nos obrigue legalmente, pode haver muito que nos obrigue moralmente. E porquanto nossa capacidade de cumprir nossas obrigações morais possa ser auxiliada pela criação engenhosa de certas obrigações epistêmicas para nos manter fiéis às diretivas legais, resta uma função de autoridade para as instituições legais. É a esta função e aos conceitos de autoridade com ela compatíveis que dedicarei os dois próximos capítulos. No capítulo VI, estabelecendo uma teoria da autoridade legal que sirva de alternativa às teorias padrões discutidas anteriormente, estaremos em posição de determinar se o dilema do perspectivismo jurídico sobrevive para forçar nossa escolha entre seus princípios de jurisprudência igualmente constrangedores.

Capítulo V
Os limites da autoridade consultiva

Até aqui argumentei que, para estimar a intuição persistente de que somos obrigados pela lei, é necessário buscar uma fonte de autoridade legal que não sugira que a lei nos submete impondo obrigações exclusivamente a partir daquelas já impostas pela moral. Duas teorias finais da autoridade legal se ajustam a esse programa, cada uma interpretando o poder da lei mais como epistêmico do que como moral. A primeira teoria, a que explorarei neste capítulo, denominarei teoria da autoridade consultiva. A segunda, que defenderei no capítulo VI, chamarei de teoria da autoridade teórica.

Essas duas teorias apresentam abordagens de como a lei pode ser caracterizada como orientação heurística para as obrigações e permissões morais que argumentei, compreendendo, por si sós, as razões para a ação que determinam como cidadãos e funcionários públicos devem agir. Ambas interpretam a autoridade legal como forma de autoridade epistêmica. A primeira atribui aos *legisladores* uma autoridade epistêmica, interpretando as leis que eles sancionam como o conselho dos investidos de perícia moral. A segunda teoria não localiza a autoridade da lei na perícia de seus autores, mas na própria lei. De acordo com esta segunda teoria, as leis detêm autoridade se, a despeito das crenças ou intenções que as motivaram, tornam as pessoas capazes de agir moralmente com mais freqüência do que seria, de outra maneira, possível. Como argumentarei, certamente, embora haja pessoas que possuem autoridade consultiva, temos poderosas razões

172   *O COMBATE MORAL*

para pensar que a autoridade da lei é melhor interpretada mais como teórica do que como consultiva.

A natureza da autoridade consultiva

No capítulo III, vimos que uma autoridade epistêmica em torno da ação funciona para proporcionar razões para crença em certas proposições deônticas, ou seja, os pronunciamentos autoritários de uma autoridade epistêmica proporcionam razões para *acreditar* que devemos fazer o que é prescrito – mas não proporcionam razões para *fazer* o que é prescrito. Diferentemente das diretivas de uma autoridade prática ou de uma autoridade influente, os pronunciamentos de uma autoridade epistêmica não afetam o equilíbrio das razões para a ação; apenas fornecem informações sobre aquele equilíbrio tal como ele existe, independentemente desses pronunciamentos. As diretivas de uma autoridade epistêmica são, assim, inteiramente evidenciais. Concedem conselhos, porém não ordenam ou pedem.

Considere-se, por exemplo, um caso em que uma legislação proíbe que se fume em edifícios públicos. Se a legislação funcionasse como autoridade prática ou influente, o fato de a legislação ter editado esse próprio decreto forneceria uma razão para não se fumar em edifícios públicos. Mas se a legislação funciona como uma autoridade epistêmica, seu decreto constitui apenas evidência de que há outras razões dependentes de conteúdo para se abster de fumar em edifícios públicos (tais como a irritação e os riscos à saúde apresentados a outros pela fumaça secundária).

Uma autoridade consultiva é uma fonte secundária de informações: ela "resume" outras razões para a crença. Tomando emprestada a expressão de Donald Regan, poderíamos dizer que uma autoridade consultiva a respeito de matérias morais emite "regras indicadoras". Quando recebemos conselhos sobre o que fazer dessa autoridade, é-nos dada uma razão epistêmica de segunda ordem para acredi-

ORIGENS DO DILEMA DO PERSPECTIVISMO JURÍDICO 173

tar que aquele conselho reflete o equilíbrio de razões de primeira ordem para a crença que estão disponíveis em fontes distintas dos conselhos. O próprio conselho é uma "indicação" ou resumo daquelas razões de primeira ordem para a crença[1].

Porquanto um exercício de autoridade consultiva envolve resumo e ponderação de evidência e tal processo constitui um esforço racional, conclui-se que somente as pessoas podem exercer autoridade consultiva[2]. Só as pessoas podem dizer "Faça A", como resultado de avaliar as razões a favor e contra realizar o ato A. Quando uma autoridade consultiva emite um conselho, suas palavras devem, presumivelmente, ser tratadas como heurística para as observações e inferências nas quais sua autoridade epistêmica reside primariamente. No caso de desconfiarmos do valor heurístico de suas palavras (porque são vagas, ambíguas, ou

---

1. Ver Donald H. Regan, "Authority and Value: Reflections on Raz's *The Morality of Freedom*", *Southern California Law Review* 62 (1989): 995-1095. Se o conselho de outro reflete com precisão algumas espécies de razões para a ação, mas não outras, aqueles que defendem uma teoria consultiva da autoridade deveriam dizer que ela possui autoridade epistêmica restrita. Ver a primeira seção do capítulo III. Não proporciona a alguém uma indicação do que o equilíbrio das razões requer, por não resumir todas as razões relevantes para a ação. Ele apenas serve como resumo de um conjunto de razões que alguém tem que acrescentar às outras razões para a ação que constituem o equilíbrio determinante do que alguém deve fazer. Assim, poder-se-ia consultar um economista para uma análise custo/benefício de um procedimento específico, porque, na ausência de constrangimentos colaterais deontológicos, a coisa moral a ser feita é, tipicamente, a coisa eficiente em termos de custo a se fazer. Mas deve-se reconhecer que essa análise pode não conseguir revelar obrigações relativas ao agente que obriguem alguém sem consideração de seus custos e benefícios. Conseqüentemente, ao conselho do economista poderia ser melhor atribuída autoridade epistêmica restrita, mas não ampla.

2. Richard Flathman invoca claramente uma teoria da autoridade consultiva quando argumenta que a autoridade é um atributo de pessoas (em oposição a uma criação de regras ou ofícios) e que é impossível compreender a autoridade sem compreender a substância e o propósito das declarações apresentadas por ela. Richard E. Flathman, *The Practice of Political Authority* (Chicago, IL: Chicago University Press, 1980), 14-16.

174   *O COMBATE MORAL*

aparentes declarações errôneas), deveríamos buscar diretamente as crenças e intenções com as quais ela emitiu essas palavras porque é, em última instância, nessas crenças e intenções que reside sua autoridade consultiva.

Problemas com uma teoria da autoridade consultiva

Parece haver quatro problemas distintos no que se refere ao emprego de uma teoria da autoridade consultiva visando a apreender o tipo de autoridade que a lei pode reivindicar. Embora alguns desses problemas se revelem superáveis, outros apresentam boas razões para se rejeitar uma aplicação da autoridade consultiva à lei. Em primeiro lugar, a teoria da autoridade consultiva acima articulada ameaça reviver o mesmo tipo de paradoxo que anulou a coerência da teoria da autoridade prática. Assim sendo, pode padecer da mesma espécie de problemas conceituais que transtornam as tentativas de defender a noção da autoridade prática. Em segundo lugar, para a teoria da autoridade consultiva ser significativa, uma pessoa que não seja autoridade consultiva tem que ser capaz de identificar e avaliar aquelas que são. Pelo fato de aparentemente precisar de alguém para conhecer alguém, pareceria que os que mais necessitam de conselho confiável são os menos capazes de obtê-lo. Em terceiro lugar, no tocante à lei, uma teoria da autoridade consultiva requer que se concebam os legisladores como observadores morais particularmente perspicazes cujas motivações e poderes da reflexão moral os tornam mais apropriadamente capazes do que a maioria dos cidadãos individuais para reunir, avaliar e fazer inferências acerca das considerações morais relevantes para a determinação, consideradas todas as coisas, de como os cidadãos devem agir. Se o cinismo contemporâneo referente ao grau em que os políticos atuam como peritos em moral bem motivados for justificado, a teoria da autoridade consultiva se revelará uma base precária para justificar a atenção que muitos se sentem compe-

ORIGENS DO DILEMA DO PERSPECTIVISMO JURÍDICO   175

lidos a prestar às regras jurídicas. Finalmente, uma teoria da autoridade consultiva leva ao comprometimento com uma teoria intencionalista da interpretação. Visto que essa teoria é de difícil aplicação no contexto da interpretação do direito comum, e aparentemente impossível de ser implementada no contexto da interpretação estatutária e constitucional, dispomos de bons fundamentos para rejeitar qualquer teoria da autoridade que seja refém de sua metodologia.

O retorno do paradoxo

Muitos teóricos argumentam que uma autoridade consultiva afeta nossas razões para a crença de uma maneira simétrica ao modo pelo qual uma autoridade prática afeta nossas razões para a ação[3]. Se este for o caso, deveremos nos preocupar com o fato de que uma teoria da autoridade consultiva gera um paradoxo análogo ao da autoridade prática. A preocupação de a autoridade consultiva ser paradoxal é tornada aguda na análise de Regan. Como sustenta ele, na medida em que os conselhos simplesmente refletem o equilíbrio de todas as razões de primeira ordem, não excluem crenças independentes sobre esse equilíbrio e, assim sendo, não proporcionam razões protegidas para a crença do tipo *raziano*. Mas como o conselho resume o equilíbrio de todas as razões de primeira ordem para a crença, não pode, sob pena de duplo cálculo, ser adicionado a essas razões. Assim sendo, quando e se considerado, o conselho na verdade prioriza aquelas outras razões para a crença. Exclui nossa capacidade de considerar *tanto* a regra indicadora que é proporcionada pelo conselho *quanto* as razões previamente

---

3. Ver, por exemplo, Flathman, *The Practice of Political Authority*, 18-19, 92-100, 247; Joseph Raz, *The Morality of Freedom* (Oxford: Clarendon Press, 1986), 67-9. Mas ver também Leslie Green, *The Authority of the State* (Nova York: Oxford University Press, 1988), 27; Kent Greenawalt, *Conflicts of Law and Morality* (Nova York e Oxford: Oxford University Press, 1987), 59.

existentes para a crença que aquele conselho pretende sintetizar. Assim, quando um advogado aconselha um cliente que seu testamento deve ser assinado por duas testemunhas, o advogado emite uma regra indicadora que o cliente pode substituir, mas não acrescentar, a elas, por todas as razões que o cliente poderia independentemente acumular a partir de outras fontes (tais como livros de direito, aulas da Faculdade de Direito, a experiência de amigos etc.) para a crença de que os testamentos devem ser assinados por duas testemunhas. Se o cliente se ressentir com o conselho do advogado, deixará de considerar também as razões para crença resumidas por aquele conselho.

Se não se pode acrescentar as declarações de uma autoridade consultiva ao equilíbrio de razões para crença, parece realmente que a teoria da autoridade consultiva gera um paradoxo similar ao da autoridade prática. Este paradoxo teria a seguinte forma:

1. Se o conselho proporciona um resumo das razões para crença quanto ao que deve ser feito, ao formular a crença de alguém a respeito do que se deve fazer, é-se impedido (sob pena de duplo cálculo) de considerar outras razões para a crença que suportam ou questionam a razão para a crença proporcionada por um conselho específico.

2. No recebimento do conselho, portanto, a única razão a ser considerada por alguém para acreditar que uma certa ação deve ser realizada é o fato de que essa ação foi aconselhada.

3. Mas, se uma crença é racional *porque* é o produto do conselho, qualquer conselho proporciona a alguém uma razão para a crença. (Assim, o conselho de que devemos nos preparar para a neve no Havaí nos dá uma razão para acreditar que deveríamos.)

4. Se, alternativamente, uma crença é racional somente se se compatibilizar com o equilíbrio de todas as razões para crença (razoavelmente disponíveis), o puro e simples fato de que uma crença é um produto do conselho não torna (necessariamente) essa crença racional.

ORIGENS DO DILEMA DO PERSPECTIVISMO JURÍDICO   177

5. Como o conseqüente da premissa 3 é falso, seu antecedente também tem que ser falso.

6. Como o antecedente da premissa 3 tem que ser falso, o antecedente da premissa 4 tem que ser verdadeiro[4].

7. Se a premissa 4 for verdadeira, para manter crenças racionais, é preciso formar as próprias crenças com base em razões distintas do fato de que alguém recebeu um conselho.

8. CONSEQÜENTEMENTE, as crenças formadas com base em conselhos são irracionais.

O senso comum volta-se claramente contra essa conclusão. Mas para sustentar a convicção ordinária de que é perfeitamente racional tomar o conselho alheio, teremos que renunciar à teoria da autoridade consultiva ou revisar seus termos. Como parece plausível afirmar que a autoridade consultiva pode residir nas declarações intencionais de outras pessoas (em virtude do fato de que outras pessoas podem ser motivadas a descobrir a verdade, estar de posse de maiores informações, ou possuir habilidades superiores para fazer inferências), faríamos muito bem em buscar uma versão modificada da teoria da autoridade consultiva antes de abandoná-la completamente.

É crucial para a conclusão de Regan de que o conselho tem força prioritária uma distinção entre a evidência sumária (da qual o conselho é um tipo) e a evidência primária. Em última instância, trata-se de uma distinção que não pode ser mantida. Como o paradoxo engendrado pela versão de Regan da teoria da autoridade consultiva é desencadeado por essa distinção, abandoná-la significa escapar do paradoxo.

A afirmação de Regan de que pronunciamentos de uma autoridade consultiva funcionam como resumos prioritários de outra evidência, mais primária, poderia ser motivada por um desejo de traçar uma distinção entre o que chamei no

---

4. A premissa suprimida em 6 é: se não for o caso de uma crença ser racional *porque* é o produto do conselho, uma crença só é racional se for compatível com o equilíbrio de todas as razões para crença (razoavelmente disponíveis).

178   *O COMBATE MORAL*

capítulo anterior de "sinais" e "signos"[5]. Como as comunicações intencionais de juízos deliberativos, as emissões de uma autoridade consultiva constituem "sinais". A título de contraste, os sinais (intencionais) são fragmentos de evidência de que, simplesmente em virtude de estarem relacionados de maneira causal a certos fenômenos naturais ou serem sintomáticos deles, funcionam eles como "signos" desses fenômenos[6]. Assim, nuvens de tempestade são signos de neve; a previsão de neve por parte do meteorologista é um sinal de neve. De modo análogo, as impressões digitais do réu na arma do crime de morte são signos de culpa; a confissão do réu é um sinal de culpa. De acordo com a análise de Regan, sinais resumem signos e, conseqüentemente, sob pena de duplo cálculo, não podem ser considerados junto com esses signos.

Entretanto, embora haja uma distinção genuína entre signos e sinais, ela não deixa o rastro da suposta distinção entre a evidência sumária e a evidência primária na qual se fia Regan. Os sinais não resumem, ou funcionam como, os indicadores de signos; antes, signos e sinais são duas categorias da evidência, cada uma relacionada de maneira causal aos fenômenos das quais constituem evidências. A fim de constatar que não é possível sustentar a distinção entre evidência sumária e evidência primária que a distinção signo/sinal poderia enganosamente sugerir, consideremos o

---

5. Ver também David Lewis, *Convention: A Philosophical Study* (Cambridge, MA: Harvard University Press, 1969), 122-59; H. P. Grice, "Meaning", em *Readings in the Philosophy of Language*, eds. Jay F. Rosenberg e Charles Travis (Englewood Cliffs, NJ: Prentice-Hall, 1971), 437.

6. Os signos possuem o que H. P. Grice denominou significado "natural". Grice, "Meaning", 437. Assim, podemos dizer: "Seu espirro *significa* que tem alergia"; "O ruído dos pratos *significa* que o jantar será logo servido". Em contraste, sinais (emissões destinadas a transmitir mensagens aos outros) têm o que Grice chamou de significado "não-natural", ou "significado NN". *Ibid*. De acordo com Grice, a sinalização ocorre com sucesso quando alguém que fala, visando a sinalizar a outros, utiliza ações convencionais (verbais ou outras) porque acredita razoavelmente que essas ações serão acolhidas pelo auditório da maneira pretendida, e o auditório assim as acolhe.

ORIGENS DO DILEMA DO PERSPECTIVISMO JURÍDICO 179

que se segue. Se alguém fosse culpado do cálculo duplo da evidência de uma tempestade de neve iminente se tivesse que acrescentar a previsão do meteorologista à própria observação do progresso de nuvens de chuva, não seria culpado do cálculo duplo da evidência alguém que acrescesse a leitura do termômetro ao frio do dia porque o termômetro resume esse frio? E não seria alguém igualmente responsável por fazer cálculo duplo da evidência se adicionasse o gelo do lago àquele frio porque o gelo também a resume? Em verdade, não seria alguém responsável por cálculo duplo de evidência se adicionasse o frio às condições atmosféricas que o produzem porque essas condições atmosféricas resumem esse frio? Responder a estas perguntas afirmativamente significa colocar-se numa posição na qual é preciso concluir que não se pode, sob pena de irracionalidade, considerar a previsão, a leitura da temperatura do termômetro, o gelo que se formou no lago e as condições atmosféricas do dia como evidência de que está frio.

E, no entanto, essa conclusão fere o nosso entendimento do que constitui evidência. O fato de fragmentos de evidência estarem relacionados de maneira causal não converte cada um deles num resumo dos outros. Pelo contrário, sua conexão causal é o que nos permite considerar cada um deles como evidência de um fenômeno único. Na medida em que o conselho (isto é, um sinal comunicativo intencional) é um bom conselho, está realmente relacionado de maneira causal ao fenômeno que é seu objeto, ou seja, há algo a respeito da coisa aconselhada que faz um conselheiro confiável dizer dela o que diz. Dessa forma, o conselho funcionará como evidência da matéria aconselhada pelas mesmas razões pelas quais as manifestações naturais dessa matéria também servem como evidência. Assim, tal como o fato de um termômetro indicar trinta e dois graus está ligado de maneira causal à temperatura que ele informa, o fato de um metereologista bem treinado e bem informado afirmar que está fazendo trinta e dois graus está ligado de maneira causal ao fato de que está fazendo trinta e dois graus. E exatamente

180   *O COMBATE MORAL*

como a leitura do termômetro pode ser acrescentada a outras evidências (tais como o congelamento do lago, o frio do vento e assim por diante) na determinação da verdade de uma proposição a respeito do tempo, do mesmo modo as declarações do meteorologista acerca do tempo podem ser acrescentadas à leitura do termômetro em virtude de ele estar relacionado de maneira causal ao tempo de um modo que não é, em última instância, diferente (embora seja, com freqüência, consideravelmente mais complexo) do próprio termômetro. Assim, o conselho de um meteorologista não mais prioriza a consideração de outras razões para a crença do que qualquer outra evidência prioriza outras razões para a crença com as quais essa evidência tem afinidade causal.

Embora seja útil continuar a ver as declarações das autoridades consultivas como resumos do equilíbrio das razões para a ação, é importante ficar claro que, fornecendo um resumo de razões para a ação, uma autoridade consultiva fornece uma nova razão para pensar que se deve agir como aconselhado, mas não fornece uma razão prioritária para tal julgamento. Alguém está, assim, no direito de acrescer seu conselho às outras evidências que se possuem no que concerne ao equilíbrio das razões para a ação – ou seja, tratá-lo como outra razão de primeira ordem para acreditar que as razões para a ação são conforme aconselhadas.

A aparência de circularidade

Embora a teoria da autoridade consultiva possa ser defendida contra acusações de incoerência conceitual, sua defesa conceitual pode apresentar uma circularidade oca, dada a permanência de um problema prático. Nessa teoria, a autoridade epistêmica, no tocante às proposições deônticas, é atribuída às pessoas em virtude de terem elas habilidades de observação, informação e inferência que as tornam particularmente peritas na sumarização das razões alheias para a ação. Mas para que as autoridades consultivas constituam

ORIGENS DO DILEMA DO PERSPECTIVISMO JURÍDICO 181

uma assistência significativa àqueles que não possuem sua perícia, será imperioso que se disponha de um meio de identificá-las sem se tornar uma delas. Precisamente como pareceria ser necessário a uma pessoa saber a ortografia de uma palavra antes de procurá-la num dicionário para determinar sua ortografia, pareceria ser necessário que uma pessoa fosse uma autoridade consultiva para determinar se outra pessoa está mais bem posicionada do que ela para ser uma autoridade consultiva. Embora nossa experiência pessoal do método tentativa e erro, mediante o qual realmente empregamos os dicionários, invalide a tentação de declararmos a própria noção do uso de um dicionário como viciosamente circular, muita explicação é exigida para tornar o emprego prático de uma autoridade consultiva analogamente não-circular. E a teoria da autoridade consultiva só será uma teoria significativa se pudermos realmente fornecer tal explicação e, assim, estabelecer as condições nas quais a teoria seja aplicável. Como podemos fazê-lo?

A resposta provém de nossa habilidade de especificar as condições motivacionais e de capacidade a serem preenchidas por um indivíduo de sorte a vê-lo como mais bem situado do que nós para julgar os méritos de procedimentos particulares. E tais condições podem, na verdade, ser especificadas sem julgar os méritos desses procedimentos. Como indicarei com maiores detalhes na seção seguinte, para estar mais bem situado para avaliar razões para a ação, tem-se que estar apropriadamente motivado para julgar essas razões, e é preciso estar de posse de recursos com os quais julgá-las que sejam superiores àqueles das pessoas aconselhadas. A primeira condição – a de determinar a motivação apropriada – é, inicialmente, uma questão psicológica, embora possa haver fundamentos institucionais para pensar que os indivíduos que têm interesse próprio em cenários particulares funcionarão "como se" estivessem moralmente motivados. A segunda condição – a do estabelecimento das capacidades epistêmicas superiores – envolve a determinação de características e recursos de um bom observador moral. Tal observador, por exemplo, precisa ter grande destreza para

182 O COMBATE MORAL

detectar fatos, tempo suficiente para deliberação e debate, a capacidade de determinar as implicações de uma determinada decisão para outras decisões e assim por diante. Precisamente como podemos especificar as condições nas quais a pesquisa científica procede em termos muito favoráveis sem, realmente, possuirmos a capacidade de conduzir tal pesquisa, podemos especificar as condições nas quais a deliberação moral ocorre em termos muito favoráveis sem, de fato, possuirmos a capacidade de nos envolver nessa deliberação. Podemos, assim, especificar as condições nas quais alguém poderia ser julgado autoridade consultiva sem nós mesmos possuirmos essa autoridade.

Interpretando legisladores como peritos morais

Embora a teoria da autoridade consultiva possa, dessa forma, ser tornada tanto coerente quanto não-circular, sua aplicação à lei requer uma teoria da razão pela qual os legisladores são, ou podem ser, bons naquilo que se supõe que sejam boas as autoridades consultivas, a saber, decifrar as razões para a ação dos cidadãos melhor do que estes. Por que os legisladores funcionariam como observadores confiáveis daqueles fatos morais que, por si sós, geram razões para a ação? Por que deveriam os cidadãos buscar na legislação ou nos tribunais a perícia moral, e não nos líderes religiosos, filantropos, filósofos da moral ou nos exemplos vivos dos cidadãos heróicos? Enquanto os juízes (nomeados) podem gozar de uma posição especial de vantagem moral em virtude tanto de sua relativa incapacidade de empregar suas posições para ganho pessoal quanto de seu isolamento relativamente às pressões políticas, o grau de perícia moral que se acredita possuírem os políticos é notoriamente suspeito. Na avaliação da viabilidade de aplicar a teoria da autoridade consultiva à lei, é, portanto, útil tomar o caso que estabelece precedente mais difícil. Deveríamos indagar se os legisladores, em virtude de capacidades especiais de observação, informação e inferência, podem ser plausivelmen-

ORIGENS DO DILEMA DO PERSPECTIVISMO JURÍDICO 183

te interpretados como autoridades epistêmicas confiáveis a respeito das condições da ação moralmente correta.

Como foi esboçado na seção anterior, há duas hipóteses que devem ser defendidas a fim de estabelecermos por que uma legislatura democraticamente eleita pode funcionar como autoridade consultiva acerca das obrigações previamente existentes de seus cidadãos. A primeira é uma hipótese motivacional, a saber, que suficientes legisladores tentam organizar a sociedade em termos de excelência, de modo que há uma chance substancial de que obterão êxito em relação a outros que se acredita estarem perseguindo o mesmo objetivo. A segunda é uma hipótese de capacidade, a saber, que os legisladores *são capazes de* descrever com precisão as obrigações morais recíprocas dos cidadãos se motivados a fazê-lo. Se for possível estabelecer que os legisladores são tanto mais motivados para promover o bem geral quanto mais capazes de fazê-lo do que os cidadãos individuais e outros grupos, a legislatura poderá funcionar genuinamente como autoridade consultiva a respeito da natureza daquele bem que todos os cidadãos previamente têm razões para promover.

A questão motivacional é habitualmente tratada como questão de fato psicológico em torno de legisladores individuais e, na verdade, é nela que os que defendem a atribuição da autoridade consultiva à lei deveriam começar. A posição convencional nesta questão da psicologia individual sugere que legisladores podem muito bem atuar como autoridades consultivas. Como explica Dwight Lee, "a maior parte dos acadêmicos (incluindo a maior parte dos economistas) cujo trabalho concerne à prática e à política governamental tendem a assumir, ainda que apenas implicitamente, que os produtores de decisões políticas são motivados pelo desejo de promover o interesse da comunidade geral"[7]. Há, contudo, uma vasta literatura que se afasta do "modelo do

---

7. Dwight Lee, "Politics, Ideology, and the Power of Public Choice", *Virginia Law Review* 72 (1988): 191.

184   O COMBATE MORAL

interesse público" das motivações legislativas a favor de uma
hipótese motivacional muito diferente. Por exemplo, os teóricos da escolha pública supõem que os legisladores individuais alimentam mesquinhamente interesses pessoais quando votam na legislação e, conseqüentemente, a última coisa que se deveria esperar deles é uma legislação que realmente promova os interesses públicos[8]. Os defensores tradicionais da teoria democrática têm respondido a isso afirmando que as hipóteses motivacionais dos teóricos da escolha pública não são apenas perniciosas, mas também *justas*[9]. A teoria da escolha pública procede *da* hipótese de que os legisladores não almejam promover o bem público; ela não emprega seus métodos para sustentar essa hipótese empírica.

---

8. Quanto às defesas clássicas dos princípios da teoria da escolha pública, ver James M. Buchanan, "Politics Without Romance: A Sketch of Positive Public Choice Theory and Its Normative Implications", em *The Theory of Public Choice II*, eds. James M. Buchanan e Robert D. Tollison (Ann Arbor, MI: University of Michigan Press, 1984), 11 (argumentando que a teoria da escolha pública substitui ideais românticos por apreciações realistas da motivação humana); Gordon Tullock, "Problems of Majority Voting", *Journal of Political Economy* 67 (1959): 571 (articulando a teoria do conluio político ou comércio de votos para explicar por que as estruturas democráticas exibirão gastos públicos excessivamente altos); James M. Buchanan e Gordon Tullock, *The Calculus of Consent: Logical Foundations of Constitutional Democracy* (Ann Arbor, MI: University of Michigan, 1962) (delineando uma série de estratégias de interesse pessoal na representação democrática); William H. Riker, *The Theory of Political Coalitions* (New Haven, CT: Yale University Press, 1962) (defendendo o seu agora famoso princípio de coalizão de ganho mínimo); George J. Stigler, "The Theory of Economic Regulation", *Bell Journal of Economics and Management Science* 2 (1971): 3-21 (formalizando a teoria da regulação de grupos de interesse ou apreensão).

9. No tocante a levantamentos úteis dos argumentos construídos contra o modelo da escolha pública e em suporte de uma concepção de legislação do interesse público, ver John Elster, *Ulysses and the Sirens: Studies in Rationality and Irrationality* (Nova York: Cambridge University Press, 1979); Steven Kelman, *Making Public Policy: A Hopeful View of American Government* (Nova York: Basic Books, 1987); Mark Kelman, "On Democracy-Bashing: A Skeptical Look at the Theoretical and 'Empirical' Practice of the Public Choice Movement", *Virginia Law Review* 74 (1988): 199; Mark Kelman, "Public Choice and Public Spirit", *Public Interest* 87 (1987): 80.

ORIGENS DO DILEMA DO PERSPECTIVISMO JURÍDICO 185

Na ausência da capacidade de solucionar essa questão psicológica de maneira confiável, os que predicam a autoridade epistêmica da lei com base em afirmações de perícia legislativa poderiam apontar para aspectos institucionais do processo legislativo moderadores da expressão das motivações de interesse próprio. Afinal, o desígnio institucional pode contrabalançar os efeitos de motivações individuais indesejáveis. Tal é a hipótese no âmago do sistema antagônico, no qual a investigação da verdade é diligenciada em tribunais por quadros de advogados motivados tão-só por um desejo desinteressado de assistir ao surgimento da verdade.

Lon Fuller esforçou-se por descrever a forma que deveríamos exigir da legislação antes de honrá-la como lei[10]. Como argumentou Fuller, a legislação deveria ser previdente, pública, geral, de significado claro, isenta de contradições, estável a despeito do passar do tempo, imposta judicialmente e dentro do domínio do possível. Fuller chamou essas exigências de "moralidade interna" da lei e sustentou que, quando aplicadas processualmente, essas exigências produzem legislação substancialmente melhor do que a que seria produzida sem elas. Baseou esta convicção em sua fé na máxima de que "objetivos substanciais devem ser atingidos processualmente, com fundamento no princípio de que, se os seres humanos são compelidos a agir da maneira correta, geralmente farão as coisas corretas"[11]. Para sermos mais específicos, Fuller considerou que é provável que resultados substancialmente bons sejam produzidos tanto por legislaturas quanto por cortes do direito comum, mesmo se estas instituições contarem com quadros de indivíduos imperfeitamente motivados, embora fiéis aos ditames da eqüidade processual. "A [c]oerência e o bem entretêm mais afinidade

---

10. Ver Lon L. Fuller, *The Morality of Law*, ed. rev. (New Haven, CT: Yale University Press, 1969), 33-94.
11. Lon L. Fuller, "Positivism and Fidelity to Law – A Reply to Professor Hart", *Harvard Law Review* 71 (1958): 643.

186   *O COMBATE MORAL*

do que a coerência e o mal... [Q]uando os seres humanos são constrangidos a explicar e justificar suas decisões, o efeito alcançado geralmente será atrair essas decisões para o bem, sejam quais forem os padrões de bem fundamental que existam."[12]

A crença de Fuller de que processos eqüitativos levam à justiça substancial encontrou muita crítica em seu caminho. Como H. L. A. Hart e os positivistas jurídicos salientaram, certamente os regimes perniciosos *poderiam* operar por meio das formas de Fuller de legislação eqüitativa[13]. Ou, como Grant Gilmore se exprime incisivamente: "No céu não haverá lei e o leão se deitará ao lado do cordeiro... No inferno nada haverá exceto a lei, e o devido processo será meticulosamente observado."[14]

Entretanto, a verdade da afirmação de Fuller está nas motivações de os legisladores se conformarem à moralidade interna de legislar eqüitativamente. John Finnis formula bem a posição de Fuller:

> Os indivíduos só poderiam ser eus – isto é, ter a "dignidade" de ser "agentes responsáveis" – se não fossem forçados a viver suas vidas para a conveniência de outros, mas tivessem permissão e assistência para criar uma identidade subsistente ao longo de uma "existência". Este é o valor primário da previsibilidade que a lei procura estabelecer por meio [dos oito desideratos de Fuller]... Uma tirania devotada a fins perniciosos não possui razão auto-suficiente para submeter-se à disciplina de uma operação consistente por meio de exigentes processos legais, admitido como correto que o

---

12. *Ibid.*, 636.

13. H. L. A. Hart, *The Concept of Law* (Oxford: Clarendon Press, 1961), 202; Marshall Cohen, "Law, Morality and Purpose", *Villanova Law Review* 10 (1965): 640; Ronald M. Dworkin, "The Elusive Morality of Law", *Villanova Law Review* 10 (1965): 631; H. L. A. Hart, "Book Review", *Harvard Law Review* 78 (1965): 1281 [revendo Lon L. Fuller, *The Morality of Law* (New Haven, CT: Yale University Press, 1964)].

14. Grant Gilmore, *Three Ages of American Law* (New Haven, CT: Yale University Press, 1977), 111.

ORIGENS DO DILEMA DO PERSPECTIVISMO JURÍDICO   187

ponto racional dessa autodisciplina é o próprio valor de reciprocidade, eqüidade e respeito por pessoas que o tirano, *ex hypothesi*, despreza[15].

Os legisladores forçados a operar no âmbito de um sistema justificado por hipóteses do interesse público operando com base nestas hipóteses podem muito bem achar que elas "apagam" seus objetivos substanciais ao legislarem.

Além dos oito aspectos da moralidade interna da legislação, existe um segundo aspecto formal da produção de leis que pode, mais diretamente, embotar a expressão das motivações de interesse não-público das pessoas dos legisladores. Não é preciso ser um utilitarista para reconhecer que, ao tabular interesses relevantes a opções legislativas particulares, cada um deles deve ser computado como um e somente um. Na qualidade de cidadão em sua vida privada, ninguém concede igual consideração a todas as outras pessoas. Esposas ou esposos, filhos, pais e amigos têm, cada um, o direito de prioridade sobre nosso tempo, interesse, afeto e ajuda. Entretanto, do ponto de vista legislativo, trata-se de colocar de lado esses interesses pessoais e conceder a cada cidadão "igual preocupação e igual respeito"[16]. Não é de surpreender que este também seja, em grande medida, o ponto de vista moral[17]. Assim, os legisladores, não importa quão interessados em si mesmos, têm que formular suas justificações para a legislação em termos de interesses que são próprios

---

15. John Finnis, *Natural Law and Natural Rights* (Oxford: Clarendon Press, 1980), 272-3. Receando que os teóricos da escolha pública pensem que a palavra "tirano" não se aplique ao seu legislador do interesse próprio, Finnis é explícito quanto a que "[o] tipo de regime que estamos considerando tende a ser... explorador, no sentido de que os governantes estão fora simplesmente por seus próprios interesses, sem se importarem com os interesses do resto da comunidade..." *Ibid.*, 274.

16. Ver Ronald M. Dworkin, *Taking Rights Seriously* (Cambridge, MA: Harvard University Press, 1978), 180-3, 272-8.

17. Ver Kurt Baier, *The Moral Point of View* (Ithaca, NY: Cornell University Press, 1958), 187-213.

188   *O COMBATE MORAL*

do ponto de vista legislativo/moral. Isto não significa apenas dizer que a hipocrisia é a homenagem que o vício presta à virtude; antes, significa que é provável que uma matéria legislativa motivada por puro interesse pessoal incorra em dificuldades no estágio de justificação pública, bem como no de promulgação.

O aspecto final da legislação que se pode considerar moderador da expressão institucional do egoísmo individual é a posição interpretativa assumida pelos tribunais em relação à legislação. Muito daquilo em que se transforma uma lei está nas mãos dos tribunais quando estes interpretam e aplicam a linguagem estatutária. E os tribunais não interpretam ou revisam leis procurando promover as motivações políticas que servem aos interesses próprios dos responsáveis específicos por essas leis; antes, a interpretação intencional visa a encontrar uma meta pública legítima para uma lei e interpretar sua linguagem à luz dessa meta. Os tribunais que interpretam leis dessa forma forçam o ingresso de uma concepção do interesse público na legislatura, independentemente de quais possam ter sido as motivações das pessoas dos legisladores. Assim agindo, os tribunais forçam a legislação (possivelmente movida por interesses próprios) a uma concepção do bem, assim tornando plausível, pelo menos, considerar tal legislação (conforme interpretada) como detentora de autoridade epistêmica no que concerne ao teor do bem.

Note-se que, na medida em que esses três argumentos a favor da integridade motivacional da produção de leis nos proporcionam uma razão para pensar que a legislação, e não os legisladores, tem autoridade epistêmica, eles dão maior respaldo à atribuição da autoridade teórica à lei do que à atribuição de autoridade consultiva a legisladores. Visto que os que defendem uma teoria da autoridade consultiva situam a autoridade da lei primariamente nos produtores das leis e apenas secundariamente na leis que eles produzem, esses argumentos, realmente, solapam sua tese. Admitem uma atribuição de autoridade epistêmica à lei diante do

ORIGENS DO DILEMA DO PERSPECTIVISMO JURÍDICO 189

desprezo pelos critérios e motivações dos que são seus autores. E, ao fazê-lo, invertem a prioridade da perícia[18].

Voltemo-nos agora para a segunda hipótese que precisa ser formulada para que os legisladores sejam interpretados como autoridades consultivas – o que denominei *hipótese da capacidade*. Para estabelecer esta hipótese, é mister ser possível interpretar os legisladores como aquilo que os filósofos da moral chamam de "observadores morais ideais". Um observador ideal no domínio da teoria moral não é apenas alguém que possui a motivação para determinar o que está genuinamente no bem comum, mas também alguém que está bem posicionado para decifrar os fatos morais determinantes desse bem. Estar bem posicionado para julgar questões morais é, em parte, um problema de capacidade individual: o observador deve possuir perfeitas habilidades para o raciocínio prático, muita experiência dos assuntos do tipo que será objeto de decisão, disposição para admitir o erro no passado, boa vontade para considerar pontos de vista antagônicos, capacidade para identificar-se com esses pontos de vista, disposição para abster-se de opiniões prematuras ou preconcebidas advindas do predomínio de deliberações subseqüentes, capacidade para reconciliar a presente decisão com outras pretéritas, imaginação apta a supor outras situações argumentáveis afetadas pela decisão ante ele e a humildade de pensar que há muito para aprender das experiências únicas dos outros. Estar bem posicionado para fazer julgamentos morais é também, em parte, uma função da informação disponível ao observador: precisa ser suficientemente completa sem ser entorpecedora em seus detalhes e ser organizada de maneira que apresente vividamente as questões morais a serem decididas.

---

18. Farei um uso adicional destes argumentos no próximo capítulo, ao qual mais claramente dizem respeito – para estabelecer por que a lei (como algo distinto dos produtores das leis) poderia ser cogitada como crivelmente capaz de servir como orientação heurística para nossas obrigações morais. Ver a terceira seção do capítulo VI.

190   *O COMBATE MORAL*

Quem defendesse a autoridade consultiva da lei teria que ser capaz de estabelecer a afirmação de que os legisladores possuem as habilidades cognitivas e empáticas e as capacidades de coleta de informações que, coletivamente, fazem deles observadores morais de uma espécie mais ideal do que a maioria. Num esforço por evitar as gargalhadas com as quais provavelmente tal teoria seria recebida, é mais provável que os defensores da teoria consultiva sejam tentados a favorecer esses aspectos institucionais dos tribunais e das legislaturas que podem torná-los, na qualidade de instituições, o tipo de "observadores confiáveis" que mereçam a atribuição de peritos. De acordo com Fuller, tanto as legislaturas quanto as cortes estão envolvidas no que chamou de "a articulação colaborativa de propósitos partilhados"[19]. Fuller afirmou que "associando seus recursos intelectuais", os indivíduos podem "vir a compreender melhor o que são seus verdadeiros propósitos..."[20]. Todos nós reconhecemos o poder dessa colaboração na vida cotidiana porque "todos sabemos, pela experiência pessoal, que em momentos de crise consultar um amigo com freqüência nos ajudará a compreender o que realmente queremos"[21]. Fuller estendeu esta observação da produção de decisões morais pessoais à lei. Na opinião de Fuller, casos de direito comum "mostram que a comunicação entre os seres humanos e uma consideração destes de diferentes situações de fato podem capacitá-los a ver mais autenticamente o que estavam tentando fazer desde o começo"[22]. De maneira mais geral, ele afirmou que "o processo de descoberta moral é um processo social..."[23].

Tais pensamentos progridem um pouco no sentido de dar suporte aos que procuram atribuir autoridade consultiva

---

19. Lon L. Fuller, "Human Purpose and Natural Law", *Journal of Philosophy* 53 (1956): 702; reimpresso em *Natural Law Forum* 3 (1958): 73.

20. *Ibid.*, 703-4; reimpresso em *Natural Law Forum* 3 (1958): 74.

21. *Ibid.*, 702; reimpresso em *Natural Law Forum* 3 (1958): 73.

22. Lon L. Fuller, "A Rejoinder to Professor Nagel", *Natural Law Forum* 3 (1958): 98.

23. *Ibid.*, 84.

ORIGENS DO DILEMA DO PERSPECTIVISMO JURÍDICO 191

aos que fazem as leis. Por exemplo, as legislaturas compreendem um grande número de indivíduos que (se estiverem certos os argumentos acima) são, ao menos, institucionalmente pressionados a articular situações de excelência para os assuntos. Esses indivíduos dispõem de grande capacidade de detecção de fatos à sua disposição. São representantes de muitos pontos de vista. Contam com vigorosos incentivos institucionais para atingir o consenso, mas não de um modo que produza resultados de tabuleiro de damas[24]. Todos estes aspectos se combinam para tornar plausível a afirmação de que os legisladores possuem coletivamente muitas das capacidades necessárias para atuar como autoridades consultivas no que concerne ao conteúdo de obrigações morais quando motivados a fazê-lo.

Dois pontos, contudo, se apresentam. Em primeiro lugar, esses argumentos mais uma vez fazem mais para apoiar a autoridade teórica da lei do que a autoridade consultiva dos legisladores. Esclarecem por que indivíduos intelectualmente limitados, de visão tacanha, egoístas, desinformados e antipáticos poderiam, coletivamente, produzir resultados, por assim dizer, maiores do que a soma de suas partes. Se as leis refletem coletivamente discernimentos morais que os legisladores isolados nunca tiveram, acertaríamos investindo as leis de autoridade epistêmica e permanecendo, ao mesmo tempo, céticos em relação a quaisquer reivindicações de autoridade feitas pelos autores dessas leis. Em segundo lugar, por mais heróicos que sejam os esforços realizados para estabelecer a autoridade consultiva da parte dos legisladores, é improvável que impressionem os que alimentam um arraigado cinismo acerca dos méritos morais das produções legislativas. Pelo fato de nosso clima político contemporâneo ser desse tal cinismo, uma teoria que caracteriza a autoridade da lei como consultiva aparentemente falha na explicação do porquê cidadãos medíocres se sentem obri-

---

24. Ver Ronald M. Dworkin, *Law's Empire* (Cambridge, MA: Harvard University Press, 1986), 217-8.

192   *O COMBATE MORAL*

gados a acatar a lei. Se a nossa teoria da autoridade legal tem, numa medida significativa, que corresponder às nossas práticas de acatamento das regras, uma teoria que não consegue explicar nossas práticas também não consegue produzir uma avaliação adequada da autoridade da lei. Assim, visto que a teoria da autoridade consultiva depende de caracterizar os legisladores como peritos morais, e visto que a maior parte dos cidadãos não caracteriza dessa forma os seus legisladores, a teoria não consegue apreender a natureza da autoridade investida implicitamente nas leis pelos cidadãos[25].

O compromisso com a interpretação intencionalista

A despeito de sua tentativa de exorcismo, a interpretação legal foi assombrada pelo intencionalismo. Isto confundiu os que se julgaram vitoriosos na demonstração da insustentabilidade conceitual e normativa da interpretação intencionalista. Mas o espectro persistente do intencionalismo não deveria aparecer como surpresa aos teóricos da interpretação legal, cujas batalhas contra as teorias de interpretação intencionalistas foram travadas na sombra de uma das teorias da autoridade legal que expliquei até aqui. Visto que as teorias da autoridade prática, da autoridade influente e da autoridade consultiva situam, todas, em última instância, a autoridade da lei nas crenças dos legisladores, elas

---

25. Joseph Raz argumentou, ademais, que a atribuição da autoridade consultiva aos legisladores dá origem ao seguinte quebra-cabeça:

> Supor que a perícia concede aos legisladores autoridade atemporal é supor uma ou outra destas coisas ou ambas, a saber, que nenhum avanço no conhecimento da área relevante, nem um avanço em sua difusão são prováveis. Tais avanços anulariam a perícia do antigo legislador relativamente aos novos peritos (novos avanços no conhecimento) ou relativamente à população em geral (a difusão do conhecimento).

Joseph Raz, "Authority and Interpretation in Constitutional Law: Some Preliminaries", em *Objectivity in Constitutional Law*, ed. Larry Alexander (Cambridge: Cambridge University Press).

ORIGENS DO DILEMA DO PERSPECTIVISMO JURÍDICO 193

necessariamente exigem, num ponto ou noutro, que se busquem as intenções dos legisladores na interpretação das leis. Pelo fato de haver boas razões para pensar que a interpretação intencionalista dos pronunciamentos legais coletivos, tais como as promulgações estatutárias e as disposições constitucionais, é profundamente problemática, e de que a interpretação intencionalista de pronunciamentos judiciais [*judicial utterances*] é, em muitos casos, praticamente impossível, qualquer teoria da autoridade que nos comprometa com uma metodologia intencionalista parece ser fundamentalmente inválida.

Começaremos pelo exame do alcance e da legitimidade do compromisso com o intencionalismo que é característico de uma teoria da autoridade consultiva. Estaremos, então, em posição de considerar se alguma das teorias da autoridade anteriores pode ser revisada de maneira a evitar os problemas que acossam a teoria da autoridade consultiva como resultado de sua dependência da interpretação intencionalista. Como argumentarei, visto que nem a teoria da autoridade prática nem a teoria da autoridade influente podem ser libertadas das garras do intencionalismo, os que procuram uma teoria viável da autoridade têm boas razões para preferir uma teoria revisada da autoridade epistêmica a qualquer tentativa de ressuscitar uma das teorias que examinamos anteriormente.

Se a lei funciona como autoridade consultiva sobre obrigações morais, ela tem, graça aos legisladores, que reunir e avaliar confiavelmente a evidência relevante referente a essas obrigações. No caso de estarmos em dúvida quanto à lição moral a ser aprendida com a lei, deveremos buscar as crenças dos legisladores porque é nesses estados mentais – e não em sua expressão legal – que a autêntica autoridade consultiva reside. Como aquilo em que os legisladores acreditavam ao tempo da legislação provavelmente seja mais bem evidenciado pelo que queriam dizer com seus pronunciamentos e com os efeitos que eles pretendiam alcançar no mundo por meio desses pronunciamentos, será importante

194   *O COMBATE MORAL*

buscar duas espécies de intenções. Primeiramente, faríamos muito bem se decifrássemos as "intenções semânticas" dos legisladores – as intenções que apreendem o que eles queriam dizer com suas palavras. As intenções semânticas refletem o que quer dizer uma pessoa que fala, dada a sua teoria da interpretação. Em segundo lugar, deveríamos determinar as "motivações lingüísticas" dos legisladores – as intenções adicionais com as quais eles emitiram seus pronunciamentos. As motivações lingüísticas refletem os efeitos no mundo que aquele que fala procura alcançar. Assim, no caso de alguém considerar a promulgação "Proibido veículos no parque" ambígua, será melhor que detecte as crenças morais básicas do legislador indagando sobre o entendimento que o legislador tem da referência do termo "veículos" (por exemplo, se o entendimento do legislador incluiu motocicletas, ambulâncias, bicicletas e assim por diante), e (se útil) buscando o outro propósito pelo qual o legislador procurou proibir a presença de tais coisas no parque (por exemplo, redução de emissão de poluentes, redução dos ruídos, segurança dos pedestres etc.). Alguém que defendesse a aplicação da autoridade consultiva à lei se mostra, assim, comprometido com uma teoria intencionalista da interpretação como o melhor meio de detectar as crenças dos legisladores nas quais a autoridade legal, em última instância, reside.

Se a interpretação intencionalista é insustentável – porque, por exemplo, é, empiricamente, impossível detectar intenções ou normativamente indesejável conformar o nosso comportamento a elas –, as teorias da autoridade que dependem dela são insustentáveis. Poucos, contudo, emitiriam a afirmação geral de que o intencionalismo como um todo é insustentável. Embora a capacidade de ler as mentes seja uma rara habilidade, a maioria de nós confia sinceramente na própria capacidade de detectar as intenções dos membros de nossa família, de nossos colegas, amigos e inimigos. Ademais, muitos de nós atribuem franca autoridade consultiva a, pelo menos, algumas dessas pessoas, inferindo com isso que consideramos moralmente apropriado, ao menos

ORIGENS DO DILEMA DO PERSPECTIVISMO JURÍDICO   195

em algumas ocasiões, ser guiados pelas intenções delas. O ceticismo geral a respeito da interpretação intencionalista afigura-se, assim, injustificado.

O ceticismo quanto ao intencionalismo na interpretação dos pronunciamentos de grupos de indivíduos (tais como as promulgações estatutárias e as disposições constitucionais) ocupa uma posição melhor[26]. Como expresso por um crítico: "A loucura de qualquer tentativa de conjurar uma intenção legislativa tem sido afirmada tão freqüentemente que muitos estudiosos respeitáveis se recusam a reconhecer o conceito."[27] Como disse um outro, uma teoria intencionalista da interpretação que fosse aplicável à legislação requer que se busque uma "transferência psíquica do pensamento de um corpo artificial [que] obrigatoriamente confundiria o mais desenvolvido dos caça-fantasmas"[28].

---

26. Em seguida, focalizarei o caso mais difícil, ou seja, o de sustentar a integridade conceitual do intencionalismo no contexto da interpretação estatutária. Se a interpretação intencionalista das leis for conceitualmente defensável, será presumível que a interpretação intencionalista das disposições constitucionais e pareceres do direito comum possa ser conceitualmente defendida. Pode haver problemas remanescentes do intencionalismo, alguns dos quais possivelmente únicos para a interpretação constitucional ou do direito comum. Mas é provável que esses problemas sejam apenas de um tipo empírico, e não do tipo conceitual. Assim, embora possa não ser possível detectar as intenções dos que projetaram a constituição dois séculos depois de terem redigido seu texto constitucional, ou as intenções dos juízes a respeito dos quais pouco se sabe salvo suas opiniões que exigiram interpretação, tais obstáculos empíricos podem, no seu conjunto, servir menos como acusação formal da interpretação intencionalista que como lembrete de seus limites e, conseqüentemente, os limites das atribuições da autoridade consultiva.

27. Reed Dickerson, *The Interpretation and Application of Statutes* (Boston, MA: Little Brown, 1975), 68. Ver, por exemplo, Fuller, *The Morality of Law*, 86; Robert E. Keeton, *Venturing to do Justice: Reforming Private Law* (Cambridge, MA: Harvard University Press, 1969), 81; J. A. Corry, "Administrative Law and the Interpretation of Statutes", *University of Toronto Law Journal* 1 (1936): 290; Michael S. Moore, "A Natural Law Theory of Interpretation", *Southern California Law Review*, 58 (1985): 345-52.

28. John Chipman Gray, *The Nature and Sources of the Law*, 2. ed. (Boston, MA: Beacon Press, 1963), 170.

196 O COMBATE MORAL

Os teóricos da interpretação legal executaram algumas contorções espantosas para sustentar, conceitual e empiricamente, a investigação das intenções legislativas. Alguns – vamos chamá-los de "realistas puros" – têm sido tão ousados a ponto de declarar que os grupos podem possuir intenções precisamente da mesma maneira que os indivíduos[29]. É presumível que esses teóricos também argumentariam que os grupos, na qualidade de grupos, são capazes de experimentar disposições, emoções, sensações e memórias não redutíveis às dos indivíduos que os constituem. Entretanto, para estabelecer tais afirmações notáveis, os realistas puros teriam que estabelecer como os grupos podem ter mentes distintas daquelas de seus membros individuais. E, aparentemente, só poderiam fazê-lo se pudessem sustentar plausivelmente que os indivíduos, nos grupos, funcionam de maneira análoga aos neurônios no cérebro.

Os que são céticos acerca da ontologia de mentes grupais tiveram que colocar as premissas do seu intencionalismo legislativo nas intenções de legisladores individuais. Sua tarefa foi dar sentido à noção de uma "intenção legislativa" singular em face de sua admissão de que a legislatura, como tal, carece de quaisquer intenções. Os *majoritários* empreenderam essa tarefa argumentando que a intenção legislativa por trás de qualquer lei específica é constituída pela intenção partilhada pela maioria dos legisladores na ocasião da promulgação[30]. Mas a tarefa de tabular intenções individuais é desordenada, se não for irrecuperavelmente confusa. Em primeiro lugar, as intenções de quem deveriam ser computadas?

---

29. Estes teóricos basearam suas alegações no trabalho de uma pequena escola de psicólogos que sustentam que as massas manifestam efetivamente experiências psicológicas únicas e irredutíveis. Ver Helen Silving, "A Plea for a Law of Interpretation", *Pennsylvania Law Review* 98 (1950): 510.

30. Raz parece ter uma teoria majoritária da intenção legislativa em mente quando insiste que "[t]oda atribuição de uma intenção à lei está baseada numa atribuição de uma intenção real a uma pessoa real que detém autoridade ou que exerce influência sobre a autoridade". Joseph Raz, "Authority, Law and Morality", *Monist* 68 (1985): 318.

ORIGENS DO DILEMA DO PERSPECTIVISMO JURÍDICO 197

Deveríamos registrar apenas as intenções dos que votaram *a favor* do projeto de lei? Ou deveriam as intenções dos que votaram *contra* ele ser computadas, de forma a determinar os limites possíveis da intenção com os quais a lei foi aprovada? O que deveria ser feito em face das múltiplas intenções, nenhuma destas impondo uma maioria? E o que fazer em relação àqueles legisladores que, de uma maneira ou de outra, não tinham nenhuma intenção no tocante à promulgação de uma lei? Em segundo lugar, como se deveriam computar intenções "que se justapõem"? Deverão as intenções inferiormente inclusivas de alguns legisladores ser computadas idêntica ou diferentemente das intenções mais gerais de outros legisladores nas quais elas estão incluídas (como quando um legislador tenciona excluir do parque carros velhos com motor envenenado, enquanto outro pretende excluir automóveis)? Em terceiro lugar, o que se deveria fazer quando os legisladores partilham das mesmas motivações lingüísticas, mas divergem entre si nas suas intenções semânticas (como quando todos pretendem proibir veículos no parque como meio de aumentar a segurança dos pedestres, mas apenas alguns entendem que a palavra "veículos" inclui patins)? E, finalmente, o que se deveria fazer quando os legisladores partilham das mesmas intenções semânticas, mas divergem entre si nas suas motivações lingüísticas (porque, digamos, cada um deles tem em mente uma diferente ordem dos efeitos no parque que procuram alcançar proibindo a presença de veículos nele)?[31]

Diante dos problemas de cálculo e combinação enfrentados pelos majoritários, alguns teóricos tentaram antropo-

---

31. Com respeito a discussões mais amplas destes tipos de problema de cálculo e combinação, ver Ronald Dworkin, *A Matter of Principle* (Cambridge, MA: Harvard University Press, 1985), 38-55 (trad. bras. *Uma questão de princípio*, São Paulo, Martins Fontes, 2000); Frank H. Easterbrook, "Statutes' Domains", *University of Chicago Law Review* 50 (1983): 547-8; Hurd, "Sovereignty in Silence", 971-3; Michael S. Moore, "The Semantics of Judging", *Southern California Law Review* 54 (1981): 266-70; Joseph Raz, "Dworkin: A New Link in the Chain", *California Law Review* 74 (1986): 1103-19 [revisando Ronald Dworkin, *A Matter of Principle* (Cambridge MA: Harvard University Press, 1985)].

198 O COMBATE MORAL

morfizar a legislatura de modo a tratar suas promulgações *como se* fossem emitidas por um autor singular[32]. Argumentam que as intenções diversas e, por vezes, conflitantes dos legisladores deveriam ser tratadas *como se* fossem evidência de um conjunto coerente de intenções possuído por um único indivíduo. Deve-se reconstruir, a partir de tal "evidência", uma avaliação unificada que representa o que uma pessoa racional possuidora de tais intenções tencionaria. O problema, evidentemente, é que alguém dificilmente pode tratar algo como evidência quando está ciente de que esse algo não evidencia nada. Como não há literalmente nada que a "evidência" (as intenções individuais dos legisladores) evidencie, o processo de reconstrução é apenas um processo de criação. O intencionalismo antropomórfico, portanto, encontra-se em relação ao intencionalismo, como o consentimento hipotético se encontra em relação ao consentimento real. Tal como um invasor dificilmente poderia defender-se afirmando que o proprietário lesado da terra concedeu um consentimento hipotético para a sua invasão, um juiz dificilmente poderia apresentar uma alegação de intenção legislativa se solucionasse os conflitos entre as intenções particulares de legisladores endereçando a estes novos conflitos.

Um meio alternativo de reduzir, ou mesmo se safar deles, os problemas de cálculo e combinação que incomodam os intencionalistas majoritários, é proposto por teóricos que defendem o que foi alcunhado de "modelo de delegação" da intenção legislativa[33]. De acordo com essa teoria, a intenção da legislatura é constituída pelas intenções partilhadas pelo pequeno grupo de pessoas que efetivamente fez o projeto de lei. Entende-se que os outros legisladores delegaram a esse pequeno grupo a autoridade de falar (e tencionar) em nome deles. Contudo, dois problemas desequi-

---

32. Ver Scott Bice, "Rationality Analysis in Constitutional Law", *Minnesota Law Review* 65 (1980): 26-33.

33. Ver Gerald MacCallum, "Legislative Intent", *Yale Law Journal* 75 (1966): 754.

ORIGENS DO DILEMA DO PERSPECTIVISMO JURÍDICO 199

libram esta teoria. Em primeiro lugar, em termos psicológicos, pareceria que poucos, se houver algum, legisladores teriam uma intenção de segunda ordem do tipo delegativo, nomeadamente, a intenção de que sua intenção devesse ser tomada como uma intenção que os esquematizadores da linguagem estatutária tivessem em mente. Em segundo lugar, mesmo se uma maioria de legisladores tivesse essas intenções delegativas, a própria *legislatura* não teria as intenções necessárias. Quando um legislador delega aos que projetam a lei o poder de tencionar alguma coisa sem saber ou tencionar o que será, o legislador não está tencionando o que eles tencionam – eles é que estão. Quando um legislador recebe o projeto de lei dos autores do projeto e o transmite mediante um voto afirmativo sem compreender o que tencionaram os autores do projeto, o legislador também não está tencionando o que eles tencionaram. Hipoteticamente, alguém tenciona alguma coisa (os autores do projeto de lei), mas a teoria da delegação não dispõe de nenhum meio de transformar esse fato na desejada conclusão de que a legislatura, como legislatura, atua com uma intenção específica.

Investiguei aqui apenas superficialmente os problemas enfrentados pelos que tentam defender o intencionalismo. Visto que muitos desses obstáculos não são apenas empíricos, mas também conceituais, eles apresentam sérios desafios teóricos aos que atribuíram à lei um tipo de autoridade que necessita da interpretação intencionalista. Identifiquei alhures outros problemas inerentes à pressuposição do intencionalista de que as leis devem ser interpretadas como comunicações que satisfaçam as complexas condições de comunicação notoriamente articuladas por Paul Grice[34]. Dian-

---

34. Hurd, "Sovereignty in Silence", 953-89. Outros, desde então, propuseram argumentos alternativos contra a concepção das leis como comunicações intencionais. Ver Jeremy Waldron, "Legislators' Intentions and Unintentional Legislation", em *Law and Interpretation*, ed. Andrei Marmor (Oxford: Oxford University Press, Clarendon Press, 1995) (trad. bras. *Direito e interpretação*, São Paulo, Martins Fontes, 2000), 329-56. No que concerne às defesas da hipótese do intencionalista de que as leis funcionam como comunicações que em-

200   *O COMBATE MORAL*

te dos sérios problemas enfrentados em qualquer tentativa de advogar a coerência conceitual e a viabilidade empírica de recorrer a intenções autorais no procedimento de interpretação de leis, é mister cogitar por que os teóricos têm se mantido tão relutantes quanto a renunciar a esse esforço. A hipótese aventada por mim no início desta seção é a de que eles implicitamente atribuem à lei uma autoridade que exige interpretação intencionalista. A despeito das dúvidas importunas que eles têm a respeito da viabilidade conceitual e empírica, os teóricos da interpretação legal experimentam uma pressão persistente para sustentar (ou, ao menos, acomodar) o intencionalismo. Daí, as contorções.

Para compreender por que os teóricos da interpretação legal se sentem pressionados a abrir espaço para o intencionalismo na interpretação legal, é importante reconhecer que não se pode escapar dos problemas resultantes dessa metodologia renunciando a uma teoria da autoridade consultiva em favor de um retorno a uma das teorias anteriores da autoridade legal. De uma forma ou outra, cada uma das teorias anteriores também localizou a fonte da autoridade legal nos estados mentais dos legisladores. Como essas teorias apresentam concepções prevalentes da autoridade legal, a maioria dos teóricos, pelo menos implicitamente, pressupõe uma ou outra delas, e em função disso foi compelida a acomodar o intencionalismo ao descobrir a problematicidade insolúvel da teoria. No restante deste capítulo, permitam-me esclarecer exatamente por que as teorias anteriores da autoridade estão necessariamente comprometidas com a interpretação intencionalista. Estaremos, então, em posição para apreciar plenamente o fato de que temos que conceber uma nova teoria da autoridade legal a fim de nos livrarmos tanto dos problemas singulares que acossam as teorias anteriores da autoridade quanto dos problemas da in-

---

pregam uma análise griceana da comunicação, ver Geoffrey P. Miller, "Pragmatics and the Maxims of Interpretation", *Wisconsin Law Review* (1990): 1179-1225; M. B. W. Sinclair, "Law and Language: The Role of Pragmatics in Statutory Interpretation", *University of Pittsburgh Law Review* 46 (1985): 373-420.

ORIGENS DO DILEMA DO PERSPECTIVISMO JURÍDICO   201

terpretação intencionalista que frustram qualquer tentativa adicional de defender a aplicação da autoridade consultiva à lei.

Um breve retorno à autoridade prática

Recordemos que Raz defende a tradicional atribuição da autoridade prática à lei quando e na medida em que a lei se conforma com o que ele chama de "tese da justificação normal". De acordo com esta tese, as pessoas ou as instituições detêm autoridade prática quando seus comandos nos capacitam a agir com base no equilíbrio das razões para a ação com mais freqüência do que o fariam nossos próprios juízos. Se o próprio juízo de alguém é mais falível do que o da autoridade, se fará a coisa certa menos freqüentemente fazendo uma segunda estimativa das diretivas da autoridade do que as acatando "cegamente". No estabelecimento da autoridade prática do outro, portanto, alguém agirá mais moralmente se agir "porque me disseram para fazê-lo".

Andrei Marmor aventou um argumento contra Raz semelhante ao que eu aventei nas páginas anteriores, visando a demonstrar que a teoria da autoridade consultiva está casada com uma teoria intencionalista da interpretação. Conforme argumenta Marmor, aqueles, como Raz, que propõem uma justificação epistêmica para a autoridade prática da lei provavelmente farão um casamento feliz com os que defendem a interpretação intencionalista.

> Quando as razões de alguém para reconhecer a autoridade de outro estão baseadas na hipótese de que é mais provável que a autoridade tenha melhor acesso às razões certas contidas na questão pertinente, seria tipicamente mais sensato levar em consideração as intenções da autoridade quando as próprias diretivas requerem interpretação.[35]

---

35. Andrei Marmor, *Interpretation and Legal Theory* (Oxford: Clarendon Press, 1992), 178.

202 O COMBATE MORAL

Se uma legislatura funciona como autoridade prática em virtude de ser uma "observadora moral" melhor do que o são os cidadãos e os funcionários públicos, os cidadãos e os funcionários públicos deveriam se conformar às suas promulgações. E quando essas promulgações forem vagas ou ambíguas, cidadãos e funcionários públicos deverão se reportar às observações morais que motivaram os legisladores a produzi-las. Deveriam investigar os estados mentais experimentados pelos legisladores por ocasião da promulgação porque a perícia que torna suas promulgações legislativas praticamente investidas de autoridade reside nas crenças e intenções que instaram os legisladores a agir[36].

Entretanto, diferentemente do casamento entre o intencionalismo e a autoridade consultiva, a união da autoridade prática com o intencionalismo nem sempre é feliz. Considere-se o caso *Estados Unidos contra Kirby*[37], no qual um xerife de condado foi processado com base numa lei federal que tornou criminoso "obstruir ou retardar a condução do correio ou de qualquer condutor ou transportador"[38], depois de ter levado a cabo uma ordem de prisão de um transportador a serviço do correio federal suspeito de assassinato. Pelo claro significado da lei o xerife cometeu um crime, porque sua execução da ordem de prisão certamente retardou a entrega do correio. Mas suponhamos, muito plausivelmente, que dispomos de boa evidência (seja lá o que for mais que eles tenham tencionado) de que os legisladores que pro-

---

36. Marmor se apressa em advertir que as diretivas legais podem ter autoridade porque resolvem problemas de coordenação e dissolvem dilemas de privação de liberdade. Na medida em que não há respostas certas para os problemas de coordenação (há apenas soluções que se salientam), aqueles que foram autores de diretivas coordenadoras têm pouco direito de reivindicar perícia moral especial. Parece, assim, haver pouca razão para procurarem suas intenções quando suas diretivas são ambíguas. Dever-se-ia simplesmente buscar regras coordenadoras menos ambíguas e, conseqüentemente, mais proeminentes. Marmor, *Interpretation and Legal Theory*, 176-84.

37. 74 U.S. (7 Wall. 482 [1968]).

38. 74 U.S. (citando 4. Stat. 104 [1825]).

ORIGENS DO DILEMA DO PERSPECTIVISMO JURÍDICO 203

mulgaram a lei não tencionavam que a entrega do correio fosse feita a tempo a qualquer custo – inclusive aquele de deixar um assassino permanecer livre. Suponhamos que eles não pretendiam que um xerife fosse preso por obstruir o correio executando uma ordem de prisão legal contra um portador assassino do correio. Em vez disso, era sua intenção que os tribunais reconhecessem exceções à lei que justificariam pessoas quando obstruíssem a condução do correio em função de um propósito superior (por exemplo, defesa própria, defesa de outros, aplicação da lei, necessidade). Como esta última intenção presumivelmente detinha mais autoridade do que sua expressão imperfeita na lei federal de obstrução do correio, um tribunal deveria ignorar a letra da lei em favor da intenção legislativa a fim de justificar casos como o do xerife Kirby.

O problema dessa solução é que ela se mostra autodestrutiva porque contraria o propósito de atribuir autoridade prática à lei. Embora o exercício da autoridade prática possa, em última instância, ser justificado com base em fundamentos epistêmicos, ela funciona para impedir o julgamento individual, a fim de excluir a indagação moral e usurpar o papel do raciocínio prático pessoal. Seu objetivo é permitir que as pessoas ajam somente porque lhes foi dito para fazê-lo. Na medida em que as diretivas de uma autoridade prática impedem alguém de fazer uma segunda estimativa da sabedoria nelas contida, aparentemente não podem permitir que se penetre no seu claro significado. Conseqüentemente, quando os comandos de uma autoridade prática possuem um claro significado, somos aparentemente impedidos de sondar suas intenções autorais, porque fazê-lo significa que alguém está fazendo uma segunda estimativa de sua sabedoria. E visto que não devem ser submetidas a uma segunda estimativa precisamente porque, fazendo uma segunda estimativa delas, se fará pior do que se fossem acatadas cegamente, a investigação das intenções autorais se mostra incoerente ao se conformar com os

204   *O COMBATE MORAL*

comandos de uma autoridade prática quando esses comandos têm um significado claro[39].

Apenas quando os comandos de uma autoridade prática são vagos, ambíguos ou de composição aberta necessitam efetivamente de interpretação intencionalista sem aparente autocontradição. Em tais casos, não se pode simplesmente fazer como foi dito, porque aquilo que foi dito a alguém que fizesse admite diversas possíveis interpretações. Para identificar corretamente qual das várias interpretações reflete o critério moral de quem comanda, tem-se aparentemente que investigar o conteúdo desse critério. E para fazer isso, presume-se que seja preciso empregar uma teoria intencionalista da interpretação pois as crenças que motivaram a autoridade prática a emitir o comando estão provavelmente mais bem refletidas nas intenções semânticas e nas motivações lingüísticas com as quais ela falou.

Admitindo-se que os legisladores sejam autoridades práticas, pareceria, assim, que o intencionalismo tem que ocupar

---

39. Marmor chega a insistir que o que *significa* acatar uma regra estipulada por uma autoridade prática (em oposição a desprezá-la) é conformar-se ao seu claro significado. Caso alguém desprezassse o claro significado da regra a favor de uma interpretação intencional (ou, presumivelmente, uma interpretação intencionalista), se "confundiria a questão *daquilo em que consiste acatar uma regra... com aquela de se uma regra deveria ser aplicada nas circunstâncias".* Marmor, *Interpretation and Legal Theory,* 136 (itálicos do autor). Essa afirmação faz eco aos sentimentos de Hart e Sacks quando escreveram:

> [Os tribunais] não podem permitir que o processo legislativo e todos os outros processos que dependem da integridade da linguagem sejam subvertidos pelo mau uso das palavras. [E]stas políticas da declaração clara podem, de vez em quando, operar no sentido de vencer a intenção real, conscientemente sustentada, de legisladores particulares ou dos membros da legislatura em geral... [C]onstituem condições do exercício efetivo do poder legislativo.

Henry Hart e Albert Sacks, *The Legal Process: Basic Problems in the Making and Application of Law,* eds. William N. Eskridge e Philip P. Frickey (Westbury, NY: Foundation Press, 1994), 1194-5. A derivação analítica da teoria da interpretação do claro significado a partir do conceito de uma regra de autoridade prática não é inteiramente convincente. Acho mais plausível afirmar que a função normativa de uma autoridade prática é mais bem preservada interpretando-se seus pronunciamentos de acordo com seu claro significado.

ORIGENS DO DILEMA DO PERSPECTIVISMO JURÍDICO

uma posição secundária numa teoria da interpretação legal do claro significado. Entretanto, esta conclusão é intricada precisamente naqueles casos em que o claro significado de um texto legal diverge das intenções do seu autor. Em tais casos, a regra diverge de sua base lógica. Alguém deveria fazer como lhe foi dito claramente (porque todas as outras razões para a ação têm prioridade), mas a razão para alguém fazer como foi claramente dito (o fato de a autoridade saber melhor o que alguém deveria fazer) fala contra assim proceder.

Todavia, não seria de surpreender que a autoridade prática gerasse um quebra-cabeça interpretativo. Conforme argumentei no capítulo III, a própria autoridade prática possui um paradoxo que lhe é inerente. Seu objetivo é impedir que alguém considere razões a favor e contra ações que determinem a moralidade dessas ações. Visto que 1) a moralidade de uma ação é determinada pelo equilíbrio das razões a favor e contra essa ação, consideradas todas as razões; 2) a razão prática tem que consistir, portanto, em ponderar todas as razões disponíveis a favor e contra uma ação; 3) se a autoridade prática impede que se considerem todas as razões disponíveis a favor e contra uma ação, salvo o fato de a alguém ter sido dito para executá-la, obedecer a uma autoridade prática se mostra irracional. A forma mais promissora de livrar a autoridade prática da acusação de incoerência é insistir, com Raz, que a autoridade prática é apropriadamente possuída apenas por aqueles de têm perícia prática maior do que a nossa. Mas esse recurso não só é incapaz de solucionar o paradoxo da autoridade prática, como também gera o quebra-cabeça interpretativo descrito acima. A defesa epistêmica da autoridade prática pretensamente torna racional alguém fazer como lhe foi dito pela autoridade prática; mas o que foi dito a alguém fazer pode divergir daquilo que a autoridade tencionava. E em razão de a perícia justificadora do exercício da autoridade prática residir nas crenças e intenções da autoridade, não se consegue agir racionalmente quando se age mais com base nas palavras da autoridade do que com base nas suas intenções.

206   *O COMBATE MORAL*

O quebra-cabeça interpretativo gerado por uma teoria da autoridade prática pode expressar mais sobre os problemas da autoridade prática do que o faz a respeito dos problemas do intencionalismo. A despeito de poder ser assim, fica claro que, enquanto for possível que uma linguagem jurídica seja vaga, ambígua ou de composição aberta, uma teoria que atribui à lei autoridade prática exigirá a interpretação intencionalista como reforço à interpretação de claro significado. Conseqüentemente, não se pode esperar escapar dos problemas da interpretação intencionalista acima delineados por meio de uma nova tentativa de manter de pé a viabilidade conceitual de uma teoria da autoridade prática. Ademais, visto que uma teoria da autoridade prática incorpora uma preferência fundamental para se conformar ao claro significado de um texto quanto à intenção autoral, ela ameaça nos jogar fora da frigideira e direto para o fogo. Qualquer teoria que permite que um xerife Kirby seja condenado, ou que impeça criancinhas de andar de velocípede no parque, apresenta problemas que fazem sobreviver a justificação de sua coerência conceitual[40].

Um breve retorno à autoridade influente

Enquanto aquele que defende uma teoria da autoridade prática tem que recorrer à interpretação intencionalista apenas secundariamente, o que aventa uma teoria da autoridade influente tem que advogar o intencionalismo como metodologia interpretativa principal, isto porque conceder autoridade influente a pessoas ou grupos é uma função da importância moral de honrar a vontade deles. Atribuímos autoridade influente aos amigos e membros da família por-

---

40. Estes problemas adicionais foram notoriamente articulados por Lon Fuller na sua crítica à teoria da interpretação de Hart – uma teoria que Fuller caracterizou como advogando uma metodologia de claro significado. Ver Fuller, *The Morality of Law*, 224-32; Lon L. Fuller, "Positivism and Fidelity to Law – A Reply to Professor Hart", *Harvard Law Review* 71 (1958): 630-72.

ORIGENS DO DILEMA DO PERSPECTIVISMO JURÍDICO 207

que a significação moral desses relacionamentos nos compele a tratar seus desejos expressos como novas razões para a ação. Na teoria da autoridade influente examinada no capítulo IV, deveríamos conceder autoridade influente a leis democraticamente promulgadas porque existem razões morais particularmente convincentes para se conformar à vontade de uma maioria (por exemplo, reciprocidade, gratidão, consentimento, o dever de dar suporte a instituições justas).

Se é a importância moral de atender à vontade de uma outra pessoa que nos impulsiona a atribuir autoridade influente a essa pessoa, então será, aparentemente, necessário empregar uma teoria intencionalista da interpretação para detectar essa vontade, isto é, é preciso penetrar o claro significado das palavras da autoridade para determinar se essas palavras captam com precisão a vontade da autoridade. No caso de a autoridade ter-se expressado mal (pronunciando a palavra "e" quando quer dizer "ou"[41]) ou ter usado palavras de maneiras não convencionalmente idênticas às intenções semânticas da autoridade (pronunciando a frase *"Gleeg! Gleeg!"* para transmitir a crença de que está nevando

---

41. Em 1982, o eleitorado da Califórnia, motivado pela decisão do processo Hinkley, aprovou uma iniciativa exigindo explicitamente um retorno ao antigo teste M'Naghten de insanidade legal. Aqueles que esboçaram a iniciativa recapitularam o que aparentemente entendiam ser aquele antigo teste, solicitando a um júri que considerasse um réu inocente em razão de insanidade se o acusado "provasse por meio de preponderância de evidências que ele ou ela era incapaz de conhecer ou compreender a natureza e a qualidade do seu ato *e* de distinguir o correto do errado por ocasião do cometimento da ofensa". Código Penal da Califórnia, seção 25, subdivisão (b). Considerando-se que a antiga regra M'Naghten continha um requisito disjuntivo e não um requisito conjuntivo, a Corte Suprema da Califórnia concluiu que, aprovando a iniciativa, o eleitorado havia se expressado mal, e assim concluiu que, em termos legais, deveria se entender a iniciativa como requerente de júris que considerassem *ou* que um réu não conhecia a natureza e qualidade de sua ação, *ou* não sabia que a ação estava errada. *O povo contra Skinner*, 39 Cal. 3rd. 765, 217 Cal. Rptr. 685, 704 P.2d 752 (1985). Ao proceder assim, a Corte implicitamente penetrou o claro significado da iniciativa de sorte a agir de acordo com o que considerou de importância primordial – a saber, a vontade efetiva do eleitorado da Califórnia.

208   *O COMBATE MORAL*

no Tibete[42]), deve-se, aparentemente, desconsiderar o claro significado de suas palavras em favor de suas intenções semânticas (como informado, quando útil, por suas motivações lingüísticas). Afinal, dar a um amigo o que ele pede, em oposição ao que ele quer (e tenciona pedir), é uma elevação cruel da forma acima da amizade[43].

Os que atribuem à lei autoridade influente precisam, assim, investigar necessariamente as intenções dos legisladores. Se as opiniões do Conselho Municipal são representativas das opiniões da maioria de uma forma que autoriza que suas promulgações sejam caracterizadas como democráticas, e se o Conselho Municipal entende que a palavra "veículos" inclui patins, um juiz contará com uma razão para proibir patins no parque (não importando se a palavra "veículos" convencionalmente tem ou não a conotação de patins), porque somente assim agindo o juiz honra a vontade da maioria. Se um juiz estiver mais apto a determinar as intenções semânticas do Conselho atendendo às suas motivações lingüísticas, o juiz disporá de uma boa razão para indagar se o Conselho procurou proibir veículos no parque como meio de aumentar a segurança dos pedestres, reduzir as emissões de combustível ou diminuir as reclamações de poluição sonora.

Finalizando, os que atribuem à lei autoridade prática ou influente se comprometem com a afirmação de que as leis devem ser interpretadas de acordo com as intenções de

---

42. Para este famoso exemplo de como o significado daquele que fala pode divergir do significado de uma sentença, ver Paul Ziff, "On H. P. Grice's Account of Meaning", em *Readings in the Philosophy of Language*, eds. Jay F. Rosenberg e Charles Travis (Englewood Cliffs, NJ: Prentice-Hall, 1971), 447-8.

43. Como disse Oliver Wendell Holmes, seria embaraçoso pensar que a separação dos poderes exige uma corte para responder a promulgações imprecisas ou mal enunciadas de uma legislatura dizendo: "Percebemos o que estão insinuando, mas não o disseram e, portanto, continuaremos como antes." Citado em Learned Hand, *The Bill of Rights* (Cambridge, MA: Harvard University Press, 1958), 18.

ORIGENS DO DILEMA DO PERSPECTIVISMO JURÍDICO 209

seus autores. Não se pode revisar tais teorias de modo a escapar do intencionalismo sem renunciar a tais teorias da autoridade completamente. Visto que essas teorias padecem, assim, dos problemas do intencionalismo que acossam a teoria da autoridade consultiva, e visto que essas teorias apresentam também sérios problemas próprios, teremos razão em buscar uma quarta teoria que tanto descreva com precisão o poder aparente da lei sobre nós quanto o faça de um modo conceitual, empírica e normativamente defensável.

Capítulo VI
Uma defesa da autoridade teórica

Os capítulos precedentes revelaram um conjunto de erros que, se cometidos, destroçam a integridade conceitual ou a sustentabilidade normativa de uma teoria da autoridade legal. O desafio é, então, aventar uma teoria da autoridade legal que seja suficientemente modesta para reivindicar apenas força epistêmica e suficientemente ousada para afastar-se da convicção padrão de que, qualquer que seja a natureza da autoridade legal, ela, fundamentalmente, reside mais nos legisladores do que na lei.

Neste capítulo, defenderei um ponto de vista que localiza a autoridade da lei nos textos legais, e não nos autores das leis, concebendo essa autoridade como puramente teórica. Essa teoria tem que responder a duas questões. Primeiramente, tem que demonstrar que de fato escapa dos problemas que motivam sua defesa, ou seja, tem que evitar as dificuldades que incomodaram as teorias da autoridade prática e influente explicando a obrigatoriedade da lei sem recorrer a afirmações acerca da capacidade da lei de gerar obrigações únicas por meio de razões novas ou excludentes para a ação. E precisa transpor os obstáculos que se apresentam diante da teoria da autoridade consultiva, evitando atribuições de perícia moral aos legisladores e manifestando independência em relação a qualquer compromisso com a interpretação intencionalista. Em segundo lugar, essa teoria terá que estimar a capacidade da lei de desempenhar funções *legais* essenciais, tais como a solução de problemas de coordenação, dilemas dos prisioneiros, a administração de

212 O COMBATE MORAL

sanções e assim por diante, quando muitas destas funções inicialmente só parecem possíveis se a lei possuir algo mais do que autoridade epistêmica.

A natureza da autoridade teórica

Como a autoridade consultiva, a autoridade teórica é uma espécie de autoridade epistêmica[1]. Uma autoridade teórica de matérias morais proporciona razões para a crença na verdade (ou falsidade) de proposições deônticas, mas não proporciona razões para a ação. As diretivas de uma autoridade teórica são, assim, inteiramente evidenciais. Quando se ocupam de matérias normativas, não afetam o equilíbrio de razões na questão principal do que uma pessoa deve fazer; em vez disso, afetam o equilíbrio de razões na questão subsidiária da evidência disponível concernente à questão principal. Os pronunciamentos com autoridade teórica nos dão razões para acreditar em razões para a ação previamente existentes e geradas por fatos morais previamente existentes, e são, assim, inteiramente dependentes de conteúdo.

Diferentemente da autoridade consultiva, que deriva da perícia mediante a qual um agente intencional é capaz de avaliar e emitir juízos a respeito de outras razões dependentes de conteúdo para a ação, a autoridade teórica reside na pura capacidade de alguma coisa (seja um signo natural ou sinal intencional) nos assistir ao agirmos com base no equilíbrio de razões previamente existentes para a ação. Não importa por que uma autoridade teórica dispõe da capacidade de funcionar heuristicamente, e tampouco se podemos fornecer uma avaliação da fonte de sua potência epistêmica. O que importa é se obtém êxito, e nada obtém maior êxito do que o êxito.

---

1. Para um lembrete mais amplo da dinâmica da autoridade epistêmica, ver a primeira seção do capítulo III.

ORIGENS DO DILEMA DO PERSPECTIVISMO JURÍDICO 213

Para obter uma apreensão da natureza essencial da autoridade teórica, é útil distinguir procedimentos de descoberta de procedimentos de justificação. Alguém que procura fazer a coisa certa pode muito bem achar que sua descoberta é auxiliada por inúmeras ocupações mentais ou físicas. Pode-se achar útil conviver em sociedade com amigos, praticar meditação, cantar no chuveiro, ler ótima literatura, fazer longas caminhadas nas montanhas ou tomar sorvete. Qualquer uma dessas atividades poderia funcionar como útil procedimento de descoberta, isto é, qualquer uma delas poderia fazer alguém realizar a coisa certa. Mas se solicitado a justificar a conduta subseqüente, não resolverá dizer: "Houve justificativa para que eu fizesse o que fiz porque cantei no chuveiro; ou porque tomei sorvete; porque me ocorreu enquanto eu lia Twain." Tem-se, antes, que apontar para as razões disponíveis para a ação e demonstrar que, na balança, essas razões favoreceram fazer o que se fez. E, presumivelmente, cantar no chuveiro, tomar sorvete e ler Twain não fazem parte de qualquer conjunto de razões para a ação, mesmo sendo causas da ação.

Se existem autoridades práticas ou influentes, entre as razões para a ação que alguém poderia estar autorizado a apontar como meio de justificar moralmente a própria conduta está o simples fato de que a alguém foi dito ou solicitado para executar o ato em questão. Lembremos que tais autoridades proporcionam razões para a ação – razões que são justificatórias e não simplesmente explicativas (isto é, causais). Como vimos, entretanto, temos bons motivos para rejeitar a afirmação de que há *algumas* autoridades práticas e bons motivos para a recusa de conceber os legisladores como autoridades influentes, mesmo se houver outros que possam plausivelmente reivindicar tal *status*. Temos que concluir, portanto, que a conduta não pode ser nem moralmente justificada demonstrando-se seu conformar-se com a lei, nem moralmente condenada mostrando-se sua divergência com a lei.

Se existem autoridades consultivas, então entre as razões para se crer que alguém esteja autorizado a sugerir como

214 O COMBATE MORAL

meio de justificar a própria avaliação de que sua ação se harmonizou com o equilíbrio das razões para a ação está o fato de que alguém foi aconselhado a executar o ato em questão. Não se pode justificar a própria *ação* recorrendo ao conselho de uma autoridade consultiva, mas se pode justificar as próprias *crenças* no tocante à justeza da própria ação indicando tal conselho. Com efeito, não se pode recorrer a conselhos para derrotar reivindicações de ação errada, mas se pode empregá-los para derrotar reivindicações de culpabilidade[2]. No âmbito da teoria da autoridade consultiva, a confiança epistêmica só pode ser justificada estabelecendo-se a perícia moral do conselheiro. Tem-se, assim, que mostrar que o conselheiro possui conhecimento superior do equilíbrio das razões para a ação (ou de algum subconjunto dele) para mostrar que alguém estava epistemicamente justificado ao conformar-se à conclusão a que chegou aquele conselheiro no tocante ao que alguém deve fazer. Como o último capítulo estabeleceu tanto que é implausível creditar os legisladores com perícia moral quanto freqüentemente impossível detectar as intenções dos legisladores, mesmo se possuírem essa perícia, deixou-nos ele carentes de um meio de explicar como a lei pode afetar propriamente a conduta – moral ou epistemicamente.

Como a autoridade consultiva, a autoridade teórica oferece uma fonte de descoberta, não de justificação. É capaz de ajudar alguém a agir moralmente, mas não pode tornar

---

2. Para uma discussão ampla da distinção entre ação errada e culpabilidade, ver Heidi M. Hurd, "What in the World is Wrong?", *Journal of Contemporary Legal Issues* 5 (1994): 157-216. Laconicamente, alguém age errado quando sua ação não consegue se compatibilizar com o equilíbrio das razões objetivas para a ação, consideradas todas as razões. Age-se culpavelmente quando se está epistemicamente posicionado para saber que as próprias ações têm probabilidade de estar erradas (ou seja, quando alguém tenciona fazer o errado, acredita que alguém fará o errado, sabe conscientemente de um risco substancial e injustificável de que alguém fará o errado, ou possui informação que resulta em que se deve estar conscientemente sabedor de um risco substancial e injustificável de que alguém fará o errado).

ORIGENS DO DILEMA DO PERSPECTIVISMO JURÍDICO 215

morais as ações de alguém. Pode-se, assim, rechaçar afirmações de culpabilidade apontando a justificação epistêmica de confiar na autoridade em casos de incerteza moral, mas não se pode vencer as acusações de má ação se, a despeito da razoável confiança na autoridade, agiu-se contrariamente ao equilíbrio das razões.

Um argumento a favor da autoridade teórica não depende de nenhuma avaliação específica da base sobre a qual uma heurística pode ser epistemicamente útil. Ele se contenta com o simples êxito da heurística. Assim, diferentemente de uma atribuição de autoridade consultiva, não é preciso justificar uma atribuição de autoridade teórica mostrando que a autoridade possui maior sabedoria moral. Embora possa haver muito a ser dito sobre por que algo poderia funcionar como heurística (incluindo o fato de que possui perícia moral), alguém está epistemicamente justificado em atribuir-lhe autoridade teórica se, conformando-se às suas prescrições, é impulsionado a agir de modo moral mais freqüentemente do que seria de outra maneira caso confiasse somente no próprio discernimento.

Visto que uma autoridade teórica constitui apenas um processo efetivo de decisão, e visto que qualquer coisa pode, potencialmente, produzir um processo efetivo de decisão (da leitura da literatura à consulta do horóscopo), potencialmente qualquer coisa pode funcionar como fonte de autoridade teórica, isto é, não precisamos localizar a autoridade teórica nas pessoas. Esta é a diferença crucial entre uma teoria da autoridade consultiva e uma teoria da autoridade teórica. Dispõe-se de liberdade, então, para investir a lei, distintamente de seus autores, de autoridade teórica *se*, e na medida em que, a atenção à lei auxiliar alguém a agir moralmente mais freqüentemente do que alguém, de outra maneira, o faria.

Nas seções que se seguem, procuro averiguar a viabilidade de uma teoria que caracteriza a lei como autoridade teórica das nossas obrigações morais previamente existentes. Nossa investigação pode ser organizada proveitosamente em torno de duas questões. Em primeiro lugar, esta teoria está

216   *O COMBATE MORAL*

sujeita a algum dos problemas que nos fizeram rejeitar as teorias da autoridade anteriores? Quer dizer, esta teoria escapa das objeções conceituais e normativas levantadas contra as teorias da autoridade prática, autoridade influente e autoridade consultiva, inclusive a acusação de que as três são reféns de uma teoria insustentável da interpretação intencionalista? Em segundo lugar, na medida em que esta teoria evita os problemas das teorias anteriores, é ela suficientemente vigorosa para explicar como a lei pode desempenhar as funções que a ela atribuímos?

Escapando dos problemas das teorias passadas

A viabilidade conceitual e normativa da teoria

Não precisamos repisar os problemas que inspiraram a construção sucessiva das teorias da autoridade anteriores. Basta nos contentarmos com o fato de que uma teoria da autoridade teórica não atrai nem explícita nem implicitamente o retorno deles. Se ela o fizesse, haveria tanta razão para renovar uma das teorias anteriores quanto acrescentar a elaboração de uma nova.

A teoria da autoridade teórica certamente não atrai um retorno do paradoxo da autoridade prática (ou o paradoxo análogo da autoridade epistêmica examinada no capítulo anterior), porque não sugere que as autoridades teóricas proporcionam razões para a ação ou para a crença que sejam preferenciais àquelas razões que devem estar abertas à consideração de agentes racionais. Ela tampouco padece dos problemas normativos que sitiavam a teoria da autoridade influente. Não é preciso fornecer razões morais compulsórias (afins com os argumentos de reciprocidade, gratidão e similares) para atribuir autoridade teórica a uma pessoa ou instituição. É preciso apenas concluir que, seguindo as prescrições de tal fonte, cumpriremos melhor nossas obrigações morais já existentes.

ORIGENS DO DILEMA DO PERSPECTIVISMO JURÍDICO 217

Trata-se, afinal, mais de uma afirmação empírica do que moral. Desafiados, precisaríamos mapear padrões de conduta que demonstram a confiabilidade heurística da conformação às prescrições da autoridade. Uma completa defesa da autoridade teórica da lei exigiria, assim, uma prova empírica de que a atenção à lei inspira um aumento na conduta moral em relação às tentativas de determinar obrigações morais sem tal consulta. Não me proponho, neste capítulo, a especular acerca dos resultados prováveis dessa investigação empírica ambiciosa; antes, procuro defender a integridade conceitual e normativa da teoria da autoridade teórica e aventar algumas razões para se pensar que, em certas circunstâncias, a lei é única em sua capacidade de nos fornecer informações necessárias à ação moral. Se estas últimas afirmações forem plausíveis, teremos bons motivos para pensar que, empiricamente falando, os indivíduos só cumprirão efetivamente suas obrigações morais se atenderem às obrigações epistêmicas geradas pelas capacidades exclusivas que tem a lei de refletir o conteúdo da moralidade.

Finalmente, por razões que examinarei mais detalhadamente na próxima subseção, não precisamos recear que, ao atribuir autoridade teórica à lei, estejamos ingenuamente pressupondo que os políticos possuem uma perícia moral invejável. Nessa teoria, nossa atenção à lei pode e deve ser justificada independentemente de nossa fé nas motivações e critérios morais dos legisladores. Assim, os que julgam absurda a atribuição da autoridade consultiva a juízes e legisladores podem, ainda, julgar plausível a atribuição de autoridade teórica à lei. E se não o fizerem, terão uma causa para ser verdadeiros anarquistas, porque, se a lei não pode sequer reivindicar ser uma útil orientação heurística na determinação de nossas obrigações morais, ela não pode reivindicar que nos dá razões novas ou excludentes para a ação que compelem nossa cega ou, pelo menos, constante obediência[3].

---

3. Como argumentou Kent Greenawalt em resposta ao meu desenvolvimento mais antigo da tese de que se pode ver a lei como possuidora de auto-

218   *O COMBATE MORAL*

Uma teoria compatível da interpretação legal

Na inversão copernicana exigida pela teoria da autoridade teórica, em vez de localizar a autoridade da lei primariamente nos estados mentais dos legisladores e apenas derivativamente nos textos que eles produzem, nós a localizamos primariamente nos textos produzidos pelos legisladores, e apenas derivativamente (se de algum modo) nas intenções com as quais eles os produziram. Essa teoria investe a lei – e não (necessariamente) seus autores – de autoridade teórica. Trata textos legais como guias morais quando a conformidade com sua linguagem nos auxilia confiavelmente na satisfação de nossas obrigações morais. Na medida em que detectar as intenções possuídas pelos que fizeram o projeto de lei nos ajudaria a fixar a lei com um conteúdo determinado, temos razão em atender às suas intenções autorais. Mas suas intenções, segundo esta teoria, são simplesmente heurísticas para o que é apenas uma heurística, ou seja, são orientações heurísticas para a determinação do conteúdo da lei, que é um guia heurístico para a determinação do conteúdo da moralidade. Em última instância, só a moralidade obriga. Todos os "princípios secundários" pelos quais se determinam as máximas de moralidade e todas as técnicas interpretativas pelas quais se fixa o conteúdo de tais princípios secundários devem, assim, ser julgados por sua capacidade de conformar nossa conduta às exigências da moralidade. No caso de a lei ser ambígua, podemos agir com acerto fixando seu conteúdo por referência às intenções dos

---

ridade teórica, "à luz de todo o compromisso e conluio de políticos nas legislaturas, contemplar a legislação como uma descrição de arranjos legais muito favoráveis parece rigorosamente forçado". Kent Greenawalt, *Law and Objectivity* (Nova York e Oxford: Oxford University Press, 1992), 246, n. 25. Está claro que, se este é o caso, creditar qualquer autoridade maior à lei parece totalmente forçado. A crítica de Greenawalt, entretanto, é moderada uma vez que se distinga a autoridade consultiva da teórica e se estabeleça como premissa a capacidade da lei de orientar a ação com base em algo distinto de afirmações a respeito da perícia moral dos legisladores.

ORIGENS DO DILEMA DO PERSPECTIVISMO JURÍDICO 219

autores de seu projeto. Mas no caso de essas intenções serem irreveláveis ou não-confiáveis[4], perdem seu valor heurístico, e agiríamos com acerto ao fixar o conteúdo da lei por outros meios, ou procurar por completo uma orientação alternativa para a ação moral.

Nada existe, portanto, numa teoria que atribua autoridade teórica à lei que compromete alguém com uma teoria intencionalista da interpretação. Em face das intenções indecifráveis, conflitantes, contraditórias ou de justaposição, não há necessidade de empreender outras contorções filosóficas num esforço de dar sentido à "intenção dos autores" ou à "intenção da legislatura". Goza-se, antes, de liberdade para fixar o significado da linguagem legal mediante outras metodologias. Assim, pode-se invocar uma teoria do significado claro que fixa o conteúdo de um texto legal por referência ao uso convencional de seus termos[5]; ou uma teoria que invoca "o espírito da lei", fixando o significado de seus termos pelo propósito (isto é, função) a que se pensa que a lei poderia melhor servir[6]; ou uma teoria de casos paradigmáticos, que estende a referência dos termos do texto a ações análogas às que seriam paradigmaticamente proibidas ou permitidas pelo claro significado do texto[7]; ou uma teoria do direito natural que definiria o significado dos ter-

---

4. "Da mesma forma que uma pessoa que usa uma palavra corretamente não precisa ser capaz de dizer o que ela significa, um planeta que está se movendo corretamente não precisa conhecer as leis de Kepler." Bertrand Russell, *My Philosophical Development* (Nova York: Simon & Schuster, 1959), 147 (citado de Bertrand Russell, *The Analysis of Mind* (Nova York: MacMillan, 1921).

5. Ver, por exemplo, Frederick Schauer, "Easy cases", *Southern California Law Review* 58 (1985): 399-440; Frederick Schauer, "Statutory Construction and the Coordinating Function of Plain Meaning", *The Supreme Court Review* 7 (1990): 231-56; Frederick Schauer, "The Practice and Problems with Plain Meaning: A Response to Aleinikoff and Shaw", *Vanderbilt Law Review* 45 (1992): 715-41. Lon Fuller caracterizou H. L. A. Hart como teórico do claro significado em Lon L. Fuller, "Positivism and Fidelity to Law: A Reply to Professor Hart", *Harvard Law Review* 71 (1958): 630-72.

6. Ver, por exemplo, Fuller, "Positivism and Fidelity to Law", 661-9.

7. Ver, por exemplo, H. L. A. Hart, "Positivism and the Separation of Law and Morals", *Harvard Law Review* 71 (1958): 606-15.

220   *O COMBATE MORAL*

mos legais por meio da verdadeira natureza das coisas às quais eles se referem[8].

Todavia, liberando a lei das garras do intencionalismo, atrai-se abertamente um conjunto de objeções cujo desígnio é mostrar que não nos restou nada que possamos considerar significativamente como *lei*. Consideremos cada uma dessas objeções, porque, pelo exame de suas afirmações, compreenderemos melhor a natureza da autoridade reivindicada neste capítulo em nome da lei.

Em primeiro lugar, se fará a objeção de que, na teoria por mim aventada, as leis são como pegadas de gaivota na areia. Sem uma compreensão das intenções de seu autor, não passam de meras marcas sobre o papel. Para lembrar a língua do "Humpty Dumpty" de Lewis Carroll, não se pode saber o que significa uma palavra até que se saiba o que queria dizer o falante ao usá-la, e, portanto, os pronunciamentos legais têm que extrair seu significado das intenções dos que as falam para terem um significado efetivo. Como poderiam os pronunciamentos legais (*legal utterances*) ser interpretados de outra maneira quando não se poderia sequer saber, na ausência de intenções autorais, em que língua deveríamos lê-los? E na ausência de um desejo de investigar as intenções de seu autor, por que se quereria interpretá-las, dado que é típico de nossa parte não procurar interpretar pegadas de gaivota na areia? Será que não precisamos assumir que as leis são comunicações para que o prestar atenção a elas tenha um sentido efetivo?

A resposta a este desafio é direta. Se as marcas depostas sobre o papel pelos legisladores nos auxiliam na determinação do conteúdo da moralidade quando as investimos de significado, elas devem ser vistas como detentoras de autoridade teórica. O mesmo vale para as pegadas das gaivotas na areia e o assobio oracular do vento através das paredes rochosas. Enquanto as intenções autorais com as quais elas

---

8. Ver, por exemplo, Michael S. Moore, "A Natural Law Theory of Interpretation", *Southern California Law Review* 58 (1985): 277-398.

ORIGENS DO DILEMA DO PERSPECTIVISMO JURÍDICO 221

foram formuladas não nos fornecerem razões para a ação, não estaremos obrigados a determinar o conteúdo daquelas intenções como meio de cumprir nossas obrigações morais, ou seja, somos livres para investir tais marcas de um significado que é distinto daquele contemplado por seus autores se, fazendo assim, estamos mais bem capacitados a agir com base no equilíbrio de razões para a ação. É claro que saber o que tencionam seus autores poderia nos ajudar a fixar as marcas com um significado que é maximamente instrutivo. Neste caso, temos razões para investigar essas intenções. Mas elas são inexistentes (porque a gaivota, para começar, carece de qualquer intenção), ou indisponíveis (porque nos falta qualquer evidência prontamente disponível delas), ou conflitantes (porque enfrentamos problemas de cálculo e combinação que confundem qualquer tentativa de detectá-las), agiríamos acertadamente fixando o significado das marcas de outras maneiras.

A objeção seguinte à minha afirmação de que se deveria ver o conteúdo da lei como distinto das intenções dos legisladores acompanha de perto a primeira objeção. De acordo com esta objeção, interpretar pegadas de gaivotas na areia de modo a obter discernimento moral não é *interpretar* coisa alguma e certamente não alguma coisa que pode ser chamada de um "texto". Alguém que "lê" e raciocina a partir de pegadas de gaivotas está simplesmente envolvido na espécie de raciocínio moral em que nos envolvemos quando faltam pegadas de gaivotas. Nossas conclusões morais são expressas nos "símbolos" da gaivota, mas não são extraídas desses símbolos. Analogamente, interpretar marcas no papel da mesma maneira que se interpretam pegadas de gaivotas não é *interpretar* coisa alguma. Alguém que lê e raciocina a partir de tais marcas está simplesmente envolvido na espécie de raciocínio moral em que se poderia envolver sem tais marcas. Nossas conclusões poderiam ser expressas em termos das marcas sobre o papel, mas sua gênese reside em outro lugar[9].

---

9. Poder-se-ia formular esta objeção com as palavras de Bishop Hoadly: "Quem quer que possua uma *autoridade absoluta para interpretar* quaisquer...

222   O COMBATE MORAL

Joseph Raz exprimiu essa objeção em relação às teorias interpretativas orientadas por valor defendidas por Ronald Dworkin e Michael Moore[10]. Quaisquer que sejam as respostas de Dworkin e Moore, a minha é, e tem que ser, epistêmica. Estamos constrangidos na nossa interpretação das pegadas da gaivota por tudo aquilo que a semântica da gaivota maximiza em nosso discernimento moral. Suponhamos que Fernão Capelo Gaivota faz inteligentemente circular um padrão nos seguintes moldes: "Deveres de beneficência não são devidos a todas as pessoas igualmente, mas somente às que nos são próximas e queridas." Em resposta à primeira objeção, não tem nenhuma importância que Fernão seja uma gaivota italiana; agiremos melhor interpretando essas marcas com semântica portuguesa. (Isso é, afinal, italiano bastante vil.) Em resposta à segunda objeção, seria melhor imaginar a quem devemos deveres de beneficência se respeitarmos o significado normal do português, em palavras como *"perto"* e *"caro"*, do que se tentássemos pensar nossos deveres *ab initio*.

Ora, por que isso poderia ser verdadeiro? A resposta é que, para muitas pessoas, o discernimento (*insight*) moral é mais facilmente alcançado se raciocinarem segundo a maneira de interpretar um texto investido de autoridade do que se raciocinarem com a autociência sartreana de que tudo está aí para ser agarrado imediatamente[11]. Cito isto para ex-

---

leis, é *o* verdadeiro Produtor da lei... e não a pessoa que primeiramente... as redigiu." Citado em John Chipman Gray, *The Nature and Sources of the Law*, 2. ed. (Boston, MA: Beacon Press, 1963), 172 (itálicos do autor). Segundo o bom Bishop, se é para evitarmos outorgar a nós mesmos nossas próprias leis individuais, temos que interpretar as leis como se tencionou que fossem interpretadas, porque só assim preservaremos a função do legislador como "Produtor de leis".

10. Raz, "Dworkin: A New Link in the Chain", 1103-19. Larry Alexander revisita esta objeção ao avaliar as teorias interpretativas de Dworkin e Moore. Ver Larry Alexander, "All or Nothing at All?", em *Law and Interpretation*, ed. Andrei Marmor (Oxford: Clarendon Press, 1995), 361-2). Ver também Charles Fried, "Sonnet LXV and the 'Black Ink' of the Framers' Intention", *Harvard Law Review* 100 (1987): 751-60.

11. Conforme disse Richard Posner: "Quando uma corte lê a Oitava Emenda, é (ou, pelo menos, deveria ser) procurando orientação competente, e não conseguiria nenhuma se se sentisse livre para atribuir a 'punições cruéis e

ORIGENS DO DILEMA DO PERSPECTIVISMO JURÍDICO 223

plicar o poder permanente das religiões populares mundiais. A despeito de sua metafísica bizarra, essas religiões oferecem aos seus crentes textos morais dotados de autoridade teórica, cuja interpretação produz maior discernimento moral do que provavelmente os crentes alcançariam por conta própria[12].

Considere-se, à guisa de outro exemplo, como deveríamos moldar as instruções do júri quando desejamos que ele produza uma determinação moral. Suponhamos que a *Royal Commission on Capital Punishment* estava certa ao expor sua recomendação de 1954: nos casos criminais em que a defesa por insanidade é levantada, o júri deve fundamentalmente determinar se o réu é tão mentalmente doente a ponto de ser irresponsável. Poder-se-ia, entretanto, recusar-se a instruir um júri nesses termos, porque fazê-lo deixaria seus membros "desnorteados"[13]. Em lugar disso, poder-se-ia exigir-lhe que focalizasse questões arcaicas como "Sabia o réu a diferença entre certo e errado?"; ou questões literalmente sem sentido como "Foi ele irresistivelmente impelido a fazer o que fez?"; ou questões vagas empregando tagarelice psicológica como "Faltava uma capacidade substancial para conformar sua conduta às exigências da lei?" Pode muito bem ser verdade que, se os jurados forem solicitados a responder a essas curiosas perguntas, eles separarão réus responsáveis de irresponsáveis com maior precisão do que se forem indagados diretamente para determinar a responsabilidade dos réus.

---

incomuns' qualquer significado que as palavras libertadas violentamente de seu contexto histórico poderiam proporcionar." Richard A. Posner, *Law and Literature: A Misunderstood Relation* (Cambridge, MA: Harvard University Press, 1988), 227.

12. Para uma explicação criativa desta tese da metafísica das religiões por alguém menos cínico, se não menos cético, do que eu, ver Howard Lesnick, *Listening for God: Religion and Moral Discernment* (Nova York: Fordham University Press, 1998).

13. Este argumento foi estabelecido em Abraham Goldstein, *The Insanity Defense* (New Haven, CT: Yale University Press, 1967), 81-2.

224   *O COMBATE MORAL*

A justificação heurística para efetivamente prestar atenção num texto também nos proporciona uma razão para respeitar certas restrições interpretativas, tais como a semântica ordinária do português quando o texto em questão é uma constituição, lei, ou parecer judicial. Poder-se-ia pensar que o significado das palavras numa lei deveria ser dado por suas definições, por seus exemplares paradigmáticos, pela natureza das coisas que denota, por seu uso convencional entre os falantes nativos, ou mesmo pelas intenções de seus autores (se alguém pudesse algum dia imaginar como superar os problemas de cálculo e combinação que impedem sua detecção em contextos constitucionais e legislativos). Poder-se-ia ser um eclético acerca dessas questões semânticas, empregando diferentes refreamentos semânticos em diferentes circunstâncias[14]. O ponto é que, como todas as heurísticas, o único teste do valor das restrições interpretativas é sua capacidade de produzir discernimento. E, mais uma vez, nada tem êxito como o êxito.

A seguinte grande fonte de crítica será, provavelmente, oriunda dos que permanecem convictos de que a autoridade epistêmica deve derivar da autoridade consultiva. Os que se filiam a este partido argumentarão que a razão para os textos legais funcionarem como guias morais para a ação moral, enquanto as pegadas de gaivota não funcionam, é que os autores que os projetam possuem uma certa perícia moral. Eles escolhem as marcas que fazem porque sabem que nós as investiremos de significado convencional; e se o fizermos, seremos levados a agir com base no equilíbrio das razões para a ação[15]. Acertamos em atender à lei, em oposição

---

14. Para uma defesa dessa tal abordagem eclética, ver William N. Eskridge, "Dynamic Statutory Interpretation", *University of Pennsylvania Law Review* (1987): 1479, 1483.

15. Ver Anthony D'Amato, "Can Legislatures Constrain Judicial Interpretation of Statutes?", *Virginia Law Review* (1989): 561-603 (argumentando que uma legislatura manipula a interpretação de suas promulgações empregando a teoria da interpretação de seu auditório para dar significado aos seus termos estatutários).

ORIGENS DO DILEMA DO PERSPECTIVISMO JURÍDICO

às pegadas de gaivota, aos sons do vento que assobia, às grandes obras de literatura e aos nossos horóscopos, porque os legisladores estão mais bem equipados para fazer julgamentos morais do que os autores dessas obras. Somente a perícia moral dos legisladores pode responder pela ampla autoridade epistêmica desfrutada pela lei[16] – uma autoridade epistêmica que, contrastando com qualquer outra autoridade epistêmica, informa as nossas decisões acerca de virtualmente todos os aspectos da vida. E se a ampla autoridade epistêmica da lei *é* um produto da perícia moral dos legisladores, então, por certo, deveríamos procurar descobrir as crenças e intenções que motivaram sua promulgação quando seus termos nos deixam em dúvida a respeito de como agir.

Os que tomam o partido dessa réplica provavelmente não se impressionarão com a insistência de que não importa *por que* a lei é detentora de autoridade epistêmica; importa somente que ela *é*, ou que ela pode ser tornada detentora de autoridade epistêmica por um grande número de técnicas interpretativas além das intencionalistas. Tais críticos sustentarão que, a menos que possa ser apresentada uma avaliação da razão pela qual os textos legais concorrem mais favoravelmente do que outras fontes para nossa adesão epistêmica, não dispomos de razão para atender a eles de preferência a outras heurísticas morais possíveis. Boa parte da resposta a esta questão é apresentada na seção IV, que tanto revisita os argumentos que concernem a como os aspectos processuais da produção de leis conspiram para produzir resultados morais por meio de agentes amiúde imoralmente motivados ou moralmente ignorantes, quanto argumenta que, se é atribuída autoridade teórica à lei, ela pode mais prontamente resolver problemas de coordenação, dissolver dilemas dos prisioneiros e preencher as clássicas funções que há muito melhor definiram

---

16. Que se lembre a distinção entre autoridade epistêmica ampla e restrita exposta no capítulo III.

226   O COMBATE MORAL

seu âmbito especial do que poderia tê-lo feito qualquer outra instituição.

Os que não desejam aguardar essa resposta, contudo,
agiriam com acerto ao considerar a tese de Jeremy Waldron
de que a legislação pode plausivelmente reivindicar maior
validade do que a que pode ser reivindicada em nome das
crenças dos legisladores que a promulgaram[17]. Waldron, muito inteligentemente, argumenta que os procedimentos de
decisão democráticos produzem resultados moralmente superiores àqueles gerados pelos juízos individuais dos legisladores. Ele aventa três razões para essa afirmação. Em primeiro lugar, é provável que os procedimentos de decisão
democráticos agreguem preferências individuais da maneira
requerida pela função do bem-estar social aplicável. Em segundo lugar, os procedimentos de decisão democráticos
plausivelmente produzem resultados que se compatibilizam
com o teorema de Condorcet – a saber, a probabilidade de
que estejam certos é maior do que a probabilidade de que
qualquer um dos pontos de vista tabulados esteja certo. Finalmente, é provável que os procedimentos de decisão democráticos concebam uma "síntese deliberativa" superior em
seu teor a qualquer ponto de vista que mesmo o mais sábio
dos indivíduos poderia vir a sustentar por sua conta.

Como conclui Waldron, esses argumentos não nos fornecem razões apenas para pensar que os resultados investidos de autoridade teórica poderiam ser gerados por uma
"máquina de democracia" da espécie que Richard Wollheim
notoriamente supôs[18] – uma máquina que gera resultados
que "não podem ser concebidos como... algo produzido
'por um ser intencional... situado em algum empreendimento em relação ao qual detém um propósito ou um ponto de

---

17. Ver Jeremy Waldron, "Legislators' Intentions and Unintentional
Legislation", em *Law and Interpretation*, ed. Andrei Marmor (Oxford: Clarendon Press, 1995), 329-56.

18. Richard Wollheim, "A Paradox in the Theory of Democracy", em
Philosophy, Politics and Society, eds. Peter Laslett e W. G. Runciman, 2. série
(Oxford: Basil Blackwell, 1969), 75-6.

ORIGENS DO DILEMA DO PERSPECTIVISMO JURÍDICO

vista'"[19]. Mais radicalmente, na medida em que esses argumentos nos proporcionam uma razão para atribuir autoridade epistêmica às promulgações democráticas, eles também nos proporcionam "uma razão para descontar a autoridade dos pontos de vista ou intenções de legisladores particulares considerados em si mesmos"[20]. Isto é, nos proporcionam uma razão para pensar que, embora a legislação democrática possa possuir uma certa perícia moral, o mesmo não ocorre com os legisladores individuais. Se Waldron estiver certo, ninguém precisa, nem deve, conceder que a única razão para pensar que a legislação tem autoridade epistêmica é que os legisladores possuem crenças morais superiores às dos cidadãos ou funcionários públicos que os habilitam a ser considerados autoridades consultivas. Dever-se-ia, em vez disso, afirmar que a legislação tem autoridade teórica porque seus termos (interpretados sem recurso às intenções de quaisquer legisladores) podem capacitar a agir moralmente mais freqüentemente do se faria de outra maneira.

Permitam-me agora voltar-me para duas objeções à teoria da autoridade teórica que partem de teorias metaéticas particulares. A primeira é oriunda de uma defesa do realismo não-natural. Os realistas não-naturais afirmam que, embora existam fatos morais, estes não são fatos naturais. Para conhecê-los, é preciso possuir um "sexto sentido" – uma faculdade especial de percepção que G. E. Moore chamou de "intuição moral"[21]. Só as pessoas podem possuir intuição moral e, conseqüentemente, só elas podem possuir autoridade teórica em relação a questões morais. Afirmar que a lei – distinta de seus autores – pode pos-

---

19. Waldron, "Legislators' Intentions and Unintentional Legislation", 335 [citando Stanley Fish, *Doing What Comes Naturally: Change, Rhetoric and the Practice of Theory in Literary and Legal Studies* (Durham: Duke University Press, 1989), 99-100.].

20. *Ibid.*, 349.

21. G. E. Moore, *Principia Ethica* (Cambridge: Cambridge University Press, 1903), 1-36.

228   *O COMBATE MORAL*

suir autoridade teórica a respeito da moralidade é, assim, absurdo.

Mesmo se o realismo não natural fosse defensável[22], esse argumento não teria sucesso. Embora o discernimento moral possa exigir o exercício da intuição moral, poder-se-ia descobrir que alguém pode participar da intuição moral experimentando fenômenos que não se originam da intuição moral. Quando fenômenos particulares produzem confiavelmente discernimentos morais úteis, estes podem ser considerados como conferidores de razões para se acreditar que se tem razões para a ação, ou seja, podem acertadamente ser considerados possuidores de autoridade teórica. Assim, embora os textos legais possam não refletir, ou ser interpretados à luz das intuições morais possuídas pelos legisladores, podem servir como desencadeadores de discernimentos morais úteis da parte de leitores que possuem intuição moral.

O segundo desafio com base metaética *à* minha afirmação de que não se deveria pensar que a autoridade teórica da lei reside primariamente em seus autores deriva dos princípios do convencionalismo moral. Como investigamos no capítulo II, os convencionalistas sustentam que as verdades morais são fatos naturais, mas eles as equiparam a fatos sociológicos a respeito das crenças da comunidade. Esse ponto de vista dá origem à afirmação de que as crenças das pessoas são a única fonte de evidência a respeito do que alguém deveria fazer. Embora as crenças dos indivíduos possam divergir das crenças da comunidade como um todo, oferecem a única fonte de autoridade teórica no tocante ao conteúdo da moralidade convencional. Por conseguinte, somente as pessoas podem possuir autoridade teórica.

Esse argumento atrai a mesma resposta que atraiu o último. Mesmo se o convencionalismo fosse defensável[23], não nos forneceria uma razão para pensar que somente as pes-

---

22. Argumentei em outra parte que não é. Ver Hurd, "Sovereignty in Silence", 1000-6.

23. Que sejam lembrados os argumentos do capítulo II no sentido de que não é.

ORIGENS DO DILEMA DO PERSPECTIVISMO JURÍDICO

soas detentoras das crenças que constituem o conteúdo da moralidade poderiam servir como autoridades teóricas acerca dessas crenças. Pelo contrário, exatamente pelos tipos de razões esboçados por Waldron, uma máquina de democracia poderia apreender melhor as crenças da maioria[24]. Alternativamente, examinando o que a maioria das pessoas *faz*, em oposição ao que a maioria das pessoas *diz*, poderia orientar melhor o juízo de alguém a respeito do que a maioria das pessoas acredita. E se a maioria das pessoas segue a letra da lei e não as intenções de seus autores (supondo-se que tais coisas existam), o claro significado da lei, e não as intenções dos autores por trás dela, melhor servirá para captar as crenças da maioria.

Um repto final pode ser feito por aqueles que temem que, aventando a tese de que a lei deve ser pensada como distinta das intenções dos legisladores, eu concordei involuntariamente com as forças rebeldes que são os paladinos de uma revolução pós-estruturalista na filosofia do direito. Como Richard Posner observou, "[o] fio que liga as várias escolas do pós-estruturalismo é sua determinação de inverter a tradicional primazia do autor em relação ao leitor na interpretação dos textos"[25]. Rejeitando a interpretação intencionalista e negando aos textos legais nada além da autoridade teórica, não terei realmente feito do leitor a exclusiva e única fonte de significado e autoridade moral? Não terei me unido às fileiras dos que agitam as bandeiras do "desconstrucionismo", do "pós-modernismo" e dos "estudos jurídicos críticos" em protesto contra quem quer que seja que defendesse a objetividade da lei? E não estarão, portanto, as minhas conclusões sujeitas às mesmas críticas que foram dirigidas contra as afirmações da Esquerda Acadêmica?

---

24. Precisamente para tal argumento, ver Robert W. Bennett, "Mere Rationality in Constitutional Law: Judicial Review and Democratic Theory", *California Law Review* (1979): 1095-7.

25. Posner, *Law and Interpretation: A Misunderstood Relation*, 216. Ver, por exemplo, Jonatham Culler, *On Deconstruction: Theory and Criticism After Structuralism* (Ithaca, NY: Cornell University Press, 1982), 227-80.

230 *O COMBATE MORAL*

Chamei a atenção, acima, para muitas críticas reiteradas pelos que visam às teorias pós-estruturalistas do direito. Ao fazê-lo, procurei deixar claro que à lei pode ser atribuída uma autoridade distinta daquela possuída seja por seus autores, seja por seus leitores. Esta tese não é motivada pelo subjetivismo metaético que transforma alguém em apóstolo do pós-estruturalismo, nem ameaça esse subjetivismo metaético. Os pós-estruturalistas do direito usam argumentos contra a autoridade da lei e a relevância das intenções dos legisladores como meio de minar as afirmações acerca da objetividade das regras pelas quais somos governados. De forma mais radical, afirmam que o significado dos textos legais não reside em seus autores, mas em seus leitores. Quando os juízes afirmam que retiram significado dos textos legais, estão disfarçando o que realmente estão fazendo, a saber, impondo suas próprias tendências (econômica, racial e sexualmente privilegiadas) aos que não dispõem de seu poder. No âmbito dessa teoria, não há máximas morais objetivas que nos obriguem. E não há leis ou princípios institucionalmente criados que operem (mesmo epistemicamente) para nos constranger. Somos reféns apenas do exercício do poder nas mãos dos poderosos. E em muitos casos devemos reconhecer que estamos operando como os capturadores, e não como os reféns.

Como deixei claro no capítulo II, umas das premissas centrais deste livro é que existem máximas morais objetivas que nos obrigam. Não podemos investir textos legais de qualquer significado sem correr o risco de sermos desencaminhados por eles acerca de nossas obrigações morais. Se os textos legais existem para nos ajudar a adquirir crenças morais subjetivas, que sejam, da melhor maneira, coerentes com máximas morais objetivas, não podemos interpretar os textos legais de forma a simplesmente refletirem nossas próprias crenças morais subjetivas. Temos, em lugar disso, que empregar restrições semânticas que gerem um notório mercado de idéias. Temos que adotar técnicas interpretativas que produzam conclusões morais distintas de nossas pró-

ORIGENS DO DILEMA DO PERSPECTIVISMO JURÍDICO 231

prias crenças morais, porque somente assim procedendo somos capazes de testar em contraste nossas próprias crenças. Leis e princípios criados institucionalmente devem, portanto, ser considerados como detentores de autonomia inteiramente própria. E quando fornecem critérios confiáveis quanto ao conteúdo das máximas morais que nos obrigam, eles realmente nos constrangem. Fornecem-nos razões para a crença de que, como raciocinadores práticos, estamos epistemicamente obrigados a considerar. Não se pode extrair da teoria da autoridade teórica articulada neste capítulo, como se pode fazê-lo a partir das afirmações do pós-estruturalismo, a conclusão de que a lei é apenas um ardil do poder e da política. É, antes, uma fonte de educação acerca de obrigações morais previamente existentes, que, como qualquer bom educador, extrai sua autoridade de sua capacidade de inspirar discernimento quanto a verdades genuínas[26].

Muitas preocupações viáveis persistem a respeito de uma teoria que torna a lei significativa se, e somente se, nossa interpretação dela nos ajudar a fazer o que já temos razão para fazer. Muitas dessas preocupações envolvem a afirmação de que a lei não pode realizar as tarefas de guia da ação que lhe são reclamadas se pensarmos que possui apenas autoridade teórica[27]. Se legítimas, essas preocupações seriam suficientes para motivar um retorno a uma das teorias anteriores da autoridade legal, acompanhada de seu concomitante compromisso com a interpretação intencionalista. Como argumentarei na próxima seção, todavia, não

---

26. Esta tese, assim, concorda muito mais com o que Posner descreveu como "Nova Crítica" do que com o desafio pós-estruturalista que ele denomina "crítica da resposta do leitor". Como ele os descreve, "o intencionalismo atribui primazia na criação do significado do trabalho... ao autor, a crítica da resposta do leitor ao crítico ou outro leitor, a Nova Crítica ao próprio trabalho". *Ibid.*, 221.

27. Como afirmou um crítico: "A legislatura não pode cumprir adequadamente sua responsabilidade de moldar o futuro, a menos que a integridade do processo de comunicação aceito seja mantida." Reed Dickerson, *The Interpretation and Application of Statutes* (Boston, MA: Little Brown, 1975), 11.

232   *O COMBATE MORAL*

há necessidade de realizarmos esse retorno, pois a lei pode desempenhar suas funções de guia da ação mesmo se for detentora apenas de autoridade teórica. Dispomos, assim, de razões convincentes para preferir essa teoria da autoridade legal a uma outra que nos faria retornar aos problemas que acossavam as teorias anteriores.

Uma avaliação das funções legais

O fato de a lei poder possuir autoridade teórica sem atrair objeções conceituais e normativas não nos concede, ainda, uma razão para atribuir tal autoridade a ela. Adquiriremos tal razão somente se estabelecermos que a lei é, com efeito, um guia moral confiável. Conforme mencionei no começo, poderemos, em última instância, provar esse fato somente efetuando a espécie de investigação empírica exigida para estabelecer que, se as pessoas atenderem à lei, agirão moralmente com maior freqüência do que se mantiverem seus critérios próprios. Por não pretender ter feito essa investigação, não me é possível defender com plena confiança a autoridade teórica da lei.

Entretanto, existem certas funções que, como se acredita classicamente, só podem ser desempenhadas pela lei – funções que capacitam as pessoas a agir moralmente quando, de outra maneira, estariam incapacitadas ou não dispostas a fazê-lo. Por exemplo, tem-se pensado classicamente que a lei fornece às pessoas soluções singularmente proeminentes para os problemas de coordenação. Visto que a coordenação é, em muitos casos, moralmente muito favorável, e visto que a lei serve com exclusividade para possibilitar a coordenação, temos, aparentemente, que atender à lei para cumprir nossas obrigações morais. Se a lei pode desempenhar suas funções tradicionais quando é investida apenas de autoridade teórica, na medida em que essas funções possibilitam a ação moral da parte dos cidadãos quando, de ou-

ORIGENS DO DILEMA DO PERSPECTIVISMO JURÍDICO 233

tra forma, seria impossível (ou muito difícil), temos fortes razões para pensar que a atribuição oficial da autoridade teórica à lei é empiricamente plausível. É, portanto, a essa tarefa que devotamos o resto deste capítulo.

Joseph Raz asseverou que uma teoria da autoridade teórica conduz ao que ele denomina "a tese da não-diferença" – uma tese que frustra qualquer abordagem que credita apenas autoridade epistêmica à lei. Interpretar a lei como apenas detentora de autoridade teórica significa comprometer-se com a tese de que a autoridade legal não muda (e não deve mudar) as razões para a ação das pessoas. Raz formula a afirmação da tese da não-diferença da seguinte forma: "Não há nada que os que estão sujeitos à autoridade [legislativa] devem fazer como resultado do exercício da autoridade [legal] que eles não tivessem que fazer independentemente desse exercício, tendo eles meramente novas razões para acreditar que certos atos eram proibidos ou obrigatórios o tempo todo."[28] Endossar a tese da não-diferença é aceitar que "o exercício da autoridade não deve fazer nenhuma diferença quanto ao que seus submetidos devem fazer, pois deve comandá-los a fazer o que eles devem fazer em qualquer caso"[29].

De acordo com Raz, os três problemas seguintes decorrem do endossar a tese da não-diferença concernente à autoridade legal: 1) não se pode dar conta de como a lei resolve problemas de coordenação; 2) não se pode dar conta de como a lei resolve dilemas dos prisioneiros; 3) não se pode dar conta da razão pela qual as pessoas têm deveres para agir (preferivelmente a simples razões para a ação)[30]. Acrescentemos a esta lista um quarto problema aparente comprometido com a tese da não diferença, a saber, que não se pode dar conta do que Leslie Green chamou de "a onipresença e importância das sanções em sistemas legais

---

28. Joseph Raz, *The Morality of Freedom* (Oxford: Clarendon Press, 1986), 30.
29. *Ibid.*, 48 (itálicos omitidos).
30. *Ibid.*, 30-31, 48-51.

234   *O COMBATE MORAL*

reais"[31]. Essas objeções, no seu conjunto, não desafiam tanto a coerência ou validade normativa do conceito de autoridade teórica, mas a viabilidade de sua aplicação à lei.

Solucionando problemas de coordenação

Raz argumenta primeiramente que uma concepção da lei como autoridade teórica impede que se explique como a lei pode desempenhar um papel na solução de problemas de coordenação. Problemas de coordenação surgem quando membros de um grupo partilham de um interesse de coordenar sua conduta mas carecem de um meio evidente para eleger de um conjunto de ações possíveis uma única que unirá seus esforços[32]. Como destaca John Finnis, problemas de coordenação surgem não apenas quando a coordenação é vantajosa, mas também quando é obrigatória. Assim, por exemplo, temos que obter equilíbrios de coordenação ao determinar como as crianças deveriam ser educadas, como os recursos naturais deveriam ser administrados

---

31. Leslie Green, "Law, Co-ordination, and the Common Good", *Oxford Journal of Legal Studies* 3 (1983): 315.

32. David Lewis explica a busca de um solução da coordenação nos seguintes termos:

> Dois ou mais agentes devem, cada um, escolher uma entre várias ações alternativas... Os efeitos que os agentes querem produzir ou prevenir são determinados associativamente pelas ações de todos os agentes. Assim, o efeito de qualquer ação que um agente poderia eleger depende das ações dos outros agentes. É por isso que... cada um tem que escolher o que fazer de acordo com suas expectativas a respeito do que farão os outros.

> Algumas combinações das ações eleitas pelos agentes são equilíbrios: combinações nas quais cada agente fez tão bem quanto pôde, dadas as ações dos outros agentes. Numa combinação de equilíbrio, nenhum agente podia ter produzido um efeito mais do seu agrado agindo diferentemente, a menos que algumas das ações dos outros também tivessem sido diferentes.

(David Lewis, *Convention: A Philosophical Study* [Cambridge, MA: Harvard University Press, 1969], 8.)

ORIGENS DO DILEMA DO PERSPECTIVISMO JURÍDICO 235

e como as regras de trânsito deveriam ser determinadas. "[P]ara a maioria desses problemas de coordenação, embora não para todos, há, em cada caso, duas ou mais soluções disponíveis, razoáveis e apropriadas, nenhuma das quais, contudo, atingiria uma solução, a menos que fosse adotada mediante a exclusão das outras soluções disponíveis, razoáveis e apropriadas para aquele problema."[33]

Como insiste Raz, o problema de como coordenar nossas ações quando temos um interesse mútuo ou obrigação para assim proceder pode ser facilmente resolvido se a lei, na qualidade de matéria geral, funcionar como autoridade prática. Uma autoridade prática pode comandar a execução de uma de muitas opções igualmente eficazes e, como seu comando fornece às pessoas uma razão nova, independente de conteúdo e excludente para a ação, resolverá o problema de coordenação delas *tornando* a ação comandada como a única ação correta disponível[34]. Mas, de acordo com Raz,

---

33. John Finnis, *Natural Law and Natural Rights* (Oxford: Clarendon Press, 1980), 232.

34. O argumento de Raz em favor de como uma autoridade prática resolve um problema de coordenação é realmente ambíguo com relação a duas interpretações. Na interpretação exposta acima, uma autoridade prática *torna correto* um dos meios de coordenação prévia igualmente bons. Na interpretação alternativa, uma autoridade prática meramente utiliza a *percepção* de que está tornando correto um meio de coordenação. Mas, na verdade, sua prescrição no contexto de soluções de coordenação igualmente aceitáveis deixa intacto o equilíbrio real de razões para a ação. Esta última interpretação é sustentada pela permuta de Raz com Finnis acerca da questão de se a solução de um problema de coordenação alcançada pela atribuição de autoridade prática à lei possui autoridade moral. Conforme sugere Raz nessa permuta, mesmo se a lei resolve um problema de coordenação por ser geralmente considerada como funcionando como autoridade prática, as razões moralmente relevantes para se conformar ao esquema de coordenação provêm, realmente e por completo, da prática da coordenação. A moralidade da coordenação é a mesma, ainda que a coordenação de pronunciamentos legais provenha de sanções legais, educação pública ou do costume. Esta é uma interpretação embaraçosa para Raz porque, mesmo que haja razões suficientes para coordenar a própria conduta, digamos, um conjunto particular de costumes, visto que a lei proporciona novas razões para a ação, ela aparentemente concede a alguém uma nova (ainda que, às vezes, desnecessária) razão quando fixa um comportamento como meio de coordenar múltiplas ações.

236   *O COMBATE MORAL*

essa resolução não estará disponível se a lei funcionar apenas como autoridade teórica acerca de fatos morais previamente existentes, o que ocorre porque não existe nenhum fato (moral) do tipo que determine uma única resposta correta à questão de como as pessoas devem se comportar numa situação que requer coordenação. Por exemplo, quando a legislação seleciona um procedimento dentre um conjunto de opções igualmente morais (por exemplo, quando especifica que as pessoas devem dirigir do lado direito da estrada, e não do esquerdo), está descrevendo apenas uma de, pelo menos, duas soluções previamente existentes para o problema de coordenação. Se essa legislação possuir apenas autoridade teórica, sua descrição nos concederá apenas uma razão evidente para acreditar que a solução descrita está dentre um conjunto de meios aceitáveis de resolver o problema de coordenação. Ela não nos fornece, segundo Raz, uma razão para agir como é legislativamente descrito porque, na falta de fornecer, em absoluto, quaisquer razões para a ação, a legislação não nos proporciona nenhuma razão para acreditar que outros irão conformar o seu comportamento à maneira descrita[35]. "Visto que resolver problemas de coordenação é uma das importantes tarefas de autoridades... políticas e muitas outras, e como seu relativo sucesso nela somente pode ser explicado considerando-se pronunciamentos impositivos como razões para a ação, tem-se

---

Finnis, respondendo a Raz, sustenta que há um conjunto de aspectos que é característico apenas da lei que o torna um método satisfatório de resolver problemas de coordenação quando ocorrem disputas acerca dos méritos relativos das soluções reconhecidamente possíveis. Esses aspectos conferem razões *morais* para empregar a lei para coordenar fins, isto é, tornam legal uma solução de um problema de coordenação investida de autoridade moral de um modo que outras soluções não podem ser. Ver Joseph Raz, *The Authority of Law: Essays on Law and Morality* (Oxford e Nova York: Oxford University Press, 1979), 248-9; John Finnis, "Law as Co-ordination", *Ratio Juris* 2 (1989): 101-2.

35. "Um homem sábio é capaz de dizer-me quais opções pertencem a esse conjunto, mas não é capaz de dizer-me qual das opções eleger antes de conhecer o que os outros farão." Raz, *The Morality of Freedom*, 30.

ORIGENS DO DILEMA DO PERSPECTIVISMO JURÍDICO 237

que rejeitar a abordagem [teórica] de reconhecimento da... autoridade."[36]

Contudo, a conclusão de Raz de que autoridades teóricas inevitavelmente não conseguem fornecer soluções aos problemas de coordenação é exagerada. Tudo que se requer para obter a espécie de equilíbrio de coordenação que resolve um problema de coordenação é uma razão evidente para cada pessoa esperar que outras se comportarão de uma maneira ao invés de outra[37]. Considere-se, por exemplo, o problema apresentado por indivíduos que se preparam para um piquenique. Cada um tem uma razão para acreditar que os outros não irão ao piquenique se houver ameaça de chuva. O que se necessita no dia do piquenique, então, é alguma razão notável para que cada pessoa pense que os outros partilharão de uma expectativa firme a respeito do tempo. Seria dificilmente surpreendente que a informação do meteorologista proporcionasse tal razão notável para ter a expectativa de uma percepção comum a respeito do tempo

---

36. *Ibid.*, 31.

37. Como explica Gerald Postema:

> As soluções para os problemas de coordenação são baseadas na exploração mútua de cada parte das expectativas concordantes... Visto que aquilo que eu faço depende do que você fará, no caso ideal eu tento fazer uma réplica do seu raciocínio prático a fim de determinar o que você fará. E visto que sei que o que você quer fazer depende do que eu faço, eu tenho, ao fazer a réplica de seu raciocínio, que determinar o que você espera que eu faça. E visto que você está empenhado no mesmo processo em relação a mim, para fazer uma réplica de seu raciocínio preciso fazer uma réplica de suas tentativas de fazer uma réplica das minhas, e assim por diante. Dada essa estrutura para o aninhamento das expectativas, tudo que é preciso para superar o beco sem saída de um problema de coordenação é algum fato acerca de um dos equilíbrios que o isola dos outros, que é óbvio para nós dois e sabido por nós dois que é óbvio para o outro. Assim, o sucesso na coordenação requer que as partes localizem algum fato proeminente a respeito de um dos equilíbrios que o faça destacar-se, isto é, ler a mesma mensagem na situação comum, e com essa mensagem convergir para uma solução.

Gerald J. Postema, "Coordination and Convention at the Foundations of Law", *Journal of Legal Studies* 11 (1982): 174 (redondo do autor).

238   *O COMBATE MORAL*

provável, porque é costume das pessoas consultar a previsão meteorológica antes de se dedicarem a atividades ao ar livre. O problema de coordenação seria, assim, resolvido pela descrição do tempo feita pelo meteorologista – uma descrição que só possui autoridade *teórica*.

A solução, neste caso, reflete o que os teóricos do jogo chamaram de norma ou convenção da coordenação[38]. Em assuntos que exigem coordenação pública, uma razão proeminente para um comportamento particular seria fornecida se as pessoas, em caráter de convenção, conformassem seu comportamento à lei. O fato de o fazerem, é claro, dá-nos uma razão para pensar que o farão. Mas para que essa resposta não pareça estar dando a questão como provada ao recusar a apresentar uma abordagem da gênese da proeminência convencional da lei que seja compatível com uma teoria da autoridade teórica, é importante especular como a lei poderia vir a substituir outras fontes de coordenação quando, *ex hypothesi*, falha em fornecer novas razões para a ação e não consegue refletir maior perícia por parte de seus autores individuais do que pode ser reivindicado pelos que procuram coordenação.

Embora existam várias abordagens possíveis de como a lei poderia se tornar fonte proeminente de coordenação quando funciona apenas como autoridade teórica, somente algumas delas escapam de acusações de circularidade. Em grande parte aceitando o argumento de Raz, Larry Alexander, por exemplo, argumentou que a lei não pode, realmente, executar a tarefa de resolver problemas de coordenação se os cidadãos vierem a verificar que lhe falta autoridade prática ou influente. Conforme sua argumentação, "porque os indivíduos saberiam que o processo institucionalizado de

---

38. Quanto a abordagens proveitosas de quando uma regularidade no comportamento em situações recorrentes pode ser considerada norma ou convenção da coordenação, ver Lewis, *Convention*, 42; Green, "Law, Co-ordination and the Common Good", 301-2; Postema, "Coordination and Convention at the Foundations of Law", 176.

ORIGENS DO DILEMA DO PERSPECTIVISMO JURÍDICO 239

produção de decisões, embora bem planejado, era falível, divergiriam ocasionalmente das decisões institucionais e não conseguiriam agir de acordo com elas"[39]. Da mesma forma que a lei não conseguiria orientar a ação como um fato natural, não conseguiria funcionar como fonte confiável de coordenação por meio de pessoas que estivessem na incerteza de que outras a atenderiam em face de sua reconhecível falibilidade. Assim, afirma Alexander, a despeito do fato de a lei não poder possuir mais do que autoridade teórica, contamos com razões para exigir que ela aja como se tivesse autoridade prática e razões para dizer aos outros que ela de fato *tem* essa autoridade. Ademais, "[n]ós, enquanto submetidos a diretivas legais, podemos ter razão para ter essas diretivas aplicadas coercitivamente, mesmo quando o equilíbrio das razões de primeira ordem for contra o conformarse..."[40]. O argumento de Alexander sugere que, embora a lei não possa fornecer novas razões para a ação, nosso interesse na coordenação regular nos proporciona uma razão para incentivar os cidadãos e os funcionários públicos a tratar a lei como se ela pudesse fornecer tais razões. E, além disso, concede-nos uma razão para a lei nos tratar como se fosse uma autoridade prática, mesmo quando sabemos que ela não o é, e mesmo quando achamos que está errada.

O problema desse argumento é que não consegue responder à solicitação que o motivou. Não é capaz de expor por que investiríamos a lei, em contraposição às pegadas de gaivota ou os editos da Igreja Católica Romana, para começar, de falsa autoridade. Limita-se a tornar claro que, *se* o fizermos, estaremos melhor capacitados a coordenar nossa conduta porque então consideraremos (erroneamente) que a lei nos dá novas razões para a ação que atribuem maior peso a certas alternativas, de outra maneira igualmente aceitáveis, do que às restantes.

---

39. Larry Alexander, "Law and Exclusionary Reasons", *Philosophical Topics* 18 (1990): 9-10.

40. *Ibid.*, 17.

240   *O COMBATE MORAL*

Poderíamos revisar o argumento de Alexander como se segue. As pessoas historicamente creditaram autoridade prática ou influente à lei porque ela há muito reivindica o exercício dessa autoridade. Isso a capacitou a superar todas as demais fontes de coordenação social quando uma linha proeminente de conduta é requerida. Que a lei não deveria ter jamais reivindicado tal autoridade e que as pessoas não deveriam jamais ter acreditado em suas afirmações não vêm ao caso. O que importa é que a nossa irracional comercialização de regras nos colocou na atual feliz posição de dispor de uma fonte proeminente de coordenação social.

O problema com esse argumento revisado é que ele simplesmente nos faz voltar a indagar por que, para começar, algum dia a lei teria reivindicado autoridade prática ou influente na falta de algum aspecto em torno dela que já a tenha tornado uma autoridade prática ou influente ou uma destacada fonte de coordenação. Joseph Raz respondeu a esse desafio argumentando que tais reivindicações napoleônicas são inerentes ao próprio conceito da lei. O que habilita alguma coisa a se *pretender* lei não lhe permite *reivindicar* autoridade prática[41]. Se isso fosse, porém, verdadeiro, defender a autoridade teórica da lei seria como defender a afirmação de que, quando não estamos olhando, as mesas se movem. Ter-se-ia que argumentar que, embora o que a lei requer para ser lei é ela reivindicar maior autoridade, e embora todos virtualmente considerem que ela detém maior autoridade, e embora a lei somente produza coordenação social em virtude do fato de as pessoas acreditarem ter ela maior autoridade, a lei, na verdade, possui apenas autoridade teórica. Posto que não precisamos aventar esse argumento infeliz, a não ser que a lei possa resolver problemas de coordenação unicamente se jactando de ser mais do que ela é, agiríamos acertadamente examinando explicações alternativas da gênese da proeminência da lei.

---

41. Raz, *The Morality of Freedom*, 23-8.

ORIGENS DO DILEMA DO PERSPECTIVISMO JURÍDICO 241

A abordagem mais plausível (coerente com a teoria da autoridade teórica) da capacidade da lei de coordenar a ação recorre aos aspectos da legislação que explicam por que a lei possuiria autoridade teórica para responder a questões morais que não atraem múltiplas respostas igualmente aceitáveis. Se pudermos dar conta da autoridade teórica da lei no que tange a questões morais que só contam com respostas certas singulares, será plausível presumir que as pessoas começariam por buscar convencionalmente sua orientação quando surgem tais questões. Em situações nas quais há várias respostas igualmente certas quanto à melhor maneira de produzir um estado de coisas desejável, essa convenção de atender à lei forneceria às pessoas uma razão para pensar que os outros conformariam seu comportamento à solução prescrita pela lei. E essa convenção proporcionaria, assim, uma razão para conformar o próprio comportamento à lei. Poderíamos esperar, portanto, que mesmo quando a lei especifica apenas uma ação de um conjunto de ações igualmente boas, o recurso habitual às prescrições legislativas como orientadoras da ação resultaria numa conformidade quase unânime com as prescrições coordenativas da lei. Os problemas de coordenação não seriam resolvidos, nessa abordagem, por comandos investidos de autoridade, mas pelo destaque de traçar o comportamento numa situação que permite diversos procedimentos pela mesma orientação que é usada numa situação de procedimento único[42]. E uma vez resolvido um problema de coordenação, existe um fato (moral) do tipo que torna corretas as ações que preservam a solução – um fato sobre o qual a lei que realizou a solução tem autoridade teórica.

---

42. Como diz Finnis, não é necessário alguém que comanda para que haja uma solução baseada em autoridade de problemas de coordenação. "Antes, o estado requerido dos fatos é este: nas circunstâncias, o discurso desta pessoa, corpo ou configuração de pessoas provavelmente será, aproximadamente, um discurso em conformidade e de acordo com a exclusão de qualquer discurso que com ele rivalize..." Finnis, *Natural Law and Natural Rights*, 249.

242   *O COMBATE MORAL*

Que aspectos institucionais da legislação poderiam tornar a lei detentora de autoridade teórica acerca de nossas obrigações e permissões morais? A resposta, em síntese, inclui aquele conjunto de constrangimentos processuais invocados no capítulo anterior para explicar como os negócios freqüentemente mesquinhos de políticos movidos por interesses particulares levam a máximas publicamente justificáveis para a ação. Lembremos que os que defendem uma teoria da autoridade consultiva legal não podiam, afinal de contas, utilizar esses aspectos do governo democrático para justificar sua atribuição de perícia moral aos legisladores porque, em última instância, esses aspectos não nos conferem razões para pensar que as leis, mas não os legisladores, possuem autoridade epistêmica. A esta altura nos é franqueado o emprego dos argumentos tocantes à integridade estrutural dos resultados legislativos que o teórico da autoridade consultiva foi forçado a abandonar[43].

Uma versão revisada desses argumentos pode ser aqui sintetizada como se segue. Em primeiro lugar, os legisladores têm que conformar suas promulgações com os oito aspectos da moralidade interna da lei de Fuller, de modo que suas promulgações sejam de fato orientadoras da ação. Isto exige que as leis sejam previdentes, gerais, claras, não-contraditórias, estáveis no desenrolar do tempo e assim por diante. Se estes aspectos únicos da lei forçam-na na direção da moralidade, então a lei pode ser melhor fonte de conheci-

---

43. Para um exame mais completo destes argumentos, ver a segunda seção do capítulo V. Os argumentos de Waldron referentes à superioridade moral dos dados de saída (*outputs*) legislativos em relação aos dados de entrada (*inputs*) legislativos discutidos na seção anterior deste capítulo também são aqui aplicáveis. Esses argumentos nos dão mais razões para pensar que os cidadãos viriam convencionalmente a confiar na lei quanto ao norteamento moral, mesmo se cada vez mais desconfiassem de seus legisladores. Ver Waldron, "Legislators' Intentions and Unintentional Legislation", 329-56. Para outros argumentos referentes a por que a lei, em contraposição à exortação da propaganda, ou costume, apresenta uma reivindicação especial à autoridade a respeito de questões morais, incluindo soluções de coordenação, ver Finnis, "Law as Co-ordination", 101-2.

ORIGENS DO DILEMA DO PERSPECTIVISMO JURÍDICO 243

mento moral do que as fontes que não precisam se conformar a tais constrangimentos. Em segundo lugar, como os resultados da legislação têm que ser publicamente justificáveis, os legisladores são forçados a assumir "o ponto de vista moral" – a fim de tratar cada cidadão como único ao avaliar o impacto de qualquer regra que afeta a distribuição dos benefícios e ônus através da sociedade. Assim, como afirma Finnis, as "formas da lei e seus modos de aplicação e implementação tendem também a assegurar que suas soluções serão relativamente discriminantes, mas não discriminatórias..."[44] Em terceiro lugar, como o significado de uma lei reside, em última instância, na interpretação dada pelos tribunais, e como os tribunais tendem a interpretar as leis de acordo com propósitos legítimos (de preferência aos ilegítimos que poderiam ter motivado suas promulgações), as más leis são freqüentemente interpretadas como boas indicações daquilo que se encontra nos melhores interesses do público. Finalmente, os legisladores possuem capacidades únicas como detectores de fatos, sendo compelidos por suas funções institucionais a usá-las para lograr soluções aceitáveis para (ou, ao menos, não indevidamente onerosas) diversos distritos eleitorais. O resultado desses aspectos da legislação é que as leis provavelmente exerçam o comando de uma autoridade epistêmica em torno de questões morais de que nenhuma outra instituição pode se gabar.

Se conseguirmos dar sentido à legítima reivindicação da lei à autoridade teórica no que toca às questões morais para as quais há respostas certas (singulares), então, como previamente esbocei, não será difícil explicar por que a lei se tornaria uma fonte de coordenação em circunstâncias nas quais há várias respostas igualmente certas referentes a como os indivíduos devem coordenar sua conduta, ou seja, a atenção à lei na primeira circunstância daria destaque à atenção de alguém para ela na segunda circunstância. Assim, a lei não precisa funcionar mais do que como autorida-

---

44. Finnis, "Law as Co-ordination", 102.

244   *O COMBATE MORAL*

de teórica para desfrutar do destaque necessário para resolver as espécies de problemas de coordenação para cuja solução classicamente procuramos a lei.

Dissolvendo os dilemas dos prisioneiros (prisioner's dilemmas)

Raz argumenta que os dilemas dos prisioneiros constituem uma segunda classe de casos nos quais as autoridades práticas podem fazer a diferença, coisa que as autoridades teóricas não conseguem. Nos dilemas dos prisioneiros, as pessoas têm razões para agir de maneiras que falham totalmente na maximização de seus interesses; elas também têm razões para alterar suas situações de sorte que possam efetivamente maximizar esses interesses, mas não dispõem de meios de alterar as situações por si mesmas[45]. Raz assevera que os dilemas dos prisioneiros são semelhantes aos problemas de coordenação, visto que os comandos de uma autoridade prática podem conceder às pessoas envolvidas razões independentes de conteúdo para se comportarem de

---

45. Edna Ullmann-Margalit define a dinâmica de um dilema dos prisioneiros envolvendo duas ou mais pessoas, cada uma das quais encara repetidamente a decisão de fazer A ou não-A como se segue:

> (I) se, em qualquer ocorrência do dilema entre elas, a maior parte faz A, o resultado é (e elas sabem que o é) mutuamente nocivo;
> (II) se, em qualquer ocorrência do dilema entre elas, a maior parte delas faz não-A, o resultado é (e elas sabem que o é) mutuamente benéfico – ou, de qualquer forma, melhor do que o resultado produzido quando a maior parte delas faz A;
> (III) cada uma das pessoas envolvidas obtém, pelo menos, em algumas ocorrências do dilema entre elas, o melhor desenlace na situação quando ela mesma faz A enquanto a maioria das outras faz não-A;
> (IV) se, em qualquer ocorrência do dilema entre elas, algumas fazem A, o resultado para as que fazem não-A é menos benéfico do que teria sido se todas tivessem feito não-A.

Edna Ullmann-Margalit, *The Emergence of Norms* (Oxford: Clarendon Press, 1977), 25-6.

ORIGENS DO DILEMA DO PERSPECTIVISMO JURÍDICO

uma maneira que maximiza os interesses de todos[46]. Raz, entretanto, parece subestimar a dimensão do problema colocado pelos dilemas dos prisioneiros, tornando-os análogos aos problemas de coordenação. Conforme sua argumentação, é a pura incapacidade do indivíduo de efetuar a mudança que transforma o dilema dos prisioneiros, como a necessidade de coordenação, num problema.

Entretanto, o que de fato torna a situação do dilema dos prisioneiros especial e distinta da situação apresentada por um problema de coordenação é que cada indivíduo envolvido tem interesse em produzir uma mudança nos *outros* mas não em si mesmo. Todos nós, por exemplo, temos interesse em conceber um meio de impedir que os outros pisem em gramados públicos, ao mesmo tempo que nós mesmos continuamos a fazer isso. Preferiríamos, é claro, renunciar aos nossos atalhos se este fosse o único meio de estimular os outros a renunciar aos seus, porque o pior estado de coisas possível é aquele no qual os gramados são arruinados pela marcação cruzada de múltiplas sendas. Mas na falta de algum incentivo que nos torne confiantes de que os outros desistirão de seus atalhos se desistirmos dos nossos, continuará racional para nós encorajar os outros a não pisar no gramado enquanto nós mesmos nos recusamos a fazer isso. E, em nossa duplicidade, arruinaremos o gramado coletivamente.

A noção de Raz é que uma autoridade prática pode prover o tão necessitado incentivo de cooperar proporcionando-se novas razões independentes de conteúdo para se conformar por diretivas que promovem, no seu conjunto, soluções excelentes para dilemas dos prisioneiros. Essa nova razão para a ação altera os desenlaces em risco em situações

---

46. Finnis, de maneira totalmente explícita, trata muitos dilemas dos prisioneiros como problemas de coordenação, porque ele interpreta os problemas de coordenação como "todos os problemas constituídos pela colisão dos interesses ou desejos de uma pessoa com os de uma outra". Finnis, "Law as Co-ordination", 100.

246   *O COMBATE MORAL*

de escolha e, assim, dissolve os dilemas dos prisioneiros. Se faltarem tais razões para optar pela cooperação, e não a não-cooperação, os indivíduos não terão razões suficientes para cooperar. Visto que as autoridades teóricas não conseguem proporcionar novas razões independentes de conteúdo para a ação, não conseguirão, na opinião de Raz, proporcionar às pessoas razões para cooperar e, conseqüentemente, não conseguirão resolver dilemas dos prisioneiros.

Todavia, como aqueles saturados da tradição humiana da ética há muito argumentam, as próprias máximas da moral funcionam para proporcionar razões suficientes para a cooperação. De acordo com David Gauthier, por exemplo, quando diante de um dilema dos prisioneiros, a pessoa moral é a que opta por cooperar na suposição de que outras farão a mesma escolha, e que não se desvia de sua escolha mesmo se estiver certa de que seu desvio não será detectado ou punido[47]. Se a própria moral fornece um meio de dissolver dilemas dos prisioneiros, temos que presumir que a razão da recorrência de tais situações é que falta às pessoas uma completa compreensão das máximas da moral ou que elas não são motivadas por estas[48].

Na medida em que a primeira razão explica a recorrência de dilemas dos prisioneiros, a lei poderia efetivamente dissolver tais situações simplesmente funcionando como fonte confiável de informação concernente ao conteúdo da moralidade, isto é, a lei poderia resolver dilemas dos prisioneiros precisamente da maneira que sugeri que ela resolve outros problemas gerados pela incerteza moral – prescrevendo uma conduta coerente com o equilíbrio anteceden-

---

47. David P. Gauthier, *Morals by Agreement* (Oxford and Nova York: Oxford University Press, 1986), 8-10.

48. Para uma discussão da diferença entre os internalistas morais (que dão conta de toda conduta imoral com fundamento na ignorância) e os externalistas morais (que explicam algumas condutas imorais com base na debilidade da vontade), ver Heidi M. Hurd, "The Levitation of Liberalism", *Yale Law Journal* 105 (1995): 809-16 [revisando John Rawls, *Political Liberalism* (Nova York: Columbia University Press, 1993)].

ORIGENS DO DILEMA DO PERSPECTIVISMO JURÍDICO   247

temente existente de razões para a ação que define como os cidadãos devem agir.

Na medida em que a segunda razão explica a prevalência de dilemas dos prisioneiros, nada impede que a lei vincule sanções a atos não-cooperativos, de modo a alterar os apreciáveis desenlaces envolvidos nas situações de escolha de uma maneira que favoreça a cooperação. Como argumentarei em seguida, a imposição de sanções é inteiramente coerente com a opinião de que a lei é, no máximo, detentora de autoridade teórica. Onde a cooperação é moralmente superior à não-cooperação[49], também o pode ser a punição daqueles que deixam de elegê-la. Visto que a lei pode prescrever a cooperação, pode prescrever a punição dos que não cooperam. Se tais prescrições têm autoridade teórica, os funcionários públicos dispõem de razões para acreditar que as razões para a ação favorecem a imposição de sanções sobre as pessoas que se esquivam de estratégias ótimas de cooperação. A probabilidade de sanções judicialmente impostas, e o conhecimento do que é ampliado pelas prescrições legais podem, assim, moderar a tentação de optar pela não-cooperação e, assim, vencer os dilemas dos prisioneiros.

Produzindo deveres de agir (duties to act)

O terceiro argumento de Raz contra uma teoria que atribui apenas autoridade teórica à lei se apóia na sua alegação de que "[d]iretivas dotadas de autoridade produzem uma diferença em sua capacidade de transformar 'deves' (*oughts*) em deveres"[50]. Raz afirma que freqüentemente temos razões para agir mas essas razões não são criadoras de obrigação a

---

49. É importante notar que os dilemas dos prisioneiros podem funcionar positivamente em situações nas quais acreditamos ser perigosa a cooperação. Para uma discussão das vantagens da não-cooperação na área do direito contra o monopólio, ver Ullmann-Margalit, "Emergence of Norms", 44-45.

50. Raz, *The Morality of Freedom*, 60.

248   *O COMBATE MORAL*

menos que, e até que, a legislatura aprove uma lei, ou um tribunal de direito comum emita um parecer que gere a partir dessas razões um dever de agir. Em termos simples, a questão para Raz é que as leis transformam as razões para a ação em obrigações, e uma teoria que atribui às leis somente autoridade teórica não pode apreender esse fato.

Entretanto, a categoria dos "deves" (*oughts*), que na opinião de Raz não obriga sem a promulgação da lei, é absolutamente misteriosa. Por certo, Raz não desejaria sugerir que, embora alguém não deva assassinar, não se está obrigado a desistir de tal ato até que a lei promulgue um código penal proibindo o homicídio injustificado. Tem-se que pensar que a obrigação de não assassinar existe antes de sua declaração de legalidade, e que não deve de modo algum ser *transformada* por essa declaração. Talvez, entretanto, Raz acredite que um certo comportamento não é obrigatório até que seja necessário como meio de resolver problemas de coordenação ou dissolver dilemas dos prisioneiros. Deve-se, por exemplo, dirigir do mesmo lado da estrada que os outros dirigem e pagar impostos para manter o governo, mas não se é obrigado a dirigir do lado direito ou remeter cheques anuais ao governo a não ser que, e até que tal comportamento seja legalmente exigido.

Existem, pelo menos, duas respostas para essa forma do argumento. Em primeiro lugar, ele é redundante. Argumentar que a legislatura transforma razões em obrigações somente quando elas são razões para coordenar ou para cooperar é apenas reiterar a afirmação de que se ocuparam as duas seções anteriores. Se a crítica de Raz da teoria da autoridade teórica pretende ser uma terceira crítica e uma crítica independente, ela não pode fiar-se na suposta incapacidade de uma autoridade teórica resolver problemas de coordenação e dilemas dos prisioneiros "criando" obrigações. Em segundo lugar, as obrigações derivadas da necessidade de coordenção e cooperação não são *criadas* ou *transformadas* a partir de meros "deves" pela promulgação da lei. Temos uma obrigação prévia de evitar expor os outros a danos (semelhante à obrigação de não assassinar), e essa

ORIGENS DO DILEMA DO PERSPECTIVISMO JURÍDICO   249

obrigação não pode ser cumprida sem nos conformarmos às convenções rodoviárias, de modo que temos uma obrigação de nos conformar a essas convenções que é independente de qualquer declaração feita pelo Estado. Analogamente, temos uma obrigação antecedente de pagar pelos benefícios de que gozamos, e se deixamos de fazê-lo estamos enriquecendo injustamente. Se essa obrigação só puder ser satisfeita na prática por uma série de contribuições financeiras às instituições governamentais, teremos a obrigação de pagar impostos existentes antes de sua declaração legal e independentemente do fato de outros deixarem de viver de acordo com um dever semelhante. O máximo que a lei faz, em tais casos, é definir claramente as obrigações previamente existentes que sempre nos obrigaram. O fato de a lei com freqüência deixar claro, pela primeira vez, a existência de tais obrigações dá a ela a *aparência de criar* deveres de agir. Mas, ao contrário da hipótese de Raz, é necessário apenas dar satisfação a uma aparência, e não explicá-la.

Impondo sanções

De acordo com Leslie Green, "[n]ão é preciso adotar a opinião extrema de Kelsen de que as sanções fazem parte do conceito de lei para vermos que uma teoria legal que não pudesse dar conta da onipresença e importância das sanções em sistemas legais reais não contaria como uma excelente teoria da lei"[51]. Uma avaliação da justificação de impor sanções pode parecer problemática para quem defende o ponto de vista de que a lei pode, no máximo, reivindicar autoridade teórica, porque se a lei é meramente uma orientação heurística para a ação moral, como pode alguém ser punido por ignorar suas prescrições?

Existem duas preocupações referentes à compatibilidade da autoridade teórica da lei com a administração legal

---

51. Green, "Law, Co-ordination and the Common Good", 315.

250   O COMBATE MORAL

das sanções. A primeira preocupação se refere ao meio pelo qual uma autoridade teórica poderia impor sanções. A segunda se refere à justificação segundo a qual alguém poderia ser punido por desobedecer a uma autoridade teórica.

É importante reconhecer que as sanções realmente alteram o equilíbrio das razões para a ação. Elas proporcionam às pessoas novas razões para fazer o que é exigido. Mas as sanções legais não devem ser confundidas com a própria lei. Dizer que a lei pode alterar as razões para a ação administrando as sanções não equivale a dizer que a lei como lei altera razões para a ação. Não há, assim, nada conceitualmente confuso acerca de afirmar tanto que a lei não proporciona novas razões para a ação quanto que ela pode realizar a administração das sanções que o fazem.

É tentador, entretanto, sugerir que, ao negar autoridade prática à lei ao mesmo tempo que se atribui a ela o poder de sancionar a desobediência, tira-se com uma mão o que se restitui com a outra. Mas note-se que não estou sugerindo que a lei pode comandar a aplicação das sanções enquanto serve apenas como autoridade teórica. Dizê-lo seria dizer que a lei possui autoridade prática para os funcionários públicos, ainda que só possua autoridade teórica para os cidadãos; em vez disso, o que estou dizendo é que a lei, como autoridade teórica, pode prescrever a conduta dos funcionários públicos do mesmo modo que prescreve a conduta dos cidadãos, ou seja, do mesmo modo que as regras de conduta podem deter autoridade teórica em relação aos cidadãos, as regras de decisão podem deter autoridade teórica em relação aos funcionários públicos. E se elas a detêm, os juízes têm razões para acreditar que o equilíbrio das razões para a ação judicial favorece a administração da punição em circunstâncias em que a legislatura prescreveu tal punição como resposta à falta do cidadão em cumprir as obrigações refletidas em regras de conduta descritas legislativamente[52].

---

52. No restante deste livro, devoto-me a determinar se o conteúdo das regras de decisão pode estar em disparidade com o conteúdo das regras de

ORIGENS DO DILEMA DO PERSPECTIVISMO JURÍDICO 251

Voltemo-nos agora para a segunda preocupação – a de que mesmo possuindo as autoridades teóricas o meio para punir, não dispõem elas de uma justificação para fazê-lo. De acordo com a tradicional teoria do comando, a lei (concebida como aquele conjunto de "deves" que obriga) se compõe simplesmente das ordens de um soberano. Violar qualquer uma dessas ordens é violar a lei (ou seja, é transgredir uma obrigação). Conseqüentemente, as sanções são justificadas sempre que alguém falha no seu conformar-se aos comandos de um soberano, porque sempre que alguém deixa de fazê-lo, esse alguém violou a lei (isto é, violou uma obrigação).

Essa justificação não está disponível no domínio de uma teoria que atribui autoridade teórica à lei porque as promulgações das legislaturas e as opiniões dos tribunais não compreendem aquele conjunto de obrigações que nos obrigam; em vez disso, elas nos proporcionam, quando muito, melhores razões que, de outra maneira, teríamos para acreditar que temos certas obrigações já existentes. Mas como podem as pessoas ser justificadamente punidas por não conseguirem levar em consideração a evidência disponível? Não é a punição de alguém que falha em levar a sério a importância epistêmica das declarações de um outro indivíduo realmente uma punição por pensamentos (irracionais), e não por ações? E não é insustentável punir exclusivamente por pensamentos?

A resposta a essa acusação é que uma autoridade teórica não estaria justificada ao punir pessoas por não conseguirem apreciar o valor epistêmico de suas prescrições. Ela

---

conduta. Nada que afirmo aqui pretende endereçar-se à relação entre o equilíbrio de razões que determina a ação correta para os cidadãos e o equilíbrio de razões que determina a ação correta para os funcionários públicos. Neste ponto, afirma-se apenas que, quaisquer que sejam as razões para a ação aplicáveis a cidadãos e funcionários públicos (se diferentes ou idênticas), a lei pode refletir com precisão essas razões. E se entre as ações recomendadas por ela está a punição de cidadãos que violaram as obrigações refletidas na lei, os funcionários públicos podem ter boas razões para acreditar que deveriam punir esses cidadãos.

252   *O COMBATE MORAL*

estaria justificada em punir apenas as pessoas que falhassem no cumprimento de obrigações morais das quais os pronunciamentos da autoridade eram evidência. Assim, por exemplo, uma pessoa que se afasta de uma estratégia coordenativa muito favorável num dilema dos prisioneiros poderia ser legitimamente punida, *não* porque a legislatura prescrevia cooperação, mas porque a cooperação era realmente moralmente exigida na circunstância em questão, e o cidadão tinha razão para compreendê-lo em virtude de ter recebido comunicação legislativa.

Essa resposta nos faz retornar, finalmente, ao dilema do perspectivismo jurídico. Se, quando os cidadãos violam a lei, eles não podem ser punidos *porque* assim fizeram, então os juízes têm que aparentemente sondar as regras de conduta especificadas pela lei a fim de determinar se essas regras se compatibilizam com as exigências da moral. Mas se os juízes estiverem habilitados a (ou pior, compelidos a) substituir as exigências da lei pelas exigências da moral, então o que será do estado de direito? Aparentemente, uma sociedade não conta com *lei* nenhuma quando lhe faltam regras que obrigam e sejam previdentes, públicas, gerais, claras, não-contraditórias, previsíveis, estáveis no decorrer do tempo e assim por diante. E se, quando os juízes ignoram a lei pela recusa em punir cidadãos desobedientes, não podem ser disciplinados *porque* assim fizeram, então os que concebem o sistema têm, aparentemente, que sondar as regras de decisão estabelecidas pela lei a fim de determinar se essas regras exigem ação judicial incoerente com as exigências da moral. Mas se os que concebem o sistema estiverem habilitados (ou pior, compelidos) a permitir que os juízes substituam por seus próprios juízos morais individuais os de uma legislatura democrática quando seus juízos forem mais precisos, o que será da democracia e da separação dos poderes? A maioria não governa a si mesma, e os poderes não serão mantidos separados se os juízes estiverem autorizados a substituir por suas próprias opiniões os juízos da legislatura (por mais precisas que sejam suas opiniões).

ORIGENS DO DILEMA DO PERSPECTIVISMO JURÍDICO

Visto que muitas das preocupações restantes a respeito de uma teoria da autoridade teórica têm, provavelmente, muito mais a ver com os termos do dilema do perspectivismo jurídico e as possíveis soluções para este do que com outras dificuldades relativas à capacidade de uma autoridade teórica de executar funções tradicionais orientadoras da ação, proponho que voltemos nossa atenção para os méritos das escolhas apresentadas por esse dilema. Se os argumentos aventados nos capítulos desta parte de minha obra cumpriram seu papel, então deveria estar claro, a esta altura, que não podemos evitar a escolha entre os axiomas da filosofia do direito que o dilema joga uns contra os outros.

TERCEIRA PARTE

O caso moral do perspectivismo jurídico

Nas partes anteriores argumentei tanto que a lei diverge, em termos de conteúdo, das disposições da moral quanto que a lei possui apenas autoridade teórica, ou seja, a lei não pode obrigar; ela só pode lançar luz sobre o que realmente obriga, ou seja, a moral. No seu conjunto, esses argumentos possibilitam a justificabilidade moral de atos significativos de desobediência civil. A mulher espancada que teme por sua vida e as vidas de seus filhos pode ser sábia ao acolher o conselho da lei e esperar o perigo iminente antes de empregar força letal contra seu marido abusivo. Afinal, as pessoas não podem, em geral, prever o futuro com qualquer grau de confiança, e assim não deveriam recorrer à força letal a menos que, e até que, o perigo fosse iminente, sendo com isso confirmada a necessidade de tal força. Entretanto, há casos claros em que a força necessária para prevenir o perigo só pode ser manuseada significativamente quando o perigo não é iminente. Uma mulher espancada pode, acertadamente, concluir que se conformar à proibição contra a força letal na ausência do perigo iminente assegurará sua incapacidade de defender-se e a seus filhos quando o perigo for iminente. É possível que ela seja capaz de prever com confiança tanto que seu marido a matará e a seus filhos quanto que, quando ele tomar essa atitude, a capacidade dele de sobrepujá-la e cortar todas as vias de salvação frustrarão quaisquer tentativas de autodefesa por parte dela. É possível também que ela esteja certa em acreditar que qualquer tentativa de safar-se do controle dele somente resultará na

256   *O COMBATE MORAL*

perseguição e punição dela. O único meio de efetivamente defender-se e a seus filhos é, assim, utilizar força letal em antecipação ao perigo.

Não se trata aqui de um caso especial. Na verdade, como se trata de um virtual truísmo o fato de toda lei ser sobre ou subinclusiva relativamente aos valores a que se diz que ela serve (ou, nos meus termos, as obrigações morais a respeito das quais ela detém autoridade teórica), podemos prontamente montar casos que ilustram como toda lei pode ser corretamente violada. Mas se for este o caso, estaremos num apuro filosófico. Aparentemente, não podemos nos apoiar com firmeza naqueles princípios que atuam como fundamentos filosóficos de nosso sistema legal. Aparentemente, não podemos afirmar, ao mesmo tempo, que as pessoas inocentes não devem ser punidas e que os funcionários públicos da lei precisam proteger a democracia, a separação dos poderes e o estado de direito obedecendo à lei mesmo quando discordam das exigências dela. Punir a mulher espancada que antecipadamente mata seu marido é punir um inocente; absolvê-la é violar a lei de uma maneira que põe em risco nossos compromissos sistêmicos com o estado de direito, mas não com um decreto individual, e com o autogoverno das maiorias, mas não com minorias que reivindicam a sabedoria de reis filósofos. Estamos de volta, portanto, ao dilema do perspectivismo jurídico. As funções que temos que atribuir aos funcionários públicos da lei para que atinjam as virtudes do estado de direito e os constrangimentos que temos que impor a esses funcionários a fim de realizarem o autogoverno democrático parecem requerer ações que não poderiam ser justificadas externamente a essas funções e não podem ser evitadas no interior dessas funções.

As partes anteriores deste livro estabeleceram que o dilema do perspectivismo jurídico não pode ser derrotado pela rejeição de nenhuma de suas pressuposições fundamentais. Temos que escolher entre as duas opções que o dilema apresenta de modo inflexível. Ou renunciamos ao princípio do retributivismo frágil e punimos os que violam a lei justificavelmente, ou temos que renunciar ao nosso en-

O CASO MORAL DO PERSPECTIVISMO JURÍDICO

tendimento tradicional do estado de direito, da democracia e da separação dos poderes, e admitir que os juízes e os que concebem o sistema deveriam violar as leis quando as julgam acertadamente, todas as coisas consideradas, como estando erradas.

Os que precisamente enfrentaram o dilema do perspectivismo jurídico foram compelidos a agarrar sua primeira alternativa embaraçosa e abandonar o princípio do retributivismo frágil. Como afirmou Larry Alexander, "há uma brecha sempre-possível entre o que temos razões para fazer, tudo considerado, e o que temos razões para ter nossos... funcionários públicos... exigindo que façamos"[1]. O reconhecimento dessa brecha, segundo Alexander, exige que desistamos do princípio do retributivismo frágil e punamos os que fazem a coisa certa ao violar a lei. "[N]uma função que ocupamos, a da autoridade, deveríamos impor sanções a nós mesmos por ações que são corretas em outra função que ocupamos, a dos submetidos às regras. É possível que seja moralmente bom punirmos a nós mesmos por violar regras moralmente boas por razões moralmente boas."[2] Frederick Schauer argumentou, de modo semelhante, que a autoridade é assimétrica. "[A] falta de uma (boa) razão (moral) para obedecer à autoridade não acarreta a falta de uma (boa) razão (moral) para impô-la... *a fortiori*, a prática de impor autoridade e de aplicar a sujeição às regras como regras às vezes pode ser vista como justificada..."[3]

Implícito na disposição de rejeitar o princípio do retributivismo frágil está um compromisso com a moral relativa a funções ou perspectivismo. A "brecha sempre-possível" identificada por Alexander é um produto do ponto de vista de que as funções públicas conferem aos funcionários pú-

---

1. Larry Alexander, "The Gap", *Harvard Journal of Law and Public Policy* 14 (1991): 695.

2. *Ibid.*, 696.

3. Frederick F. Schauer, *Playing by the Rules: A Philosophical Examination of Rule-Based Decision-Making in Law and in Life* (Oxford: Clarendon Press, 1991): 129-30.

258 O COMBATE MORAL

blicos razões para a ação diferentes das razões para a ação daqueles que não desempenham essas funções. Conseqüentemente, um único ato pode ser moral quando julgado da perspectiva de um cidadão, porém imoral quando julgado da perspectiva de um juiz. Alternativamente, pode ser moral quando julgado da perspectiva de um juiz, porém imoral quando julgado da perspectiva do que concebe um sistema. Argumentarei, definitivamente, que a moral relativa a funções é mal concebida e que, por conseguinte, não precisamos e não deveríamos acolher a conclusão paradoxal de que a moral justifica a punição dos moralmente justificados. Mas é importante apreciar a força da afirmação de que o dilema do perspectivismo jurídico é um dilema inescapável, e que nossos compromissos teóricos sofrem o mínimo pelo confisco do princípio do retributivismo frágil.

Existem duas fontes potenciais da moral relativa a funções. Em primeiro lugar, acredita-se que a moral relativa a funções provém da necessidade de evitar os erros morais que são o inevitável produto da falibilidade humana. Os teóricos que consideram o erro a única fonte da moral relativa a funções apresentam o que considero uma defesa pragmática da necessidade de punir os justificados. Tal defesa fornece uma frágil teoria do perspectivismo porque, na ausência do erro moral, não haveria nenhuma base para esposar a moral relativa a funções e, conseqüentemente, não haveria base alguma para abandonar a tese da correspondência. Mas alguns também pensam ser a moral relativa a funções um produto de preocupações institucionais que sobreviveriam à perfeição (reconhecidamente improvável) de nosso raciocínio prático. Os teóricos que pensam que são essas preocupações institucionais a fonte da moral relativa a funções apresentam uma defesa com base no perspectivismo que atua como razão substancialmente mais vigorosa para sacrificar o princípio do retributivismo frágil[4]. Se esses teó-

---

4. Debato esta distinção entre defesas pragmáticas e sob princípios da moral relativa a funções mais cabalmente no fim do capítulo VII.

O CASO MORAL DO PERSPECTIVISMO JURÍDICO 259

ricos tiverem êxito na exposição de uma defesa da moral relativa a funções, teremos que concluir que a moral encerra um paradoxo que lhe é inerente. Ela exige que façamos aquilo que exige de outros, ou seja, que evitem ou punam.

No capítulo VII, examinarei a defesa pragmática do perspectivismo produzida por preocupações em torno da falibilidade humana. Nos capítulos subseqüentes desta parte, tratarei das defesas baseadas nos princípios do perspectivismo judicial e do perspectivismo constitucional, respectivamente.

Capítulo VII
Erros práticos: fundamentos pragmáticos do perspectivismo jurídico

Os que procuram originar a moral relativa a funções das considerações em torno da falibilidade humana têm que estar preparados para explicar como essas considerações dão origem a razões para as ações diferenciais para os cidadãos, os funcionários públicos e os que concebem as instituições. Pelo menos, três avaliações parecem estar disponíveis.

O argumento do erro pessoal

Larry Alexander afirmou que a razão para a brecha entre a desobediência justificada e a punição justificada é que "nós, como submetidos a regras, somos falíveis e é mais provável que produzamos essas conseqüências exigidas por nossos princípios morais se não formos governados diretamente por esses princípios, mas por regras ásperas (sobre e subinclusivas) que são relativamente fáceis de seguir e monitorar"[1]. Essa insistência na conduta governada por regras lembra a convicção de John Stuart Mill de que "seja o que for que adotemos como princípio fundamental da moralidade, necessitaremos de princípios subordinados para ajustá-lo..."[2] Na medida em que a lei fornece precisamente

---

1. Larry Alexander, "The Gap", *Harvard Journal of Law and Public Policy* 14 (1991): 696. Ver Frederick F. Schauer, *Playing by the Rules: A Philosophical Examination of Rule-Based Decision-Making in Law and in Life* (Oxford: Clarendon Press, 1991), 149-55.

2. John Stuart Mill, "Utilitarianism", em *Selected Writings of John Stuart Mill*, ed. Maurice Cowling (Nova York: New American Library, 1968), 266. Tal

262   *O COMBATE MORAL*

tal conjunto de princípios subordinados para a ação, essa tese sugere que a conformidade com a lei produzirá resultados moralmente superiores àqueles obtidos por tentativas de se conformar aos ditames da moral. Essa afirmação, por si mesma, não consegue nos fornecer uma defesa da moral relativa a funções. Limita-se a sugerir que, em virtude de nossa inevitável falibilidade, todos nós, cidadãos, juízes e os que concebem as instituições, temos uma razão para submeter-nos à lei se esta prescrever uma conduta que se harmonize com os princípios morais relevantes mais freqüentemente do que o faz o nosso próprio cálculo desses princípios. Os que contemplam a desobediência (seja de regras de decisão, seja de regras de conduta) têm que fatorar em seus cálculos a possibilidade de estar errados ao pensar que as regras relevantes são sobre ou subinclusivas. Se é provável que esse cálculo também esteja errado, a preocupação com erro moral pessoal poderá fornecer uma boa razão para a submissão geral à lei. Mas essa razão parece ser igualmente aplicável a cidadãos, juízes e aos que concebem as instituições.

Para gerar razões diferenciais para a ação, os que recorrem ao potencial do erro pessoal têm que apresentar alguma avaliação do motivo pelo qual o receio do erro moral pessoal deveria levar juízes a se conformar com regras de decisão em casos nos quais o receio do erro moral pessoal não deveria levar cidadãos a se conformar com as regras de conduta. Essa avaliação estaria disponível se os juízes se mostrassem propensos a maiores erros do que os cidadãos. Em tais circunstâncias, um juiz disporia de uma razão de maior peso para se conformar à regra de decisão que exigisse a punição de uma esposa espancada do que esta teria para

---

convicção nasceu do reconhecimento de que "não há tempo, anterior à ação, para calcular e ponderar os efeitos de qualquer linha de conduta sobre a felicidade geral". *Ibid.*, 264. Na falta desse tempo, os indivíduos são obrigados a cometer erros que levam à ação errada. Para uma defesa semelhante do argumento do erro pessoal, ver John Rawls, "Two Concepts of Rules", *The Philosophical Review* 67 (1958): 23.

O CASO MORAL DO PERSPECTIVISMO JURÍDICO   263

decidir se violaria ou não a regra de conduta que proscreve o homicídio na falta de perigo iminente. Mas como há motivos para pensar que juízes e outros funcionários da Justiça estão, pelo menos, tão bem situados quanto os cidadãos, se não melhor situados, para avaliar o equilíbrio das razões para a ação[3], o simples argumento do erro pessoal não consegue fornecer uma razão compulsória para se acolher a moral relativa a funções.

O argumento do exemplo

Uma versão mais sofisticada da tese do erro é mais persuasiva. Alexander esquematizou seus fundamentos desta forma:

> As regras são formuladas por seres humanos finitos e falíveis, cuja capacidade de prever e considerar as possíveis aplicações das regras é limitada. As regras que eles promulgam serão, portanto, imperfeitas. Suponha-se que um agente percebe corretamente que a regra que o comanda a fazer não-A na situação X seria aprimorada se o comandasse, em lugar disso, a fazer A em X. Suponha-se que ele, então, desobedece à regra e faz A. Esse argumento supõe que A terá necessariamente melhores conseqüências do que não-A porque uma regra melhor comandaria A, e não não-A. Mas... [a]lguns agentes acreditarão erroneamente que as divergências das regras estão garantidas quando realmente nenhuma ação é qualificável e os efeitos negativos dessas exceções equívocas podem exceder os efeitos positivos das exceções justificadas[4].

Esse argumento mais sofisticado não apela para a possibilidade de que a decisão do agente de violar a lei será errônea, mas para a possibilidade de que uma decisão correta

---

3. Convém lembrar as discussões dos capítulos V e VI relativas aos aspectos institucionais que respondem pela autoridade teórica das promulgações democráticas.

4. Larry Alexander, "Pursuing the Good – Indirectly", *Ethics* 95 (1985): 332.

264   *O COMBATE MORAL*

do agente, de outra maneira, provocará decisões errôneas por parte de outros[5]. O que o argumento afirma é que, como a moral exige ação baseada no equilíbrio das razões, tendo sido tudo considerado, e sendo uma das razões contra a transgressão da lei que se tem aparentemente de considerar a possibilidade de que a desobediência (de outra maneira justificada) de alguém servirá como exemplo precário para os outros, a moral forçará a avaliação do valor precedente dos atos justificados de alguém. Onde esse valor precedente for grande, um ato de desobediência justificado de outra maneira pode ser injustificado.

Essa afirmação mais sofisticada, como sua contrapartida mais simples, não consegue, por si só, conferir a cidadãos e funcionários públicos razões diferenciais para a ação. Limita-se a sugerir que todos os agentes que discutem os méritos de conformar-se à lei têm que descontar as razões para desobediência pela probabilidade de que essa desobediência encorajará uma quantidade desproporcional de desobediência injustificada por parte de outros. Para que essa afirmação fornecesse uma base para a moral relativa a funções, teria que ser suplementada por uma avaliação do motivo pelo qual um juiz poderia ter uma razão para punir um cidadão que tenha calculado *corretamente* que sua desobediência (de outra maneira justificada) não encorajará uma quantidade desproporcionalmente maior de desobediência injustificada.

O necessário corolário à tese sofisticada do erro é a afirmação inteiramente plausível de que o efeito precedente da desobediência (de outra maneira justificada) de um cidadão constitui uma razão de menos peso para o cidadão se conformar à lei do que constitui o efeito precedente da desobediência (de outra maneira justificada) de um juiz. Pelo motivo de os funcionários públicos ocuparem posições muito

---

5. Ver Fred Feldman, *Introductory Ethics* (Englewood Cliffs, NJ: Prentice-Hall, 1978), 97, para a tese segundo a qual estabelecer um exemplo constitui uma consideração que deveria entrar no equilíbrio das razões para a ação.

O CASO MORAL DO PERSPECTIVISMO JURÍDICO   265

ostensivas e por sua conduta nessas posições ser, com freqüência, considerada, igualmente por cidadãos e outros funcionários, para definir a medida de obediência necessária, a desobediência deles produz um incentivo mais poderoso para a desobediência (injustificada) por parte de outros do que produz aquela da maioria dos cidadãos particulares[6]. Na medida em que é mais provável que a desobediência judicial, mais do que a desobediência privada, encoraje erros morais por parte de outros cidadãos e funcionários públicos, o argumento sofisticado do erro pretende fornecer uma razão de maior peso aos juízes para se conformarem às regras de decisão do que aos cidadãos para se conformarem às regras de conduta. Fornece uma base para pensar que um juiz poderia ser moralmente compelido a punir uma esposa

---

6. [T]odos, juízes e cidadãos igualmente, têm a obrigação de respaldar as instituições justas. Esta obrigação de respaldar leis justas não dá origem a uma obrigação geral de obedecer às leis por parte dos cidadãos... porque "é um exagero melodramático supor que toda violação da lei" por um cidadão estabelece um mau exemplo que porá em risco o sistema justo de leis que todos têm obrigação de apoiar... Quase não é exagero afirmar que os juízes não podem desconsiderar as leis no exercício de seus cargos sem desmotivar pelo seu exemplo um grande número de seus concidadãos a se conformarem às leis, pois os cidadãos poderiam muito bem pensar que, se até juízes podem agir ilegalmente em seu próprio comportamento oficial, que razão existe para que os cidadãos comuns sejam respeitadores da lei? Se é assim, os juízes têm obrigação especial de acatar as leis ao cumprirem o seu mister de juízes...
Michael S. Moore, "Authority, Law, and Razian Reasons", *Southern California Law Review* 62 (1989): 836, citando Joseph Raz, *The Morality of Freedom* (Oxford: Clarendon Press, 1986), 102 (notas de rodapé omitidas). Ver também Chaim Gans, *Philosophical Anarchism and Political Disobedience* (Cambridge: Cambridge University Press, 1992), 7. Este argumento deveria ser suplementado com a observação de que, na medida em que os precedentes de um tribunal influenciam formalmente futuros juízes, a desobediência de um tribunal pareceria formalmente encorajar a futura desobediência por parte de outros tribunais. Ver Joseph Raz, *The Authority of Law: Essays on Law and Morality* (Oxford: Clarendon Press, 1979), 105-11. Na medida em que os tribunais interpretarão erroneamente os exemplos de desobediência judicial, a desobediência precedente poderá encorajar mais o julgamento injustificavelmente desobediente do que o julgamento justificavelmente desobediente.

266 O COMBATE MORAL

espancada que se achava moralmente justificada a transgredir a lei do homicídio.

Uma tentadora réplica poderia ser feita ao argumento do exemplo. Essa réplica implica a intuição de que deveríamos todos nos autorizar a fazer a coisa certa mesmo que, com isso, os outros fizessem a coisa errada. Uma forma de desarticular essa intuição é invocar um argumento que limite as conseqüências que servem como razões a favor e contra uma ação para aqueles que constituem o resultado imediato dessa ação. Quando uma outra pessoa emprega erroneamente nossa desobediência justificada como precedente para um ato injustificado de desobediência, essa violação do indivíduo é a espécie de ato voluntário interveniente que rompe a cadeia causal entre nossa conduta e quaisquer conseqüências injustificadas subseqüentes. Embora todas as conseqüências imediatas de nossas ações sirvam como razões a favor e contra essas ações, as conseqüências não imediatas não entram no equilíbrio das razões que determina a ação correta. Em resumo, embora o nosso erro seja de nosso interesse, o erro dos outros não o é, porque o erro dos outros é uma conseqüência imediata dos atos voluntários deles, não dos nossos.

Como argumentarei no capítulo X, a tentativa de invocar limitações de causas imediatas para reduzir as conseqüências pelas quais se é responsável de maneira causal é metafisicamente insustentável. Mas mesmo se essa réplica pudesse ser tornada metafisicamente plausível, ela nos proporcionaria apenas uma razão para pensar que os que estabelecem exemplos não *causam* a conduta injustificada dos que se impressionam com esses exemplos. Isso só teria significação moral se a moral exigisse que nos abstivéssemos de causar dano mas não nos exigisse que agíssemos afirmativamente para prevenir o dano quando somos capazes de fazê-lo. Embora as considerações de liberdade individual possam justificar que pensemos que a lei não deve exigir a ação do bom samaritano, tais considerações provavelmente não sejam de um tipo que nos convencerá de que a moral não a exige. Interesses ligados à liberdade podem ser suficiente-

O CASO MORAL DO PERSPECTIVISMO JURÍDICO

mente fortes para exceder em peso razões para agir afirmativamente a fim de salvar os outros do perigo, mas seria necessário um esforço de libertarismo particularmente vigoroso para excluir por completo o equilíbrio de razões que justifica a ação[7].

Assim, parece não haver meio de negar que a racionalidade prática exige que os indivíduos considerem a probabilidade de que induzirão, por meio do exemplo, a conduta injustificada por parte dos outros. Na medida em que é mais provável que os juízes, e não os cidadãos, encorajem a desobediência injustificada por sua desobediência justificada, poder-se-ia pensar que os juízes têm uma razão de maior peso do que os cidadãos para se conformarem às regras jurídicas. Assim, o argumento do exemplo parece fornecer uma base promissora para sustentar a espécie de moral relativa a funções que justificaria a punição de transgressores justificados. O juiz deve punir a esposa espancada por ter justificavelmente matado seu marido porque, se não o fizer, outros cidadãos recorrerão à força letal em circunstâncias injustificadas e outros juízes absolverão injustificavelmente esses cidadãos.

O argumento da oportunidade

A terceira versão da tese do erro é um híbrido sofisticado das duas primeiras. Ela toma como ponto de partida a afirmação de que alguém que pode agir afirmativamente para

---

7. Muitos libertários são libertários em parte porque só consideram a caridade, a generosidade e a bondade dignas de louvor se não forem coagidas. A fim de preservar oportunidades para a ação moral, eles insistem que o Estado não deve legislar todos os atos dignos de louvor. Com isso, reconhecem deveres morais do bom samaritanismo, mas insistem que tais deveres não podem ser cumpridos significativamente se forem coagidos. Ver, por exemplo, Robert Nozick, *Anarchy, State and Utopia* (Nova York: Basic Books, 1974), 167-73; Tibor Machan, *Individuals and Their Rights* (La Salle, IL: Open Court Publishers, 1989), 162-3; Richard A. Epstein, "A Theory of Strict Liability", *Journal of Legal Studies* 2 (1973): 200, 203-4.

268 *O COMBATE MORAL*

prevenir ou reduzir conseqüências moralmente más tem uma razão para fazê-lo. Esta afirmação é menos controvertida do que, a princípio, possa parecer. Teóricos morais e políticos de quase todos os tipos provavelmente a subscreverão uma vez que reconheçam suas limitações, porque essa afirmação, tal como é feita, é moral e não política; por conseguinte, não precisa dizer respeito a libertários e liberais que fazem objeção à legislação de obrigações do bom samaritano. Ademais, o princípio sustenta que a oportunidade para o bom samaritanismo é apenas *uma* razão para a ação e, conseqüentemente, o princípio é perfeitamente compatível com a suposição de que em muitas circunstâncias será superado por outras razões para a ação, por exemplo, razões dadas pelo fato de que a ajuda aos outros porá substancialmente em perigo a vida, a liberdade e a propriedade do suposto bom samaritano. Em face dessas limitações, o princípio simplesmente afirma o valor moral da caridade – um valor que poucos negariam e, conseqüentemente, um valor que em certas circunstâncias (isto é, as que apresentam a oportunidade de ajudar os outros) pensa-se plausivelmente que funcione como uma razão, entre muitas, para a ação.

Para gerar uma defesa da moral relativa a funções, entretanto, a afirmação de que alguém tem uma razão para prevenir más conseqüências quando lhe é dada a oportunidade para fazê-lo precisa ser combinada com alguma avaliação de como os funcionários públicos dispõem de oportunidades que não estão disponíveis aos cidadãos para prevenir dano moral por meio de sua fidelidade à lei. Essa avaliação é plausivelmente fundada no seguinte argumento de três estágios. Em primeiro lugar, os cidadãos são compelidos pelas exigências da razão prática a agir com base no equilíbrio de razões para a ação disponível a eles[8]. Sempre que os

---

8. Na medida em que a ação correta constitui a ação baseada no equilíbrio de *todas* as razões para a ação (ver capítulo I e o exame muito mais extenso do capítulo X), e na medida em que pode faltar aos agentes tempo, talento, recursos ou previsão para determinar *todas* as razões para a ação que sejam aplicáveis a uma dada decisão, o máximo que pode ser requerido pela racio-

O CASO MORAL DO PERSPECTIVISMO JURÍDICO 269

cidadãos concluírem que a lei entra em conflito com o equilíbrio das razões para a ação, incluídas nesse equilíbrio as razões para obediência proporcionadas pelos argumentos do erro pessoal e do exemplo, deverão violar a lei[9].

Os cidadãos, contudo, são falíveis. Com freqüência, falta-lhes a capacidade de avaliar com precisão o equilíbrio das razões para a ação[10]. E, o que é pior, falta-lhes a capacidade de avaliar quando lhes falta a capacidade de avaliar o equilíbrio das razões para a ação[11]. O resultado é que os cidadãos se conformariam ao correto equilíbrio das razões para a ação mais freqüentemente se pudessem escapar das exigências da razão prática e obedecer simplesmente à lei em todas as ocasiões, incluindo aquelas em que a lei tanto está quanto lhes parece patentemente errada ou mesmo gravemente imoral[12].

---

nalidade prática é que os agentes ajam com base no equilíbrio de razões para a ação razoavelmente disponíveis a eles. Para uma discussão mais ampla dessa conclusão, ver capítulo X.

9. Esta é a conclusão do capítulo III, com a qual estão comprometidos todos os teóricos que atribuem à lei menos do que autoridade prática.

10. Conforme argumentou Holly Smith, os agentes com freqüência sofrem de desvantagens tanto motivacionais quanto cognitivas.

> Há... pelo menos quatro desvantagens cognitivas que poderiam impedir os agentes humanos de utilizar uma variedade de princípios morais na produção real de decisões: incapacidade de compreender o princípio, falta de informação suficiente para aplicá-lo, crenças empíricas errôneas e capacidade limitada para fazer os cálculos necessários.

Holly M. Smith, "Two-Tier Moral Codes", em *Foundations of Moral and Political Philosophy*, eds. Ellen Frankel Paul, Fred D. Miller e Jeffrey Paul (Oxford e Cambridge, MA: Basil Blackwell, 1990), 115.

11. "Se não confiarmos num produtor de decisões para determinar x, dificilmente poderemos acreditar nesse produtor de decisões para determinar que esse é um caso em que as razões para inabilitar esse produtor de decisões da determinação de x ou não se aplicam ou têm peso excedido." Schauer, *Playing by the Rules*, 98.

12. "As regras formais, por se referirem a umas poucas circunstâncias factuais facilmente identificadas e não requererem grande capacidade de raciocínio abstrato ou conhecimento empírico para sua aplicação, capacitam os seres humanos comuns, falíveis, a ficarem mais próximos da compreensão de

270   *O COMBATE MORAL*

Assim, os cidadãos se encontram num impasse. A racionalidade prática determina que ajam com base no equilíbrio das razões para a ação a eles disponíveis e, desse modo, que violem a lei quando julgarem que é isto o ditado pelo equilíbrio das razões. Mas considerando que os cidadãos estão suficientemente propensos ao erro na avaliação desse equilíbrio (bem como na avaliação do grau em que deveriam descontar seus juízos desse equilíbrio pela probabilidade de seu próprio erro), eles agiriam com maior acerto acatando cegamente a lei.

Finalmente, os que desempenham funções institucionais têm uma oportunidade de tirar os cidadãos desse apuro, ou seja, têm o poder para agir afirmativamente de modo a impedir ou reduzir o erro moral. Uma fonte desse poder nasce de sua capacidade única de influenciar pelo exemplo. Mas como vimos no capítulo VI, mesmo que a lei possuísse

---

seus princípios abstratos políticos/morais do que o faria a aplicação direta desses princípios." Larry Alexander, "Painting Without the Numbers: Noninterpretive Judicial Review", *University of Dayton Law Review* 8 (1983): 460. Mas, como argumentou Raz, para maximizar a redução do erro moral, essas regras formais têm que receber um tipo de peso preemptivo que lhes é negado nas teorias da autoridade influente, da autoridade consultiva e da autoridade teórica. A menos que os indivíduos abram mão de seu próprio juízo, não prevenirão tantos erros quanto serão prevenidos pelo acatamento de regras num regime em que estas refletem o equilíbrio das razões para a ação mais freqüentemente do que o fazem os juízos individuais.

> Suponha-se que posso identificar uma série de casos nos quais estou mais errado do que a autoridade putativa. Suponha-se que, por causa disso, decido-me a inclinar a balança em todos esses casos a favor de sua solução... Este procedimento inverterá meu juízo independente numa certa proporção dos casos... Se, como presumimos, não há outra informação relevante disponível, poderemos esperar que, nos casos em que endosso o juízo da autoridade, minha taxa de erros cairá e se igualará à da autoridade. Nos casos em que mesmo agora eu contradigo o juízo da autoridade, a taxa dos meus erros permanecerá inalterada, isto é, maior do que a da autoridade. Isto mostra que somente permitindo que o juízo da autoridade tenha completa prioridade sobre o meu, terei sucesso no aprimoramento de meu desempenho e no trazê-lo ao nível da autoridade.

Raz, *The Morality of Freedom*, 68.

O CASO MORAL DO PERSPECTIVISMO JURÍDICO   271

apenas autoridade teórica, os juízes ainda teriam o poder de impor sanções aos cidadãos que transgridem a lei, e uma ameaça das sanções confere aos cidadãos uma nova razão para a obediência e, freqüentemente, uma razão de peso. Na maior parte dos casos, essa razão será suficiente para fazer oscilar o equilíbrio das razões para a ação a favor do conformar-se. A punição provê, assim, um veículo judicial para a redução do erro moral. Na medida em que alguém tem uma razão para agir sempre que dispõe de capacidade para prevenir conseqüências imorais, e na medida em que o poder punitivo supre os juízes de uma capacidade única de prevenir tais conseqüências, os juízes terão uma razão para se conformarem à lei (e, assim, para punir todos os transgressores da lei), que não constitui uma razão para os cidadãos assim também agirem[13].

Este argumento é diferente das duas versões anteriores da tese do erro porque focaliza não a preocupação de que a desobediência ou constituirá erro moral (da parte de alguém) ou causará erro moral (da parte dos outros), mas a preocupação de que a desobediência constituirá um fracasso na prevenção do erro moral. Se os cidadãos fariam melhor acatando a lei mesmo em circunstâncias em que a racionalidade prática determinasse que eles desobedecem a ela, e se os juízes têm à sua disposição um meio de suprir os cidadãos de uma razão para a obediência de tal peso que na maior parte das circunstâncias será suficiente para induzir os cidadãos a obedecer à lei, os juízes deveriam empregar esse poder para socorrer os cidadãos diante do perigo

---

13. Schauer expôs um argumento deste tipo em Frederick Schauer, "Judicial Self-Understanding and the Internalization of Constitutional Rules", *University of Colorado Law Review* 61 (1990): 749-71. Ver também Frederick Schauer, "Formalism", *Yale Law Journal* 97 (1988): 509-48. Para uma discussão do argumento de Schauer e um exame geral do grau em que o estado de direito constitui uma razão relativa a funções para os juízes resistirem "a comp[or] disposições superiores àquelas que são convocados a aplicar", ver Kent Greenawalt, "The Perceived Authority of Law in Judging Constitutional Cases", *University of Colorado Law Review* 61 (1990): 783-93.

272   *O COMBATE MORAL*

moral. Analogamente, se os juízes agiriam melhor acatando cegamente regras de decisão enraizadas, mas constrangidos a fazê-lo pelas exigências da razão prática, então os que concebem as instituições deveriam utilizar seus poderes disciplinadores para suplementar o equilíbrio de razões judiciais para a ação com a razão subjetiva para a obediência derivada da ameaça de punição. Por conseguinte, os juízes e os que concebem as instituições possuem razões para punição que os que são punidos não possuem ao se decidirem a desobecer à lei.

Avaliando a tese do erro

A tese do erro, em uma ou outra de suas duas formas mais plausíveis, constitui base para a moralidade relativa a funções apenas se for efetivamente o caso de os cidadãos não disporem, como razão para a obediência, do fato de os juízes provavelmente induzirem ao erro ou não conseguirem preveni-lo se forçados a julgar casos envolvendo desobediência civil. Esta é uma investigação a que voltarei nas partes IV e V deste livro.

Neste ponto seria útil apreciar tanto as implicações quanto as limitações da tese do erro. Em primeiro lugar, a tese do erro explicitamente estimula o uso das instituições legais como instrumentos da falsidade. Sua afirmação é que os cidadãos atingirão resultados moralmente superiores se forem levados a crer na falsa proposição de que não devem jamais violar a lei[14]. Mas a inculcação dessa crença ocorre

---

14. Como afirma Alexander, a tese do erro provê uma constrangedora razão moral para criar instituições "que exigem que ajamos *como se* suas decisões fossem moralmente prioritárias em relação a todas as outras razões morais de primeira ordem... [ainda que] suas decisões não pudessem realmente ser moralmente preferenciais". Alexander, "The Gap", 10. Ademais, pode prover uma constrangedora razão moral "não apenas para estabelecer instituições que fazem tais exigências, como também para ensinar que suas exigências apresentam prerrogativa moral (embora não a apresentem)". *Ibid.*, 11. Ver

O CASO MORAL DO PERSPECTIVISMO JURÍDICO

273

com o preço de sacrificar o resultado moralmente correto nos casos em que esse resultado não pode ser alcançado sem introduzir insidiosamente uma falsa fé na capacidade da lei de atingir resultados morais ou sem deixar de explorar uma oportunidade de fortalecer essa fé.

Existem muitas razões, intensamente examinadas e articuladas por outros, para se duvidar de que a moral seja sempre melhor praticada por meio da fraude (*deceit*). Seria possível, por exemplo, argumentar que enganar os outros é intrinsecamente imoral e assim que não pode ser justificado. Entretanto, conforme argumentou Holly Smith, é típico ver a falsidade como imoral porque ela produz crenças falsas, e estas produzem atos errôneos[15]. Mas a fraude que é levada a cabo punindo-se os justificados supostamente faz

---

também Larry Alexander e Emily Sherwin, "The Deceptive Nature of Rules", *University of Pennsylvania Law Review* 142 (1994): 1191-1225 (argumentando que os produtores de regras podem e devem mentir a respeito da obrigatoriedade das regras que produzem); Steven D. Smith, "Radically Subversive Speech and Authority of Law", *Michigan Law Review* 94 (1995): 348-70 (argumentando a favor da "construção da autoridade ficcional" como um meio de atingir a coordenação social).

Meir Dan-Cohen argumentou que a natural separação acústica que existe entre cidadãos e funcionários públicos torna possível e desejável promulgar regras de conduta que se afastam das regras de decisão. Meir Dan-Cohen, "Decision Rules and Conduct Rules: On Acoustic Separation in Criminal Law", *Harvard Law Review* 97 (1984): 625-42. Os cidadãos podem ser receptores de regras de conduta que não contêm quaisquer exceções passíveis de serem mal interpretadas ou exploradas. Autoridades públicas podem ser supridas de regras de decisão que lhes reclamem a absolvição de cidadãos em circunstâncias excepcionais. Tal combinação tanto maximiza o acatamento das regras quanto permite a eqüidade. Entretanto, na medida em que as regras de conduta divergem das regras de decisão, elas atuam como balelas para o público. Contrariamente ao que é dito ao público, a ignorância da lei pode desculpar, o uso de força letal é permitido em circunstâncias especiais e o constrangimento pode desobrigar. O público é enganado porque é incentivado pelas regras de conduta a crer no contrário disso tudo.

Ver também Scott C. Idleman, "A Prudential Theory of Judicial Candor", *Texas Law Review* 73 (1995): 1307-1417 (argumentando contra uma obrigação geral de lisura da parte dos juízes).

15. Smith, "Two-Tier Moral Codes", 125-6.

274   *O COMBATE MORAL*

com que os indivíduos sustentem mais crenças verdadeiras (sobre o que devem fazer) do que sustentariam e, conseqüentemente, ajam moralmente com maior freqüência do que agiriam. Assim, para basear um argumento contra a fraude em alguma alegação de que ela produz crenças prejudiciais, seria necessário argumentar que as crenças verdadeiras acerca dos princípios que realmente justificam as ações são mais importantes do que as crenças verdadeiras acerca de como se deveria realmente agir.

Alternativamente, poder-se-ia afirmar que a fraude encerra uma imoralidade que lhe é inerente, pois a falsidade priva o agente de sua autonomia[16]. Mas a tese de fundo teria que ser a de que a autonomia é uma função de escolhas baseadas mais em crenças verdadeiras acerca de princípios de ação justificatórios do que em crenças verdadeiras acerca de como se deveria realmente agir. Alguém que pensasse que a autonomia requer a ação moral seria dissuadido pela afirmação de que um sistema que produz mais ação moral do que suas alternativas põe a autonomia em risco.

Bernard Williams argumentou que, mesmo que a fraude seja moralmente inócua, seu uso pelo Estado resultará inevitavelmente na manipulação governamental da população, o que é antidemocrático, e *este* resultado não é moralmente inócuo[17]. Os membros do Estado (os juízes, por exemplo) serão "cobrados" pelos cidadãos (por exemplo, pela promulgação legislativa de regras de decisão particulares) a influir sobre regras que, eles sabem, são, em alguns casos, sobre ou subinclusivas. Nesses casos, serão constrangidos pelas verdadeiras regras morais a não corresponder à vontade da maioria e, por conseguinte, não serão democráticos em seus métodos de governo. John Rawls sugeriu, alterna-

---

16. Ver Barbara Herman, "The Practice of Moral Judgment", *The Journal of Philosophy* 82 (1985): 431.

17. Williams, "A Critique of Utilitarianism", em *Utilitarianism: For and Against*, eds. J. J. C. Smart e Bernard Williams (Nova York: Cambridge University Press, 1973), 138-9. Ver Smith, *Moral Codes*, 121-2.

O CASO MORAL DO PERSPECTIVISMO JURÍDICO

tivamente, que qualquer tentativa de inculcar falsas crenças morais (não importa quão benigna seja sua intenção básica) violará o que ele chama de "condição de publicidade" – um constrangimento formal que invalida os princípios morais solapados por sua articulação pública[18]. Rawls encara essa condição como axiomática a uma concepção pública da justiça e assim conclui que, como não poderia ser rejeitada na posição original, não pode ser rejeitada fora dela.

Todos esses argumentos, na medida em que apontam para problemas genuínos relativos ao uso da fraude, padecem do mesmo problema. A menos que encerrem algum *status* excludente, podem, no máximo, servir como razões para os juízes e os que concebem as instituições se recusarem a sacrificar resultados morais como meio de preservar um mito moral. Assim sendo, têm que ser comparados com as razões que levam a crer que esse mito é valioso, devendo ser preservado. Desse modo, tais razões, embora importantes em termos de exame e avaliação, não conferem nenhuma base para se pensar que a tese do erro não poderia servir como fonte de razões relativas a funções para a ação.

Holly Smith aventou uma segunda razão para se pensar que a tese do erro fornece um fundamento questionável para uma defesa da moral relativa a funções[19]. Na tese do erro está implícita a pressuposição de que a lei permite que os indivíduos ajam moralmente com mais freqüência que a própria moral, pois os indivíduos podem conhecer a lei e aplicá-la corretamente em casos em que não podem ter certeza e não podem aplicar facilmente os princípios gerais da moral. Entretanto, para que se acerque da moralidade com

---

18. John Rawls, *A Theory of Justice* (Cambridge, MA: Harvard University Press, Belknap Press, 1971), 133.

19. Esta é uma variação do argumento aventado por Holly Smith contra os códigos morais de dupla camada que substituem os complexos códigos de moralidade por regras morais simples – regras que, conjuntamente, compreendem o que Henry Sidgwick chamou de "moralidade esotérica". Ver Smith, "Two-Tier Moral Codes", 128-32; Henry Sidgwick, *The Methods of Ethics*, 7. ed. (Indianápolis, IN: Hackett Publishing Co., 1981), 475-95.

276   *O COMBATE MORAL*

maior freqüência do que a razão prática individual, a lei precisa ser estipulada por indivíduos 1) que compreendam e possam aplicar os princípios gerais da moral; 2) que compreendam como os indivíduos podem se confundir a respeito do conteúdo ou aplicação desses princípios gerais da moral em circunstâncias particulares; e 3) que reconheçam como superar essa confusão traduzindo os princípios gerais da moral em prescrições ou proibições particulares que serão compreendidas e aplicadas de uma maneira que (com maior freqüência) produza ações idênticas às exigidas pelos princípios gerais da moral. Os indivíduos capazes de substituir os princípios gerais da moral por uma lista de prescrições e proibições também seriam capazes de identificar casos em que essas prescrições e proibições são sobre ou subinclusivas (porque não seria possível compreender como uma regra poderia se aproximar do resultado prescrito por seus princípios básicos sem a compreensão das circunstâncias em que a regra não é aplicável). Mas os indivíduos possuidores desse tipo de conhecimento seriam aparentemente capazes de remediar o erro moral dos outros educando-os para serem raciocinadores morais igualmente sofisticados, de preferência a manipulá-los por meio do engano. Falando sem rodeios, se os legisladores sabem o suficiente para manipular os cidadãos para que ajam moralmente, devem saber o suficiente para educar os cidadãos de modo a não precisar manipulá-los.

O argumento de Smith parece estar baseado na suposição de que a lei constitui um guia para a ação moral se, e somente se, os legisladores possuírem autoridade consultiva. Se esta realmente fosse nossa melhor avaliação da fonte da autoridade da lei, seria plausível pensar que o engano poderia ser substituído pela educação pois, se os legisladores sabem o suficiente para dar conselhos confiáveis, devem saber o suficiente para ensinar os cidadãos a se orientarem sem a assistência deles. Se os argumentos expostos no capítulo VI estiverem corretos, entretanto, haverá razões para pensar que a lei pode possuir autoridade teórica sem

O CASO MORAL DO PERSPECTIVISMO JURÍDICO   277

que os legisladores possuam perícia moral. Com essa concepção da autoridade legal, é possível que a lei seja capaz de guiar a ação sem que os legisladores sejam capazes de explicar aos cidadãos como a lei funciona. O argumento de Smith então não conseguiria nos fornecer uma razão para pensar que a educação pública poderia substituir o engano do público e, conseqüentemente, não conseguiria nos proporcionar uma razão para rejeitar a tese do erro como uma fonte da moral relativa a funções.

Entretanto, mesmo que falte aos legisladores perícia moral, assim faltando o poder de educar os cidadãos para agir moralmente, o argumento de Smith pode ser recuperável. Se a razão da lei, distinta dos legisladores, possui autoridade teórica sobre as obrigações morais, é que ela deriva de um procedimento deliberativo particularmente confiável (um procedimento que requer, por exemplo, resultados que reflitam os oito desideratos da lei de Lon Fuller e exige que as pessoas justifiquem publicamente seus julgamentos do "ponto de vista moral")[20], então, visto que aos cidadãos pode-se ensinar a emulação desse procedimento, eles podem ser ensinados a raciocinar moralmente de maneiras que desafiem a necessidade da manipulação enganosa.

Pode ainda haver razões para pensarmos que o engano seja preferível à educação. É possível que as considerações de caráter econômico sugiram que somente uma elite de poucos deveria controlar os princípios gerais da moral. Os restantes deveriam agir com base nas regras produzidas pela elite moral, mesmo que, ao fazê-lo, produzissem erros morais, porque os custos desses erros não são tão grandes quanto to os que acompanhariam o controle universal dos princípios que revelariam as exceções a essas regras.

Mas reconhecer que o engano da lei pode praticamente ser substituído pela educação moral significa reconhecer

---

20. Lembremos os aspectos institucionais da produção de decisões democráticas discutidos nos capítulos V e VI, que explicam por que os legisladores aos quais falta perícia moral poderiam, apesar disso, promulgar leis que a possuem.

278   *O COMBATE MORAL*

que uma teoria da moral relativa a funções, se for premissa da tese do erro, pode encerrar apenas interesse pragmático. Ela funciona mais como prescrição estratégica que como afirmação metafísica concernente ao conteúdo da moral. Sustenta ela que, por razões práticas, e não por razões teóricas, os juízes devem punir os justificados. Precisamente como se tem que reconhecer que não se pode visar diretamente um alvo ao disparar uma flecha com vento forte, os juízes têm que reconhecer que não podem absolver os justificados ao julgar casos num sistema em que esses casos são erroneamente interpretados como exemplos para os injustificados. Mas do mesmo modo que um vento forte não *altera* a localização do alvo que se mira, mas apenas muda a forma de mirá-lo, o erro tampouco *muda* o conteúdo dos princípios da moral – ele simplesmente altera o modo prático utilizado para que esses princípios sejam mais bem realizados. Na ausência do erro, a tese da correspondência é aplicável, pois as razões a favor e contra as ações de um cidadão esgotariam as razões a favor e contra a ação judicial. Se a preocupação de alguém é com o conteúdo da moral, e não com os métodos estratégicos necessários à sua realização, considerar-se-á a tese da moral relativa a funções alheia à questão – ao menos se essa tese tiver sua premissa estabelecida no fato de os agentes cometerem erros.

Embora os teóricos do erro possam estar satisfeitos ao fazer sua modesta afirmação pragmática devido à sua confiança (inteiramente plausível) na falibilidade humana, impressiona-me haver uma afirmação consideravelmente mais interessante e teoricamente poderosa a ser feita em nome da moral relativa a funções. Mesmo se fôssemos todos raciocinadores infalíveis da moral, a ponto de jamais interpretarmos mal exemplos de desobediência alheios ou de forma diversa calcularmos mal o equilíbrio das razões para a ação, ainda assim haveria fundamentos para pensar que as funções institucionais criam, e em parte são definidas por razões para a ação não aplicáveis a indivíduos que não desempenham essas funções. Se for este o caso, mesmo se os ci-

O CASO MORAL DO PERSPECTIVISMO JURÍDICO

dadãos nunca cometessem erros aqui e ali, quando a moral lhes exigisse a desobediência à lei, os juízes ainda poderiam dispor de razões morais para puni-los por sua desobediência justificada. E mesmo se juízes nunca cometessem erros aqui e ali quando a moral exigisse a absolvição de cidadãos justificavelmente desobedientes, os que concebem as instituições ainda poderiam ter razões morais para puni-los por, de maneira justificada, terem deixado de punir transgressores justificados, ou seja, se o perspectivismo fundamentando (sob princípios) for sustentável, a moralidade encerrará em si um paradoxo que lhe é inerente pois a moral, em princípio, exige a punição dos que agem moralmente. O abandono do princípio do retributivismo frágil não constituirá uma "segunda melhor" solução aos problemas da imperfeição humana – resultará do conteúdo de uma moral ideal.

Capítulo VIII
Os *valores do estado de direito:*
fundamentos principiológicos
para o perspectivismo judicial

De acordo com Lon Fuller, um sistema legal só pode realizar o estado de direito se suas promulgações forem gerais, públicas, previdentes, claras, logicamente coerentes, praticamente possíveis, relativamente constantes e aplicadas com previsibilidade[1]. Com exceção da primeira (que expressa apenas uma condição formal para que exista um sistema de regras efetivo), essas exigências se referem à importância de três valores: a promoção da liberdade individual, a proteção dos interesses de confiança e a preservação da igualdade.

É comum afirmar-se que esses valores do estado de direito "geralmente definem a tarefa de julgar"[2]. Eles "justifica[m] ter o judiciário uma função limitada numa democracia como a nossa... [or]denando que não devem os juízes dispensar justiça sobre uma base *ad hoc,* caso por caso"[3]. Está

---

1. Lon Fuller, *The Morality of Law,* ed. rev. (New Haven: CT, Yale University Press, 1969), 33-94. É de se lembrar a discussão dos capítulos V e VI acerca do motivo pelo qual se poderia muito bem atribuir à lei, por possuir tais características, autoridade teórica sobre as matérias normativas.

2. Michael S. Moore, "A Natural Law Theory of Interpretation", *Southern California Law Review* 58 (1985): 314. Para uma defesa da afirmação de que os juízes, nos Estados Unidos, resolveram de forma coerente o dilema que já descrevi antes do favorecimento do estado de direito, ver Matthew Lippman, "Liberating the Law: The Jurisprudence of Civil Disobedience and Resistance", *San Diego Justice Journal* 2 (1994): 317-94.

3. Moore, "A Natural Law Theory of Interpretation", 313. "[N]uma democracia constitucional em que existe um compromisso de julgar disputas em vez de tê-las decididas por um decreto judicial, o estado de direito exige que a

282   O COMBATE MORAL

implícita nessa afirmação a opinião de que os valores do estado de direito constituem razões para a ação exclusiva dos juízes[4]. Eles entram no equilíbrio das razões que justifica a ação judicial, mas não no equilíbrio das razões que justifica a conduta privada[5]. Assim, os valores do estado de direito ser-

---

função e responsabilidade constitucionais do juiz sejam mais a de aplicar a lei, de preferência a produzi-la." Rolf E. Sartorius, *Individual Conduct and Social Norms* (Encino, CA: Dickenson Publishing Co., 1975), 179.

4. Conforme formulou Chaim Gans:

[O] dever das autoridades de obedecer... constitui parte do valor do estado de direito...

As autoridades, diferentemente dos cidadãos, devem ao estado de direito mais do que a mera obediência... A fim de cumprir sua tarefa de criar a regra jurídica, o judiciário, por exemplo, tem que estar acessível a todos, manter as regras da justiça natural, explicar suas decisões etc.

Chaim Gans, *Philosophical Anarchism and Political Disobedience* (Cambridge: Cambridge University Press, 1992), 6. E como escreveu Steven Burton:

O estado de direito é um ideal político... [O] ideal é a parte de uma teoria política moderna que indica certas condições para a ação legítima de funcionários do governo. É a base, na teoria política e para exigências específicas, que a lei constranja juízes e outros funcionários públicos. O estado de direito supõe que os constrangimentos legais sobre a ação oficial são necessários ao apoio de um governo de poder limitado, uma separação de poderes entre suas partes e uma cidadania que seja realizadora de um alto grau de liberdade.

Steven J. Burton, "Particularism, Discretion, and the Rule of Law", em *Nomos XXXVI: The Rule of Law*, ed. Ian Shapiro (Nova York e Londres: New York University Press, 1994), 179-80.

5. Para uma defesa da afirmação de que valores do estado de direito concedem aos advogados "uma obrigação especial de exercer um cuidado especial antes de se envolverem em desobediência civil", ver Judith A. McMorrow, "Civil Disobedience and the Lawyer's Obligation to the Law", *Washington and Lee Law Review* 48 (1991): 139-63. Mas ver também Martha A. Minnow, "Breaking the Law: Lawyers and Clients in Struggles for Social Change", *University of Pittsburgh Law Review* 52 (1991): 723-51 (argumentando que constitui boa prática advocatícia tanto representar os desobedientes civis quanto dedicar-se à desobediência civil quando necessário para expor as causas dignas de clientes desobedientes civis). Ver também os comentários constantes da tese de Minnow no simpósio sobre seu artigo, em sua totalidade simpatizantes do convite à desobediência do advogado. Simpósio, *University of Pittsburgh Law Review* 52 (1991).

O CASO MORAL DO PERSPECTIVISMO JURÍDICO 283

vem como fonte da moral relativa a funções que poderia muito bem justificar a punição de transgressores justificados.

Neste capítulo, articularei a natureza desses valores e as razões para vê-los como relativos a funções[6].

Embora esses valores sejam bem conhecidos na literatura jurisprudente, sua capacidade de fornecer fundamentos para a moral relativa a funções é variável, assim tornando necessário o seu tratamento em separado. Ao longo desta discussão é importante pressupor que o erro não constitui uma preocupação. Esta suposição nos permitirá abstrair se existem razões relativas a funções para a ação que sejam mais fundamentadas do que pragmáticas. Nossa tarefa é determinar se a moral é paradoxal em princípio – se emite diferentes razões para a ação a diferentes agentes de modo que a mesma ação poderia ser correta para um agente e errada para outro (isto é, justificada, dadas as razões para a ação aplicáveis a um agente, e justificavelmente punida, dadas as razões para a ação aplicáveis a um outro). Se os valores do estado de direito dependem, para sua força normativa, da necessidade de os juízes prevenirem a produção de decisões errôneas da parte dos cidadãos (ou outros juízes), esses valores não servirão como razões relativas a funções para a ação que sejam distintas das consideradas no capítulo anterior, ou seja, não servirão como razões para pensar que a moral poderia, em princípio, exigir a punição dos justificados.

A proteção da liberdade individual

O primeiro valor do qual se pensa que o estado de direito se serve é o da liberdade pessoal. A liberdade é ampliada

---

6. Os valores do estado de direito não são os únicos que foram cogitados como definidores da tarefa de julgar, embora sejam os únicos em que me deterei neste capítulo. Philip Soper argumentou de maneira interessante, por exemplo, que o papel dos funcionários públicos da justiça exige destes que encarem o positivismo jurídico como falso. Ver Philip Soper, "Legal Theory and the Claim of Authority", *Philosophy and Public Affairs* 18 (1989): 209-37.

284 *O COMBATE MORAL*

quando os indivíduos são capazes de prever as conseqüências de suas ações. Na medida em que essas conseqüências são variáveis (de maneira a impossibilitar sua previsão), são mantidas em segredo (de maneira a impedir sua descoberta), ou são vagas (de maneira a evitar sua avaliação precisa), os indivíduos ficam em desvantagem no que concerne à sua capacidade de fazer planos ou traçar a conduta futura. À medida que essa desvantagem arrefece a atividade, *arrefece* a liberdade.

Visto que os juízes controlam com exclusividade o poder de punição, eles se encontram numa posição privilegiada quanto a afetar as conseqüências das ações individuais. Por esta razão, o valor de liberdade parece interessar aos juízes de uma maneira que não constitui interesse aos indivíduos em sua vida particular. Embora os indivíduos possam afetar a liberdade dos outros reagindo às ações destes de modos imprevisíveis, raramente são capazes de afetar tantos indivíduos de uma forma tão substancial como o são os juízes, que impõem punições em circunstâncias imprevisíveis. Assim, embora o cidadão que contempla a violação da lei tenha que incluir como fator de suas deliberações a probabilidade de que sua conduta ilegal seja imprevisível para os outros e, conseqüentemente, limitadora da liberdade, parece improvável que essa razão para a obediência apresente o mesmo peso em seus cálculos que nos cálculos de um juiz contemplando a violação da lei com o objetivo de absolver um transgressor justificado. Como afirmou Fuller, pelo fato de a lei, diferentemente de qualquer outra instituição, afetar a conduta de *todos* os cidadãos, os interesses da liberdade são postos em risco apenas quando as conseqüências da lei se tornam desconhecidas, imprecisas, variáveis ou contraditórias[7]. Se cabe à lei proteger e ampliar a liberdade, seus mandatos têm que ser claros e suas penalidades, óbvias.

Se os juízes só podem tornar as penalidades óbvias aplicando-as a todos os transgressores, igualmente a injustifi-

---

7. Fuller, *The Morality of Law*, 38-41.

O CASO MORAL DO PERSPECTIVISMO JURÍDICO

cados e justificados, os juízes têm uma razão relativa a funções para punir os justificados. Não precisamos, porém, adotar essa defesa da moral relativa a funções em larga escala, pois o êxito dessa defesa depende claramente da suposição de que os cidadãos são propensos ao erro. Sua pressuposição implícita é a de ser improvável que os cidadãos com freqüência vejam as exceções pelo que elas são, sendo, assim, provavelmente levados a crer erroneamente que uma regra foi alterada por completo quando tudo que sucedeu foi apenas a criação de uma exceção a essa regra. Por conseguinte, provavelmente mudem seu procedimento ou o abandonem totalmente quando suas previsões forem confundidas pela crença errônea de que os padrões que se aplicam àquele procedimento foram mudados. Tentarão conformar seu comportamento com o exemplo estabelecido pelo transgressor justificado em circunstâncias em que esse comportamento é injustificado. Ao serem penalizados pela violação daquilo que erroneamente pensavam ser uma antiga regra, é provável que fiquem desorientados até a paralisia. A fim de evitar essa paralisia, é preciso que as regras sejam promulgadas sem as exceções que provavelmente serão erroneamente interpretadas como contradições. À medida que a absolvição dos transgressores justificados comunica contradições aos propensos ao erro, os transgressores justificados devem ser punidos[8].

Se, contudo, os indivíduos estivessem livres do erro, não tomariam erroneamente a absolvição de transgressores justificados por indicação de que as regras com as quais deveriam conformar a sua conduta tenham sido alteradas. Reconheceriam que estariam habilitados a violar a lei em cir-

---

8. Este argumento do erro constitui uma versão do argumento oriundo do exemplo discutido no capítulo VII, o qual sustenta que se acreditará erroneamente que a absolvição judicial de um cidadão justificavelmente desobediente constituirá uma mensagem de que a lei que torna ofensiva a conduta do cidadão foi mudada. Outros cidadãos, conseqüentemente, praticarão essa conduta indiscriminadamente, assim violando a lei ainda existente com maior freqüência do que o justificável.

286 O COMBATE MORAL

cunstâncias relevantemente semelhantes àquelas em que o transgressor justificado a violou, mas em nenhuma outra, ou seja, a punição dos justificados não serviria como meio necessário para preservar a clareza da lei ou a previsibilidade das penalidades que atendem à sua violação injustificada.

Visto que a proteção da liberdade só poderia justificar a punição dos justificados num mundo em que fosse provável que os indivíduos interpretassem mal a significação das absolvições, uma defesa da moral relativa a funções que se fia no valor de liberdade descamba num argumento do erro. O que ela afirma é que a liberdade dos cidadãos propensos ao erro só está protegida se não forem levados a errar (em função do reconhecimento judicial das exceções que tomarão erroneamente por regras) e, então, confundidos até a inação por serem punidos por esse erro. Embora os juízes tenham, aparentemente, uma razão para punir os justificados se, assim procedendo, previnem erros limitadores de liberdade por parte de outros, essa razão deveria ser classificada entre as que proporcionam mais fundamentos pragmáticos do que fundamentos principiológicos para a moral relativa a funções.

Ademais, se interpretado como versão da tese do erro, o argumento da liberdade pode muito bem não conseguir estabelecer um exemplo convincente para a moral relativa a funções. Embora nossa sociedade estime grandemente a proteção da liberdade por meio do estado de direito, ela tem, entretanto, adotado códigos penais que encarnam uma defesa geral do equilíbrio dos males em relação ao que constituiria transgressões criminais[9]. No capítulo I, indiquei graficamente três espécies de casos em que os transgressores justificados são incapazes de se valer dessa defesa legal. Continua, entretanto, existindo um número considerável de casos em que os transgressores podem escapar à punição porque o dano produzido por suas ofensas é menor que o dano afas-

---

9. Ver, por exemplo, "American Law Institute", *Model Penal Code* (Código Penal Modelo), seção 3.02.

O CASO MORAL DO PERSPECTIVISMO JURÍDICO 287

tado graças a essas ofensas. À medida que atribuímos reconhecimento legal à justificação moral para tais ofensas, fica claro que não pensamos que os cidadãos são tão propensos ao erro a ponto de interpretar todas as absolvições como atos que revogam regras contra o assassinato, o furto, a destruição da propriedade e assim por diante. No máximo, tais absolvições deixam os cidadãos em dúvida quanto ao fato de assassinatos específicos ou furtos específicos poderem ser justificados de sua parte com base na defesa do equilíbrio dos males. E, com acerto, consideramos essa dúvida como insuficientemente limitadora de liberdade para garantir a punição indiscriminada de transgressores justificados.

A proteção dos interesses de confiança

O segundo valor do estado de direito ao qual poderiam recorrer os que buscam um fundamento principiológico para a moral relativa a funções é o valor de proteção da confiança. Podem-se distinguir, pelo menos, três argumentos a favor da importância de preservar interesses de confiança. O primeiro é um argumento que parte da eqüidade. Quando os indivíduos confiam *justificavelmente* nas ações ou asserções (*statements*) de outro indivíduo e mudam suas posições em conformidade com isso, a eqüidade lhes dita que não deveriam estar surpresos por terem suas expectativas contrariadas e suas posições mudadas para o pior. O segundo é um argumento que parte do empenho. Mesmo quando os indivíduos confiam *injustificavelmente* nas asserções ou ações de outro indivíduo, sua confiança deveria ser protegida como forma de assegurar que seus esforços não serão desperdiçados. O terceiro é um argumento que parte do valor da coordenação. Onde a confiança é necessária para a solução de problemas de coordenação e dilemas dos prisioneiros, essa confiança deveria ser protegida como forma de se obterem os bens coletivos possibilitados pela coordenação.

288   *O COMBATE MORAL*

O argumento da eqüidade

A eqüidade exige que, se alguém estimula outros indivíduos a alterar suas posições, não deve deixar esses indivíduos em pior situação deixando de satisfazer suas expectativas[10]. Se é iníquo contrariar as expectativas dos que justificavelmente alteram suas posições confiando em nossas palavras ou ações, então sendo outras coisas iguais, nem cidadãos, nem funcionários públicos deveriam agir contrariamente ao modo pelo qual incentivam os outros a ter a expectativa de que eles assim agissem. Portanto, o argumento da eqüidade parece suprir tanto os cidadãos como os juízes de uma razão para agir de acordo com as expectativas justificadas de outros. À medida que os cidadãos justificavelmente têm confiança mútua quanto a se conformarem à lei, os cidadãos dispõem de razões (e, em alguns casos, razões de grande peso) para obedecer a leis que, em caso de falta de interesses de confiança, seriam justificavelmente desobedecidas. De maneira semelhante, à medida que cidadãos e outros funcionários públicos justificavelmente confiam nos juízes para se conformarem com a lei, dispõem os juízes de razões (e, talvez, de razões de grande peso) para chegar a decisões que, na ausência de tais interesses de confiança, poderiam não ser exigidas[11].

O argumento da eqüidade só dará origem a razões diferenciais para a obediência se as expectativas justificadas

---

10. "[É] confessadamente injusto *quebrar a fé* de qualquer pessoa – violar um compromisso, seja explícito ou implícito, ou frustrar as expectativas criadas por nossa própria conduta, pelo menos se criamos essas expectativas ciente e voluntariamente." John Stuart Mill, "Utilitarianism", em *Selected Writings of John Stuart Mill*, ed. Maurice Cowling (Nova York: New American Library, 1968), 285.

11. O argumento da eqüidade constitui a base do que Fuller denominou "o vínculo de reciprocidade" entre o cidadão e o Estado. "O Governo, com efeito, diz ao cidadão: 'Estas são as regras que esperamos que você siga. Se seguilas, você tem nossa garantia de que são as regras que serão aplicadas à sua conduta.'" Fuller, *The Morality of Law*, 39-40. Ver também Sartorius, *Individual Conduct and Social Norms*, 166.

O CASO MORAL DO PERSPECTIVISMO JURÍDICO 289

concernentes à conduta dos cidadãos diferirem das expectativas justificadas concernentes às decisões dos juízes. Particularmente, o argumento da eqüidade só justificaria a punição de um transgressor justificado se houvesse expectativas legítimas da punição do transgressor que diferissem das expectativas legítimas da obediência do transgressor. Por exemplo, um transgressor justificado é alguém que calcula com acerto que as razões para a obediência proporcionadas pelas expectativas justificadas dos outros são excedidas em peso pelas razões para a desobediência. Para que um juiz tivesse justificativa para punir esse transgressor com base na eqüidade com os outros, teríamos que estar diante do caso de a falta de punição da parte do juiz causar suficiente surpresa injusta a ponto de fazer oscilar o equilíbrio das razões para a ação judicial a favor de punir um indivíduo para quem a surpresa injusta não fez oscilar o equilíbrio das razões para a ação privada a favor da obediência.

Quatro condições parecem necessárias para uma afirmação da surpresa injusta: 1) tem-se que acreditar realmente que outro indivíduo realizará uma certa ação; 2) a crença tem que ser razoável, isto é, tem que ser epistemicamente justificada; 3) tem-se que mudar a própria posição como resultado daquela crença de uma maneira potencialmente custosa ou prejudicial a si; e 4) nossa mudança de posição não tem que ser moralmente repreensível. Para que a confiança justificada concedesse a um juiz razão para punir um transgressor justificado, seria mister que alguma classe de pessoas satisfizesse as quatro condições acima. Mas quem poderia *justificavelmente* confiar na punição dos justificados cujos esforços ou expectativas fossem *injustificavelmente* contrariados pela absolvição de alguém que fez a coisa certa? Três categorias de pessoas vêm à mente: o próprio transgressor, aqueles que processam o transgressor (promotores públicos criminais ou litigantes particulares) e membros do público em geral. Para que possamos avaliar se alguma dessas categorias poderia justificavelmente confiar na punição de um transgressor justificado, é necessário operar por meio das razões de modo a pensar que uma ou mais de uma delas pudesse preencher as quatro condições especificadas acima.

290 O COMBATE MORAL

*Bases para a crença justificada
na punição de transgressores justificados*

Os transgressores, os promotores públicos e demandantes particulares e os membros do público em geral poderiam todos estar justificados por acreditar que os transgressores serão punidos mesmo quando suas transgressões estiverem moralmente justificadas. Expressando-se da forma mais direta, esses indivíduos poderiam realmente acreditar que os transgressores justificados serão punidos e poderiam se justificar por acreditá-lo porque, como examinamos no capítulo I, o direito criminal e o direito civil assim dispõem. Seria possível, é claro, haver outras fontes dessa crença: a velha série televisiva de Perry Mason, os conselhos do advogado da família de alguém, os livros de auto-ajuda e assim por diante. Mas recorrer a essas fontes alternativas exigiria o desenvolvimento de algo mais do que uma compreensão intuitiva das condições para uma crença justificada – e disto vou aqui me abster.

Atos de confiança adversos

Além de estabelecer que os cidadãos poderiam acreditar de modo razoável que os transgressores justificados serão punidos, os que recorressem à confiança justificada como uma razão relativa a funções para a ação judicial teriam que demonstrar que pelo menos alguns cidadãos realmente alteram suas posições de maneiras potencialmente adversas como resultado dessa crença. Quem poderia alterar sua posição para pior como resultado de acreditar justificavelmente que os transgressores justificados serão punidos?

Atos adversos realizados por transgressores. Em casos de desobediência civil em que os transgressores buscam a punição como meio de chamar a atenção pública para uma lei

O CASO MORAL DO PERSPECTIVISMO JURÍDICO 291

imoral, poder-se-ia pensar que os transgressores alteram suas posições de maneira potencialmente adversa. Considere-se o caso de alguém que protesta contra a guerra e que se furta ao recrutamento militar precisamente porque é provável que sua esperada punição cause repúdio público à guerra e seja tida como um insulto. Se sua desobediência for julgada justificada e essa pessoa for absolvida, ela terá, indubitavelmente, razões para se queixar de que está agora em situação pior do que estaria se tivesse concentrado suas energias de ativista em outros projetos. Se o quarto critério for atendido, os interesses de confiança desse cidadão desobediente civil fornecerão a um juiz uma razão para puni-lo[12].

Esses casos são relativamente raros. De maneira típica, embora um transgressor justificado pudesse ficar surpreso com sua absolvição, não ficaria surpreso injustamente mais do que um transgressor injustificado ficaria surpreso injustamente diante do perdão. Surpresas injustas são injustas precisamente porque deixam as pessoas em situação pior do que aquela em que se encontravam antes. Como é típico as absolvições deixarem os transgressores em situação melhor que antes, elas advêm tipicamente como agradável surpresa. Conseqüentemente, na maioria dos casos, o próprio transgressor não terá alterado sua posição de uma forma que o deixará pior do que antes se não for punido.

Atos adversos realizados por promotores e demandantes. À medida que os promotores públicos criminais e os demandantes civis crêem justificavelmente que um transgressor justificado será punido ou será objeto de sanção civil, sua instauração de processo contra esse transgressor os deixará em situação pior do que a anterior se o transgressor não for punido. Enquanto promotores públicos surpresos possam se mostrar menos iníquos injustos do que ineficientes, liti-

---

12. As condições em que seria moral consentir na punição (injustificada) de si mesmo são discutidas na primeira seção do capítulo XI, bem como na próxima seção deste capítulo.

292   *O COMBATE MORAL*

gantes particulares surpresos têm laivos de iniqüidade substancial. Se a lei se compromete a aplicar sanções justificavelmente a réus desobedientes, e litigantes particulares gastam quantidades substanciais de tempo e dinheiro para instaurar processos contra esses réus em conseqüência desse compromisso, certamente se acharão em situação substancialmente pior se esse compromisso for rompido pelos juízes. Por conseguinte, se o quarto critério for atendido, os interesses de confiança dos demandantes e, em menor grau, dos promotores públicos criminais poderiam proporcionar aos juízes uma razão para aplicar sanções civis aos transgressores justificados ou puni-los criminalmente.

Atos adversos realizados pelo público. Os membros do público que crêem de modo razoável que os transgressores justificados serão punidos podem supor, com acerto, que tal punição impedirá que os justificados desobedeçam à lei. Assim sendo, poderão deixar de tomar precauções que, de outra forma, tomariam se antecipassem a desobediência justificada, isto é, poderiam, num declive, cruzar o sinal verde com o veículo em ponto morto sem atentar para os motoristas que poderiam estar justificados ao cruzar o sinal vermelho – porque poderiam acertadamente supor que esses motoristas serão impedidos de fazer o que eles estariam justificados a fazer.

Esse argumento fornece uma razão para os juízes pensarem que membros do público poderiam ter mudado suas posições para pior como conseqüência da expectativa de que transgressores justificados serão punidos? Se fornece, aparentemente também forneceria uma razão para supostos transgressores obedecerem à lei, ou seja, se membros do público esperam que outros obedecerão à lei porque serão punidos mesmo se desobedecerem a ela justificavelmente, aqueles que contemplam a desobediência devem fatorar essa expectativa como razão para obedecer à lei. Se o fizerem com precisão, e se o equilíbrio das razões para a ação ainda favorecer a desobediência, parecerá que os juízes não deve-

O CASO MORAL DO PERSPECTIVISMO JURÍDICO 293

riam punir tais transgressores por contrariarem as expectativas públicas, porque o cálculo que o cidadão faz da confiança pública diluirá o cálculo que um juiz faz dela. Fosse alguém se opor a isso argumentando que as absolvições reduzirão o grau em que os transgressores justificados levarão a sério a expectativa pública de que obedecerão à lei por receio da punição, essa pessoa estaria introduzindo clandestinamente hipóteses em torno do erro. Alguém suporia que os transgressores justificados acabarão por cometer erros – mas, se o fizerem, deixarão de ser justificados. Por conseguinte, embora os transgressores por desobediência civil e os promotores públicos e demandantes particulares possam ter interesses de confiança que são preocupação exclusiva dos juízes, membros do público provavelmente não os terão.

A moralidade de confiar na punição dos justificados

Mesmo se os transgressores e promotores alterassem suas posições para seu detrimento potencial com base numa crença justificada de que os juízes punirão transgressores justificados, sua confiança não será justificada, a menos que ela seja moralmente legítima, pois os indivíduos só ficam injustamente surpresos quando suas expectativas são contrariadas se suas expectativas não forem moralmente repreensíveis. Assim, por exemplo, não se é justificado ao confiar no cumprimento alheio de uma promessa imoral (matar o inimigo de alguém, por exemplo), mesmo que se disponha de todas as razões para crer que essa promessa será mantida, mesmo que se altere substancialmente a própria posição como resultado dessa promessa. Posto que o ato em que se deposita confiança é imoral, nossa própria confiança nele é moralmente injustificada. Conseqüentemente, não podemos nos queixar de uma surpresa injusta se o pretenso assassino não cumprir sua promessa.

Considere-se, como um segundo exemplo, a reivindicação de confiança em jogo no famoso caso *MacPherson contra*

294   *O COMBATE MORAL*

Buick Motor Co.[13]. A Buick realmente acreditou que não seria responsabilizada por danos causados aos consumidores em função de defeitos de fabricação de seus automóveis. Acreditou nisso justificavelmente porque a lei aprovara reserva contratual no que tangia a casos de responsabilidade pelo produto, assim permitindo que os fabricantes de automóveis só fossem processados pelos distribuidores (que raramente eram prejudicados pelos defeitos dos carros vendidos aos consumidores). A Buick fixou o preço de seus carros supondo que não seria responsabilizada pelo consumidor final, assim alterando sua posição para seu detrimento potencial. Mas o emprego que a Buick fez da doutrina da reserva de responsabilidade, a fim de escapar da responsabilidade em relação aos prejudicados por sua negligência, era moralmente repreensível. A Buick, afinal, tinha um dever tanto moral quanto legal de fabricar automóveis seguros, e a reserva na qual se fiou para esquivar-se à responsabilidade constituiu apenas uma limitação em relação aos recursos legais disponíveis aos consumidores para reparar violações do dever da Buick. Por conseguinte, a Buick não ficou *injustamente* surpresa quando o juiz Cardozo concluiu que a reserva de responsabilidade não impediria um processo instaurado por um consumidor final.

Da mesma forma que a confiança no cumprimento de uma promessa não constituirá confiança *justificada* se a promessa for imoral, a confiança na punição dos justificados não constituirá confiança *justificada* se essa punição for injustificada. Mas ser ou não justificável punir os justificados é precisamente a questão à qual se supunha que a confiança daria uma resposta. Aqueles que supuseram que há razões relativas a funções para punir os justificados não são capazes de, sem incorrer em circularidade, sustentar que a confiança justificada é uma delas pelo menos até que tenham encontrado outros que defendam a moralidade de punir os justificados de modo que a confiança nessa punição seja real e moralmente justificada.

---

13. 217 N.Y. 382, 111 N.E. 1050 (1916).

O CASO MORAL DO PERSPECTIVISMO JURÍDICO

Poderia parecer, então, que percorremos um longo caminho para nada. Há duas razões para pensar que não é assim – duas razões que, espero, justifiquem os pormenores que introduzi na discussão. Em primeiro lugar, o recurso à confiança justificada é virtualmente uma reação tipo reflexo patelar para muitos advogados e teóricos do direito intimados a aventar uma razão para pensar que os juízes devem seguir as regras. É crucial constatar que essa reação deve ser mitigada pelo reconhecimento dos fatos difíceis de ser estabelecidos pela confiança justificada, e que esta depende de outros argumentos, além da confiança, para torná-la justificada. Em segundo lugar, se há outros argumentos, além da confiança, que justifiquem a punição dos justificados, a confiança nessa punição será justificada (enquanto as outras condições para essa confiança forem satisfeitas). Assim, não é para desesperar que o fato da confiança justificada não forneça uma razão para punir os justificados – porque ela efetivamente fornece essa razão se houver (também) outras razões para punir os justificados.

O argumento do empenho

Já argumentei que indivíduos que depositam confiança na punição dos justificados não estão justificados a fazê-lo a menos que haja outras razões (além de sua confiança) para considerar essa punição justificada. Por conseguinte, sob pena de incorrer em circularidade, a surpresa deles não é necessariamente injusta. Entretanto, os que favorecem a moral relativa a funções poderiam frustrar a acusação de circularidade argumentando que, mesmo se os indivíduos confiassem *injustamente* na punição de transgressores justificados, essa confiança, ainda assim, forneceria uma razão (a despeito de não ser uma razão de eqüidade) para os juízes administrarem essa punição, pois a confiança injustificada produz esforços que, em algumas circunstâncias, não devem ser desperdiçados.

296   O COMBATE MORAL

Consideremos um caso que não envolve a questão de punir os justificados, mas que demonstra claramente a força moral do argumento do empenho. Em *Tennessee Valley Authority contra Hill*[14], a *Tennessee Valley Authority* (TVA) recebeu milhões de dólares do *House Appropriations Committee* para construir a represa de Tellicoe. Ao descobrir que a represa tornaria extinta uma espécie de peixe de 7,5 cm conhecido como *snail darter*, a TVA consultou o *House Appropriations Committee* para determinar se o projeto seria barrado pelo *Endangered Species Act* (Lei das Espécies em Risco). Tendo o *Committee* garantido que essa lei não impedia a construção da represa, a TVA concluiu o projeto. Em litígio subseqüente, essa confiança da TVA na interpretação legal do *Committee* foi julgada injustificada porque o *Committee* não era nem um tribunal encarregado de construção estatutária nem um corpo legislativo capaz de modificar os termos do *Endangered Species Act*. Contudo, considerou-se que o empenho e as despesas nascidos dessa confiança não deveriam ser eventualmente desperdiçados. Assim, a Suprema Corte foi objeto de intensa crítica quando posteriormente proibiu a operação da represa, porque se considerou que a Corte deixou de atribuir suficiente peso à perda multimilionária em dólares que ocorreria como resultado dessa decisão.

No contexto da presente discussão, o argumento do empenho pareceria proporcionar uma razão relativa a funções para punir os justificados em circunstâncias em que os indivíduos confiam nessa punição (ainda que injustificavelmente) e investem recursos que serão desperdiçados no caso de tal punição não ser administrada. Que se recorde o caso, discutido no capítulo V, de *Estados Unidos contra Kirby*[15], no qual um xerife de condado foi processado com base numa lei federal que transformou em crime "obstruir ou retardar a passagem da mala postal, ou qualquer condutor ou transportador"[16] depois de ele ter executado uma ordem de pri-

---

14. 437 U.S. 153 (1978).
15. 74 U.S. (7 Wall.) 482 (1869).
16. *Ibid.*, 483.

O CASO MORAL DO PERSPECTIVISMO JURÍDICO

são contra um condutor do correio federal a serviço, suspeito de assassinato. O promotor federal, neste caso, injustificavelmente confiou no tribunal para aplicar a letra da lei em detrimento de seu espírito e assim investiu recursos processuais na expectativa de que um transgressor justificado fosse punido. O que não aconteceu.

Visto que os que buscam de uma fonte da moral relativa a funções precisam apenas estabelecer a existência de algumas razões para a ação que sejam únicas para os juízes, é possível que bastasse apontar o desperdício de recursos que acompanha casos de confiança injustificada e argumentar que tal desperdício, embora não seja uma razão de peso para punir os justificados, não deixa de ser, entretanto, uma certa razão para puni-los. Embora esse argumento nos conduzisse à conclusão aparentemente absurda de que, sendo outras coisas iguais, um juiz devesse decidir a favor do litigante que despendeu o máximo de recursos para demandar perante a corte, essa conclusão pode ser uma conclusão que seria acolhida pelos que defendem a moral relativa a funções. Não me proponho a continuar insistindo nessa linha de argumentação. Mas se a confiança injustificada for a única fonte da moral relativa a funções, a moral relativa a funções será suficientemente frágil, causando-nos pouca preocupação. Mesmo se a confiança injustificada constituir uma razão relativa a funções para a ação, é improvável que ela justifique a punição dos justificados porque é improvável que pese mais do que o valor de absolver os que fazem a coisa certa.

O argumento da coordenação

A proteção dos interesses de confiança é, com freqüência, considerada importante com base em outros fundamentos além da eqüidade ou da eficiência. Na medida em que as soluções de coordenação exigem a confiança do indivíduo na cooperação dos outros, os bens coletivos que

298   *O COMBATE MORAL*

essas soluções produzem podem ser considerados dependentes da proteção desses interesses de confiança, ou seja, se as vantagens da coordenação só podem ser obtidas se os cidadãos se conformarem às convenções coordenativas (como as normas rodoviárias) e não estão ausentes em soluções cooperativas de dilemas dos prisioneiros (tais como aquelas estabelecidas por leis tributárias, leis de proteção ao meio ambiente e leis criminais), e se os cidadãos só se conformarão a tais convenções se puderem confiar no fato de que outros se conformarão a tais convenções, os juízes terão uma razão para punir quem viola as leis que cumprem funções de coordenação como forma de proteger importantes interesses de confiança.

Mas esta razão para a punição difere de alguma das razões que tem um cidadão para, em primeiro lugar, se conformar à lei? Se não difere, a punição dos justificados não pode ser justificada pelo argumento da coordenação porque, *eo ipso*, o transgressor justificado avaliou com precisão a importância de preservar as soluções de coordenação relevantes e o grau em que sua desobediência afetará a proeminência dessas soluções. Sua decisão de violar a lei é justificada *porque* ele atribuiu o devido peso ao valor da confiança dos outros em sua obediência e calculou corretamente que esse valor é excedido pelos valores realizados pela desobediência. Para o juiz punir justificavelmente o transgressor justificado, o valor dos interesses de confiança envolvido, ou a importância dos esquemas coordenativos protegida, tem que ser maior para o juiz do que para o cidadão.

Existem razões tentadoras para supormos que os cálculos tocantes a interesses de confiança são realmente variáveis entre os cidadãos e os juízes. Um cidadão calcula a confiança em outros com base na *sua* obediência, enquanto um juiz calcula a confiança de outros com base em *sua* obediência. Como esta última provavelmente se mostre maior do que a primeira, o argumento da coordenação parece fornecer uma fonte plausível de razões diferenciais para a ação.

O CASO MORAL DO PERSPECTIVISMO JURÍDICO

Dilemas dos prisioneiros

Consideremos em primeiro lugar os interesses de confiança que estão em jogo em casos que envolvem dilemas dos prisioneiros. Lembremos, com base no capítulo VI, que os dilemas dos prisioneiros surgem em circunstâncias em que os indivíduos ficariam em melhor situação se pudessem fugir de riscos cooperativos sem fazer que outros fizessem a mesma coisa. Assim, por exemplo, um indivíduo ficaria em melhor situação se só ele pudesse evitar pagar impostos, as mensalidades do sindicato, da televisão a cabo, porque então seria capaz de usufruir dos bens públicos possibilitados pelas contribuições dos outros sem que ele mesmo contribuísse para a sustentação desses bens. Pelo fato de todos os indivíduos terem inclinações semelhantes, os bens coletivos constituem realizações frágeis, que só podem ser sustentadas se cada indivíduo puder confiar em que (quase) todos os outros indivíduos não se aproveitem dos seus (dele ou dela) esforços ou contribuições cooperativos.

Os que defendem a moral relativa a funções apontam para o fato de que, em muitos casos, os indivíduos estão plenamente justificados ao tirarem proveito dos esforços cooperativos dos outros, a despeito de que esses esforços dependem da ausência desse aproveitamento, ou seja, os cidadãos se mostram justificados em sua recusa de cooperar quando acreditam acertadamente que ela não afetará substancialmente os esforços cooperativos dos outros ou os bens coletivos obtidos por esses esforços[17]. Isto ocorrerá quando o efeito da contribuição de um indivíduo num esquema cooperativo for pequeno, o impacto de sua omissão, desprezível e o ganho resultante dessa omissão, grande. Quando o dinheiro das mensalidades do sindicato for mais bem gasto em ações caritativas individuais, as taxas da TV a cabo mais

---

17. Ver a terceira seção do capítulo VI, onde se encontra uma discussão da afirmação de que a própria moralidade impede a não-cooperação quando a cooperação é coletivamente necessária para preservar um bem coletivo.

300   *O COMBATE MORAL*

bem utilizadas na compra de alimento e roupas para os filhos, e o tempo gasto em votar mais bem empregado em virtualmente qualquer coisa, os indivíduos terão justificativa para deixar de fazer pagamentos ou votar, desde que calculem com acerto que suas omissões individuais não contribuam substancialmente para a dissolução do sindicato, a falência da empresa de TV a cabo ou o colapso da democracia[18].

Como vimos no capítulo VI, muitos acreditam que o objetivo primordial da lei é fornecer estratégias cooperativas pelas quais se possam obter bens coletivos e, quando necessário, induzir a sujeição a essas estratégias por meio de sanções. Estas sanções cumprem dois fins. Em primeiro lugar, a ameaça de punição fornece aos indivíduos uma nova razão para a ação que tem, de forma típica, suficiente peso para fazer oscilar o equilíbrio das razões para a ação em favor da cooperação[19]. Em segundo lugar, as sanções capacitam o indivíduo a contar com o fato de que ele não será o único dos contribuintes de um esquema desfrutado predominantemente por aproveitadores. Assim, a capacidade de confiar na cooperação dos outros torna racional a própria cooperação dos indivíduos.

Se os juízes se recusassem a punir os transgressores justificados, destruiriam os incentivos que possibilitam os

---

18. [É] um exagero melodramático supor que toda violação da lei põe em risco, mesmo que num grau modesto, a sobrevivência do governo, da lei ou da ordem. Muitos atos de invasão, quebras de contratos, violações de direitos autorais etc., por mais lamentáveis que sejam sob outros aspectos, não apresentam quaisquer implicações no que diz respeito à estabilidade do governo e da lei. Joseph Raz, *The Morality of Freedom* (Oxford: Clarendon Press, 1986), 102.

19. Raz, *The Morality of Freedom*, 50-1; Peter Singer, *The Expanding Circle: Ethics and Sociobiology* (Oxford: Clarendon Press, 1981), 46; Heidi M. Hurd., "Sovereignty in Silence", *Yale Law Journal* 99 (1990): 1019-21.

Existe uma vasta e conhecida literatura em defesa da afirmação de que a própria moralidade fornece razões suficientes para a cooperação em situações de dilemas dos prisioneiros. Ver, por exemplo, David P. Gauthier, *Morals by Agreement* (Oxford: Oxford University Press, 1986), 8-10, 113-56; Singer, *The Expanding Circle*, 47. Os capítulos X e XI acrescentam um argumento limitado a essa literatura.

O CASO MORAL DO PERSPECTIVISMO JURÍDICO 301

bens coletivos. Os indivíduos deixariam de computar a dor da punição entre as razões para o conformar-se e, na ausência deste fator, o procedimento racional poderia muito bem ser uma conduta não-cooperativa. Conseqüentemente, os juízes dispõem de razões de peso para punir os que, na ausência da punição, teriam razões de peso para se recusarem a seguir a lei em situações que compreendem dilemas dos prisioneiros, ou seja, o argumento da coordenação justifica a punição dos transgressores justificados em casos em que essa punição é necessária para resolver um dilema dos prisioneiros.

Problemas de coordenação

Consideremos, agora, os interesses de confiança em jogo nos casos que envolvem mais problemas de coordenação do que dilemas dos prisioneiros. Recordemos que os problemas de coordenação surgem quando os indivíduos procuram cooperar (de preferência a tirar proveito da cooperação dos outros), mas são incapazes de estabelecer um meio para assim proceder. Exemplos clássicos incluem casos em que os indivíduos têm um desejo mútuo de evitar uma colisão, mas carecem de uma convenção que coordene suas ações de modo a eliminar o risco dessa colisão. Problemas de coordenação não são necessariamente o produto do erro humano. Mesmo os indivíduos possuidores de estupenda racionalidade prática podem se encontrar em circunstâncias que exigem coordenação com os outros, mas que não proporcionam nenhum meio proeminente pelo qual a coordenação torne-se possível. A maioria considera os problemas de coordenação como o produto de uma pluralidade de soluções coordenativas *igualmente* morais e *igualmente* praticáveis[20]. Somente se alguém esti-

---

20. Como afirmou Aristóteles, a regra da justiça natural é aquela "que em todo lugar possui a mesma força, não existindo em função de as pessoas pensarem isto ou aquilo...". Uma regra convencional é uma regra "que é originariamente indiferente, mas que, quando estabelecida, não é indiferente...". Aristóteles, "Nicomachean Ethics", em *The Complete Works of Aristotle*, v. 2,

302   O COMBATE MORAL

vesse preparado a defender uma tese rigorosa de resposta
correta – uma tese que sustentasse que a moralidade proporciona uma resposta correta a toda questão normativa
(incluindo se as pessoas deveriam dirigir à direita ou à esquerda, apertar mãos com a mão direita ou a esquerda, de-
positar o garfo à direita ou à esquerda etc.) – poderia afirmar que os problemas de coordenação são produzidos por
pessoas que erroneamente falham em perceber o curso singularmente correto de conduta que a moralidade prescreve
em tais circunstâncias.

A solução para um problema de coordenação depende
do reconhecimento generalizado de uma estratégia cooperativa proeminente e única. Embora a lei forneça tais estratégias proeminentes de coordenação em muitas circunstâncias que requerem coordenação, seu destaque pode muito
bem depender, em grande parte, de execução judicial. Isto
é verdadeiro por duas razões. Em primeiro lugar, como sugeriu o argumento do capítulo VI, dispomos de bons fundamentos para pensar que os juízes funcionam como fonte
proeminente de informações a respeito da lei. Por conseguinte, os cidadãos que buscam coordenar seus esforços com os
de outrem contarão com juízes para obter informações referentes às soluções de coordenação fornecidas pela lei,
porque esperam, justificavelmente, que outros procederão
da mesma forma. Em segundo lugar, visto que a lei só proporcionará uma solução para um problema de coordenação
particular se as pessoas realmente se conformarem à lei (em
oposição a alguma outra convenção coordenadora), e é mais
provável que as pessoas se conformem à lei se acreditarem
que os que violam a lei são punidos por não se conformarem, os cidadão contarão com os juízes para obter evidência de que estes estão punindo o não conformar-se, pois este
fato torna mais provável que a lei esteja funcionando como
convenção coordenadora dominante ou proeminente.

---

ed. Jonathan Barnes, trad. David Ross, revisado por J. O. Urmson (Princeton,
NJ: Princeton University Press, 1984), 1790-91 (V.7.1134b, 18-21).

O CASO MORAL DO PERSPECTIVISMO JURÍDICO 303

É claro que os próprios cidadãos podem afetar a proeminência de uma estratégia coordenativa particular. Deixar de conformar-se a uma solução de coordenação particular tornará essa solução menos proeminente, pois ocorrerá que os outros não poderão confiar tão prontamente na solução, e assim ela produzirá um estímulo para procurar outras bases de coordenação. Mas há duas razões para suspeitar que divergências individuais das convenções de coordenação legalmente estabelecidas não afetarão a proeminência dessas convenções tão dramaticamente como o fará a recusa judicial de pôr essas convenções em prática. Em primeiro lugar, é improvável que as divergências obtenham amplo reconhecimento e, assim, é improvável que abalem a fé da maioria na proeminência de uma estratégia coordenativa particular. Em segundo lugar, as soluções de coordenação, diferentemente das soluções de dilemas dos prisioneiros, não criam incentivos para a omissão. Se a maior parte das pessoas dirige do lado direito da estrada, é do (auto-)interesse do indivíduo também fazê-lo. O conhecimento do fato de que as soluções de coordenação estão entre os melhores interesses de todos fornece aos indivíduos uma razão para interpretar a não-cooperação dos outros como produto da ignorância, da irracionalidade ou da emergência. A menos que tenham uma razão para suspeitar de que um número substancial de outros indivíduos alterará o procedimento em virtude do não conformar-se do indivíduo (ignorante, irracional ou exposto ao perigo), não terão razão para pensar que a não-cooperação desse indivíduo tornará uma estratégia cooperativa amplamente reconhecida menos proeminente.

Surgem, assim, razões para supor que os interesses de confiança em jogo em situações que apresentam problemas de coordenação variam entre os cidadãos e os juízes. Um cidadão pode, com acerto, calcular que passar por um sinal vermelho no meio da noite não afetará substancialmente a prática de parar diante do semáforo com sinal vermelho, mas um juiz pode calcular, com acerto, que a absolvição desse cidadão afetará de maneira absolutamente substancial aque-

304   *O COMBATE MORAL*

la prática. À medida que os cidadãos contam com a execução judicial das regras de trânsito como evidência de que os outros se conformarão a essas regras, uma absolvição pode levar os cidadãos a pensar que os outros alterarão o comportamento deles, o que, por si só, fará que eles vejam como racional a alteração de seu comportamento. Uma absolvição pode, assim, ter um efeito dominó que force os cidadãos a olhar além da lei em busca de esquemas de coordenação alternativos pelos quais possam reduzir ferimentos causados por acidentes de trânsito nos cruzamentos. Na medida em que é provável que o fato de um juiz deixar de punir um transgressor afete a proeminência de uma solução de coordenação da qual outros dependem, embora o fato de um cidadão deixar de conformar-se a essa solução não o seja, um juiz terá uma razão de maior peso para se conformar à regra de decisão que exige a punição de um cidadão desobediente do que esse cidadão terá para se conformar à regra de conduta que assegura a coordenação. O argumento da coordenação parece, assim, apoiar a moral relativa a funções.

Deveríamos, entretanto, ficar hesitantes diante dessa conclusão, pois o argumento da coordenação ameaça descambar no argumento do exemplo por introduzir clandestinamente hipóteses sobre a propensão ao erro por parte dos cidadãos, ou seja, o argumento parece sugerir que um juiz deveria punir transgressores justificados como meio de afirmar a proeminência de uma convenção para os que poderiam erroneamente tomar uma absolvição como motivo para pensar que uma convenção particular não deveria mais ser objeto de crédito. Poder-se-ia esperar, por outro lado, que os raciocinadores moralmente perfeitos vissem uma exceção a uma regra convencional pelo que ela é, ou seja, uma exceção. Tal exceção não deve abalar a sua fé na proeminência de uma regra de coordenação particular enquanto não tiverem nenhuma razão para suspeitar que essa exceção se converterá na regra. Conseqüentemente, num mundo destituído de erro, os juízes poderiam permitir-se reconhecer tais exceções absolvendo transgressores justificados sem receio de que eles promovessem divergências in-

O CASO MORAL DO PERSPECTIVISMO JURÍDICO 305

justificadas a partir de soluções de coordenação genuinamente proeminentes.

Mas é aqui que está a dificuldade. O reconhecimento de exceções às soluções de coordenação só cria novos problemas de coordenação que exigem soluções. Mesmo se os cidadãos, por serem raciocinadores morais capazes, não fossem induzidos a abandonar estratégias coordenativas em virtude do reconhecimento judicioso de divergências justificadas daquelas estratégias, eles seriam, todavia, forçados a buscar meios pelos quais pudessem coordenar-se com os transgressores justificados. E se houvesse convenções de segunda ordem que permitissem aos cidadãos coordenar sua conduta em relação aos transgressores justificados de convenções de primeira ordem, recorrer-se-ia aos juízes para que reconhecessem exceções a essas convenções de segunda ordem nos casos em que os indivíduos justificavelmente se afastaram dessas convenções de segunda ordem. Tais exceções criariam, mais uma vez, problemas de coordenação para os que procuram coordenar sua conduta com transgressores justificados de segunda ordem, assim gerando a necessidade de convenções de terceira ordem. O potencial de regressão, neste caso, é imenso.

A fim de apreciar essa regressão, consideremos o que se segue. Os semáforos fornecem correntemente soluções coordenativas de primeira ordem a motoristas que se encontram em cruzamentos. Há, entretanto, casos reconhecidos em que se justifica que os indivíduos transgridam os sinais luminosos do trânsito. Motoristas de ambulâncias, policiais e bombeiros freqüentemente têm razões para passar por cruzamentos com o sinal vermelho que superam as razões para neles parar. Reconhecendo este fato e reconhecendo que ele cria um novo problema de coordenação para os que procuram coordenar suas ações com as violações justificadas desses funcionários públicos, uma solução de coordenação de segunda ordem foi criada mediante o uso de luzes intermitentes e sirenes. Tais dispositivos sinalizam uma violação da convenção de primeira ordem, assim resolvendo o

306   *O COMBATE MORAL*

problema de coordenação de segunda ordem criado pelo reconhecimento dessas violações potenciais.

Agora imaginemos o seguinte caso. Uma ambulância transportando um indivíduo ferido, mas em condição estável, se aproxima de um cruzamento com as luzes piscando e a sirene tocando muito alto. Um carro particular sem identificação transportando um indivíduo na iminência de morrer se aproxima do mesmo cruzamento à mesma velocidade. Ambos os motoristas se defrontam com sinais vermelhos. Se passarem simultaneamente com o sinal vermelho, os veículos colidirão frontalmente e, pelo fato de o veículo particular não ter identificação, poderá ser atingido pelos que procuram se conformar com a convenção de segunda ordem que exige que se dê preferência à ambulância (isto envolve, reconhecidamente, um cruzamento complexo, da maneira que deveríamos supor que ocorre em New Jersey). O motorista do carro supõe corretamente que tem razão para violar a convenção de primeira ordem que exige que ele pare no sinal vermelho. Também conjetura com acerto que é mais importante chegar ao hospital com seu paciente antes de o motorista da ambulância chegar com o seu ao hospital. Portanto, ele supõe com acerto que dispõe de razão para violar a convenção de segunda ordem que dele exige que dê preferência à ambulância. Ele leva a sério o fato de que não há convenção que regulamente essa situação e que nem o motorista da ambulância nem outros motoristas particulares reconhecerão a justificabilidade dessa situação de modo a ceder a ela. Ele, todavia, calcula acertadamente que a vida que está em jogo justifica o risco de uma colisão.

Se um juiz absolvesse o motorista do carro e com isso criasse uma exceção explícita à convenção de segunda ordem que agora regula a transgressão justificada das convenções de trânsito de primeira ordem, ele criaria a necessidade de uma convenção de terceira ordem que permitiria a motoristas de ambulância e outros cidadãos a darem preferência a indivíduos que justificavelmente transgridem tanto as convenções de primeira ordem quanto as de segunda.

O CASO MORAL DO PERSPECTIVISMO JURÍDICO 307

E esta convenção teria claramente suas transgressões justificadas, as quais, se judicialmente reconhecidas, levariam à necessidade de uma convenção de quarta ordem e assim por diante, *ad infinitum.*

Os que defendem a moral relativa a funções seriam justificados, *prima facie*, supondo que essa regressão poderia ser restringida (ainda que não totalmente eliminada) pela punição dos transgressores justificados, pois a punição dos transgressores justificados supriria esses transgressores de uma razão nova e de peso para se conformarem a reconhecidas convenções de primeira ordem (ou, em raros casos, de segunda ordem). E o conhecimento desse fato por parte de outros devolveria sua confiança na proeminência geral das convenções de primeira ordem que possibilitam a coordenação.

Se a absolvição de transgressores justificados gera uma regressão que aniquila por completo a coordenação, os juízes aparentemente dispõem de uma razão para punir transgressores justificados: a coordenação é necessária para a consecução de certos bens coletivos e essa coordenação só pode ser realizada se decretos judiciais estipularem procedimentos proeminentes. Se os decretos judiciais forem suscetíveis de um conjunto recorrente de exceções, não estipularão procedimentos proeminentes. Por conseguinte, a promulgação judicial de uma estratégia de coordenação tem que ser isenta de exceções para que possa cumprir sua tarefa. E é isenta de exceções somente se transgressores justificados forem punidos.

A proteção da igualdade

O terceiro e último valor do estado de direito para o qual os que procuram um fundamento de princípios da moral relativa a funções poderiam se voltar é o valor de igualdade. A igualdade requer o tratamento similar dos que são idênticos em aspectos moralmente relevantes. Inversamente, permite (e talvez exija) o tratamento diferencial dos que não são idênticos em aspectos moralmente relevantes.

308 *O COMBATE MORAL*

Existe uma antiga controvérsia em torno da questão de se a igualdade funciona efetivamente como valor independente[21], e não me proponho a juntar mais lenha para essa fogueira. Será suficiente dizer que, se a igualdade realmente funciona como valor genuíno, ela proporciona uma razão para tratar casos presentes e futuros como casos passados, mesmo quando estes casos passados foram objeto de tratamento injusto ou errôneo. De maneira semelhante, proporciona uma razão para tratar casos presentes como casos futuros se alguém puder prever o tratamento que será administrado nesses casos futuros mesmo se este tratamento é e for injusto ou mal concebido.

---

21. Alguns argumentam que o princípio de igualdade é, ou pode ser, grosseiramente injusto. Ver William K. Frankena, "The Concept of Social Justice", em *Social Justice*, ed. Richard Brandt (Englewood Cliffs, NJ: Prentice-Hall, 1962), 17; Philip Montague, "Comparative and Noncomparative Justice", *The Philosophical Quarterly* 30 (1980): 133. Outros argumentam que o princípio de igualdade é meramente vazio. Seus requisitos "possuem tanto mais verdade quanto menos conteúdo do que por vezes se supõe: mais verdade porque eles não apenas ocorrem como verdadeiros como são necessariamente verdadeiros; menos conteúdo porque, sendo necessariamente verdadeiros, não acrescem nada ao que já sabemos". Peter Westen, *Speaking of Equality* (Princeton University Press, 1990), 186. Ver Wolfgang Von Leyden, *Aristotle on Equality and Justice: His Political Argument* (Houndsmills, Basingstoke: Macmillan, 1985), 5; Kenneth Cauthen, *The Passion for Equality* (New Jersey: Rowman & Littlefield Pub., 1987), 5; Hans Kelsen, *General Theory of Law and State* (Cambridge, MA: Harvard University Press, 1945), 439; Peter Westen, "The Empty Idea of Equality", *Harvard Law Review* 95 (1982): 537; Larry Alexander, "Constrained by Precedent", *Southern California Law Review* 63 (1989): 5-13; Larry Alexander e Ken Kress, "Against Legal Principles", em *Law and Interpretation*, ed. Andrei Marmor (Oxford: Clarendon Press, 1995): 301-6.

Fred Schauer aventou, de modo convincente, o surpreendente argumento de que, se a igualdade é um valor, está mais exposta ao risco do que protegida pela produção de decisões com base em regras. "Quando a produção de decisões com base em regras prevalece, o que aumenta é a incidência de casos em que os casos relevantemente diferentes são tratados de maneira semelhante, e não a incidência em que os casos semelhantes não são tratados de maneira semelhante." Frederick F. Schauer, *Playing by the Rules: A Philosophical Examination of Rule-Based Decision-Making in Law and in Life* (Oxford: Clarendon Press, 1991), 137.

O CASO MORAL DO PERSPECTIVISMO JURÍDICO 309

Na medida em que a igualdade constitui um valor efetivo, não parece ser um valor de interesse exclusivo dos que ocupam funções judiciais. Se os pais permitem que o filho dirija o carro da família no seu aniversário de dezesseis anos, o valor de igualdade se manifesta a favor de permitir que sua filha dirija o carro quando completar dezesseis anos (mesmo que se torne aparente, nesse ínterim, que a decisão no caso do filho foi imprudente). Ademais, o valor de proteção da igualdade pode apropriadamente entrar nas deliberações práticas de um cidadão quanto a violar ou não a lei. Se um *barman* sabe que outros *barmen* cumprirão a lei que os proíbe servir bebidas alcoólicas após as 2 da manhã, o valor de igualdade se manifesta a favor de recusar servir bebidas alcoólicas depois dessa hora porque fazê-lo conferiria um benefício desigual ao pequeno conjunto de fregueses daquele *barman*.

A despeito do fato de os interesses de igualdade poderem entrar no equilíbrio das razões que determina o que é correto o cidadão fazer, muitos supõem que seu peso seja maior quando entram no equilíbrio de razões que determina o que para um juiz é correto fazer. Assim, por exemplo, muitos consideram como intuitiva a afirmação de que um juiz deveria buscar mais proporcionalidade comparativa do que proporcionalidade substancial ao sentenciar[22]. Assim, se

---

22. Sigo tanto Platão quanto Aristóteles ao definir a proporcionalidade substancial como punição proporcional ao mérito ou demérito, e a proporcionalidade comparativa como punição numericamente idêntica. "Laws", em *The Collected Dialogues of Plato*, eds. Edith Hamilton e Huntington Cairns, trad. A. E. Taylor (Princeton, NJ: Princeton University Press, 1961), 1337 (VI.757-58); Aristóteles, "Politics", em *The Complete Works of Aristotle*, v. 2, ed. Jonathan Barnes, trad. Benjamin Jowett (Princeton, NJ: Princeton University Press, 1984), 2067 (V.1.1301b30-1302a15); Aristóteles, "Eudemian Ethics", em *The Complete Works of Aristotle*, v. 2, ed. Jonathan Barnes, trad. J. Solomon (Princeton, NJ: Princeton University Press, 1984), 1967-8 (VII.9.1241b33-40). Embora Platão insistisse que a proporcionalidade substancial "é a própria sentença de Zeus", *ibid.*, na medida em que é necessariamente justa, enquanto a proporcionalidade comparativa é apenas contingentemente justa, Aristóteles insistia que a justiça retificadora é constituída pela proporcionalidade compara-

310   *O COMBATE MORAL*

ladrões de lojas que furtaram uma primeira vez foram sentenciados no passado a oito meses de cadeia, um juiz terá uma razão de peso para sentenciar um ladrão de loja condenado a oito meses pela primeira vez, mesmo que o juiz considere a severidade dessa punição como substancialmente desproporcional em relação à severidade da ofensa.

A simpatia moderna pela posição de Aristóteles provém, amiúde, do reconhecimento de que a proporcionalidade substancial é, na melhor das hipóteses, de difícil avaliação e, na pior, arbitrária. A violação de correspondência merece três anos de prisão? Sete anos? Nove anos? Duas semanas de prisão são proporcionais ao delito de atentado ao pudor pela exibição das partes pudicas, ou dois anos? Talvez o máximo a ser aspirado pelos juízes seja a proporcionalidade comparativa, pelo menos em casos nos quais a punição comparativa não diverge da gama aparentemente ampla de possíveis punições proporcionalmente justas.

A exigência de proporcionalidade comparativa ou punição numericamente igual em casos semelhantes cria um problema de coordenação complexo para os juízes. Se é mais importante dar a mesma sentença que é dada por outros do que dar uma sentença considerada substancialmente proporcional, os juízes necessitam de um meio de coordenar suas decisões de sentenciamento. Tanto precedentes do direito comum quanto regras de decisão legislativamente promulgadas se ajustam a isso porque suprem os juízes de meios proeminentes para assegurar o tratamento igual dos litigantes. Enquanto os juízes puderem estar confiantes de que outros juízes seguem a lei, poderão estar confiantes de que a lei os mune de informações exatas a respeito de como casos semelhantes aos seus foram julgados no passado e como serão julgados no futuro. Supre-os, assim, de uma razão para pensar que sua própria obediência assegurará igual tratamento a casos semelhantes.

---

tiva. Aristóteles, "Nicomachean Ethics", em *The Complete Works of Aristotle*, ed. Jonathan Barnes, trad. David Ross, rev. por J. O. Urmson (Princeton, NJ: Princeton University Press, 1984), 1785 (V.3.1131a29-1131b24).

O CASO MORAL DO PERSPECTIVISMO JURÍDICO 311

Se o valor da proteção da igualdade proporciona uma razão de peso para os juízes lograrem proporcionalidade comparativa na punição, e se a proporcionalidade comparativa só pode ser concretizada pela fiel adesão à lei, os juízes têm uma razão, que os cidadãos não têm, para se conformarem à lei. Mas este fato fornece uma razão relativa a funções para punir os justificados? Afinal, na medida em que os transgressores justificados não são moralmente culpáveis, são moralmente dessemelhantes dos transgressores injustificados. Por conseguinte, pareceria que os interesses pela igualdade favoreceriam o tratamento dessemelhante.

Entretanto, se os transgressores justificados, no passado, não foram tratados diferentemente dos transgressores injustificados, ou se é provável que os transgressores justificados não serão, no futuro, tratados diferentemente dos transgressores injustificados, um juiz dispõe de uma razão para impor punições comparáveis igualmente a transgressores justificados e injustificados. À medida que os juízes reconheçam que só podem coletivamente concretizar a proporcionalidade comparativa se coordenarem suas ações individuais pela obediência à lei, e à medida que a lei os instrua a punir *todos* os transgressores que preencham as condições de culpabilidade *legal* e que não estejam justificados ou escusados com base em fundamentos *legalmente reconhecidos*, os juízes dispõem de evidência *tanto de* que outros juízes provavelmente puniram igualmente transgressores justificados e injustificados no passado quanto de que outros juízes provavelmente punirão igualmente transgressores justificados e injustificados no futuro. O valor de igualdade proporcionará, assim, uma razão moral relativa a funções para um juiz punir transgressores justificados.

É importante reconhecer que esse argumento não introduz clandestinamente pressuposições acerca da necessidade da proteção contra erros, assim funcionando, pelo menos *prima facie*, como argumento fundamentado a favor da moral relativa a funções. Apóia-se na afirmação de que, mesmo se os juízes fossem raciocinadores perfeitos, ainda assim

312   O COMBATE MORAL

necessitariam de uma fonte de coordenação proeminente porque a moral torna a punição igual mais importante do que a punição substancialmente correta. Uma vez que um juiz espera que outros sigam a lei como meio de realizar o tratamento igual de casos semelhantes, assim empregando a lei como meio de determinar a punição apropriada num caso particular, todos os outros juízes terão uma razão para agir do mesmo modo. Embora o fato de a lei deixar de distinguir a punição devida a transgressores justificados e injustificados possa ser errôneo, o primeiro conformar-se do juiz a essa lei poderá não ser errôneo se a lei fornecer a *única* fonte de coordenação proeminente e se a coordenação for, com efeito, mais importante do que a justiça substancial. Daí por diante, a justificabilidade de punir os justificados aumentará à medida que se multiplicar o número de casos em que os transgressores justificados são punidos.

Façamos agora uma pausa a fim de realizar um balanço dos argumentos até aqui expostos. Nossa tarefa nesta parte do livro foi determinar se existem, pelo menos *prima facie*, razões para adotar o perspectivismo e abandonar a tese da correspondência. Se existirem, teremos razão para pensar que o dilema que serviu como nosso ponto de partida foi resolvido, porque a própria moral exigirá que punamos os justificados de modo a honrarmos compromissos sistêmicos moralmente valiosos.

Começamos nossa análise no capítulo VII investigando as bases sobre as quais as preocupações com o erro moral poderiam tanto suprir os juízes de razões para punir violações privadas justificadas quanto os que concebem as instituições de razões para punir violações judiciais justificadas. Vimos que o erro poderia fornecer uma razão pragmática para punir os justificados, mas que não é capaz de fornecer uma razão principiológica para assim agir. Voltamo-nos, em seguida, para a questão de saber se há razões principiológicas para punir os justificados que sejam unicamente aplicáveis aos que desempenham funções judiciais. Vimos que existem razões *prima facie* para pensar que a proteção

O CASO MORAL DO PERSPECTIVISMO JURÍDICO 313

de interesses de confiança (do tipo exigido para gerar soluções para problemas de coordenação e dilemas dos prisioneiros) e a preservação da igualdade são preocupações que têm maior peso para os juízes que para os cidadãos e, conseqüentemente, que, em algumas circunstâncias, o equilíbrio das razões para a ação judicial poderia justificar a punição de um cidadão para o qual o equilíbrio das razões justificou a desobediência. Agora nos ocuparemos da questão de saber se existem razões principiológicas para punir os justificados que sejam unicamente aplicáveis aos que concebem e preservam as instituições legais tais como a função do judiciário. Se houver tais razões, até mesmo se os juízes tiverem justificativa para se recusarem a punir cidadãos justificavelmente desobedientes, os que concebem as instituições poderão ter justificativa para punir os juízes por essas recusas.

Capítulo IX
Os *valores da democracia e a separação dos poderes: fundamentos principiológicos para o perspectivismo constitucional*

Frederick Schauer sustentou que o ponto de vista do que concebe o ambiente da produção de decisões é completamente diferente do ponto de vista de um produtor de decisões dentro desse ambiente[1]. Se assim for, teremos que distinguir o perspectivismo judicial do que chamarei de "perspectivismo constitucional". O perspectivismo constitucional é a tese segundo a qual os que concebem e protegem as instituições de produção de decisões do Estado – incluindo as instituições judiciais – desempenham uma função caracterizada por razões para a ação que são inaplicáveis aos que desempenham outras funções[2].

---

1. Frederick Schauer, "Rules and the Rule of Law", *Harvard Journal of Law and Public Policy* 14 (1991): 691. Ver também Frederick F. Schauer, *Playing by the Rules: A Philosophical Examination of Rule-Based Decision-Making in Law and in Life* (Oxford: Clarendon Press, 1991), 130-3 (discutindo a "assimetria da autoridade" que existe entre os que adotaram a perspectiva de alguém encarregado de conceber um sistema de regras e os que assumiram a perspectiva de alguém de quem se espera que se conforme a essas regras).

2. Como argumentou Chaim Gans:

> [A]lgumas das considerações que sustentam a obediência das autoridades são completamente irrelevantes com relação à questão da obediência dos submetidos. Estes têm a ver com a separação dos poderes. Tivessem as autoridades incumbidas das funções de levar a julgamento, julgar e executar as decisões judiciais dos tribunais que desobedecem à lei ou, em outras palavras, aplicá-la ou não deixar de punir os que a violam, seria apropriado perguntar exatamente quem determina a conduta da sociedade – essas autoridades ou o governo e a legislatura.

Chaim Gans, *Philosophical Anarchism and Political Disobedience* (Cambridge: Cambridge University Press, 1992), 7.

316   *O COMBATE MORAL*

A função constitucional é uma função nebulosa porque, diferentemente da função judicial, não conta mais com um conjunto distinto de ocupantes. Na ausência dos autores da Constituição, a tarefa cabe aos que periodicamente se afastam de suas outras funções com o objetivo de criar, avaliar, ou policiar sistemas de produção de decisões que, na essência, executam-se por si mesmos. Assim, a perspectiva constitucional é, às vezes, ocupada pela legislatura (com máxima obviedade, por exemplo, o Senado quando vota a nomeação ou o impedimento de um juiz); às vezes por juízes e magistrados das cortes de apelação (quando avaliam as decisões de juízes de cortes superiores); às vezes por ativistas políticos; às vezes por advogados, estudiosos do direito e filósofos; e com muita freqüência por jornalistas e pânditas políticas. Qualquer pessoa que julga o modo pelo qual os juízes executam suas responsabilidades, por exemplo, assume a função constitucional. Se essa função for perspectiva – isto é, se gerar razões para criticar, disciplinar ou produzir impedimento de indivíduos que fazem a coisa certa de uma perspectiva diferente – levantará o dilema com o qual começamos. Se o conteúdo da moralidade é perspectivista, a moralidade encerra em si um paradoxo que lhe é inerente: torna moral a punição do moral.

A tarefa, neste capítulo, é sondar a viabilidade do perspectivismo constitucional. Buscaremos razões *prima facie* para pensar que os que praticam ou poderiam assumir a perspectiva constitucional poderiam ser justificados por disciplinarem ou produzirem impedimento de juízes que têm justificativa para absolver os transgressores justificados.

Os argumentos clássicos a favor da democracia e da separação dos poderes

A discussão na segunda parte deste livro e os argumentos expostos nos dois capítulos anteriores desta parte se combinam para sugerir que, embora haja valores importantes

O CASO MORAL DO PERSPECTIVISMO JURÍDICO 317

que podem servir à obediência judicial da lei, pode haver, todavia, circunstâncias em que os juízes devem pôr de lado a lei e agir de acordo com seus melhores critérios próprios. O reconhecimento de que os juízes podem ser compelidos pelas exigências da razão prática a substituir por seus próprios juízos os da legislatura insulta o nosso entendimento do princípio da democracia e sua exigência concomitante da separação dos poderes. Acredita-se, tradicionalmente, que esse princípio proíbe que os juízes ponham de lado as regras legislativamente promulgadas em nome das considerações morais de segundo plano. O governo do povo cede à ditadura de uma elite se os juízes não-eleitos puderem reescrever a legislação democrática.

Existe uma vasta literatura devotada à defesa do pluralismo estrutural. Para os nossos propósitos, seria útil conceber essa literatura como incorporadora de duas teorias alternativas da importância da democracia[3]. No primeiro tipo de teoria, a produção democrática de decisões constitui nosso meio mais confiável de alcançar resultados corretos, na medida em que, entre fontes competitivas de regras, é mais provável que as instituições democráticas, e não as outras instituições, atinjam regras que se ajustam ao equilíbrio das razões para a ação governamental. Assim sendo, às instituições democráticas deve ser atribuído o poder de produzir regras, enquanto as outras instituições devem ficar circunscritas às tarefas menores de interpretar, implantar e colocar em prática essas regras. Denominarei este primeiro tipo de teoria "instrumentalista" pois sua alegação é que só devemos valorar a democracia na medida em que esta logra resultados corretos. Se os resultados democráticos não conseguirem ser coerentes com o equilíbrio de razões para a ação, eles serão absolutamente destituídos de valor. No âmbito desta teoria, só valorizamos a democracia porque valo-

---

3. Eu sigo a taxonomia de John Arthur de teorias de democracia "instrumentalistas" e "internalistas". John Arthur, ed., *Democracy Theory and Practice* (Belmont, CA: Wadsworth Pub. Co., 1992), XI.

318   O COMBATE MORAL

rizamos a verdade e consideramos que os resultados democráticos possuem autoridade teórica confiável.

No segundo tipo de teoria, a produção democrática de decisões é intrinsecamente boa. Embora possa falhar na consecução de resultados que se harmonizem com o equilíbrio de razões para a ação (ausentes as razões proporcionadas pelo bem intrínseco da própria democracia), estabelece, a despeito disso, certos valores que outros procedimentos de produção de decisões não conseguem estabelecer. Na medida em que é moralmente preferível viver segundo regras erradas que reflitam esses valores a viver segundo regras corretas que não os reflitam, a democracia é valiosa mesmo quando seus resultados são imprecisos. Por conseguinte, as instituições não-democráticas (como o judiciário) *não devem* pôr de lado as decisões das instituições democráticas, mesmo quando seja patente que essas decisões não conseguem refletir o equilíbrio de razões para a ação legislativa, pois fazê-lo significa contrariar valores mais importantes do que a verdade. Chamarei esse tipo de teoria de "teoria internalista", porque alega que a produção democrática de decisões encerra valor que lhe é interno ou inerente.

A seguir, examinarei alguns dos argumentos instrumentalistas e internalistas clássicos que foram construídos a favor da democracia e da separação dos poderes. Demonstrarei que cada um desses argumentos fornece uma razão para punir juízes desobedientes apenas na medida em que fornece uma razão para pensarmos que juízes que se afastam de regras legislativamente promulgadas também se afastam do equilíbrio de razões para a ação judicial, ou seja, mostrarei que cada argumento fornece uma base para supor que os juízes desobedientes são transgressores *injustificados* que realmente merecem punição. Se estou certa, essa teorias clássicas da democracia e da separação dos poderes não são capazes, por si mesmas, de justificar a punição dos juízes genuinamente *justificados* a violar a lei. Mas elas poderiam muito bem proporcionar razões para pensarmos que

O CASO MORAL DO PERSPECTIVISMO JURÍDICO 319

o argumento do erro considerado no capítulo VII seja aplicável. Lembremos que o argumento do erro justifica a punição dos justificados em casos em que essa punição é um meio necessário para dissuadir a conduta injustificada de outros. Se os argumentos clássicos a favor da democracia e da separação dos poderes proporcionam razões para pensarmos que a desobediência judicial mais freqüentemente incide no erro do que o evita, eles nos permitem pensar que a absolvição dos transgressores judiciais justificados pode desencadear desobediência judicial mais injustificada que justificada. Assim sendo, seria possível que esses argumentos fundamentassem um argumento do erro que forneceria aos que assumem a perspectiva constitucional uma razão relativa a funções para punir juízes justificados a absolver cidadãos justificavelmente desobedientes. Mas, como já foi argumentado, essa razão constituiria apenas uma base pragmática para punir os transgressores judiciais justificados. Restará estabelecer, no fim deste capítulo, se existe alguma razão principiológica remanescente para pensarmos que as que concebem o sistema poderiam ser justificadas ao punir justificavelmente juízes desobedientes.

Teorias instrumentalistas da democracia

De acordo com os instrumentalistas, as razões para a ação judicial são esgotadas pelas razões para a ação legislativa, ou seja, o fato de a legislatura ter atingido uma decisão particular não constitui razão para o conformar-se judicial – não é algo valioso que deve ser acrescentado ao equilíbrio das razões para a obediência judicial. Os juízes só deveriam obedecer às promulgações legislativas porque essas promulgações detêm autoridade teórica, ou seja, só porque é mais provável que elas, e não os critérios dos juízes, se conformem a um equilíbrio de razões previamente existente para a ação governamental.

320   O COMBATE MORAL

O argumento do relativismo metaético

John Ely insistiu que os tribunais são menos capazes de decifrar melhores respostas para as controvérsias sociais do que as legislaturas porque não existe nenhuma fonte para essas respostas além da fornecida pelos resultados da legislação democrática. "[N]ossa sociedade não aceita, e com razão, a noção de um conjunto constatável e objetivamente válido de princípios morais, pelo menos não um conjunto que pudesse servir plausivelmente para subverter as decisões de nossos representantes eleitos."[4] Com disposição semelhante, Robert Bork argumentou que, quando os juízes são intimados a decidir casos de acordo com os princípios morais, eles não dispõem de outro recurso para decidir tais casos "senão por referência a algum sistema moral ou de valores éticos que não tem nenhuma validade objetiva ou intrínseca própria, e do qual os homens podem divergir e realmente o fazem"[5]. Assim, o único meio fundamental pelo qual se podem resolver disputas é por referência a uma fonte distinta daquela dos princípios morais de um juiz. Quando a Constituição se cala, os juízes só agem moralmente se conformam suas decisões à vontade da maioria expressa pela legislação democraticamente promulgada[6].

No centro das afirmações feitas por Ely e Bork com relação ao alcance do discernimento judicial está a tese metaética de que a moralidade é relativa às crenças de uma maioria, ou seja, a moralidade é constituída pelo que a maioria dos indivíduos de uma comunidade acredita ser moral. A partir dessa tese, Ely e Bork se consideram em posição para argumentar que os resultados democráticos são constitutivos do que é moralmente verdadeiro. Qualquer juiz que chegar a um parecer contrário àquele alcançado pela legis-

---

4. John Hart Ely, *Democracy and Distrust: A Theory of Judicial Review* (Cambridge, MA: Harvard University Press, 1980), 54.

5. Robert H. Bork, "Neutral Principles and Some First Amendment Problems", *Indiana Law Journal* 47 (1971): 10.

6. *Ibid.*, 11.

O CASO MORAL DO PERSPECTIVISMO JURÍDICO 321

latura estará necessariamente errado. E nada, exceto a cega deferência à legislatura, pode evitar tal erro.

Dois problemas são enfrentados pelos que aceitam esse argumento. O primeiro nasce da insustentabilidade da premissa metaética da qual procede o argumento. Como afirmei no capítulo II, é insustentável que as crenças ou preferências de uma maioria constituam fatos morais no que toca ao erro ou justeza de ações particulares, e, conseqüentemente, não se pode argumentar que as crenças da maioria quanto a como os juízes *devem* decidir casos particulares constituam fatos morais que forneçam razões para assim decidir os casos.

O segundo problema se origina do fato de que, mesmo se o convencionalismo metaético fosse sustentável, não daria respaldo à afirmação de que resultados democráticos são *constitutivos* do que é a moral. Na opinião do convencionalista, a moralidade consiste em tudo aquilo que a maioria de uma comunidade acredita ser moral. Pelo fato de um grupo de representantes talvez não conseguir captar as crenças da maioria quando votam para a legislação, os resultados legislativos podem divergir do que a maioria realmente prefeririam. A legislação, assim, não é capaz de constituir o sentimento da maioria; antes, só é capaz de refleti-lo. Desta maneira, a legislação é capaz de ser, no máximo, boa evidência do que o convencionalista considera moral. Em conformidade com isso, até mesmo o convencionalista tem que admitir que é possível que um juiz esteja correto ao concluir que a moralidade exige uma divergência em relação às decisões legislativas (porque é possível que um juiz avalie com precisão a opinião da maioria, enquanto não o é para uma legislatura).

Os convencionalistas poderiam admitir que a legislação promulgada por um processo de democracia representativa pode, no máximo, evidenciar fatos morais (isto é, as crenças da maioria). Mas poderiam argumentar que a legislação promulgada pela democracia direta (na qual todos os cidadãos votam a favor ou contra todas as promulgações propostas) é constitutiva do que é moral. É, verdadeiramente, a

322   *O COMBATE MORAL*

opinião da maioria. Poderiam, assim, concluir que as divergências judiciais de decisões legislativas nascidas de referendos ou iniciativas estão necessariamente erradas.

Essa afirmação, porém, seria, mais uma vez, falsa. O efeito de um referendo votado por todos os membros de uma comunidade não pode ser interpretado por um convencionalista senão como algo que não faz mais que evidenciar o fato de que a maioria acredita ser moral um arranjo social particular. É a crença de uma maioria – não a manifestação desta crença num voto – que conta como o fato moral da matéria. Visto que podem ser cometidos erros de votação e pode ocorrer a mudança das crenças, um juiz poderá acertadamente achar que a legislação está incorrendo em erro.

Embora a verdade do relativismo metaético não consiga estabelecer que as divergências judiciais da legislação estão necessariamente erradas, ela sustentaria, contudo, a afirmação de que a legislação é evidência praticamente conclusiva do que é moral. Assim, proporcionaria uma razão para pensarmos que as divergências judiciais de regras legislativas provavelmente estejam, com mais freqüência, mais erradas do que corretas. Mas se um juiz descobrir uma discrepância autêntica entre os resultados democráticos e o sentimento da maioria, o argumento não proporcionará nenhuma base para insistir que o juiz *deve*, a despeito disso, conformar-se aos resultados democráticos. Daí, o argumento se limita a proporcionar uma razão epistêmica para os juízes se conformarem aos resultados democráticos. E, ademais, não proporciona base nenhuma para a punição do juiz quando este se conforma ao sentimento da maioria, de preferência a conformar-se à legislação democrática. O máximo que proporciona é uma razão para pensarmos que a desobediência judicial é, com freqüência, um produto mais do erro judicial do que da precisão judicial e, por conseguinte, que os que concebem as instituições poderiam ser justificados ao punir *todos* os atos de desobediência judicial como meio de reduzir uma quantidade desproporcional de desobediência judicial injustificada. Mas este argumento a favor da punição

O CASO MORAL DO PERSPECTIVISMO JURÍDICO

é uma versão do argumento do erro examinado no capítulo VI e, assim, só proporciona uma razão pragmática para se punirem os transgressores judiciais justificados.

O argumento da utilidade

É tentador comparar o argumento utilitarista a favor da democracia com o argumento aventado pelo relativista[7], mas devemos resistir a essa tentação. Afirmar que o relativismo impõe que os juízes *devem* maximizar a satisfação de preferências requer uma de duas afirmações: ou se tem que sustentar que há, pelo menos, uma máxima moral (não relativizada) objetiva que controla a decisão judicial, a máxima de que as preferências devem ser satisfeitas, ou se tem que combinar a afirmação de que todas as máximas morais são relativas a crenças subjetivas com a afirmação empírica de que todas têm uma preferência de segunda ordem para a máxima satisfação de preferências de primeira ordem. Posto que os relativistas são tipicamente relativistas porque consideram a persistência empírica do profundo desacordo moral como evidência convincente de que não existem máximas objetivas, é extraordinariamente difícil que eles aventem a última afirmação. Os que fazem derivar o utilitarismo do relativismo parecem, assim, comprometidos com a primeira afirmação autocontraditória. Assim, enquanto o relativismo extrai sua força intuitiva do ceticismo metaético, uma teoria utilitarista coerente extrai sua força do realismo metaético. Ele afirma que a utilidade deve ser maximizada

---

7. Ver John Chipman Gray, *The Nature and Sources of the Law*, 2. ed. (Boston, MA: Beacon Press, 1963), 12, 19; Robert S. Summers, *Instrumentalism and American Legal Theory* (Ithaca, NY: Cornell University Press, 1982), 43-4, 48-9; Herman Oliphant, "Current Discussions of Legal Methodology", *American Bar Association Journal* 7 (1921): 241. Ver também Martin P. Golding, "Realism and Functionalism in the Legal Thought of Felix S. Cohen", *Cornell Law Review* 66 (1981): 1032 (discutindo a derivação de Felix Cohen do utilitarismo do relativismo).

324   *O COMBATE MORAL*

qualquer que seja a crença da maioria, do que se infere que o sentimento da maioria não é constitutivo da moralidade.

James Mill (pai de John Stuart Mill) é responsável pela mais famosa articulação da razão do utilitarista para atribuir valor instrumental aos resultados democráticos. Seu argumento se desenvolve da seguinte maneira: primeiramente "a preocupação do Governo... é aumentar ao máximo os prazeres e reduzir ao mínimo as dores que os seres humanos extraem uns dos outros..."[8]. Em segundo lugar, os próprios indivíduos são os melhores juízes do que lhes traz prazer e dor. O fato de a maioria preferir um certo comportamento constitui, assim, evidência obrigatória de que esse comportamento realmente refletirá o que o utilitarista considera como moral – "a maior felicidade do maior número de indivíduos"[9]. Finalmente, pelo fato de a democracia permitir que a vontade da maioria prevaleça sobre a vontade da minoria, ela concretiza, no âmbito dos motivos utilitaristas, resultados maximamente bons. Assim, de acordo com Mill, os utilitaristas completamente leais deveriam favorecer a democracia porque esta proporciona o meio perfeito de tabular as preferências a serem maximizadas numa teoria utilitarista da moralidade. Conformando-se à vontade da maioria, é mais provável lograr utilidade máxima do que se conformando a qualquer outro procedimento de decisão.

Como a maior parte dos utilitaristas, inclusive James Mill, não acham que os indivíduos sejam incorrigíveis em seus juízos acerca do que lhes trará prazer e reduzirá sua dor[10],

---

8. James Mill, "Essay on Government", em *Democracy: Theory and Practice*, ed. John Arthur (Belmont, CA: Wadsworth Pub. Co., 1992), 44.

9. *Ibid.*, 43.

10. Embora não considerado um típico utilitarista milliano, Rousseau captou essa hipótese utilitarista comum ao asseverar que "os seres humanos sempre desejam seu próprio bem, mas nem sempre o discernem; as pessoas nunca são corrompidas, a despeito de serem amiúde enganadas, e é só então que parecem querer o que é mau". Jean-Jacques Rousseau, "The Social Contract", em *The Social Contract and Discourse on the Origin of Inequality*, ed. Lester G. Crocker (Nova York: Washington Square Press, 1967), 30; John Stuart Mill, "Utilitarianism", em *Selected Writings of John Stuart Mill*, ed. Maurice Cowling (Nova York: New American Library, 1968), 252.

O CASO MORAL DO PERSPECTIVISMO JURÍDICO

eles são obrigados a admitir a possibilidade teórica de casos em que outros podem avaliar as preferências de um indivíduo com maior precisão do que o próprio indivíduo. Mas essa concessão abre caminho para a possibilidade de que, em certos casos, ainda que raros, os indivíduos possam avaliar melhor o que se encontra nos interesses de uma maioria com maior precisão do que a própria maioria. Em tais casos (raros), a coisa correta que cabe ao indivíduo fazer é colocar de lado a vontade da maioria em favor da felicidade máxima da maioria. Na medida em que um juiz faz precisamente isso quando *justificavelmente* desobedece a uma regra legislativa que exige a punição de um transgressor justificado (que *eo ipso* também reconheceu corretamente que os interesses da maioria favoreciam a desobediência de uma regra de conduta legislativamente promulgada), o utilitarista não pode apresentar nenhuma queixa fundamentada quanto aos juízes que justificavelmente absolvem cidadãos justificavelmente desobedientes.

O utilitarismo só geraria uma razão excludente para os juízes obedecerem a regras legislativas que não lograssem ser coerentes com as preferências autênticas de uma maioria se assumisse a forma do utilitarismo das regras e se uma regra que barrasse todos os atos da desobediência judicial produzisse mais utilidade que alguma regra alternativa. Pelo fato de haver razões bem conhecidas para suspeitarmos que o utilitarismo das regras contradiz o utilitarismo[11], há razões para supormos que os utilitaristas não podem gerar razões excludentes para os juízes decidirem casos de maneiras que não logram maximizar a utilidade (mesmo se forem capazes de superar os problemas conceituais ligados às razões excludentes discutidos no capítulo III). O máximo que podem gerar são regras práticas. E podem justificavelmente co-

---

11. Quanto ao seu agora famoso argumento de que o utilitarismo das regras deve ceder ao utilitarismo dos atos para ser genuinamente utilitarista, ver David Lyons, *Forms and Limits of Utilitarianism* (Oxford: Clarendon Press, 1965), 143-60.

326   *O COMBATE MORAL*

locar em prática essas regras contra os juízes que acertadamente calculam que tais regras só devem ser desobedecidas
se calcularem que a punição dos justificados é necessária
para dissuadir uma quantidade desproporcional de desobediência injustificada. Num mundo habitado por raciocinadores práticos capazes, essa base lógica para punir os justificados seria inevitável. Assim sendo, o utilitarismo, se defensável, pode, no máximo, proporcionar uma razão pragmática para punirmos transgressores judiciais justificados.

O argumento da competência institucional

Mesmo que se rejeite o utilitarismo, assim rejeitando a
opinião de Mill de que a democracia produz resultados corretos porque reflete com precisão o que proporcionará a
maior felicidade ao maior número de pessoas, poder-se-ia,
entretanto, supor que os juízes estão mal equipados para
fazer uma segunda estimativa das decisões legislativas, ou
seja, poder-se-ia pensar plausivelmente que, em qualquer
teoria moral e não apenas na utilitarista, os constrangimentos
institucionais impostos aos juízes impedem-nos de fazer
avaliações morais precisas.

Existe um conjunto de considerações bastante reiteradas que sugere que os juízes estão institucionalmente mal
situados para produzir decisões morais precisas, todas as
coisas consideradas. Muitos desses argumentos são versões
invertidas daqueles estabelecidos nos capítulos V e VI e relativos aos aspectos institucionais que nos capacitam a atribuir
autoridade epistêmica aos corpos democráticos de produção
de decisões. Por exemplo, argumenta-se que os juízes estão
isolados da arena política e, conseqüentemente, fora de contato com os interesses daqueles aos quais a lei deve servir –
interesses que, em qualquer teoria moral, provavelmente
sejam evidenciadores do que é moral, se não constitutivos
disso. Sua posição e o longo mandato os tornam estranhos
aos que são afetados por suas decisões. Sua compreensão

O CASO MORAL DO PERSPECTIVISMO JURÍDICO 327

das escolhas sociais com as quais suas decisões têm que estar coerentes é limitada pela maneira acidental com que essas escolhas são apresentadas nas suas agendas de juízes. Os constrangimentos impostos à sua flexibilidade na detecção de fatos por horários agitados do tribunal e por regras restritivas de evidência impedem-nos de manter a espécie de debate e discussão que informam livremente as decisões dos legisladores. E a exigência de que limitem suas considerações às questões que surgem no desenrolar do julgamento de disputas particulares impede que se dediquem a uma investigação regular da totalidade dos fatores que se referem à adoção de uma política social[12]. Assim sendo, os tribunais são sistemicamente exauridos na sua capacidade de acumular as informações relevantes para todas as coisas que *devem* ser consideradas quando convocados para executar juízos sobre todas as coisas consideradas morais.

Os legisladores, por outro lado, não são tão exauridos. Como se argumentou nos capítulos V e VI, eles representam coletivamente, pelo menos melhor do que o faz um único juiz, os interesses daqueles afetados pela lei. Desse modo, estão em contato e podem tornar conhecidas as necessidades e preocupações que *devem* informar a produção da decisão legal. Seus mandatos curtos mantêm suas ações explicáveis para os que eles representam, assim preservando a autenticidade de sua representação. Possuem vastos recursos para a detecção de fatos, um tempo virtualmente ilimitado para debates e discussões e um calendário aberto para as questões que lhes são permitidas considerar, bem

---

12. Para uma discussão adicional desses constrangimentos, ver Benjamin N. Cardozo, *The Nature of the Judicial Process* (New Haven, CT: Yale University Press, 1921), 113; Ronald M. Dworkin, *Taking Rights Seriously* (Cambridge, MA: Harvard University Press, 1978), 22-8; Rolf E. Sartorius, *Individual Conduct and Social Norms* (Encino, CA: Dickenson Publishing Co., 1975), 175-6; Michael S. Moore, "A Natural Law Theory of Interpretation", *Southern California Law Review* 58 (1985): 314-5; Harry H. Wellington, "Common Law Rules and Constitutional Double Standards: Some Notes on Adjudication", *Yale Law Journal* 83 (1973): 221-311.

328   *O COMBATE MORAL*

como para a ordem em que possam querer considerá-las. O processo institucional pelo qual as políticas sociais são formuladas e promulgadas impede que os indivíduos concretizem resultados legislativos calculados somente para expor interesses pessoais. Como resultado desses fatores, é mais provável que os legisladores, como um grupo, realizem juízos precisos a respeito das políticas sociais que devem ser adotadas.

Está claro para eles que essas observações proporcionam uma razão para só punir os juízes desobedientes se sua desobediência realmente deixar de refletir o equilíbrio de razões para a ação. À medida que essas observações devessem induzir os juízes a reconhecer a assimetria das informações que existem entre eles e os legisladores, deveriam induzir os juízes a submeter-se aos juízos legislativos em casos de dúvida. Se as considerações de competência institucional que tornam tal deferência aconselhável também tornarem verdadeiro que os juízes provavelmente falharão em apreciar a assimetria das informações existentes entre eles e os legisladores, essas considerações proporcionarão razões compulsórias para pensarmos que a desobediência judicial das regras legislativas constituirá erro na maior parte dos casos. Mas quando as divergências judiciais das regras legislativas não forem errôneas, as considerações de competência institucional proporcionarão apenas uma razão para surpresa, em vez de uma razão para punição. Assim, o máximo que os juízes de competência institucional podem proporcionar em tais casos é uma razão para pensarmos que é provável que *outros* juízes errem. Se os que concebem as instituições têm que punir justificavelmente os juízes desobedientes a fim de inculcar um grau apropriado de deferência em relação aos juízes que não teriam justificativa para desobedecer à legislação, os que concebem as instituições poderão ter uma razão relativa a funções para punir os transgressores judiciais justificados. Mas essa razão, mais uma vez, é apenas pragmática. Na ausência de erros judiciais que concernem a quanta deferência é devida aos

O CASO MORAL DO PERSPECTIVISMO JURÍDICO

juízos legislativos, as considerações de competência institucional não conseguiriam fornecer aos que concebem as instituições qualquer razão para punir os juízes justificavelmente desobedientes.

O argumento da tirania

Afirma-se comumente que delegar poderes decisórios a uma minoria é atrair a tirania. Nas imortais palavras de *Lord* Acton: "O poder corrompe e o poder absoluto corrompe absolutamente." É por esta razão que os autores clássicos sustentavam que "[t]odas as questões difíceis do Governo se relacionam ao meio de impedir aqueles em cujas mãos estão depositados os poderes necessários à proteção de todos de fazer mau uso deles"[13].

A famosa solução de Alexander Hamilton para essas difíceis questões era dupla: 1) separar os poderes legislativo, executivo e judiciário de maneira que cada um deles pudesse controlar e equilibrar os poderes dos outros e 2) integrar o poder legislativo num corpo democrático que, internamente, freie a capacidade dos indivíduos de perseguir fins de interesse pessoal. Pelo fato de cada ramo do governo exigir para seus propósitos os poderes destinados aos outros, cada ramo do governo é constrangido pelos outros no que se refere à sua capacidade de atingir seus próprios fins. E como cada indivíduo numa legislatura democrática requer para seus propósitos os poderes destinados a outros indivíduos, cada indivíduo é constrangido pelos outros no que se refere à sua capacidade de agir em interesse próprio. Dentro do esquema de Hamilton, o pluralismo estrutural é a resposta à ameaça da tirania.

O executivo não só dispensa as honras, como também empunha a espada da comunidade: a legislatura não só controla a bolsa, como também prescreve as regras pelas quais

---

13. Mill, *Essay on Government*, 44.

330 *O COMBATE MORAL*

os deveres e direitos de todo cidadão têm que ser regulados; o judiciário, pelo contrário, não tem influência nem sobre a espada nem sobre o bolso; não determina o rumo da força ou da riqueza da sociedade; e não pode tomar nenhuma resolução ativa. Pode-se afirmar sem erro que não possui nem FORÇA nem VONTADE, mas apenas julgamento, tendo, em última instância, que depender da ajuda do braço do executivo para o exercício eficiente até mesmo dessa faculdade[14].

Entretanto, os argumentos até agora examinados fracassaram na tarefa de sugerir a existência de uma base de princípios sobre a qual podem os juízes ser constrangidos a substituir por sua VONTADE a da legislatura em casos nos quais concluem acertadamente que a legislatura incorre em erro. Isso não é um convite à tirania de uma minoria? Hamilton certamente pensava assim:

> Pode não ter peso algum afirmar que é permitido às cortes, sob o pretexto de uma oposição, substituir por sua própria vontade as intenções constitucionais da legislatura... As cortes têm que declarar o sentido da lei; e se se dispuserem a exercer VONTADE em lugar de JULGAMENTO, a conseqüência será igualmente a substituição da vontade do corpo legislativo pela sua. A observação, se comprovadora de algo, comprovaria que não deve haver juízes distintos desse corpo[15].

A disposição de Hamilton de abolir o ramo judiciário diante da tolerância da desobediência judicial se apóia justamente na pressuposição de que, se é permitido aos juízes violar a lei quando a consideram errada, eles assim a declararão se isto promover seus próprios interesses. Assumirão um *"pretexto de oposição"* em casos nos quais realmente não existe nenhuma oposição. Em resumo, abusarão de seu poder.

---

14. Alexander Hamilton, "The Federalist n.º 78", em *The Federalist*, ed. Max Beloff (Oxford: Basil Blackwell, 1948), 396.

15. *Ibid.*, 399.

O CASO MORAL DO PERSPECTIVISMO JURÍDICO

O reconhecimento desse fato gera uma razão para colocar a desobediência judicial sob suspeita, pois apresenta uma razão para supormos que essa desobediência é motivada mais por interesse pessoal do que por uma preocupação pelo que representa autenticamente os maiores interesses da comunidade. Proporciona uma razão para pensar que as decisões judiciais que se afastam das decisões legislativas também se afastam do equilíbrio real das razões para a ação. Mas a despeito da esperança de Hamilton, o receio da tirania não fornece qualquer razão para punirmos um juiz que tenha estimado *com precisão* que o equilíbrio das razões para a ação favorece a desobediência. No máximo, fornece uma razão para pensarmos que, se esse juiz não é punido, outros serão tentados a disfarçar sua desobediência injustificada de desobediência justificada – a fim de fomentar razões maliciosas para a desobediência, na esperança de que escapem à punição por atos que servem mais a interesses pessoais do que à moralidade. Essa razão para punir os transgressores judiciais justificados provavelmente seja boa em termos pragmáticos. Mas contrariamente ao que muitos defensores do pluralismo estrutural poderiam ter pensado, não produz nenhuma razão para pensarmos que os que assumem a perspectiva constitucional estariam justificados a punir transgressores judiciais justificados.

Cada um dos argumentos até aqui investigados retrata o valor da democracia em termos instrumentalistas. Cada um supõe que a democracia é importante porque é detentora de autoridade teórica para os juízes. Como todos esses argumentos valoram a precisão moral acima da democracia, nenhum deles proporciona uma razão para punirmos um juiz que, com precisão, conclui que uma legislatura democrática está errada ao exigir a punição de um transgressor particular justificado. O máximo proporcionado por esses argumentos são razões para pensarmos que é mais provável que qualquer ato de desobediência judicial incorra em erro. Assim sendo, podem fornecer os fundamentos para um argumento do erro que autoriza a punição dos justificados como meio de refrear a desobediência injustificada.

332   *O COMBATE MORAL*

Teorias internalistas da democracia

Numa teoria internalista, a tomada democrática de decisões contém valor intrínseco. Os que aventam uma teoria internalista da democracia estão comprometidos com a tese de que as leis promulgadas por uma legislatura democrática possuem autoridade influente. Criam novas razões independentes de conteúdo de primeira ordem para agir segundo legislado, devendo elas ser adicionadas ao equilíbrio das razões antecedentes para a ação[16]. Assim, o fato de uma legislatura democrática ter alcançado uma decisão particular funciona como razão adicional para que os juízes se conformem a esse resultado. Quando a legislação sobre um assunto particular foi aprovada, os juízes dispõem de uma razão para a ação da qual a legislatura não dispôs, a saber, o fato de um corpo democrático ter se manifestado. Este fato tem que ser acrescentado às razões previamente existentes para a obediência (que foram aplicáveis à decisão da legislatura) e ponderado no confronto com as razões previamente existentes para um procedimento alternativo (que também foram aplicáveis à decisão da legislatura). No caso de o valor inerente da democracia proporcionar uma razão de peso para a obediência, ele poderá ser suficiente para fazer oscilar o equilíbrio das razões para a ação judicial em favor de uma ação que teria sido totalmente errônea no âmbito do equilíbrio de razões previamente existente para a ação. Como conseqüência, o valor interno da democracia pode tornar correto no procedimento dos juízes o que era errado no da legislatura.

No capítulo IV examinamos quatro argumentos que respaldam a afirmação de que as promulgações democráticas têm autoridade influente sobre os cidadãos. Não me proponho a reviver esses argumentos aqui, pois seus problemas deixaram-nos poucas razões para pensar que proporciona-

---

16. A título de lembrete da dinâmica da autoridade influente, ver a primeira seção do capítulo IV.

O CASO MORAL DO PERSPECTIVISMO JURÍDICO   333

riam aos juízes (na sua distinção dos cidadãos) novas razões para a obediência. Em vez disso, ocupar-me-ei de dois novos argumentos que sugerem que, embora possa faltar autoridade influente às promulgações democráticas em relação aos cidadãos, eles possuem, contudo, essa autoridade em relação aos juízes e aos que concebem as instituições.

O argumento da participação

Carole Pateman argumentou que a democracia é importante porque a participação política cultiva importantes qualidades de caráter pessoal[17]. Seguindo as pegadas de Rousseau e de John Stuart Mill, Pateman argumenta que há "inter-relacionamento e conexão entre indivíduos, suas qualidades e características psicológicas, e os tipos de instituições... que a ação social e política responsável depende muito do tipo de instituições em cujo âmbito o indivíduo tem que agir politicamente"[18]. Seu argumento prossegue da seguinte maneira: em primeiro lugar, como afirmou Mill, "o progresso mental geral da comunidade, que inclui o do intelecto, da virtude, da atividade prática e da eficiência", depende da autodeterminação[19]. Em segundo lugar, embora um déspota benevolente pudesse, da melhor forma, chegar a decisões que fossem do maior interesse da comunidade, esse governante iria contra a autodeterminação, assim tornando impossível para os cidadãos o desenvolvimento de traços do caráter cruciais para o seu desenvolvimento intelectual e moral[20]. Finalmente, como só a democracia possibilita a autodeterminação, só a democracia garante o avanço intelectual e a consecução da virtude moral. É assim que Pateman exprime essa conclusão:

---

17. Carole Pateman, *Participation and Democratic Theory* (Cambridge: Cambridge University Press, 1970), 22-44.

18. *Ibid.*, 29.

19. *Ibid.*, 28-9, citando John Stuart Mill, *Representative Government* (n.p.: Everyman, 1910), 195.

20. *Ibid.*, 29.

334 *O COMBATE MORAL*

[A] justificação para um sistema democrático na teoria participativa da democracia se apóia principalmente nos resultados humanos que advêm do processo participativo. Poder-se-ia caracterizar o modelo participativo como aquele em que se exige a máxima absorção (participação) e no qual o rendimento inclui não apenas decisões (políticas), mas também o desenvolvimento das capacidades sociais e políticas de cada indivíduo, de modo a haver uma "realimentação" do rendimento à absorção[21].

A teoria participativa de Pateman proporciona uma razão para pensarmos que a democracia encerra um valor que lhe é inerente. Se for válida, ela fornece aos juízes uma nova razão para se conformarem aos resultados democráticos – uma razão além das razões para o conformar-se que existiam antes da decisão democrática de exigir esse conformar-se. Se uma conduta é dotada de valor apenas porque foi democraticamente desejada, um juiz que deixa de acrescentar o fato da promulgação democrática às razões para adotar essa conduta deixa de avaliar com precisão o equilíbrio de razões para a ação. Se sua decisão seguinte de desobedecer à lei tivesse sido diferente, houvesse ele acrescentado o valor de participação democrática às razões para obediência, o juiz deveria ser punido pois sua desobediência seria injustificada.

Embora o argumento de Pateman proporcione uma razão para pensarmos que a democracia é valiosa, ele não proporciona uma razão para pensarmos que os resultados da democracia devam ser considerados como conferidores de razões excludentes para a obediência judicial. Na verdade, há bons motivos para pensarmos que o argumento de Pateman sequer consegue conceder aos juízes razões de peso substancial do tipo que os compelisse a tratar as promulgações democráticas "como se" fossem detentoras de autoridade prática. A própria Pateman admitiria que, se a democracia falhasse na promoção da virtude individual, da ação

---

21. *Ibid.*, 43.

O CASO MORAL DO PERSPECTIVISMO JURÍDICO   335

moral e da disposição para o civismo, a ela faltaria tudo, salvo o valor instrumental. E seria possível argumentar com plausibilidade que uma democracia falhará no fomento da moralidade a menos que, e até que, os indivíduos dela participantes sejam, em algum grau, morais. As democracias são capazes de produzir resultados gravemente imorais. E não fica claro como a virtude moral poderia ser cultivada num sistema que requer substancial conduta imoral. Embora se pudesse argumentar que a imoralidade não tem sustentação[22], e que a legislação democrática de políticas gravemente imorais desencadeará a transformação democrática dessas políticas, parece mais plausível pensar que a imoralidade produz traços de caráter imorais que tornam improvável essa transformação[23]. Conseqüentemente, para promover a virtude, a democracia deve, aparentemente, requerer um certo volume de conduta moral, ou não deve, no mínimo, requerer conduta seriamente imoral. Assim, um juiz que se vê diante de uma legislação gravemente imoral será convidado a pesar o valor de participação comparativamente à imoralidade das decisões legislativas resultantes dessa participação. No caso de o juiz concluir que esses resultados promoverão mais vício do que virtude, a teoria participativa da democracia exigirá que o juiz deixe esses resultados de lado.

Mais uma vez, então, o valor da democracia não consegue proporcionar uma razão de princípios para que se pense que os juízes deveriam ser punidos por desobediência genuinamente justificada. Como sempre, o receio de que a absolvição sistêmica de juízes justificavelmente desobedientes pro-

---

22. Como supôs Fuller, "coerência e bem têm mais afinidade do que coerência e mal". Lon L. Fuller, "Positivism and Fidelity to Law: A Reply to Professor Hart", *Harvard Law Review* 71 (1958): 636.

23. Como afirmou Mill, "a capacidade para os sentimentos mais nobres é, na maior parte das naturezas, uma planta muito frágil, que pode ser facilmente morta, não apenas por influências hostis, mas por simples falta de nutrição". Mill, *Utilitarianism*, 252 [trad. bras. *Liberdade/Utilitarismo*, São Paulo, Martins Fontes, 2000]. "[A] vontade, como todas as outras partes de nossa constituição, é sensível ao hábito..." *Ibid.*, 252.

336   *O COMBATE MORAL*

moverá desobediência judicial injustificada funciona como razão para punir os transgressores judiciais justificados. Porém, mais uma vez, essa razão é pragmática e sua premissa se encontra no receio do erro judicial desproporcional.

O argumento da autonomia

O argumento da autonomia se apóia na alegação de que a autonomia encerra um valor que lhe é inerente e, conseqüentemente, que um processo de produção de decisões que soma escolhas autônomas encerra valor que lhe é inerente. Como a democracia desempenha precisamente essa função de somar escolhas autônomas, seus resultados têm valor justamente por serem democráticos. Este é um primo distante do argumento do consentimento examinado no capítulo IV, e está tão estreitamente associado ao argumento da participação de Pateman que, segundo algumas interpretações, parece cair naquele argumento. Mas difere de ambos esses argumentos quando interpretado da maneira que se segue. Os teóricos da participação, como Pateman, só valoram a participação política porque valoram os resultados dela derivados. Se um déspota benevolente pudesse elevar a virtude individual e a consciência cívica a um grau mais alto do que a democracia, os teóricos da participação não mais considerariam valiosa a participação democrática. Os teóricos da autonomia, por outro lado, valoram a autonomia pela própria autonomia, ou seja, não se trata de fazer a autonomia equivaler à virtude moral (mesmo que a autonomia tenha uma estreita conexão com esta), e, conseqüentemente, poderia ocorrer que, mesmo que o exercício da autonomia deixasse de promover a virtude intelectual e moral, ele permaneceria dotado de valor. Assim, mesmo se a democracia produzir resultados que não contribuam para o desenvolvimento social dos indivíduos, seu exercício ainda será uma fonte de valor. Há, ao menos, duas versões do argumento da autonomia: a forte e a frágil.

O CASO MORAL DO PERSPECTIVISMO JURÍDICO

A versão forte. A versão forte do argumento da autonomia se desenvolve do modo que se segue. Em primeiro lugar, para que uma ação tenha valor moral, ela deve ser autonomamente eleita pelo agente, ou seja, a autonomia é uma condição necessária ao valor moral de uma ação (ainda que não seja condição suficiente). Somente se o ato de um indivíduo for tanto voluntário (no sentido de não ser coagido por outros) quanto intencional (no sentido de ser o produto de deliberação e escolha), terá ele valor moral. Segundo esta concepção, por exemplo, uma contribuição financeira a outros só terá valor moral – e constituirá, assim, um ato de caridade – se for produto de uma escolha individual. Se for produto da pressão de outros, faltará valor moral ao ato. Funcionará como imposto, e não como presente; terá, assim, boas conseqüências, mas não será um ato bom.

Em segundo lugar, o conformar-se à lei só tem valor moral se a própria lei for um produto da escolha do indivíduo, ou seja, as leis constituem pressão oriunda de outros – de forma que o conformar-se a elas carece de valor moral – a não ser que o indivíduo endossasse autonomamente a promulgação das leis.

Em terceiro lugar, os indivíduos de uma comunidade só endossam autonomamente a escolha das leis que regem sua conduta se participarem significativamente da promulgação democrática dessas leis. Como vimos no capítulo IV, há uma polêmica considerável em torno do que conta como participação significativa. Será suficiente dizermos aqui que, se alguém participa significativamente apenas por viver em um território governado democraticamente, as regras promulgadas pelo governo desse território contarão como regras autonomamente escolhidas. Se a eleição de representantes for necessária para a participação significativa, as leis promulgadas pela democracia representativa contarão como leis autonomamente escolhidas. Se votar é necessário para a participação significativa, somente as leis promulgadas pela democracia direta (por referendo ou iniciativa) contam como leis escolhidas autonomamente. E se votar *a fa-*

338   *O COMBATE MORAL*

vor da lei for necessário para a participação significativa, só as leis para as quais se votou afirmativamente numa democracia direta contarão como leis autonomamente escolhidas[24].

Em quarto lugar, na medida em que desobedecem às promulgações democráticas e põem em prática seus próprios juízos no tocante ao que os cidadãos devem fazer, os juízes despojam os cidadãos do valor moral das suas ações. Coagem os cidadãos a agir pela aplicação de leis que diferem daquelas escolhidas democraticamente. E, ao fazê-lo, destroem a possibilidade de ação moral por parte dos cidadãos.

Por fim, os que concebem as instituições têm uma razão moral para punir os juízes que substituem os juízos feitos coletivamente pelos próprios cidadãos, por seus próprios juízos, no que concerne ao que devem fazer. Se a moral faz da escolha autônoma uma condição para a ação correta, e se as leis democraticamente promulgadas são as únicas leis escolhidas autonomamente, os juízes não podem substituir por seus próprios juízos os juízos democráticos sem impossibilitar que os cidadãos ajam moralmente.

Se esta versão do argumento da autonomia fosse sustentável, o valor da democracia seria efetivamente excludente. Jamais haveria casos em que os juízes poderiam justificavelmente desobedecer democraticamente às leis promulgadas. Se os juízes não pudessem aumentar a conduta moral substituindo seus próprios juízos pelos de uma democracia, a separação dos poderes seria inviolável. Os juízes seriam forçados a reconhecer que, mesmo que pudesse ter sido moralmente melhor para a legislatura a escolha de uma lei diferente – pois o equilíbrio das razões para a ação realmente favorece a adoção de uma política social diferente –, uma substituição judicial dessa política não poderia concretizar resultados moralmente melhores, pois sua própria imposição a privaria

---

24. Esta condição muito estrita foi defendida pelo anarquista Robert Paul Wolff, *In Defense of Anarchism* (Nova York: Harper & Row, 1970), 12-14; Robert Paul Wolff, "In Defense of Anarchism", em *Is Law Dead?*, ed. E. Rostow (Nova York: Simon & Schuster, 1971), 110.

O CASO MORAL DO PERSPECTIVISMO JURÍDICO

de seu valor. Conseqüentemente, a desobediência judicial das regras legislativas nunca seria justificada.

Há, ao menos, duas razões para pensarmos que essa versão do argumento da autonomia é falha. A primeira é que ela frustra a si mesma, e a segunda é que ela é falsa. O argumento é autofrustrante porque, se a escolha autônoma é uma condição da ação moral, os indivíduos não podem racionalmente optar por conceder leis a si mesmos sem ameaçar o valor moral de suas próprias ações. Se eles, ao agirem de acordo com suas leis quando estas se fazem ausentes, não desejam agir assim, suas ações carecem de valor moral. E, se ao agirem de acordo com suas leis quando estas se fazem ausentes, eles desejam agir exatamente da mesma forma, suas leis são inoperantes e o processo de sua promulgação se mostrará irracional. Assim, do ponto de vista forte, a promulgação democrática de regras orientadoras da ação seria imoral ou irracional.

A versão forte do argumento da autonomia se mostra falsa porque, mesmo que alguns atos pareçam perder seu valor moral se os agentes que os realizam não tiverem escolhido autonomamente assim proceder, muitos atos (e omissões) não parecem perder seu valor simplesmente porque o agente não optaria por realizá-los sem pressão proveniente de outros. Embora a caridade possa deixar de ser caridade se for coagida, dizer a verdade continuará constituindo honestidade mesmo se coagido. Assim, em muitos casos, é possível não despojar os outros do valor moral de suas ações pressionando-os a agir contra sua vontade; pelo contrário, pode-se garantir sua ação moral quando poderiam, de outra forma, tê-la (autonomamente) colocado em risco. Assim sendo, a versão forte do argumento da autonomia parece forte demais, pois não consegue levar em conta o fato de que muitos atos parecem ter valor moral mesmo quando não são autonomamente escolhidos.

A versão frágil. Uma versão mais plausível do argumento da autonomia pode ser estabelecida com a ajuda da teoria da autonomia desenvolvida por Joseph Raz. De acordo com

340   *O COMBATE MORAL*

Raz, as vidas têm maior valor moral se forem conduzidas autonomamente.

> Acredita-se que o que somos é, em aspectos significativos, o que nos tornamos por meio de sucessivas escolhas durante nossas vidas, que nossas vidas são um processo contínuo de autocriação...
>
> Consideramos que uma vida foi autônoma à medida que se agrega valor a ela. Pensamos em nossa própria vida e na vida dos outros como melhores por terem sido desenvolvidas autonomamente[25].

Se as vidas são melhores por serem autonomamente escolhidas, os atos que compreendem essas vidas devem ser melhores por serem autonomamente escolhidos. Assim, o indivíduo que escolhe salvar uma criança do afogamento sem promessa de recompensa financeira ou ameaça de punição realiza um ato que possui maior valor moral do que o do indivíduo que salva a criança devido a alguma ameaça feita por outros indivíduos. Isto sugere, como um primeiro passo no argumento frágil da autonomia, que a autonomia com a qual é tomada uma decisão adiciona valor moral a essa decisão, embora não seja uma condição necessária de seu valor moral.

Em segundo lugar, pode acontecer que uma decisão realmente coerente com o equilíbrio de razões para a ação, mas que não é produzida autonomamente, tenha menos valor moral do que uma decisão que não consegue ser coerente com o equilíbrio de razões para a ação, mas que é autonomamente produzida. Assim, a escolha de contribuir para uma equipe de *softball* poderia ter maior valor moral do que a escolha de contribuir para a pesquisa da Aids se a primeira for feita autonomamente, enquanto a última for obrigada por uma ameaça de sanção.

---

25. Joseph Raz, "Liberalism, Skepticism, and Democracy", *Iowa Law Review* 74 (1989): 781. Ver geralmente Joseph Raz, *The Morality of Freedom* (Oxford: Clarendon Press, 1986), 369-99.

O CASO MORAL DO PERSPECTIVISMO JURÍDICO 341

Em terceiro lugar, na medida em que a democracia tabula escolhas autônomas, os resultados democráticos representam escolhas de máxima autonomia. Por conseguinte, as escolhas democráticas possuem valor moral substancial. Em quarto lugar, mesmo quando os resultados democráticos não conseguem ser coerentes com o equilíbrio de razões para a ação, o valor que se prende a esses resultados, em virtude de serem escolhidos por uma maioria, pode ser suficiente, em muitos casos, para exceder o valor de uma escolha que é realmente coerente com o equilíbrio de razões para a ação previamente existente. Nesses casos, os juízes devem submeter-se à vontade da legislatura e abster-se de substituir o que realmente seria melhor política se (contrariamente ao fato) a legislatura não houvesse promulgado a lei que promulgou.

Como o da participação, este argumento proporciona aos juízes uma razão para obedecer democraticamente a regras promulgadas que deveriam ser adicionadas às razões previamente existentes para fazer o que é exigido pelas regras. Mas na medida em que esse argumento se apóia na compreensão de Raz do valor da autonomia, ele não pretende ser excludente. Conforme argumenta Raz:

> Só [v]aloramos escolhas autônomas se forem escolhas do que é valioso e digno de escolha. Aqueles que escolhem livremente o imoral, ignóbil ou sem valor são por nós julgados mais severamente precisamente porque sua escolha foi livre... Isto mostra que a autonomia nem sempre leva ao bem-estar da pessoa autônoma. Pode tornar sua vida pior se levá-la a dedicar-se a objetivos imorais ou ignóbeis. A autonomia só contribui para o bem-estar de alguém se levá-lo a dedicar-se a atividades e objetivos valiosos[26].

Para Raz, o valor da autonomia é assimétrico. Os atos morais escolhidos autonomamente têm mais valor do que

---

26. *Ibid.*
27. Pensar de outra forma é pensar que a autonomia é uma condição suficiente de valor moral, mesmo que não seja uma condição necessária.

os atos morais acidentais ou resultantes de coerção. Mas os atos imorais escolhidos autonomamente não têm nenhum valor moral e, assim, têm menos valor do que os atos morais realizados acidentalmente ou resultantes de coerção[27].

Se Raz estiver certo quanto ao valor assimétrico da autonomia, a razão prática exigirá que os juízes avaliem a moralidade dos resultados democráticos. No caso de serem estes "imorais, ignóbeis ou sem valor", o juiz será compelido a deixá-los de lado e substituí-los por um procedimento coerente com o equilíbrio de razões para a ação. O conformar-se à substituição judicial terá, então, algum valor moral, ainda que não o grau de valor que teria se fosse escolhido autonomamente. Assim, se um juiz concluir acertadamente que a legislação democrática que requer a punição de um cidadão desobediente é imoral, ignóbil ou sem valor, a versão frágil do argumento da autonomia autorizará o juiz a violar a lei e absolver o transgressor.

No entanto, mais uma vez, a única justificação que aquele que concebe um sistema teria para punir esse juiz seria a de que essa punição é necessária para dissuadir outros de violar a lei em situações em que a lei não é imoral, ignóbil ou sem valor. Se os que assumem a perspectiva constitucional têm razão para acreditar que os juízes falharão quanto a dar o devido peso às escolhas democráticas que não padecem desses defeitos, e se têm razão para acreditar que somente a punição indiscriminada de *todos* os transgressores judiciais prevenirão tais erros, o argumento do erro lhes proporcionará uma razão relativa a funções para punir os justificados. Porém, mais uma vez, essa razão será pragmática, e não principiológica.

Nem os argumentos instrumentalistas nem os internalistas a favor da democracia e da separação dos poderes logram proporcionar razões principiológicas para punirmos transgressores judiciais justificados. No máximo, outorgam aos que assumem a perspectiva constitucional condições que acionam o argumento da oportunidade baseado em erro dis-

O CASO MORAL DO PERSPECTIVISMO JURÍDICO 343

cutido no capítulo VII. Este argumento pode agora ser entendido como se segue.

1. O juízes são compelidos pelas exigências da razão prática a avaliar e agir com base no equilíbrio de razões para a ação como é visto por eles. Conseqüentemente, sempre que concluíssem que a legislação entra em conflito com o equilíbrio de razões para a ação – incluindo neste equilíbrio as razões para obediência proporcionadas pelas preocupações do erro, as inclinações de interesse pessoal, os valores do estado de direito e os valores inerentes da democracia – os juízes deveriam violar a lei.

2. Mas os juízes cometerão erros a respeito do quanto cometerão erros. E se mostrarão auto-interessadamente tendenciosos a respeito do quanto se mostram auto-interessadamente tendenciosos. Se os juízes tentarem decidir os casos de acordo com o que é melhor, todos os fatos considerados, freqüentemente ignorarão ou pesarão impropriamente razões relevantes a favor e contra a ação. Assim, os juízes agiriam melhor se pudessem escapar das exigências da razão prática e obedecessem cegamente à lei, mesmo quando esta exige coisas (tais como a punição dos transgressores justificados) que são, e a eles parecem ser, gravemente imorais. Assim, os juízes se vêem diante de uma situação difícil.

3. Os que concebem as instituições são os únicos que podem dar fim a essa situação difícil. Transferindo as matérias de orientação política para a legislatura e circunscrevendo os juízes, sob pena de punição, à revisão constitucional e aplicação dessas orientações políticas, os que concebem as instituições podem reduzir o erro moral. A ameaça de punição fornecerá ao judiciário uma razão para submeter-se às decisões da legislatura – uma razão que, na maior parte dos casos, terá peso suficiente para fazer oscilar o equilíbrio de razões para a ação a favor do conformar-se aos juízos da legislatura. Na medida em que as oportunidades de prevenir conseqüências imorais proporcionam razões para a ação aos agentes, e na medida em que o poder da puni-

344   *O COMBATE MORAL*

ção proporciona aos que concebem as instituições uma capacidade exclusiva de prevenir conseqüências imorais, os que concebem as instituições têm uma razão relativa a funções *prima facie* para punir os juízes que justificavelmente deixam de punir cidadãos justificavelmente desobedientes.

Entretanto, embora o receio da incompetência judicial e da tirania possa fornecer razões pragmáticas compulsórias para a punição de juízes que estão realmente justificados a violar leis legislativamente promulgadas, ainda não se determinou se existem quaisquer razões principiológicas para essa punição. Se os juízes não fossem suscetíveis de erro ou de corrupção, haveria ainda razões para puni-los por não punirem os transgressores justificados? Os que assumem a perspectiva constitucional ainda teriam razões relativas a funções para colocar em prática a separação dos poderes? Estas são as questões que averiguam se a moralidade é *necessariamente* perspectiva.

Os valores do estado de direito revisitados

Ao contemplarem a punição ou o impedimento de um determinado transgressor judicial justificado, os que se ocupam da perspectiva constitucional são forçados a tratar também da perspectiva judicial. Isto ocorre porque submeter a conduta de um juiz a uma sondagem quando a punição está em jogo é julgar um juiz. Assim sendo, os valores do estado de direito discutidos no capítulo VIII ingressarão no equilíbrio das razões que determina a justificabilidade das decisões produzidas pelos que concebem as instituições. Deste modo, se os juízes (bem como outros funcionários públicos ou cidadãos) confiam justificavelmente na punição de transgressores judiciais justificados, dependem de sua punição como meio de preservar a coordenação necessária à consecução de bens coletivos tais como a justiça, ou requerem a punição de forma a preservar a igualdade entre os juízes, os agentes constitucionais terão, pelo menos, ra-

O CASO MORAL DO PERSPECTIVISMO JURÍDICO   345

zões *prima facie* de uma espécie *principiológica* para punir os transgressores judiciais justificados.

Se a confiança e a igualdade constituem preocupações dos que concebem as instituições, elas podem proporcionar razões principiológicas para punirmos juízes que determinaram de maneira justificável que a confiança e a igualdade são razões insuficientes para punir cidadãos justificavelmente desobedientes, ou seja, podem funcionar como fundamentos *principiológicos* do perspectivismo constitucional. Se esses valores do estado de direito realmente sustentarem uma moral relativa à função constitucional, eles nos forçarão a concluir, mais uma vez, que a moral encerra um paradoxo que lhe é inerente. Exige a punição dos que fazem o que é correto ao se recusarem a punir os que fazem o que é correto.

Não pretendo tecer considerações adicionais quanto ao grau em que os valores do estado de direito fornecem uma base principiológica para o perspectivismo constitucional. Em lugar disso, permitam-me voltar para uma consideração que parece proporcionar uma avaliação principiológica da moral relativa a funções que é exclusiva da perspectiva constitucional.

O argumento da eficiência institucional

Schauer afirma que, mesmo se os juízes produzissem determinações isentas de erros, os que concebem as instituições, ainda assim, teriam razões para estimulá-los a seguir regras promulgadas legislativamente nos casos em que a adesão a essas regras tornaria o processo de julgamento mais eficiente.

> Quando os juízes, nos tribunais, se movem por canais de regras relativamente precisas na decisão de casos com base em um número comparativamente pequeno de fatores de fácil identificação (Estava o réu dirigindo mais rápido do que a 55 milhas por hora? Ficou o demandante doente após consumir um produto fabricado pelo réu?), o processo intei-

346　　　　　　　　　　　　　　*O COMBATE MORAL*

ro é eficiente, exigindo menos tempo e provas do que teria sido necessário em um procedimento mais livre de regras em que uma gama maior de fatores estaria aberta para consideração (Estava o réu dirigindo com segurança? A doença do demandante foi causada pela negligência do réu?). Um sistema baseado em regras é, portanto, capaz de processar mais casos, operar com menos gastos de recursos humanos e, à medida que a simplicidade baseada em regras também promove maior previsibilidade, evita que um maior número de eventos sejam apenas formalmente julgados[28].

Schauer insiste que deveríamos tomar cuidado "ao tratar a eficiência como valor independente do valor de procedimentos simplificados na diminuição do número de erros dos que produzem decisões"[29]. Ou seja, a preocupação com a eficiência não precisa descambar na preocupação com o erro judicial. Esta conclusão é verdadeira, porém é necessária uma certa interpretação para verificarmos por que é verdadeira. Seria claramente verdadeira se tanto a produção legislativa de decisões quanto a judicial produzissem resultados idênticos. Assim, o que concebe o sistema contaria com uma razão para fixar o poder de produção de decisões na legislatura se esta instituição fosse capaz de obter esses resultados com um gasto inferior ao do judiciário. Os resultados legislativos e judiciais seriam idênticos em duas circunstâncias: 1) se as regras promulgadas legislativamente nunca fossem sobre ou subinclusivas (de maneira que sempre determinassem uma decisão que se harmonizasse com

---

28. Frederick F. Schauer, *Playing by the Rules: A Philosophical Examination of Rule-Based Decision-Making in Law and in Life* (Oxford: Clarendon Press, 1991), 147.

Para uma excelente discussão de quando as considerações de eficiência econômica favorecem a adesão às regras em oposição a padrões (de juízes e cidadãos igualmente), ver Louis Kaplow, "Rules Versus Standards: An Economic Analysis", *Duke Law Journal* 42 (1992): 557-629.

29. Schauer, *Playing by the Rules*, 147. Note-se que os argumentos de Kaplow a favor da eficiência econômica de adotar regras reguladoras da conduta freqüentemente recorrentes são baseados em erro. Ver Kaplow, "Rules Versus Standards: An Economic Analysis", 557-629.

O CASO MORAL DO PERSPECTIVISMO JURÍDICO 347

a avaliação precisa de um juiz do equilíbrio de razões para a ação); e, inversamente, 2) se o número cumulativo de casos em que as regras promulgadas legislativamente fossem sobre ou subinclusivas fosse idêntico em número e peso ao número cumulativo de casos em que os juízes não conseguiram avaliar com precisão o equilíbrio de razões para a ação.

Nenhuma dessas circunstâncias prevalece nos casos que nos concernem. Considere-se o primeiro conjunto possível de circunstâncias. Como ficou claro no capítulo I, se regras legislativamente promulgadas nunca fossem sobre ou subinclusivas, jamais haveria circunstâncias em que um cidadão estaria justificado a desobedecer a regras de conduta legislativamente promulgadas, e jamais haveria casos em que um juiz estaria justificado a desobedecer a regras de decisão legislativamente promulgadas que exigissem a punição de cidadãos que violam regras de conduta legislativamente promulgadas, ou seja, o problema de punir justificavelmente os justificados não surgiria.

Considere-se agora a segunda razão possível dos resultados legislativos e judiciais idênticos. Se a produção judicial de decisões gerasse inevitavelmente o mesmo número de erros que a produção legislativa de decisões, o erro realmente ressaltaria como razão para se preferir uma instituição produtora de decisões a outra. Como os que concebem as instituições teriam razões para pensar que a legislatura chegaria a certas decisões (acerca de matérias de orientação política, por exemplo) a um custo mais baixo do que o judiciário (mediante um fator de erro idêntico), pareceria que a eficiência proporcionaria aos que concebem as instituições uma razão para preferir a produção legislativa de decisões, ou seja, se a desobediência judicial não fosse capaz de realizar um aumento cumulativo de resultados moralmente corretos, os que concebem as instituições disporiam de uma razão de princípios para punir a desobediência judicial. A punição impediria que os juízes investissem recursos em tentativas de descobrir se as regras legislativamente promulgadas são sobre ou subinclusivas quando essas tentativas geram

348 *O COMBATE MORAL*

tantos erros a um custo maior que a aplicação cega dessas regras legislativas sobre e subinclusivas.

Mas, embora a eficiência pudesse decidir entre os sistemas de produção de decisões que geram erros idênticos em peso e número, essa conclusão não lograria nos proporcionar uma razão para pensar que os que concebem as instituições deveriam punir os transgressores judiciais justificados em circunstâncias nas quais se supõe que os juízes não cometam erros. A questão que diz respeito aos nossos propósitos é se a eficiência proporciona uma razão para punirmos os juízes por violarem regras legislativamente promulgadas quando sua desobediência reflete, com efeito, a precisa determinação de que essas regras são sobre ou subinclusivas. Exprimindo-nos *grosso modo*, a eficiência proporciona uma razão relativa a funções para punirmos transgressores judiciais genuinamente justificados?

Para que os que concebem as instituições tivessem justificativa em termos de eficiência na punição de um juiz que justificavelmente absolvesse um transgressor justificado, teríamos que estar diante do caso de o juiz ter falhado no cálculo da quantidade de recursos judiciais cujo gasto fosse apropriado para decidir absolver esse transgressor. Tomemos um caso específico. Se um juiz foi justificado em absolver uma mulher depois de ela ter matado seu marido abusivo, *eo ipso* o juiz tanto determinou com precisão que a lei do homicídio foi sobre-inclusiva no seu caso (ou a lei da defesa própria foi subinclusiva no seu caso) quanto calculou com precisão que os argumentos do erro associados aos valores do estado de direito e os valores inerentes à democracia não conseguiram proporcionar razões suficientes para puni-la por sua desobediência. Para que os que concebem as instituições tivessem justificativa para punir esse juiz com base na eficiência, eles teriam que estar corretos na conclusão de que os recursos despendidos pelo juiz excederam os que deveriam ser despendidos para se chegar a uma decisão precisa nesse caso, ou seja, teriam que estar certos em calcular que o juiz despendeu uma quantidade injustificada de tempo calculando se a

O CASO MORAL DO PERSPECTIVISMO JURÍDICO 349

regra, no caso, era sobre ou subinclusiva e se os argumentos do erro, os valores do estado de direito e os valores inerentes à democracia autorizavam essa absolvição.

Mas se os que concebem as instituições concluíram acertadamente que esse juiz exagerou no cálculo da probabilidade de erro, não seria isto uma razão para pensar que o juiz cometeu um erro? Se os custos envolvidos para decidir que a esposa espancada devia ser absolvida excederam os custos para punir tal transgressora, sendo iguais os demais fatos, não deveria ter o juiz seguido a regra de decisão promulgada legislativamente que exigia dele que impusesse a punição? A eficiência só proporciona aos que concebem as instituições uma razão relativa a funções para punir juízes desobedientes se não proporcionar aos juízes nenhuma razão, ou uma razão de menor peso, para punir os cidadãos desobedientes.

Existem, penso eu, motivos *prima facie* para supor que a eficiência proporciona aos que concebem as instituições mais de uma razão para punir juízes desobedientes, não proporcionando aos juízes uma razão para punir os cidadãos desobedientes. Isto ocorre porque os recursos escassos criam dilemas dos prisioneiros para os juízes. Da perspectiva judicial, os custos com a punição injustificada de um cidadão provavelmente superem os custos envolvidos no tipo de litígio demorado que será necessário para avaliar se as regras legislativas aplicáveis são sobre ou subinclusivas no caso do cidadão. Assim, em qualquer caso em que a punição de um cidadão está em jogo, o equilíbrio das razões provavelmente favorecerá a descoberta e a aplicação, por parte de um juiz, das considerações morais de fundo que motivaram a promulgação legislativa de regras relevantes, de preferência a uma aplicação cega dessas próprias regras.

Mas se todos os juízes, em todos os casos, submeterem as decisões legislativas a uma segunda avaliação, o processo da Justiça se arrastaria rumo a uma parada virtual e decisões precisas seriam obtidas à custa de litígios prolongados e complicados. Visto que pode ser mais importante processar muitos casos à custa de poucos erros do que processar

350　　　　　　　　　　　　　　*O COMBATE MORAL*

poucos casos sem erros, os juízes poderiam levar a efeito melhores resultados se abandonassem sua tentativa de realizar julgamentos isentos de erros (mesmo em casos que envolvem a punição potencial de cidadãos moralmente inocentes) e aplicassem cegamente regras que soubessem ser sobre e subinclusivas.

Mas, exatamente como votar se mostra irracional aos cidadãos porque o valor adicional de dar um único voto provavelmente seja superado pelo valor de jogar *softball* com seus filhos, e exatamente como se mostra irracional pagar mensalidades ao sindicato porque é improvável que suas atividades sejam obstruídas ou estimuladas pela pequena contribuição de alguém, e exatamente como se mostra irracional não tomar um atalho através de um relvado bem conservado porque é improvável que um conjunto isolado de pegadas produza um dano considerável, assim se mostra irracional para um juiz abster-se de submeter decisões legislativas a uma segunda avaliação porque a quantidade adicional de ineficiência sistêmica provavelmente produzida por esse novo cálculo é pequena em comparação aos custos de um cidadão aplicar uma regra sobre-inclusiva (mesmo quando esses custos são deduzidos pela probabilidade de a regra a ser aplicada não ser, realmente, sobre-inclusiva). Assim, mesmo se os juízes reconhecerem que a viabilidade do sistema judicial se apóia na disposição coletiva dos juízes de aplicar regras legislativamente promulgadas sem calcular a probabilidade de erro dessas regras, os juízes, ainda assim, serão compelidos pelas exigências da razão prática a calcular a probabilidade de erro legislativo em qualquer caso em que suspeitem de que os custos desse erro excederão a ineficiência adicional que seu novo cálculo produzirá.

Tal como a punição de cidadãos que justificavelmente desobedecem à lei pode salvar os cidadãos de dilemas dos prisioneiros que ameaçam os bens coletivos, a punição de juízes que desobedecem à lei pode salvá-los do dilema dos prisioneiros que ameaça a administração da justiça. Se o recálculo universal da legislação contribui para o colapso do

O CASO MORAL DO PERSPECTIVISMO JURÍDICO 351

sistema judiciário, e se os que concebem os sistemas estão capacitados a evitar esse colapso punindo juízes que insistem em recalcular a legislação, os que concebem os sistemas dispõem, ao menos, de uma razão *prima facie* para punir os juízes que reavaliam a legislatura. E visto que a aplicação cega de regras legislativamente promulgadas afeta o equilíbrio moralmente apropriado entre casos corretamente decididos e casos incorretamente decididos, os que concebem os sistemas terão uma razão *prima facie* para punir os juízes toda vez que estes submetam a legislação a uma segunda avaliação, mesmo quando estejam justificados ao fazê-lo porque a regra envolvida é, efetivamente, sobre ou subinclusiva. Conseqüentemente, a preocupação com a eficiência pareceria proporcionar uma razão relativa a funções para que os que concebem os sistemas punam os transgressores judiciais justificados.

QUARTA PARTE

O caso moral contra o
perspectivismo jurídico

Na parte anterior, examinei as razões para pensarmos que as funções legais proporcionam aos agentes razões únicas para a ação – razões que poderiam fazer oscilar o equilíbrio de razões para a ação judicial a favor da punição de um cidadão justificavelmente desobediente, ou razões que poderiam fazer oscilar o equilíbrio de razões para a ação constitucional a favor do disciplinamento de um juiz justificavelmente desobediente. Se esses argumentos são persuasivos, temos de concluir que a tese da correspondência aplicada à punição é falsa: não será o caso da justificabilidade de uma ação tornar errada a punição dessa ação. É possível que um cidadão esteja justificado ao violar a lei, mas um juiz poderia estar justificado ao puni-lo por sua desobediência. Alternativamente, é possível que um juiz esteja justificado ao violar a lei e absolver um cidadão justificavelmente desobediente, mas alguém que concebe sistemas poderia estar justificado ao disciplinar essa desobediência judicial.

Se a tese da correspondência for falsa em sua aplicação à punição, o meio apropriado para resolver o dilema do perspectivismo jurídico com o qual iniciamos o capítulo I será abandonar o princípio do retributivismo frágil. Deveríamos admitir, de uma vez por todas, que os indivíduos deveriam, às vezes, ser culpabilizados por agir culposamente e punidos por fazer exatamente o que deveriam ter feito. Essa solução possui a virtude de preservar a integridade de nossos valores sistêmicos. Se os juízes estiverem moralmente autorizados a punir cidadãos justificavelmente desobedientes

354   *O COMBATE MORAL*

quando a liberdade, a igualdade e os bens públicos cooperativamente conquistados estiverem em risco, não precisaremos recear que o reconhecimento da justificabilidade moral de certos atos de desobediência ameace o estado de direito. E se os agentes constitucionais estiverem moralmente autorizados a disciplinar juízes justificavelmente desobedientes a fim de proteger as instituições da democracia e da separação dos poderes, não precisaremos recear que os juízes exerçam poderes reservados institucionalmente à legislatura de maneiras que afetarão de modo adverso o pluralismo estrutural.

Mas, embora a punição dos justificados proteja os valores institucionais, ela também incentiva os agentes a fazer, na verdade, o que não se justifica. Ela induzirá os cidadãos a obedecer a leis injustas que devem ser desobedecidas e obrigará os juízes a aplicar leis injustas que devem ser subvertidas ou ignoradas. Embora esses resultados possam apresentar virtude institucional, são eles violadores da virtude pessoal. A punição dos justificados apresenta, assim, dilemas pessoais: em alguns casos, os indivíduos têm que agir imoralmente para ser tratados como se tivessem agido moralmente, e terão que sofrer a culpa institucional associada à imoralidade se honrarem suas obrigações morais.

Essa "solução" paradoxal, todavia, só deve ser aceita se a tese da correspondência na sua aplicação aos atos de punição for falsa. E a tese da correspondência só será falsa se as razões para a ação examinadas na parte anterior deste livro forem realmente relativas a funções. Embora os argumentos expostos na parte anterior nos forneçam razões *prima facie* para pensarmos que preocupações com o erro, com o estado de direito e com a separação dos poderes não afetam igualmente o equilíbrio de razões para a ação privada, judicial e constitucional, há outras razões para pensarmos que esses argumentos se apóiam em uma ou mais confusões morais. Nos capítulos que se seguem tentarei articular a natureza dessas confusões.

No capítulo X ocupar-me-ei da viabilidade da tese da correspondência para as teorias morais conseqüencialistas.

O CASO MORAL CONTRA O PERSPECTIVISMO JURÍDICO   355

No capítulo XI, voltar-me-ei para as teorias morais deontológicas. Embora as razões sejam variáveis entre os dois tipos de teorias morais, argumentarei em cada um desses capítulos que há motivos muito poderosos para rejeitarmos as afirmações de que a moral é relativa a funções. Se eu estiver certa, a dissolução das confusões morais que motivam as defesas do perspectivismo moral restaura a viabilidade da tese da correspondência. E se a viabilidade da tese da correspondência levar à conclusão de que os justificados não podem ser justificavelmente punidos, a análise, nesses capítulos, terá percorrido uma distância substancial em defesa do princípio do retributivismo frágil. Felizmente, também revelará o meio pelo qual se reconcilia esse princípio com nossas lealdades aparentemente conflitantes ao estado de direito e ao pluralismo estrutural. Mas teremos que aguardar a Parte V para esclarecer exatamente como se pode fazer funcionar o casamento desses princípios apartados.

Capítulo X
Conseqüencialismo e correspondência moral

Os conseqüencialistas inclinados a adotar a moral relativa a funções e, com isso, a abandonar a tese da correspondência têm que defender a afirmação de que as conseqüências da ação judicial não entram no equilíbrio das razões para a ação privada, e que as conseqüências da ação constitucional não entram no equilíbrio das razões para a ação judicial. Essa afirmação deveria ser problemática para a maior parte dos conseqüencialistas porque as conseqüências da ação judicial em um caso envolvendo um cidadão desobediente só ocorreriam em relação à desobediência do cidadão, e as conseqüências da ação constitucional em um caso envolvendo um juiz desobediente somente ocorreriam em relação à desobediência do juiz, ou seja, a desobediência de um cidadão é uma causa-de-fato (ou causa exclusiva) de quaisquer efeitos adversos sobre o estado de direito ou qualquer aumento desproporcional de atos errôneos de desobediência por parte de outros cidadãos que ocorrem em virtude da decisão de um juiz de absolver esse cidadão. E a decisão de um juiz de absolver tal cidadão é uma causa-de-fato (ou causa exclusiva) de quaisquer efeitos adversos sobre a separação dos poderes ou qualquer aumento desproporcional de atos errôneos de desobediência por parte de outros juízes que ocorrem em virtude da recusa de alguém que concebe os sistemas de se disciplinar esse juiz. Assim, para que os conseqüencialistas defendam a verdade da moral relativa a funções, eles têm que dispor de fundamentos para sustentar que algumas conseqüências que só ocorreriam em

358   *O COMBATE MORAL*

relação às ações de um cidadão são conseqüências que não afetam o cálculo conseqüencialista que determina a retidão ou erro da conduta desse cidadão. De maneira análoga, algumas conseqüências que só ocorreriam em relação à decisão de um juiz são conseqüências que não entram no equilíbrio das conseqüências que determina a moralidade da conduta desse juiz. Em síntese, os conseqüencialistas que rejeitam a tese da correspondência têm que preservar a tese conseqüencialista central de que uma ação só é correta se produzir mais conseqüências boas do que más, sustentando, ao mesmo tempo, a afirmação de que algumas más conseqüências não devem ser incluídas no cálculo que determina a retidão das ações.

Três possíveis abordagens poderiam ser tentadas pelos conseqüencialistas que não consideram esse projeto frontalmente impossível. Em primeiro lugar, os conseqüencialistas poderiam tentar limitar as conseqüências determinantes da ação correta às que são causadas de maneira imediata por uma ação. Alternativamente, os conseqüencialistas poderiam tentar limitar as conseqüências determinantes da ação correta restringindo as conseqüências retificadoras àquelas que um agente pode razoavelmente antecipar ou prever. Em terceiro lugar, os conseqüencialistas poderiam buscar atribuir pesos às conseqüências retificadoras de acordo com sua probabilidade relativa por ocasião da ação, tornando, em função disso, certas conseqüências mais prováveis para alguns agentes do que para outros e, assim, razões de maior peso para a ação para alguns agentes do que para outros. Conforme o que argumentarei, nenhuma dessas estratégias tem êxito: a primeira depende de uma concepção metafisicamente insustentável de causação; a segunda e a terceira confundem as condições de ação correta com as condições de culpabilidade.

O CASO MORAL CONTRA O PERSPECTIVISMO JURÍDICO 359

Limitações de causa imediata sobre as conseqüências retificadoras

Os conseqüencialistas poderiam tentar limitar as conseqüências que servem como razões a favor e contra uma ação àquelas que são o resultado imediato dessa ação. Poderiam, então, argumentar que as razões relativas a funções para a ação judicial descritas no capítulo VIII não são razões para a ação para os cidadãos porque não representam valores afetados de maneira imediata pela conduta privada. De modo semelhante, as razões relativas a funções para a ação constitucional discutidas no capítulo IX não são razões para a ação para juízes porque não representam valores afetados de maneira imediata pela conduta judicial.

A fim de provar essas afirmações, os conseqüencialistas têm que argumentar que a ação judicial rompe os elos da corrente causal entre a desobediência de um cidadão e qualquer aumento do número de atos errôneos de desobediência realizados por outros cidadãos ou quaisquer efeitos adversos sobre o estado de direito resultantes de uma absolvição judicial. Analogamente, eles têm que afirmar que a ação constitucional rompe o encadeamento causal entre a absolvição desobediente de um juiz de um cidadão desobediente e qualquer aumento do número de atos errôneos de desobediência executados por outros juízes ou quaisquer efeitos adversos sobre a separação dos poderes resultantes da recusa de alguém que concebe o sistema de punir o juiz. Em resumo, as decisões judiciais e constitucionais funcionam como a espécie de atos voluntários de intervenção que tornam os atos prévios de outros não imediatos a quaisquer conseqüências sistêmicas subseqüentes.

Esse argumento se vale da intuição que hoje fundamenta nossa recusa geral de responsabilizar os indivíduos legalmente responsáveis por conseqüências que eles não causam de maneira imediata. Sua afirmação implícita é que o estado de direito reflete uma verdade moral mais profunda – a de que as conseqüências que não causamos de ma-

360   *O COMBATE MORAL*

neira imediata não têm conexão com o correto ou o errado de nossa conduta.

A despeito do recurso à intuição desse argumento, há razões para considerá-lo um fundamento insustentável para uma defesa conseqüencialista da moral relativa a funções. De forma muito significativa, sua defensabilidade se apóia na capacidade de tornar a noção de causação imediata metafisicamente plausível, não apenas moralmente plausível, isto é, exige que se defenda a afirmação de que os atos humanos voluntários e intencionais rompem literalmente os encadeamentos causais. O incendiário que voluntariamente lança um fósforo aceso a uma poça de gasolina com plena intenção de produzir a explosão subseqüente não apenas realiza um ato que livra os que contribuíram para a formação da poça da responsabilidade moral pelo incêndio, como torna seus atos neutros do ponto de vista causal. O juiz que, voluntária e intencionalmente, transgride a lei ao absolver um cidadão desobediente não só executa um ato que livra o cidadão da responsabilidade moral por erros subseqüentes executados por outros ou efeitos adversos subseqüentes sobre os valores do estado de direito, mas também torna impotente, do ponto de vista causal, a desobediência desse cidadão. Só se o argumento for aventado como metafísico, e não como moral, poderá o conseqüencialista argumentar que os atos voluntários dos juízes e dos que concebem os sistemas livram os agentes prévios da responsabilidade causal, e não apenas da responsabilidade moral por todas as conseqüências sistêmicas subseqüentes.

H. L. A. Hart e A. M. Honore insistiram que essa teoria da causação imediata podia, de fato, ser defendida como teoria da causação, e não apenas como teoria da responsabilidade moral[1]. Conforme argumentaram:

---

1. H. L. A. Hart e A. M. Honore, *Causation in the Law*, 2. ed. (Oxford: Clarendon Press, 1985). É importante notar que, embora Hart e Honore distingam explicitamente sua teoria da responsabilidade causal de uma teoria da responsabilidade moral, eles não a caracterizam como metafísica, distinta de

O CASO MORAL CONTRA O PERSPECTIVISMO JURÍDICO   361

[U]m ato voluntário, ou uma conjunção de eventos atingindo uma coincidência, opera como limite no sentido de que os eventos subseqüentes a esses não são atribuídos à ação ou evento antecedente como sua conseqüência, mesmo se eles não tivessem ocorrido sem ele. Com freqüência, essa ação limitadora ou coincidência é concebida e descrita como... causas "de intervenção", "substitutivas" ou "estranhas", que rompem o encadeamento causal[2].

Motivado em parte por um desejo de tornar o conseqüencialismo sustentável, eles buscaram um meio de responder a *reductio ad absurdum* que se acreditava ter sido gerada pelas teorias conseqüencialistas. Essa *reductio* pode ser formulada da seguinte maneira: se a correção ou erro de qualquer ato é determinado pelo equilíbrio de suas boas e más conseqüências, e se qualquer ato pode ter um conjunto de conseqüências virtualmente infinito, 1) a moralidade de praticamente todos os atos é e permanecerá incerta (a implicação metafísica) e 2) os indivíduos têm que imaginar um número incalculável de conseqüências potenciais para alcançar decisões morais justificadas (a implicação epistêmica)[3].

---

uma tese conceitual. Fiéis à tradição lingüística corrente em sua época, eles tornam equivalentes a análise metafísica e a conceitual. Entretanto, na medida em que declaram explicitamente que sua análise não está limitada à questão lingüística de como o termo "causação" é comumente empregado, *ibid.*, eles consideram a análise conceitual explicitamente como algo mais do que uma análise da pragmática da expressão. É por esta razão que sigo outros autores na descrição de sua teoria da causação como teoria metafísica. Ver, por exemplo, Sanford H. Kadish, "Complicity, Cause and Blame: A Study in the Interpretation of Doctrine", *California Law Review* 73 (1985): 334-5, 35. Mas comparar com Judith Thompson, "Causality and Rights: Some Preliminaries", *Chicago-Kent Law Review* 63 (1987): 473.

2. Hart e Honore, *Causation in the Law*, 71 (itálico acrescentado).

3. Os filósofos da moral insistem... que as conseqüências da ação humana são "infinitas", o que eles propõem como objeção contra a doutrina utilitarista segundo a qual a retidão de uma ação moralmente correta depende de que suas conseqüências sejam melhores do que as de qualquer ação alternativa nessas circunstâncias. "Deveríamos ter que localizar, tanto quanto possível, as conseqüências não apenas para

362   *O COMBATE MORAL*

Por exemplo, na medida em que o assassinato do arquiduque Ferdinando da Áustria desencadeou a Primeira Guerra Mundial, e na medida em que essa guerra continua a produzir efeitos de largo alcance até hoje, a moralidade desse assassinato permanece, por essa *reductio*, indeterminada, e sua racionalidade prática, impossível de ser avaliada.

Como Hart e Honore reconheceram, a *reductio* extrai sua força da afirmação de que um ato é uma causa de todas as conseqüências que não teriam ocorrido a não ser para esse ato[4]. Se essa afirmação for sustentável, também o será a *reductio* que ameaça a coerência do conseqüencialismo. Tal afirmação é sustentável se as únicas causas de um evento forem imediatas. Na teoria de Hart e Honore, os atos deixam de ser imediatos e, conseqüentemente, deixam absolutamente de ser causas quando substituídos pelos atos voluntários, pelos intencionais de um outro indivíduo ou por uma conjunção coincidível de eventos naturais[5]. De acordo com Hart e Honore, uma ação voluntária capaz de romper o encadeamento causal é uma ação intencional, não-

---

as pessoas diretamente afetadas, mas também para as indiretamente afetadas, para as quais nenhum limite pode ser estabelecido." Por conseguinte, prossegue a argumentação, não podemos, indutivamente, estabelecer a doutrina utilitarista de que atos corretos são "otimistas", ou utilizá-la em casos particulares para descobrir o que é correto. *Ibid.*, 69, citando W. D. Ross, *The Right and the Good* (Oxford: Clarendon Press, 1954), 36. Assim, como afirmou Fumerton, "[v]isto que as conseqüências de nossas ações prolongam-se indefinidamente (muito além de qualquer ponto que possamos prever), pode-se certamente simpatizar com Moore, o utilitarista genérico da conseqüência real, quando este se desesperava por jamais saber o que devemos fazer". Richard A. Fumerton, *Reason and Morality: A Defense of the Egocentric Perspective* (Ithaca, NY: Cornell University Press, 1990), 105, citando G. E. Moore, *Principia Ethica* (Cambridge: Cambridge University Press, 1903), 152-3.

4. Hart e Honore, *Causation in the Law*, 68-9.

5. Como argumentaram Hart e Honore, estes fatores funcionam como "'novas ações' (*novus actus*) ou 'novas causas', forças 'substitutivas', 'estranhas', 'de intervenção'...". Quando "'o encadeamento causal' é rompido", a ação inicial "'não é mais operativa', 'tendo exaurido', *functus officio*". *Ibid.*, 74 (nota de rodapé omitida).

6. *Ibid.*, 76-7.

O CASO MORAL CONTRA O PERSPECTIVISMO JURÍDICO   363

coagida e realizada com conhecimento de suas conseqüências prováveis[6]. Uma conjunção coincidente de eventos capaz de romper o encadeamento causal ocorre "sempre que 1) a conjunção de dois ou mais eventos em certas relações espaciais ou temporais é muito improvável mediante os padrões comuns e 2) é, por algum motivo, significativa ou importante, contanto que 3) esses eventos ocorram sem plano humano e 4) são independentes entre si"[7]. Segundo esta análise, alguém que derrama gasolina não é de modo algum causa do incêndio subseqüente, iniciado por um incendiário que joga um fósforo aceso na gasolina derramada ou por um raio inaudito e imprevisível que faz incendiar a poça de gasolina. Hart e Honore assim o descrevem:

> A joga um cigarro aceso na samambaia que pega fogo. B, na iminência do tremeluzir das chamas, verte deliberadamente gasolina nelas. O fogo se espalha e queima a floresta. A ação de A, tencionasse ele ou não o incêndio da floresta, não foi a causa do incêndio: a ação de B foi...
>
> Tal intervenção substitui a designação anterior da ação a ser denominada causa e, em meio às metáforas persistentes encontradas na lei, "reduz" a ação mais anterior e seus efeitos imediatos ao nível de "meras circunstâncias" ou "parte da história"[8].

É, contudo, difícil afirmar que essa teoria da causação imediata seja algo mais do que uma tese a respeito dos parâmetros justificados da responsabilidade moral. Os atos humanos voluntários, os intencionais e as conjunções coincidentes de eventos naturais teriam que ser causas não causadas para romper cadeias causais a ponto de tornar causalmente inertes muitos atos e eventos que são causas exclusivas de conseqüências subseqüentes. Como dispomos de boas razões para pensar que não existem causas não causadas e como dispomos de boas razões para pensar que, mesmo se

---

7. *Ibid.*, 78.
8. *Ibid.*, 74.

364 O COMBATE MORAL

existissem, os atos humanos intencionais e as ocorrências estatisticamente raras não estariam entre elas, parece pouco promissora a sugestão de que uma teoria apropriada da causação (imediata) pudesse servir adequadamente de fundamento para uma defesa conseqüencialista da moral relativa a funções.

Essa conclusão revive a *reductio* que implica que os conseqüencialistas estão comprometidos com a tese de que – como quase todas as ações, inclusive as mais triviais, possuem um conjunto infinito de conseqüências – a moralidade de praticamente todas as ações é indeterminada, e a racionalidade prática de praticamente todas as ações é incalculável. E, no entanto, pareceria que os conseqüencialistas disporiam de dois meios alternativos para resistir a essa *reductio*. Poderiam negar que essa tese os consigna à absurdidade, ou poderiam procurar um meio alternativo de limitar as conseqüências do equilíbrio das razões que determina a ação correta.

Como argumentarei nas seções que se seguem, esta última linha de argumentação é inacessível. Mas os conseqüencialistas não deveriam considerar problemática a exclusão dessa linha de argumentação, porque a *reductio* que a motiva não é, na verdade, uma *reductio ad absurdum*. Como um primeiro passo, os conseqüencialistas não precisam concluir que a indeterminação moral das ações impede a racionalidade prática dessas ações. Não precisam pensar que uma defesa da indeterminação moral os compromete com a afirmação de que os atos não podem ser julgados praticamente racionais na falta de uma capacidade de avaliar a totalidade de suas conseqüências. Pelo motivo de os conseqüencialistas poderem plausivelmente sustentar que a racionalidade prática apenas exige que os agentes ajam com base no equilíbrio das conseqüências a eles razoavelmente disponíveis[9], eles poderão defender a determinação da ra-

---

9. Ver também Moore, *Principia Ethica*, 150-9, no que tange ao argumento de que a racionalidade prática consiste em considerar as alternativas em que se pensa, enquanto a ação correta pode consistir numa alternativa que não é, e talvez não possa ser, pensada.

O CASO MORAL CONTRA O PERSPECTIVISMO JURÍDICO 365

cionalidade prática adotando simultaneamente a indeterminação da moral. E, uma vez a tese da indeterminação moral esteja divorciada de uma tese a respeito da racionalidade prática, ela não deveria ser particularmente enigmática. Na verdade, é sustentada por nossas respostas afirmativas às *contrafatuais* da seguinte espécie: se os que assassinaram o arquiduque Ferdinando pudessem ter previsto que o assassinato cometido por eles desencadearia a Primeira Guerra Mundial, e se pudessem ter previsto que a Primeira Guerra Mundial resultaria na ascensão de Hitler ao poder e a subseqüente execução de seis milhões de pessoas, deveriam eles ter considerado essas conseqüências como razões contrárias ao assassinato? Visto que, *se* as pessoas possuíssem bolas de cristal que lhes permitissem prever *todas* as conseqüências de suas ações, consideraríamos suas ações moralmente culpáveis se, a longo prazo, produzissem mais mal do que bem; ocorre que temos que considerar todas as conseqüências das ações como ligadas ao equilíbrio das razões que determina a retidão dessas ações[10]. Parece, assim, claro que a única preocupação que podemos ter com a indeterminação moral é epistêmica – e não uma preocupação metafísica. O fato de ser possível que a moralidade das ações seja indefinidamente indeterminada não constitui uma preocupação; em vez disso, seu reconhecimento apenas torna claro o grau de incerteza prática com o qual temos que produzir decisões morais. À falta de uma bola de cristal, a racionalidade prática exige conjeturas substanciais. A moralidade de nossas ações (embora não sua justificabilidade epistêmica) se apoiará inevitavelmente no que se afigurará a nós como a sorte.

---

10. Confome formulou G. E. Moore, "a asserção 'Sou moralmente obrigado a realizar esta ação' é idêntica à asserção 'Esta ação produzirá a maior quantidade possível de bem no Universo'..." *Ibid.*, 147.

366   *O COMBATE MORAL*

Limitações epistêmicas das conseqüências retificadoras

Os conseqüencialistas insatisfeitos com a sugestão de que a moralidade é uma questão de sorte porque as conseqüências determinantes da ação correta são indefinidamente indeterminadas e, em muitos casos, imprevisíveis, poderiam buscar limitações alternativas nas conseqüências retificadoras. Em primeiro lugar, poderiam insistir que é desnecessário interpretar metafisicamente limitações de imediatismo, em vez de como algo moral. Os indivíduos só deveriam ser responsabilizados pelas conseqüências que causaram de maneira imediata, mas estas deveriam ser pensadas como função dos limites da responsabilidade moral, e não como a metafísica da causação. Pelo fato de os agentes não poderem impedir o que são incapazes de prever, é moralmente injusto responsabilizá-los pelas conseqüências de suas ações que não podiam ser razoavelmente antecipadas. Daí, a ação correta deveria ser definida como a que maximiza as conseqüências previsivelmente boas ou minimiza as conseqüências previsivelmente más. Segundo esta definição, o conjunto de razões de um agente para a ação é epistemicamente limitado. A retidão da ação de um indivíduo é uma função das conseqüências razoavelmente previsíveis ao agente por ocasião da ação. E as conseqüências são razoavelmente previsíveis se os custos em tempo, talento, diligência e recursos exigidos para a apreciação de sua probabilidade relativa forem inferiores aos custos das conseqüências que ocorrem com o desconto de sua probabilidade.

Posto que um cidadão que contempla a desobediência se encontra precariamente situado para julgar se o julgamento de seu caso terá efeitos adversos sobre a sujeição de outros à lei ou sobre a proteção sistêmica da liberdade, da igualdade e dos interesses de confiança, o investimento de recursos significativos na investigação da probabilidade dessas conseqüências adversas é provavelmente irrazoável. Para que pudessem avaliar com precisão a probabilidade dessas conseqüências, os cidadãos, na verdade, seriam forçados a

O CASO MORAL CONTRA O PERSPECTIVISMO JURÍDICO   367

adquirir a perícia de um juiz. Analogamente, visto que um juiz que contempla a absolvição de um cidadão desobediente está mal equipado para julgar se a avaliação de sua desobediência pelos que concebem o sistema exercerá efeitos adversos sobre a obediência de outros juízes ou sobre a separação dos poderes, o investimento de recursos judiciais na investigação da probabilidade dessas conseqüências adversas provavelmente seja razoável. Mais uma vez, para calcular essas conseqüências, o juiz teria que adquirir o conhecimento e as habilidades de alguém que concebe o sistema. Assim, as conseqüências que se seguem ao julgamento de sua desobediência não devem ser consideradas como capazes de afetar a justeza da desobediência de cidadãos e juízes, porque cidadãos e juízes estão epistemicamente constrangidos em suas capacidades de prever essas conseqüências.

De acordo com essa argumentação, as conseqüências que proporcionam razões para a ação a um juiz não proporcionam a um cidadão razões para a ação, pois mesmo que se trate de conseqüências que só ocorreriam em relação à ação (desobediente) do cidadão, não são conseqüências que o cidadão possa razoavelmente prever. E as conseqüências que proporcionam ao que concebe o sistema razões para a ação não são conseqüências que proporcionam ao juiz razões para a ação, pois mesmo se tratando de conseqüências que só ocorreriam em relação à ação (desobediente) do juiz, não são conseqüências que este possa razoavelmente avaliar. Por conseguinte, a moral é relativa a funções porque diferentes funções proporcionam aos agentes diferentes poderes de previsão. Portanto, as conseqüências que entram no equilíbrio das razões que determina a ação correta dentro dessas funções variam substancialmente. Assim, é possível que fosse correto para um agente fazer o que é correto para um outro prevenir ou punir.

Se coroado de êxito, esse argumento capacitaria os conseqüencialistas a defender a moral relativa a funções sem adotar uma teoria de causação metafisicamente suspeita.

368   *O COMBATE MORAL*

Mas embora tal argumento escape do problema que acossa a tentativa anterior de limitar conseqüências retificadoras, troca uma confusão metafísica por outra. Em lugar de confundir-se com a metafísica da causação, confunde-se com a metafísica da ação correta. Ao definir as condições da ação correta como idênticas às condições de culpabilidade, pretende sustentar o perspectivismo como uma tese sobre a ação correta. Com efeito, estabelece meramente o fato relativamente óbvio de que o perspectivismo é verdadeiro como uma tese acerca da culpabilidade enquanto deixa em aberto a verdade da tese da correspondência como uma tese em torno da ação correta.

Convém recordarmos a distinção esboçada no capítulo I entre ação correta e ação culpável. Um agente age não-culpavelmente se justificavelmente acredita que suas ações estão corretas. Suas ações, porém, estão corretas somente se realmente se conformam aos critérios objetivos de nossa melhor teoria normativa. Poderia muito bem ser o caso de um cidadão ser incapaz de prever que sua desobediência induzirá um juiz a proferir uma decisão que afete de maneira adversa a liberdade, a igualdade e os bens coletivos cooperativamente obtidos. Assim sendo, poderia ser verdadeiro que o cidadão age não-culpavelmente quando age desconsiderando a possibilidade de tais conseqüências. Mas se seu ato realmente produz mais más conseqüências do que boas, seu ato é errado, ainda que não-culpável. Assim, as conseqüências que estão epistemicamente disponíveis apenas ao juiz podem, todavia, ser retificadoras para o cidadão. Analogamente, é bem possível que um juiz seja incapaz de antecipar que a avaliação de sua desobediência minará a separação dos poderes. Assim sendo, é possível que ele seja não-culpável quanto a não conseguir considerar tais conseqüências ao decidir-se a desobedecer à lei. Mas, se sua desobediência efetivamente levar alguém que concebe o sistema a agir de maneira que ameace o pluralismo estrutural, sua desobediência poderá produzir mais más conseqüências do que boas. E, assim sendo, sua desobediência pode estar errada,

O CASO MORAL CONTRA O PERSPECTIVISMO JURÍDICO

ainda que não-culpável. As conseqüências sistêmicas que atuam como razões epistemicamente disponíveis para a ação daquele que concebe o sistema podem, contudo, ser retificadoras para o juiz, embora epistemicamente indisponíveis para ele.

Aqueles que resistem a essa análise poderiam recorrer a uma de duas réplicas que pretendem fornecer razões para que desmorone a distinção entre ação correta e culpabilidade. A primeira tenta demonstrar que do divorciamento da ação correta da culpabilidade advêm resultados absurdos, porque esse divórcio permite a possibilidade oximorônica da ação correta culpável[11]. Este argumento se desenvolve da seguinte forma: suponhamos que o ano é 1930 e que o lugar é a Alemanha. Um atirador se dirige a um mercado de hortigranjeiros local e abre fogo, distribuindo projéteis na direção de uma multidão enorme. Milagrosamente, o único comprador que ele acerta é o jovem Adolf Hitler – um homem completamente desconhecido para o atirador. Suponhamos que o atirador agiu por vingança por ter sido despedido por um comerciante local. Assim sendo, ele agiu culpavelmente, porque acreditava ser errada a sua ação, ou, ao menos, injustificavelmente a acreditava correta. Mas se a culpabilidade é distinta da ação correta e se a ação correta é definida conseqüencialmente, então a ação dele foi correta, ao menos segundo muitas versões do conseqüencialismo. Por ter salvo milhões de vidas, o atirador maximizou felicidade, satisfação prioritária, virtude, a proteção de direitos e assim por diante, porque às milhões de pessoas salvas da vindoura "solução final" de Hitler eram concedidos felicidade, virtude e o exercício de direitos que, de outra maneira, teriam sido perdidos para elas. Portanto, temos que afirmar que o atirador fez a coisa correta.

Mas não estaremos afirmando uma coisa absurda? Não será o caso do cenário que supomos acima estar apresen-

---

11. Para uma versão deste argumento, ver Fumerton, *Reason and Morality*, 102.

370   *O COMBATE MORAL*

tando um claro contra-exemplo em relação à afirmação de que nossa teoria da ação correta deveria estar divorciada de considerações epistêmicas a respeito da justificabilidade das crenças de um agente?[12] Penso que não. A afirmação de que o atirador fez a coisa correta somente soa absurda porque deixamos nossas intuições acerca da culpabilidade, nossas pressuposições acerca das condições apropriadas de punição e nosso uso equívoco do termo "correta" assoberbarem nosso juízo[13]. O atirador foi claramente culpável e, de acordo com a maior parte das teorias da punição, a ação culpável constitui uma condição suficiente de punição. Mas para verificar se o atirador realmente realizou o ato correto, seria útil indagar se deveria ele ter feito o mesmo se soubesse que Hitler estava na multidão, soubesse da "solução final" de Hitler, soubesse que Hitler teria sucesso na implantação de tal chamada "solução", e soubesse que podia matar Hitler sem provocar dano a ninguém mais (os que alimentam dúvidas de que ele podia ser tão presciente ou tão confiante em suas próprias habilidades deveriam imagi-

---

12. Como argumenta Fumerton:

> Pelas condicionais contrafatuais que definem a racionalidade ou as razões para agir [nesta] opinião ignorare[m] a real situação epistêmica do agente, pareceria seguir-se que é possível a racionalidade da conduta a despeito do fato de que o agente não tinha razão para acreditar que suas conseqüências seriam melhores (valessem mais) do que aquelas de suas alternativas – com efeito, embora o agente tivesse todas as razões para acreditar que as conseqüências seriam muito piores. Se fosse para conhecer todas as informações que se ligam a alguma decisão, eu poderia muito bem agir de maneiras que, realmente, tenho todas as razões para crer que seriam desastrosas. Mas certamente queremos realizar o procedimento racional/correto para eu assumir uma função de minha situação epistêmica.

Ibid., 102-3.

13. É precisamente porque Fumerton não consegue distinguir entre ação racional (isto é, ação epistemicamente justificada) e ação correta que ele é vítima dessa confusão. Ver *ibid.* Ele está seguramente correto em fazer da ação racional uma função da situação epistêmica de um agente; mas está errado ao equiparar a ação racional com a ação correta, e está assim errado em fazer da ação correta uma função da situação epistêmica de um agente.

O CASO MORAL CONTRA O PERSPECTIVISMO JURÍDICO 371

nar que era um viajante do tempo proveniente do século XXI com balas contendo dispositivos autodirecionais programados para atingir exclusivamente Hitler). Em tais circunstâncias, o conseqüencialista teria que sustentar que a coisa correta que cabia a ele fazer seria atirar em Hitler. Visto que isso é precisamente o que o atirador em nossa hipótese original fez, temos que concluir que ele fez a coisa correta. Mas considerando-se que o fez acidentalmente, ele não recebe crédito algum por fazer a coisa correta; na verdade, visto que ele realmente pensou (ou deveria ter pensado, dada a evidência a ele disponível) que estava fazendo a coisa errada, ele agiu culpavelmente, e de modo apropriado merece punição. Não há nada conceitualmente confuso a respeito da ação correta culpável, não mais do que há algo conceitualmente confuso a respeito da ação errada não-culpável. Daí, sua possibilidade não nos concede razão alguma para rejeitar a distinção entre ação correta e ação não-culpável.

O segundo movimento que os conseqüencialistas poderiam efetuar a fim de defender a afirmação de que as condições da ação correta não deveriam ser separadas das condições da ação não-culpável se vale da afirmação de que, como uma matéria pragmática, a avaliação moral de outros se volta unicamente para a culpabilidade deles. Já que o máximo que podemos pedir às pessoas é que ajam não culpavelmente, pragmaticamente não há objetivo algum em desenvolver uma teoria da ação correta distinta de uma teoria da culpabilidade. Visto que a maioria das pessoas carece do entendimento tardio do que devia ser feito de um viajante do tempo na ocasião em que agem, falta-lhes o completo conhecimento das conseqüências de muitas de suas ações. Assim sendo, o melhor que são capazes de fazer é tecer conjeturas instrutivas acerca dessas conseqüências. Que sentido faz falar de ação correta quando o máximo a que as pessoas podem aspirar é a ação não-culpável? Não é um mero exercício acadêmico (no sentido pejorativo) formular as condições da ação correta quando estas condições são, na melhor das hipóteses, acidentalmente alcançadas? Os teó-

372   *O COMBATE MORAL*

ricos da moral deveriam, assim, se concentrar em especificar as condições de culpabilidade e deixar as condições da ação correta para Deus[14].

Se o desenvolvimento de uma teoria da ação correta carece de objetivo, então a verdade da tese da correspondência como uma tese da ação correta é irrelevante. Deveríamos nos concentrar em construir uma teoria da culpabilidade e como um aspecto da culpabilidade a tese da correspondência é claramente falsa. Tal argumento constitui uma estratégia inteligente para aqueles que procuram rejeitar a tese da correspondência. Sustenta o perspectivismo como uma tese em torno das condições de culpabilidade e então assevera que as condições de culpabilidade esgotam o assunto da teoria moral (útil). Admite, assim, a possível verdade da tese da correspondência como uma tese a respeito da ação correta, porém declara essa verdade irrelevante.

Contudo, por mais tentadora que pudesse ser essa posição de recuo, também é ela insustentável. As condições de culpabilidade não podem ser especificadas sem que contem com uma teoria independente da ação correta. Assim, a verdade da tese da correspondência como uma tese a respeito das condições da ação correta está longe de ser uma grande confusão. Segundo a própria teoria do crítico, a culpabilidade é uma função da crença. Um agente age não culpavelmente se acreditar razoavelmente que suas ações estão corretas. Mas para saber se suas crenças são razoáveis, temos que saber quão próximas estão de ser verdadeiras. Temos, assim, que dispor de uma teoria de quando as ações estão realmente corretas. Só então poderemos julgar se a evidência por ele empregada para formular suas crenças e as inferências que realizou para chegar a elas foram razoáveis. É precisamente porque pensamos que Hitler deveria ter sido atingido pelo tiro (ao menos se estivermos empre-

---

14. Há elementos deste segundo argumento passando pela defesa de Fumerton de uma teoria da ação correta epistemicamente limitada. Ver, por exemplo, *ibid.*, 107-8.

O CASO MORAL CONTRA O PERSPECTIVISMO JURÍDICO 373

gando uma teoria normativa conseqüencialista) que estamos capacitados a afirmar que o viajante do tempo agiu não-culpavelmente, pois é o fato de que Hitler deveria ter sido atingido pelo tiro que torna razoável a crença do viajante do tempo de que deveria atirar nele. E é precisamente porque o atirador original não sabia que atingiria apenas Hitler que concluímos que suas ações foram irrazoáveis. Faltava-lhe evidência a partir da qual concluísse que estava fazendo a coisa correta. Como conseqüência, ele fez a coisa correta culpavelmente.

Analogamente, só se possuíssemos uma teoria da ação correta estaríamos capacitados a julgar se os cidadãos e juízes desobedientes agiram não-culpavelmente, ou seja, só se conhecêssemos as condições em que a lei deveria ser transgredida, poderíamos julgar se um cidadão ou juiz acreditou razoavelmente que ela deveria ser transgredida. Se a tese da correspondência for verdadeira, no que tange às condições da punição justificada, ela será significativamente verdadeira porque sustenta que, se o ato de desobediência de um cidadão foi correto, a coisa correta que cabia a um juiz fazer era absolver o cidadão. Conseqüentemente, a razoabilidade da crença de um juiz no tocante a como melhor decidir o caso do cidadão precisa ser medida pelo grau em que se aproxima dessa verdade. Alternativamente, se a coisa correta que cabe a um juiz fazer é punir um cidadão devido a um determinado ato de desobediência, este ato de desobediência está errado. Conseqüentemente, a razoabilidade da crença do cidadão no tocante a se deveria violar a lei deve ser medida pelo grau em que se aproxima dessa verdade. Embora a crença razoável possa divergir da crença verdadeira, esta é a meta e a medida daquela. Qualquer um que se ocupe das condições da ação culpável tem, portanto, que admitir a necessidade de construir a melhor teoria possível das condições da ação correta. E se a tese da correspondência constitui parte de nossa melhor teoria das condições da ação correta, é ela diretamente relevante para o projeto de especificarmos as condições da culpabilidade.

374

O COMBATE MORAL

Limitações de probabilidade sobre as conseqüências retificadoras

À luz da análise acima, os conseqüencialistas têm que admitir que as razões descritas na parte anterior deste livro como relativas a funções são, na verdade, razões para a ação para todos os agentes; o fato de não serem nem afetadas de maneira imediata por todos os agentes, nem estarem epistemicamente disponíveis a todos os agentes é irrelevante para o fato de serem retificadoras para todos os agentes. Ainda assim, os conseqüencialistas poderiam argumentar que essa admissão não frustra uma defesa do perspectivismo. Se o peso atribuído a essas razões para a ação puder diferir entre os cidadãos e os juízes, o equilíbrio das razões que determina a ação correta para os cidadãos e os juízes poderá diferir. Assim sendo, persistirá o fato de que, embora os valores que compreendem as razões para a ação para cidadãos e juízes sejam idênticos, seu peso poderá ser suficientemente diferente a ponto de justificar que um juiz puna um cidadão justificavelmente desobediente. E, é claro, o mesmo pode ser dito em defesa da possibilidade de que alguém que concebe o sistema estará justificado por punir um juiz justificavelmente desobediente.

Por que deveríamos achar que o peso das preocupações sistêmicas varia entre cidadãos, juízes e os que concebem os sistemas? A resposta do conseqüencialista tem que ser que essas preocupações sistêmicas diferem em peso porque a probabilidade de diferentes agentes afetá-las difere em valor. Quando o cidadão decide desobedecer à lei, a racionalidade prática dita que o peso atribuído aos valores sistêmicos seja descontado pela probabilidade de que o cidadão não seja apanhado ou, se for apanhado, que não será punido. Somente se for apanhado, julgado e absolvido, sua desobediência resultará em efeitos adversos para a liberdade, a igualdade e os interesses de confiança; e só se seu juiz for apanhado, julgado e absolvido, a desobediência do cidadão resultará em efeitos adversos para a separação dos poderes.

O CASO MORAL CONTRA O PERSPECTIVISMO JURÍDICO 375

Como a probabilidade de a desobediência de um cidadão afetar os valores do estado de direito provavelmente seja muito inferior a 1,0, e a probabilidade de que essa desobediência afete a separação dos poderes seja inferior a isso, atribuímos, com justeza, pouco peso relativo aos valores do estado de direito e aos valores constitucionais no equilíbrio das razões a favor e contra a desobediência privada.

Entretanto, quando da ação do juiz, o cidadão é, efetivamente, apanhado e julgado. A probabilidade de que uma absolvição afete os valores do estado de direito estará, assim, substancialmente mais próxima de 1,0. E a probabilidade de que a absolvição desobediente do juiz a esse cidadão seja detectada, avaliada e aprovada é significativamente aumentada, de sorte que a probabilidade de a desobediência judicial afetar os valores constitucionais é maior do que a probabilidade de a desobediência privada do cidadão ter afetado esses valores. Assim, é preciso que, aos valores do estado de direito e aos valores constitucionais, seja atribuído maior peso no equilíbrio das razões a favor e contra a desobediência judicial. E quando os agentes constitucionais forem solicitados a revisar a desobediência de um juiz, a probabilidade de serem afetados tanto os valores do estado de direito quanto a separação dos poderes é bastante próxima de 1,0. Conseqüentemente, esses valores assumem peso substancial no equilíbrio das razões a favor e contra a punição do juiz. Assim, em virtude do fato de que a desobediência de diferentes agentes afetará os valores sistêmicos em diferentes graus de probabilidade, os valores sistêmicos funcionam como razões para a ação que possuem diferentes pesos para diferentes agentes. Os pesos diferenciais detidos pelos valores sistêmicos podem, assim, tornar correto a um cidadão desobedecer à lei, porém errado a um juiz se absolver o cidadão; alternativamente, podem tornar correto a um juiz desobedecer à lei, mas errado aos que concebem o sistema ignorar essa desobediência.

Se for sustentável, essa argumentação destroçará a tese da correspondência. Ela admite que os valores sistêmicos

376   *O COMBATE MORAL*

não são relativos a funções, mas fornece razões para pensar que o peso deles o é. Molda, assim, a possibilidade de que os justificados possam ser justificavelmente punidos, fornecendo uma base para pensar que nosso dilema original deveria ser solucionado mediante o abandono do princípio do retributivismo frágil, em vez de revisarmos nossas convicções sistêmicas. Entretanto, essa argumentação só sai vitoriosa introduzindo clandestinamente considerações epistêmicas na análise da ação correta. Assim sendo, ela falha, em última instância, pela mesma razão que o argumento anterior falhou em sua tentativa mais explícita de limitar a ação correta mediante constrangimentos epistêmicos.

Haverá pouca dúvida de que, quando os agentes agem, as conseqüências de suas ações tenham que ser avaliadas de acordo com a relativa probabilidade de sua ocorrência. Mas assim é porque falta aos agentes o perfeito conhecimento do que serão precisamente essas conseqüências. Eles estão epistemicamente constrangidos em sua capacidade de distinguir as conseqüências que realmente ocorrerão entre as conseqüências que a eles parecem possíveis. Assim sendo, o máximo que os agentes podem fazer por ocasião da ação é empregar os dados da experiência para conjeturar quanto às conseqüências reais de sua conduta. São, assim, praticamente compelidos a considerar todas as possíveis conseqüências de conduta epistemicamente disponíveis a eles, descontando essas conseqüências em função do grau relativo em que tenham ocorrido em circunstâncias similares no passado.

Contudo, se supusermos a verdade do determinismo físico, certas conseqüências estarão destinadas a resultar de uma ação, e outras, não. Assim, no momento da ação, as conseqüências reais que efetivamente ocorrerão detêm uma probabilidade de 1,0, enquanto as conseqüências que efetivamente não ocorrerão detêm uma probabilidade de 0. O cidadão que é apanhado, julgado e absolvido por desobediência a um custo de certos valores sistêmicos estava, assim, destinado previamente a afetar esses valores. Embora ele pudesse ter sido inteiramente incapaz de saber da possibilidade

O CASO MORAL CONTRA O PERSPECTIVISMO JURÍDICO   377

de causar tais conseqüências, e embora pudesse ter sido inteiramente incapaz de atribuir uma probabilidade de 1,0 a essas conseqüências, mesmo se fosse conhecida sua possibilidade, essas conseqüências, todavia, entrariam no equilíbrio das razões que determina a retidão de sua ação (em sua oposição à culpabilidade com que a ação foi realizada) sem qualquer desconto. Numa concepção conseqüencialista da ação correta, são as conseqüências reais de uma ação que determinam a retidão da ação. Devido ao fato de as conseqüências reais da ação realmente terem uma probabilidade prévia de 1,0, elas não diferem quanto ao peso como razões retificadoras para a ação. A probabilidade real de afetar os valores sistêmicos é, assim, idêntica para os cidadãos, juízes e os que concebem o sistema, mesmo que essa probabilidade seja avaliada diferentemente por esses diferentes agentes em virtude de suas situações epistêmicas diferentes.

Parece, assim, que a tese da correspondência constitui parte de nossa melhor teoria conseqüencialista das condições da ação correta. Parece, portanto, que uma moralidade conseqüencialista não é, em princípio, paradoxal. Na medida em que encarna um compromisso com a tese da correspondência, parece razoável concluir que ela nem requer nem permite a punição dos moralmente justificados. Se assim for, o dilema do perspectivismo jurídico com o qual começamos não pode ser resolvido pelo abandono do princípio do retributivismo frágil[15].

Na parte V estabelecerei como uma teoria conseqüencialista da moralidade que esteja comprometida com a tese

---

15. Tentei formular aqui esta afirmação porque examinarei, no capítulo XII, um conjunto de casos limitadores que transtornam nossa capacidade de sustentar que, no domínio de uma teoria moral conseqüencialista, a tese da correspondência é *necessariamente* verdadeira no que se refere aos atos de punição. Contudo, como argumentarei nesse capítulo, mesmo que não seja conceitualmente verdadeiro que uma moralidade conseqüencialista torne a punição dos transgressores justificados injustificada, há sólidas razões para pensarmos que essa tese seja contingentemente verdadeira. As conclusões expostas acima são, assim e em última instância, sustentadas na parte V.

378 *O COMBATE MORAL*

da correspondência aplicada à punição incorpora uma solução ao dilema do perspectivismo jurídico que ajusta nossos valores sistêmicos ao princípio do retributivismo frágil. Antes de abordarmos essa solução, entretanto, tratemos da questão de se a tese da correspondência também constitui parte de nossa melhor teoria deontológica da ação correta. Se constituir, os deontologistas devem se unir aos conseqüencialistas na articulação de um meio de reconciliar nossos valores sistêmicos com um compromisso inflexível ao princípio do retributivismo frágil. Se, pelo contrário, a tese da correspondência não constituir parte de nossa melhor teoria deontológica, os deontologistas não estarão comprometidos com a preservação do princípio do retributivismo frágil. A questão jurisprudente de punir ou não os justificados como forma de preservar o estado de direito e a separação dos poderes terá, então, que aguardar a resolução da disputa normativa entre conseqüencialistas e deontologistas.

Capítulo XI
Deontologia e correspondência moral

Lembremos que os deontologistas negam a afirmação dos conseqüencialistas de que a retidão de um ato consiste em sua maximização de boas conseqüências. Eles localizam a bondade de um ato não em suas conseqüências, mas no próprio ato. De acordo com uma teoria deontológica, alguns tipos de atos são intrinsecamente corretos, enquanto outros são intrinsecamente errados. A ação moral consiste em conformar-se a máximas relativas a agentes que proíbem ou exigem categoricamente a realização de certos atos. Os indivíduos não agem corretamente ao violar as condições da ação correta de maneira a maximizar os casos em que eles ou outros agem corretamente. Se é errado matar os inocentes, um agente é proibido de matar uma pessoa inocente mesmo se, ao assim fazer, impeça que outro agente mate muitas pessoas inocentes em violação à proibição relativa ao agente e a ele dirigida. Se é correto dizer a verdade, é errado um agente mentir, mesmo que a mentira venha a provocar, de maneira substancial, que outros digam mais a verdade. E se é errado punir pessoas que não culpavelmente fazem a coisa correta, é errado punir os justificados mesmo se, ao fazê-lo, alguém venha a reduzir drasticamente o número de casos em que os justificados são punidos.

No capítulo I sugeri que qualquer teoria deontológica plausível se conformaria à tese da correspondência, pelo menos quando interpretada em sua forma original como tese a respeito das condições das ações preventivas e permissivas. Mas isso não ocorre porque a tese, em sua forma original,

380   *O COMBATE MORAL*

é, como matéria conceitual, *necessariamente* verdadeira no que tange à deontologia. Embora a negação da tese da correspondência como tese exclusivamente em torno das condições dos atos preventivos e permissivos constitua para o conseqüencialista uma autocontradição, não tem que necessariamente constituir uma autocontradição para o deontologista. Pode não ser logicamente possível a um sistema deontológico encerrar máximas contraditórias (máximas que, simultaneamente, obrigam um agente a realizar e a não realizar o ato A), mas é logicamente possível que um sistema deontológico contenha máximas simultaneamente obrigatórias que, como matéria prática, não podem ser mutuamente satisfeitas. Daí, num caso de máximas competitivas intrapessoais, um sistema deontológico poderia, simultaneamente, obrigar um único agente a realizar o ato A e o ato B, em que A e B não podem ambos ser realizados nas circunstâncias do agente. Assim, para recordar o famoso dilema de Sartre, uma moral deontológica poderia, simultaneamente, proporcionar a um filho uma obrigação relativa ao agente de cuidar de sua mãe e uma obrigação relativa ao agente de juntar-se à Resistência Francesa, quando ele não poderia, na prática, cumprir ambas as obrigações simultaneamente. E, num caso de máximas competitivas interpessoais, uma moral deontológica poderia proporcionar a um agente uma obrigação (ou permissão) relativa ao agente de realizar um ato enquanto concedesse a um outro agente uma obrigação (ou permissão) relativa ao agente de prevenir esse ato. Assim, é logicamente possível a um sistema deontológico proporcionar a um agente uma permissão relativa ao agente para matar outra pessoa se isso for necessário à defesa de sua vida, ao mesmo tempo que proporcionaria a outros obrigações relativas ao agente para impedir atos de matar, inclusive os que são executados em defesa própria.

Sugeri no capítulo I que, embora a relatividade ao agente de normas interpessoais competitivas não lhes permita ser contraditórias, ela não impede que sua mútua asserção seja altamente insustentável. As máximas interpessoais com-

O CASO MORAL CONTRA O PERSPECTIVISMO JURÍDICO 381

petitivas fariam de nós gladiadores morais: o cumprimento bem-sucedido de nossas obrigações morais se oporia ao cumprimento bem-sucedido das obrigações morais de outros e o cumprimento bem-sucedido de suas obrigações morais se oporia ao cumprimento bem-sucedido de nossas obrigações morais. Seríamos periodicamente impedidos de fazer o que nos é permitido e impediríamos periodicamente que outros fizessem o que lhes é permitido.

Se estamos diante do caso de uma teoria deontológica plausível não lançar os agentes uns contra os outros no combate moral, permitindo ou obrigando alguns agentes a impedir outros que façam o que lhes é permitido ou imposto, aparentemente também estaríamos diante do caso de uma teoria deontológica plausível não permitir ou obrigar alguns agentes a punir outros por estes fazerem o que lhes é permitido ou imposto; ou seja, se uma teoria deontológica plausível reflete a tese da correspondência em suas máximas referentes aos atos preventivos e permissivos, é razoável supor que também reflete a tese da correspondência em suas máximas referentes a atos de punição. Isto ocorre porque um sistema que exige a punição dos justificados torna gladiatórias as condições da ação correta. Os cidadãos que fizeram a coisa correta têm, em alguns casos, que ser tratados pelos juízes como se tivessem feito a coisa errada. Os juízes que atribuíssem aos cidadãos o sucesso moral em tais casos seriam culpados de fracasso moral. O sucesso moral de um juiz, assim, requer dele que trate moralmente os cidadãos bem-sucedidos (cidadãos que foram justificavelmente desobedientes) como se fossem culpados de fracasso moral.

Em seguida, proponho-me a examinar em que medida uma teoria deontológica plausível está realmente comprometida com uma concepção não-gladiatória das condições da ação correta. Especificamente, proponho-me a discutir quatro tipos de casos que, forçosamente, sugerem a retidão simultânea de máximas interpessoais competitivas. Se os deontologistas resistissem à sugestão, nesses casos, de que as pessoas podem ser obrigadas a competir em busca do su-

382   O COMBATE MORAL

cesso moral, contaríamos com alguma causa para pensar que a tese da correspondência é naturalmente compatível com a teoria deontológica mais plausível. Teríamos, assim, motivos razoáveis para afirmar que, entre as obrigações relativas ao agente que obrigam agentes numa teoria deontológica, encontra-se a obrigação de não punir os justificados. Se, pelo contrário, os deontologistas adotassem as máximas gladiatórias nesses casos, teríamos alguma razão para pensar que eles se manteriam imperturbáveis ante a perspectiva de punir os justificados, pelo menos em casos análogos a esses quatro tipos de casos demonstrativos.

Competições esportivas

Os primeiros casos que poderiam deixar os deontologistas incertos quanto à sua incorporação da tese da correspondência são casos de esporte competitivo. Consideremos, por exemplo, o pugilismo. Não é correto, no ringue, que cada pugilista impeça o adversário de fazer o que é correto? Ou seja, supondo por ora que o esporte do pugilismo seja moral, não é tanto moralmente aceitável que um boxeador dê um soco quanto moralmente aceitável que o outro boxeador apare esse soco? Parece que é este o objetivo. Mas, como resultado, pareceria que as máximas aplicáveis no ringue de boxe desafiam a tese da correspondência, porque a correção da ação de um dos competidores não determina a correção da permissão do outro de empregá-la. E o mesmo pode ser dito das máximas que orientam os jogadores de outros esportes. No futebol americano é tão correto que um *nose guard* bloqueie um chute de sem-pulo quanto é correto que um jogador de centro impeça que o *nose guard* faça isso; no basquetebol, tão correto é que um jogador da defesa ponha a bola no arco quanto é correto que um jogador adversário bloqueie esse lance.

Na verdade, parece que o que torna muitos esportes esportivos é o fato de suas regras suspenderem a tese da cor-

O CASO MORAL CONTRA O PERSPECTIVISMO JURÍDICO 383

respondência. Mas este fato, longe de derrotar a verdade da tese da correspondência como meta-regra da moralidade deontológica, pareceria constituir a exceção que comprova essa regra. O que é especial acerca dos esportes do tipo mencionado é que o *consentimento* de que um jogador participe deles põe à parte a aplicação de máximas que, de outra maneira, se aplicariam tanto à sua conduta quanto à dos outros. O consentimento do jogador de futebol americano transforma o que seria uma agressão brutal numa admirável jogada de meia-esquerda ou direita. Suspende, assim, máximas que, de outra forma, requereriam o tipo de interação pacífica que produziria um esporte pouco espetacular para o espectador – máximas que pareceriam encarnar a tese da correspondência. Na falta do consentimento de uma pessoa, as normas deontológicas por certo proibiriam a espécie de conduta que passa por esporte, ou seja, certamente proibiriam que as pessoas socassem um agente que não deu seu consentimento, que o atropelassem, que lançassem bolas contra seu rosto, ou que pulassem ininterruptamente à frente dele para obstruir sua passagem. Assim, embora os esportes competitivos sejam competitivos precisamente porque impõem aos participantes máximas gladiatórias de ação (e, assim, violam a tese da correspondência), só o fazem justificavelmente devido ao consentimento dos participantes. É o consentimento dos participantes que torna moralmente aceitável que os competidores façam uns aos outros o que estão claramente não justificados a fazer a outras pessoas.

Os esportes nos fornecem, assim, um proveitoso critério quanto às condições em que a tese da correspondência poderia ser plausivelmente suspensa dentro de uma moralidade deontológica: sugerem que os atos de consentimento podem suspender adequadamente a aplicação do que seria, de outra maneira, a adequada tese da correspondência. Este critério tem importantes implicações na punição dos desobedientes. Sugere que a punição dos justificavelmente desobedientes poderia ser justificada se, e talvez somente se, os justificavelmente desobedientes consentissem em sua própria punição.

384 *O COMBATE MORAL*

Trata-se de um tema clássico na literatura tradicional sobre as condições da desobediência civil justificada[1]. Acredita-se que as pessoas estão justificadas por violar a lei se, e somente se, estiverem preparadas para ser punidas por sua desobediência. Se o consentimento à punição fosse, de fato, uma condição da desobediência *justificada*, os juízes jamais seriam solicitados a punir os justificados na falta do consentimento destes para serem punidos. E se o consentimento suspende a tese da correspondência, essa punição não engendraria nenhum tipo de dilema moral.

É preciso que sejam ditas pelo menos três coisas acerca da sugestão de que os genuinamente justificados necessariamente consentiram em sua própria punição e, conseqüentemente, abriram mão da aplicação da tese da correspondência. Em primeiro lugar, empiricamente falando, são raros os casos nos quais se possa afirmar que os indivíduos consentem em sua própria punição – particularmente quando estão sendo punidos por atos cuja execução lhes é permitida ou imposta. Os desobedientes podem reconhecer o risco de que serão punidos. É-lhes possível e facultado saber que serão punidos. Mas, salvo nos casos em que *buscam* a

---

1. Ver, por exemplo, John Rawls, *A Theory of Justice* (Cambridge, MA: Harvard University Press, 1971), 350-98. Ver também Steven Bauer e Peter Eckerstrom, "The State Made Me Do It: The Applicability of the Necessity Defense to Civil Disobedience", *Stanford Law Review* 39 (1987): 1194; Carl Cohen, "Civil Disobedience and the Law", *Rutgers Law Review* 21 (1966): 6; Charles Fried, "Moral Causation", *Harvard Law Review* 77 (1964): 1269; Mulford Sibley, *Obligation to Disobey* (Nova York: Council on Religion and International Affairs, 1970), 26; John W. Whitehead, "Civil Disobedience and Operation Rescue: A Historical and Theoretical Analysis", *Washington and Lee Law Review* 48 (1991): 100-3; Rex J. Zedalis, "On First Considering Whether Law Binds", *Indiana Law Journal* 69 (1993): 208. Mas ver Ronald M. Dworkin, *A Matter of Principle* (Cambridge, MA: Harvard University Press, 1985), 114-5 (expondo o caso contra a punição daqueles cuja desobediência é "baseada em integridade"); Kent Greenawalt, "A Contextual Approach to Disobedience", *Columbia Law Review* 70 (1970): 70-1 (argumentando que a desobediência moralmente justificada não requer necessariamente disposição para aceitar a punição, mas citando quatro razões pelas quais a disposição para aceitar a punição pode contribuir para a justificação moral da desobediência).

O CASO MORAL CONTRA O PERSPECTIVISMO JURÍDICO 385

punição como meio de exibir publicamente sua injustiça[2], eles não *pretendem* sua própria punição. Como argumentei em outra parte, o consentimento genuíno incorpora um requisito *mens rea* de intenção específica *vis-à-vis* às ações de uma outra pessoa[3].

Entretanto, o fato de os cidadãos justificavelmente desobedientes raramente consentirem em ser punidos poderia induzir os teóricos a afirmar que eles *devem* consentir em sua punição e, conseqüentemente, que não o fazerem constitui irracionalidade prática. Na medida em que os agentes plenamente racionais e plenamente informados consentem em sua própria punição, a punição dos justificados é justificada pelo seu consentimento hipotético dos justificados. Contudo, o consentimento hipotético está para o consentimento como o *heavy metal* está para a música. Consideraríamos ultrajante que um tribunal encarasse seriamente a alegação de um estuprador de que embora sua vítima realmente não consentisse em manter relações sexuais, isso teria ocorrido se ela fosse plenamente racional e, conseqüentemente, a penetração forçada realizada por ele não constituiria um estupro. Esse caso deixa claro que falta ao consentimento hipotético exatamente o elemento que o torna um ato de consentimento moralmente significativo, ou seja, o consentimento. Se o consentimento hipotético é uma construção moralmente significativa, não o é porque encarne ou reflita o consentimento, mas porque se refere a algo moral e, conseqüentemente, capta algo para o que seria moral dar consentimento.

Isso suscita o terceiro ponto, o mais significativo. Dever-se-ia pensar que o consentimento só altera o ambiente normativo – para conceder permissões, conferir direitos, impor deveres e assim por diante – se lhe for moralmente jus-

---

2. Recordemos a discussão do capítulo VII em torno de cidadãos desobedientes motivados a ser desobedientes pela perspectiva da punição.

3. Ver Heidi M. Hurd, "The Moral Magic of Consent", *Legal Theory* 2 (1996): 121-46.

386　　　　　　　　　　　　　　*O COMBATE MORAL*

tificável fazê-lo. E apelar para o consentimento de um indivíduo durante a determinação de que seu consentimento poderia ser visto como possuidor desse significa incorrer em circularidade. Conforme muito bem argumentou Joseph Raz:

> O consentimento... é um ato que pretende mudar a situação normativa. Nem todo ato de consentimento consegue fazer isso, e os que o conseguem, fazem-no porque se enquadram em razões (não criadas pelo consentimento), que mostram por que os atos de consentimento devem, dentro de certos limites, ser um modo de criar direitos e deveres. Não somos capazes de criar razões apenas pela intenção de fazê-lo e expressando esta intenção na ação. As razões precedem a vontade. Embora esta última seja capaz, dentro de certos limites, de criar razões, só pode fazê-lo quando existe uma razão não baseada na vontade para fazê-lo.[4]

Assim, mesmo se agentes justificavelmente desobedientes de fato consentirem em sua própria punição, isto carecerá de conseqüência moral se não *deverem* assim proceder. A fim de resolver a questão de se os que fazem a coisa correta devem concordar em ser tratados como se tivessem feito a coisa errada, temos que estabelecer, independentemente de argumentos do consentimento, quando e em quais circunstâncias se deveria pensar que os atos de consentimento legitimam as práticas consentidas. Só então estaremos em condições de avaliar a sugestão de que o consentimento de um agente justificavelmente desobediente poderia justificar sua punição.

Não me proponho a tratar com minúcias do projeto absolutamente valioso de determinar por que e em quais condições se deveria pensar que o consentimento concede permissões, confere direitos ou gera deveres. Como outros deixaram claro, há razões tanto instrumentais quanto não-instrumentais para atribuirmos aos indivíduos o poder normativo de alterar direitos e deveres. Esse poder expande

---

4. Joseph Raz, *The Morality of Freedom* (Oxford: Clarendon Press, 1986), 84.

O CASO MORAL CONTRA O PERSPECTIVISMO JURÍDICO 387

instrumentalmente a liberdade mediante a criação de instituições que promovem metas úteis e capacitam os indivíduos a fazer planos a longo prazo. Esse poder tampouco é instrumentalmente constitutivo de certos tipos de relacionamentos: como cantou Julie Andrews, "o amor não é amor até ser revelado". Entretanto, comum a uma abordagem tanto instrumental quanto não-instrumental do adequado significado do consentimento é a afirmação de que o consentimento torna possíveis instituições e relações que são elas mesmas moralmente valiosas. Mas o consentimento não faz as instituições e relações moralmente valiosas, apenas torna possíveis instituições e relações moralmente valiosas.

Assim, como condição para estabelecer que o consentimento deve operar para legitimar uma prática particular, é preciso estabelecer que essa prática particular também é moral ou justa. Pensamos que podemos fazê-lo no caso dos esportes (e é exatamente por isso que muitos duvidam que conseguimos, no caso do pugilismo, mostrar que este esporte é tão moralmente preocupante). Não achamos que podemos fazê-lo no caso da escravidão e do assassinato. E é por isso que não consideramos o consentimento, embora livremente dado, legitimador da escravização ou assassinato de uma pessoa. Seremos capazes de estabelecer que a punição dos justificados é moral ou justa? Esta é exatamente a questão com a qual estamos preocupados.

Da mesma forma como descobrimos que a confiança na punição dos justificados não podia ser pensada como justificada a menos que a punição dos justificados fosse independentemente justificável, assim também o consentimento à punição dos justificados não pode ser pensado como justificado a não ser que a punição dos justificados seja independentemente justificável. Não podemos, assim, utilizar a possibilidade de que pessoas justificavelmente desobedientes, real ou hipoteticamente, consintam em sua própria punição para fundamentar uma afirmação de que sua punição é coerente com uma deontologia plausível. Temos que continuar procurando outras razões para pensar que a deon-

388 O COMBATE MORAL

tologia permitiria a punição dos justificados. Se encontramos outras razões para suspender a tese da correspondência em casos de punição, é possível que o consentimento de um agente justificavelmente desobediente possa ser pensado como legitimador de um caso particular de punição. É possível até mesmo que possa haver algum sentido em falar de consentimento hipotético da parte de agentes justificavelmente desobedientes que, na verdade, não consentem em sua própria punição. Mas essas conclusões só serão tiradas se a punição dos justificados for justificada por uma teoria deontológica plausível. E a punição dos justificados não será justificada por uma teoria deontológica plausível se os casos seguintes não reivindicarem a sugestão de que as máximas para a ação aplicáveis a cidadãos, juízes e aos que concebem as instituições podem ter conteúdo gladiatório.

Gladiadores e escudos inocentes

Um segundo conjunto de casos que parece desafiar a tese da correspondência envolve exemplos de pessoas inocentes forçadas a se confrontarem mutuamente num combate que ameaça suas vidas. Consideremos os verdadeiros gladiadores: homens inocentes coagidos a duelar até a morte mediante ameaças de tortura e execução imediatas. Embora o propósito desse confronto fosse esportivo, faltava-lhe o consentimento dos participantes. Apesar disso, não era correto, a cada gladiador, tentar tirar a vida do outro enquanto impedia que este lhe tirasse a própria vida?

Consideremos agora o caso mais contemporâneo da pessoa inocente que é forçada a servir de escudo a um criminoso culpável na troca de tiros entre este e um policial inocente. Em tal caso, não é correto para o policial defender-se atirando na direção do escudo humano inocente e visando a matar o criminoso? E não é simultaneamente correto para o escudo humano inocente defender-se atirando contra o policial (supondo que possa fazê-lo, mas não possa atirar

O CASO MORAL CONTRA O PERSPECTIVISMO JURÍDICO   389

no criminoso que o segura)? Nos casos de combatentes gladiatórios e escudos humanos inocentes, parece que a tese da correspondência é falsa. As máximas de ação aplicáveis aos agentes envolvidos em tais casos parecem tornar correto para um agente impedir o que é correto para outro.

Ainda assim, os deontologistas não precisam, e não deveriam, acolher essa conclusão. Em vez disso, deveriam reconhecer que os que salvam suas próprias vidas (inocentes) à custa de uma vida inocente são, talvez, escusados, mas não são justificados. Na medida em que uma moralidade deontológica procede do que Thomas Nagel chamou de "ponto de vista impessoal", não pode conter um princípio de pendor egoísta que permita às pessoas preferir suas próprias vidas inocentes às vidas inocentes de outras pessoas. Em vez disso, todos os indivíduos estão obrigados por uma obrigação relativa ao agente a não tirar uma vida inocente. Na medida em que os agentes que se confrontam nesses casos são igualmente inocentes, cada um deles está obrigado a não tirar a vida do outro a fim de salvar sua (dele ou dela) própria vida. Embora possa se afigurar para os agentes envolvidos que isso requer uma espécie impossível de heroísmo, trata-se apenas de uma razão para escusá-los pelas mortes de inocentes por eles causadas; não se trata de uma razão para considerá-los justificados por causar essas mortes.

Essa réplica afirma a tese da correspondência ao tornar errado para os agentes inocentes preservar suas próprias vidas à custa de outras vidas inocentes. No caso de um agen-

---

5. Conforme argumenta Nagel, a rejeição de um princípio de pendor egoísta resulta da suposição do "ponto de vista impessoal" – o ponto de vista segundo o qual cada agente tem que reconhecer que "[a] vida de *todos* importa tanto quanto a sua, e esta não importa mais do que a de qualquer outra pessoa". Thomas Nagel, *Equality and Partiality* (Oxford e Nova York: Oxford University Press, 1991), 14. Ver também Thomas Nagel, *The View from Nowhere* (Nova York: Oxford University Press, 1986), 152-4; Thomas Nagel, *The Possibility of Altruism* (Princeton, NJ: Princeton University Press, 1978), 90-5; Derek Parfit, *Reasons and Persons* (Oxford: Clarendon Press, 1984), 143.

390   *O COMBATE MORAL*

te inocente violar sua obrigação de não empregar força letal contra outro agente inocente, ele perde a inocência. Assim, torna-se correto para o outro defender-se porque, ao fazê-lo, ele não está violando a máxima que condena tirar a vida de uma pessoa inocente. Assim, nenhum dos gladiadores pode iniciar o combate contra o outro, mas se um deles o fizer, o outro certamente agirá para se defender. E nem um policial nem um escudo humano inocente podem iniciar o emprego de força letal contra o outro; mas se um deles o fizer, o outro agirá corretamente ao defender-se. A justeza da conduta do agente (ao recusar-se a empregar força letal contra uma pessoa inocente) assim determina a justeza da permissão do outro em relação a essa conduta (isto é, a correção de não iniciar o emprego de força letal). E o erro da conduta de um agente (ao iniciar o uso de força letal) determina a justeza da prevenção, por parte do outro, daquela conduta (isto é, a justeza ao empregar força letal em defesa própria).

Parece, assim, que os deontologistas não deveriam renunciar à tese da correspondência quando se vêem diante de casos genuínos de confronto gladiatório, pois não deveriam pensar que as máximas gladiatórias são aplicáveis a gladiadores.

Defesa própria

Os deontologistas preservam a tese da correspondência em casos que envolvem gladiadores e escudos humanos, interpretando-os como tradicionais casos de defesa própria: ambos os agentes estão errados, em tais casos, ao iniciar o combate, mas se um dos agentes fizer a coisa errada, o outro fará a coisa correta ao empregar força letal em defesa própria. Há aqueles, contudo, que podem duvidar que uma adequada abordagem deontológica da defesa própria reflete a tese da correspondência. É possível que argumentem que, mesmo em casos clássicos de defesa própria, nos

O CASO MORAL CONTRA O PERSPECTIVISMO JURÍDICO   391

quais uma vítima inocente confronta um agressor culpável, a ação correta é definida pela concordância com máximas competitivas. Nesses casos, os agentes só defendem a si próprios corretamente no sentido de que fazem o que lhes é permitido. E embora a tese da correspondência possa ser verdadeira como tese em torno de obrigações, é falsa como tese a respeito das permissões. Conseqüentemente, embora a um agente possa ser permitido defender-se, pode ser permitido a outro agente, ou ser-lhe imposto, que impeça de defender-se. Existem, pelo menos, três motivações possíveis para essa posição, todas elas, conforme argumentarei, mal concebidas.

O argumento das permissões competitivas

Em primeiro lugar, pode ser tentador pensar que, embora não possa haver conflito de obrigações, pode haver conflito de permissões. A um indivíduo pode ser permitido fazer o que a outro é permitido impedir[6]. Mas, como vimos no capítulo II, pensa-se classicamente que as permissões constituem direitos. Se alguém tem permissão para realizar um ato, alguém tem o direito de realizá-lo[7]. E se alguém tem direito de realizar um ato, os outros têm o dever de não in-

---

6. Este argumento e o argumento ao qual a seção seguinte é dedicada foram expostos pela primeira vez na segunda seção do capítulo II pelos relativistas morais que afirmam que, quando as ações são de um valor incomensurável, as pessoas têm permissões ou privilégios para se envolver com elas, não importando se elas contrariam as ações justificadas de outros. As respostas que se seguem são rememorativas das que aventei no capítulo II para demonstrar a insustentabilidade dessas afirmações.

7. Nesta subseção estou considerando as permissões como algo distinto do que Wesley Hohfeld denominou "privilégios" ou "liberdades". Hohfeld afirmou que é importante manter "a concepção de um direito (ou pretensão) e a de um privilégio inteiramente distintas..." Wesley Newcomb Hohfeld, *Fundamental Legal Conceptions*, ed. W. W. Cook (New Haven, CT: Yale University Press, 1919), 39. De acordo com Hohfeld, quando alguém dispõe do privilégio de realizar um ato, não se trata de alguém ter o direito de realizar o

392   *O COMBATE MORAL*

terferir em sua realização desse ato[8]. Conseqüentemente, a outros não pode ser permitido que impeçam aquilo que alguém tem permissão de fazer. Sustentar que as permissões são direitos e que as permissões podem entrar em conflito é, portanto, incoerente. Se outra pessoa tem permissão para interferir na realização do ato de alguém, esse agente possui o direito de não interferirem em sua interferência. Mas se ele possui um direito de que não interfiram no seu ato, alguém tem um dever de não interferir em seu ato. Não se pode, portanto, ter um direito para realizar o ato em que se pode interferir, pois não se pode ter tanto um direito para realizar um ato quanto um dever para não impedir outros que impeçam a realização desse ato por parte de alguém.

O argumento dos privilégios hohfeldianos

A segunda motivação para abandonar a tese da correspondência como tese a respeito das permissões poderia proceder de uma disposição a abandonar a afirmação de que as permissões são mais bem pensadas como direitos. Se, em vez disso, as permissões fossem pensadas como privilégios ou liberdades *hohfeldianos*, pareceria que poderia haver conflito de permissões. Se alguém dispuser de um privilégio *hohfeldiano* para realizar um ato, não se trata de outros terem o dever de não interferir nesse ato; trata-se meramente de os outros não terem direito de que alguém não realize esse ato[9]. Mas se os outros simplesmente não têm direito de que

---

ato (no sentido de que outros têm um dever de não interferir na realização do ato por parte de alguém); trata-se, antes, do caso de outros não terem direito de que alguém não realize o ato. *Ibid.*, 35-50. Eu discuto a compreensão das permissões como privilégios *hohfeldianos* na subseção seguinte. Nesta subseção estou preocupada com a compreensão mais comum das permissões como direitos. Nesta concepção, as permissões contam como uma combinação tanto de direitos-pretensões *hohfeldianos* quanto de privilégios *hohfeldianos*. Ver *ibid.*, 39.

8. *Ibid.*, 36-8.

9. *Ibid.*, 38-9.

O CASO MORAL CONTRA O PERSPECTIVISMO JURÍDICO   393

alguém não realize o ato, podem dispor de um privilégio *hohfeldiano* de impedir que alguém realize o ato[10]. No entanto, se dispõem dessa liberdade, alguém não tem o direito de que não o impeçam de realizar o ato. Eles, portanto, não têm direito de que alguém não realize o ato, mas alguém não tem direito de que eles não impeçam alguém de realizar o ato. A tese da correspondência parece estar em risco porque a liberdade que autoriza o ato de alguém não implica a ausência de uma liberdade, por parte de outro agente, de impedir esse ato.

Esse argumento efetivamente admite que a tese da correspondência é verdadeira quanto às obrigações e permissões (como são estas comumente entendidas), mas nega que seja verdadeira quanto aos privilégios ou liberdades. Há dois pontos lexicamente ordenados a serem apresentados em resposta a esse argumento. Em primeiro lugar, o argumento pode ser facilmente admitido por um deontologista. Como vimos no capítulo II, se há liberdades do tipo *hohfeldiano*, estas definem arenas de ação amoral. Os agentes no interior dessas arenas não estão obrigados por qualquer máxima de ação – estão genuinamente em liberdade. Não se trata de estarem obrigados a agir de certas maneiras, mas também não se trata de terem direitos (ou permissões comumente entendidas) para agir de certas maneiras (porque nesse argumento uma liberdade não é um direito). Conseqüentemente, os agentes que operam nas liberdades *hohfeldianas* não são tocados por normas deontológicas. Não tem, assim, importância normativa que suas ações possam entrar em conflito, pois suas ações não têm importância normativa. Trata-se das ações dos que se encontram num estado moral de natureza. Como a tese da correspondência refere-se às condições da ação moral, é improvável que ela não se aplique a esse estado de natureza.

Em segundo lugar, na medida em que as liberdades *hohfeldianas* definem ações amorais, elas parecem não captar

---

10. *Ibid.*, 41.

394   *O COMBATE MORAL*

a natureza de atos realizados em defesa própria ou em violação à lei. Na qualidade de matéria de moralidade substancial, esses atos parecem deter significação moral. Uma teoria moral plausível pode obrigar um agente a empregar a defesa própria, permitir que um agente empregue defesa própria ou obrigar um agente a não empregar defesa própria, mas, pelo menos, alude à questão da defesa própria. De maneira semelhante, uma teoria moral plausível pode obrigar um agente a desobedecer à lei, permitir que um agente desobedeça à lei, ou obrigar um agente a não desobedecer à lei, mas pelo menos alude à questão da desobediência. Assim, embora a tese da correspondência possa ser inaplicável em casos que envolvem atos amorais (atos autorizados por liberdades), isto não a torna inaplicável em casos que envolvem defesa própria ou desobediência, pois esses atos não são amorais.

O argumento das permissões de se fazer o errado

O terceiro motivo para rejeitarmos a tese da correspondência como tese a respeito das permissões provém da opinião de que as normas deontológicas de moralidade são máximas que não admitem exceções, por exemplo: "Não mate." As justificativas para violar essas máximas são permissões relativas ao agente para se fazer a coisa errada, por exemplo: "Você tem permissão para matar em circunstâncias de defesa própria." Estas permissões não eliminam o erro do violar máximas morais; apenas autorizam alguém a fazer o que é errado (enquanto tornam virtuoso fazer o que é correto, a saber, conformar-se às máximas em questão). Deste ponto de vista, todas as permissões funcionam como a permissão que muitos teóricos concedem às mulheres relativamente ao aborto: os interesses da liberdade feminina são suficientemente grandes a ponto de lhes permitir tomar decisões erradas no que diz respeito ao aborto (por exem-

O CASO MORAL CONTRA O PERSPECTIVISMO JURÍDICO 395

plo, abortar, periodicamente, de preferência a adotar medidas de controle de natalidade).

De acordo com esse entendimento do conteúdo da moralidade deontológica, pode-se permitir a um agente que faça a coisa errada enquanto a outros é, pelo menos, permitido, se não obrigado, fazer a coisa correta. Na medida em que é errado para um agente fazer o que lhe é permitido, tem que ser correto para outros impedi-lo de realizar esse ato. Assim, permite-se a um agente inocente cuja vida está em perigo matar um agressor culpado em defesa própria, mas visto ser este um ato errado, ainda que permitido, é permitido a outros, ou talvez estejam eles obrigados, a impedir esse ato. Conseqüentemente, a tese da correspondência é falsa: a justeza de um ato não determina a justeza de não impedir esse ato, pois um ato pode estar correto só no sentido de ser um erro permitido, e pode ser correto impedir um erro permitido.

Os deontologistas poderiam ficar particularmente tentados a aventar essa análise devido aos desfechos que ela ofereceria em casos envolvendo a punição de cidadãos que desobedecem às leis imorais. Essa análise sugere o seguinte: os cidadãos estão sujeitos, sem exceção, à máxima "Obedeça à lei". Nos casos em que a lei entra em conflito com outras máximas deontológicas, é permitido que os cidadãos desobedeçam à lei. Mas essa permissão não elimina o erro de sua desobediência. Na medida em que essa desobediência permanece errada, os juízes permanecerão obrigados a punir essa obediência. Conseqüentemente, a tese da correspondência é falsa nos casos de punição: a justeza de um ato de desobediência não determina a justeza de não punir esse ato, porque um ato de desobediência pode estar correto só no sentido de ser um erro permitido e, como foi previamente sugerido, pode estar correto punir um erro permitido.

Duas réplicas estão disponíveis em resposta aos que invocam esse argumento a fim de defender a moralidade de impedir atos permitidos. Em primeiro lugar, o argumento fracassa pela mesma razão que fracassou o primeiro argu-

396   *O COMBATE MORAL*

mento: está comprometido com a conclusão incoerente de que as permissões são direitos, mas que aqueles aos quais se aplicam têm, simultaneamente, deveres de não interferir nas tentativas alheias de impedir o exercício desses direitos. Se um agente tem um direito – mesmo um direito de agir erradamente – os demais têm o direito de não interferir no exercício desse direito. Assim, mesmo se permissões simplesmente autorizam atos errados, em lugar de tornar corretos atos errados, elas geram deveres da parte dos outros que são incoerentes com ter direitos de interferência. Assim, a tese da correspondência, em sua forma original, permanece intacta: a permissão de um ato vincula a justeza do ato de não impedir esse ato.

Em segundo lugar, embora os direitos de autonomia, tais como os das mulheres no tocante a decisões de reprodução, possam ser plausivelmente caracterizados como permissões relativas ao agente para fazer o errado, a justificação da defesa própria é descrita, de maneira inteiramente implausível, como permissão relativa ao agente para fazer o errado. Defender-se contra um agressor culpável não parece ser a coisa errada (ainda que uma coisa permitida para se fazer); parece, antes, ser a coisa correta a se fazer. Se este for o caso, os atos que impedem a defesa própria não impedem a ação errada; são atos que impedem a ação correta. Mesmo se os críticos puderem escapar da conclusão de que a tese da correspondência se aplica até a permissões de realizar atos errados, não poderão escapar da tese da correspondência em casos de defesa própria.

O mesmo é totalmente verdadeiro nos casos de desobediência justificada da lei. Em casos de desobediência justificada, a lei entra em conflito com certas obrigações ou permissões relativas ao agente. A desobediência não é capaz de constituir um erro permitido nesses casos; de fato, não pode constituir, de modo algum, um erro, pois essa conclusão comprometeria o deontologista com as máximas que são gladiatórias e também com as máximas genuinamente contraditórias. Um agente estaria simultaneamente obriga-

O CASO MORAL CONTRA O PERSPECTIVISMO JURÍDICO   397

do a obedecer à lei e a desobedecer à lei. Se o conteúdo da deontologia for, pelo menos, constrangido pela exigência de não ser exatamente contraditório, então uma teoria deontológica não poderá, simultaneamente, impor uma obrigação que não admite exceção de obedecer à lei e exigir dos cidadãos que às vezes violem a lei. Na medida em que obriga os cidadãos a violar a lei, o cumprimento dessa obrigação por parte de um cidadão tem, assim, que constituir a coisa correta a ser feita; não pode simplesmente servir como coisa errada que tem permissão de ser feita. Conseqüentemente, a punição de um juiz desse ato não pode ser a de um ato errado (embora permitido); tem que ser a punição de um ato correto. E se os casos restantes nos convencem de que os deontologistas deveriam considerar como análogos os casos de punição e os casos de prevenção, e mesmo se os críticos puderem escapar da tese da correspondência em casos que envolvem permissões para agir erroneamente, não poderiam escapar dela em casos que envolvem a punição dos justificavelmente desobedientes.

Relacionamentos baseados em posição e funções contratuais

Em lugar de bloquear a capacidade dos deontologistas de defender a tese da correspondência, os exemplos anteriores ilustram a viabilidade dessa tese para uma moralidade deontológica. Mas esta conclusão encontra seus contra-exemplos mais constrangedores em casos como os que se seguem.

Imaginemos duas mães, cada uma delas tendo um bebezinho e nenhuma delas capaz de nadar. Vêem-se a bordo de um navio que está afundando e só dispõem de um colete salva-vidas. Se nenhuma delas conseguir garantir esse colete salva-vidas para seu bebê, ele certamente se afogará. Não será o caso de cada uma estar fazendo a coisa correta ao tentar obter o colete salva-vidas para seu próprio filho,

398   *O COMBATE MORAL*

mesmo que isto signifique impedir a outra de salvar a vida do filho?[11] Se este for o caso, a tese da correspondência é falsa, pois a justeza das ações de uma mãe não determina a justeza da permissão da outra mãe para essas ações.

Esse tipo de caso testa a sugestão de que os indivíduos estão autorizados a preferir o bem-estar dos que lhes são caros ao bem-estar de estranhos. Acredita-se que esta afirmação seja, na maioria das vezes, bem acolhida na esfera de uma moralidade deontológica. À luz da exigência conseqüencialista de que os interesses de todas as pessoas sejam considerados igualmente (que cada um conta por um e somente um), os conseqüencialistas enfrentam dificuldades para justificar por que alguém poderia estar moralmente justificado ao amparar um ser amado em circunstâncias em que os interesses de estranhos têm peso igual ou maior. Pareceria que os deontologistas, por outro lado, estariam em posição de afirmar que os agentes têm permissões ou obrigações relativas aos agentes para favorecer os interesses de pessoas amadas, e não os de estranhos. Mas se a mais plausível moralidade deontológica contiver essas permissões ou obrigações relativas aos agentes, a tese da correspondência estará em perigo, pois a moralidade poderá, então, nos jogar uns contra os outros num combate moral gladiatório.

É possível distinguir pelo menos cinco pontos de vista deontológicos no que tange ao conteúdo das máximas que se aplicam aos agentes em circunstâncias do tipo criado pelas duas mães no navio afundando. Alguns desses pontos de vista falseiam a tese da correspondência, enquanto outros a preservam. Examinemos esses cinco pontos de vista a fim de determinar com que grau de probabilidade os deontologistas se considerarão compelidos a abandonar a tese da correspondência visando a sustentar a alegação intuitiva de que podemos atribuir tratamento preferencial àqueles que amamos. Ao longo desta discussão não devemos per-

---

11. Este exemplo é extraído de Nagel, *Equality and Partiality*, 172.

O CASO MORAL CONTRA O PERSPECTIVISMO JURÍDICO   399

der de vista nossa meta final: determinar se a tese da correspondência está encerrada em nossa teoria deontológica mais plausível, de maneira a avaliar se nossa teoria deontológica mais plausível autorizaria a punição dos justificados.

O argumento das obrigações/permissões preferenciais relativas aos agentes

Do primeiro ponto de vista, os agentes estão obrigados ou, pelo menos, isso lhes é permitido a prestar auxílio àqueles com que compartilham relações especiais, em oposição àqueles com quem não compartilham relação alguma. Assim, quando uma escolha tem que ser feita, obrigam-se os pais (ou isso lhes é permitido) a auxiliar seus filhos, obrigam-se amigos (ou isso lhes é permitido) a auxiliar amigos, obrigam-se esposos (ou isso lhes é permitido) a auxiliar esposas, obrigam-se irmãs (ou isso lhes é permitido) a auxiliar irmãos, obrigam-se agentes de segurança (ou isso lhes é permitido) a auxiliar os que contrataram seus serviços, obrigam-se advogados (ou isso lhes é permitido) a auxiliar seus clientes e obrigam-se médicos (ou isso lhes é permitido) a auxiliar seus pacientes.

Esse ponto de vista contradiz redondamente a tese da correspondência porque torna obrigações e permissões relativas aos agentes relativas a funções. A função de uma mãe é em parte definida pela obrigação (ou permissão) de ministrar auxílio preferencial aos seus próprios filhos. A função de um advogado é em parte definida pela obrigação (ou permissão) de fornecer serviços especiais aos seus clientes[12]. Na medida em que as obrigações e permissões relativas a funções possam entrar em conflito, a tese da correspondên-

---

12. Para uma defesa da afirmação de que a cidadania constitui uma função única caracterizada por direitos e deveres únicos, ver Leslie Green, "Law, Legitimacy and Consent", *Southern California Law Review* 62 (1989): 818-25. Ver também o capítulo IV, nota 27, em que existe um discussão da concepção relativa a funções dos deveres de cidadania de Green.

400   *O COMBATE MORAL*

cia é tão falsa quanto uma tese a respeito das condições em que um agente tem que permitir os atos de um outro agente. Precisamente como no caso das duas mães que têm que competir por um colete salva-vidas, pode ser correto para um agente numa função impedir o que é correto para um agente fazer se estiver desempenhando outra função.

Os deontologistas persuadidos de que certas funções geram obrigações (ou permissões) relativas ao agente de ministrar tratamento preferencial podem estar inclinados a pensar que estão comprometidos com um declive escorregadio que os força a admitir a possibilidade de que outras funções criarão outras espécies de obrigações e permissões relativas ao agente. Se as mães têm obrigações relativas ao agente de auxiliar seus filhos, os policiais podem ter obrigações relativas ao agente de deter criminosos, e os juízes podem ter obrigações relativas ao agente de punir todos os cidadãos que violarem a lei (mesmo os que o tenham feito justificavelmente).

Contudo, os deontologistas não precisam deslizar por esse declive escorregadio. Eles têm que reconhecer pelo menos uma distinção *prima facie* entre dois tipos diferentes de funções: as que surgem em virtude da posição de uma pessoa (por exemplo, a função de ser mãe ou irmão) e as que surgem em virtude de promessa ou contrato de uma pessoa (por exemplo, uma promessa de fornecer segurança ou um contrato de prestação de serviços advocatícios). Os deontologistas podem, plausivelmente, acreditar que a única razão para que funções contratuais gerem certas obrigações relativas ao agente de auxílio preferencial é que essas obrigações constituam parte daquilo que as pessoas contrataram ao assumir tais funções. As obrigações relativas ao agente que definem essas funções são, assim, casos especiais das obrigações relativas ao agente de manter promessas. Assim, as obrigações relativas ao agente que definem funções contratuais são dadas pelos contratos em questão. A razão para que um advogado tenha o dever de fornecer tratamento preferencial aos seus clientes é ter celebrado um contrato para

O CASO MORAL CONTRA O PERSPECTIVISMO JURÍDICO 401

fazê-lo. A razão para que um marido tenha a obrigação de prestar auxílio à sua esposa é o fato de seu juramento matrimonial incorporar essa promessa. Analogamente, a razão para que as funções gerem outros tipos de obrigações é o fato de terem sido voluntariamente empreendidas. Assim, a razão para que um policial seja obrigado a deter criminosos é ter ele celebrado um contrato de trabalho para fazê-lo. E a razão para que os juízes tenham que punir todos os indivíduos que violam a lei, inclusive os que o fazem justificavelmente, é seu juramento relativo ao cargo ser acertadamente interpretado como algo que inclui a promessa de fazê-lo.

Mas se os deontologistas impuserem obrigações relativas ao agente a certos agentes apenas porque estes prometeram cumpri-las, os deontologistas terão que dispor de uma teoria que especifique as condições em que os indivíduos detêm o poder de contratar certas obrigações. Exatamente como no caso do consentimento discutido anteriormente, aos indivíduos deveria ser atribuído o poder de só prometer executar certas ações se lhes for normativamente justificável agir assim. Sob pena da circularidade, o fato de um agente ter feito uma promessa não pode constituir uma razão para afirmarmos que ele deveria cumprir essa promessa. Temos que dispor de alguma razão, independente de sua promessa, para pensar que sua promessa é obrigatória e, conseqüentemente, que acarreta certas obrigações relativas a funções. Como no caso do consentimento, há razões para pensarmos que certas promessas possibilitam certas instituições e relações moralmente valiosas. Mas, então, a obrigatoriedade de uma promessa, semelhante ao alcance do consentimento de um agente, é relativa à moralidade das instituições e relações que possibilita.

Temos razões para pensar que uma promessa de fornecimento de serviços de segurança possibilita relações moralmente valiosas. Mas também temos razões para pensar que essa promessa perde seu poder normativo quando é feita por um assassino profissional contratado que entende que os serviços de segurança incluem a execução de inimi-

402   *O COMBATE MORAL*

gos políticos de um empregador. Temos razões para pensar que uma promessa de fornecimento de serviços de defesa legal possibilita certas relações moralmente valiosas. Mas também temos razões para pensar que aos advogados de defesa falta exatamente o poder de prometer a destruição de provas incriminatórias. Temos razões para pensar que o juramento de um juiz ao assumir o cargo possibilita certas instituições moralmente valiosas. Mas temos razões para pensar que esse juramento pode incluir uma promessa obrigatória de punir os justificados? É esta, mais uma vez, a questão a que estamos tentando responder.

Do mesmo modo que os deontologistas não podem usar a possibilidade de que pessoas justificavelmente desobedientes consintam com sua própria punição como uma razão para pensar que sua punição é coerente com uma deontologia plausível, os deontologistas não podem usar o juramento do juiz ao assumir seu cargo para estabelecer que os juízes têm obrigações relativas ao agente de punir os justificados. Somente se os deontologistas tiverem *outras* razões para pensar que a punição dos justificados também é justificada, terão eles uma boa causa para achar que os juízes serão obrigados a punir os justificados se seu juramento ao assumir seus cargos incluir essa promessa.

Essa discussão deixa claro que os deontologistas precisam discriminar os tipos de obrigações relativas ao agente que se vinculam a funções particulares. Nos casos em que os deontologistas atribuem obrigações relativas aos agentes exclusivamente porque estes assumiram tais obrigações mediante promessa ou contrato, eles terão que deixar claro que essas obrigações relativas ao agente não o são apenas porque foram assumidas mediante promessa ou contrato. Se, como suspeito, as condições que justificam obrigações relativas ao agente baseadas em contrato incorporarem a tese da correspondência, os agentes não poderão prometer a realização de atos que impeçam outros agentes de fazer o que, para eles, é correto.

Assim, uma teoria deontológica plausível poderia conter obrigações relativas ao agente baseadas em posição que

O CASO MORAL CONTRA O PERSPECTIVISMO JURÍDICO 403

violam a tese da correspondência sem conter obrigações relativas ao agente baseadas em contrato que violam a tese da correspondência. O reconhecimento disso permite aos deontologistas dispor do que podem considerar o melhor de ambos os mundos. Serão capazes de sustentar nossa convicção profundamente enraizada de que a função de uma mãe inclui a obrigação de preferir o bem-estar de seus próprios filhos ao de outras crianças (pois eles podem insistir que a moralidade deontológica contém certas obrigações relativas ao agente baseadas em posição que violam a tese da correspondência). Mas eles podem negar que isso os compromete com uma moralidade que dá aos juízes poder de criar obrigações contratuais para punir os justificados (porque podem negar que a moralidade deontológica contenha obrigações relativas ao agente baseadas em contrato que violam a tese da correspondência).

O argumento da negação de obrigações/permissões preferenciais relativas ao agente

Alguns deontologistas podem achar a análise acima inteiramente insatisfatória. Em primeiro lugar, podem se mostrar descontentes com as implicações da análise no caso das duas mães a bordo do navio que afunda. A análise acima admite (ao menos pelo argumento) que, nesse caso, ambas as mães se defrontam como gladiadoras morais. Cada uma delas age corretamente ao tentar salvar seu próprio filho, mesmo que isso signifique o fracasso da outra mãe e o afogamento de seu filho. Em segundo lugar, os deontologistas podem recusar a sugestão de que estão capacitados a suspender a tese da correspondência em casos como esse sem suspendê-la em casos que apontam aos juízes a decisão de punir ou não os justificados. Eles podem se filiar a uma de duas afirmações: 1) que os agentes em funções baseadas em contrato também têm obrigações (ou permissões) relativas ao agente baseadas em posição, de modo que os

404 O COMBATE MORAL

agentes em tais funções podem estar corretos em impedir o que para outros é correto fazer[13]; ou 2) que a teoria que fundamenta obrigações gladiatórias baseadas em posição se pronunciará a favor de uma teoria que permite aos indivíduos criar, mediante contrato, obrigações gladiatórias que tornam correto impedir que outros façam o que para eles é correto fazer.

A fim de atenuar essas preocupações, os deontologistas têm que rejeitar a afirmação de que pode haver obrigações ou permissões relativas ao agente que violam a tese da correspondência, ou seja, devem negar que as mães têm obrigações ou permissões para amparar seus próprios filhos quando, ao fazê-lo, impedem que outras amparem seus filhos. Há razões para achar que essa negação é deontologicamente sustentável. A discussão em torno dos gladiadores e escudos humanos tornou plausível o ponto de vista de que a moralidade não encerra um princípio de pendor egoísta que torna correto preferir a própria vida inocente de alguém à vida inocente de outra pessoa. O mesmo poderia ser dito de casos em que as pessoas preferem as vidas inocentes de seus entes queridos às vidas inocentes de estranhos. Nenhuma das duas mães no navio que está afundando está moralmente autorizada a preferir a vida de seu próprio filho à vida do filho da outra. Se uma delas achar demasiadamente difícil tolerar essa conclusão e, assim, agarrar o colete salva-vidas para seu próprio filho, poderemos encontrar fundamentos para considerá-la escusada, mas ela não está justificada. Semelhantemente ao gladiador que empunha armas, ou ao policial que atira através de um escudo humano, a mãe que agarra o colete salva-vidas pode estar agindo compreensivelmente, mas não corretamente.

Se esta análise dos casos em que pessoas são tentadas a conceder tratamento preferencial a entes queridos for a me-

---

13. Ver a defesa de Green da afirmação de que as funções adotadas voluntariamente podem incluir, e de maneira típica realmente o fazem, deveres não-voluntários – isto é, deveres que tampouco estão sujeitos à alteração individual. *Ibid.*

O CASO MORAL CONTRA O PERSPECTIVISMO JURÍDICO   405

lhor das duas aqui consideradas, teremos razões para achar que a tese da correspondência é segura como tese a respeito de atos preventivos. Isto nos fornece de uma razão adicional para supor que, em termos gerais, as funções (seja do tipo baseado em posição, seja do tipo baseado em contrato) não podem reclamar daqueles que as desempenham que impeçam outros de fazer o que para eles é correto fazer. Isto nos proporciona bases para afirmar que os juramentos oficiais ao se assumirem cargos públicos não podem incluir promessas de punir os justificados que geram permissões ou obrigações relativas ao agente de assim agir.

Os deontologistas que, paradoxalmente, consideram ambas as abordagens acima constrangedoras podem prosseguir na busca de um terreno intermediário para que possam defender tanto a afirmação de que a moralidade não provê permissões ou obrigações relativas a funções para fornecer auxílio às pessoas amadas de preferência aos estranhos quanto a afirmação de que a moralidade não proíbe esse tratamento preferencial em todos os casos. Três posições concordantes se apresentam.

O argumento das liberdades preferenciais hohfeldianas

O primeiro desses acordos é representado pela afirmação de que a moralidade se esgota nas circunstâncias em que nos vemos forçados a escolher entre amparar um ente querido ou um estranho. Nessas circunstâncias encontramo-nos autenticamente livres para dar tratamento preferencial aos entes queridos porque, embora não contemos nem com uma obrigação nem com uma permissão para preferir nossos entes queridos a estranhos, estes não têm nenhum direito de que assim não procedamos. Para afirmar isso, é preciso afirmar que essas circunstâncias de defesa de um terceiro são amorais. Isto foi difícil de acreditar no caso da defesa própria e parece ainda mais difícil acreditar nestes casos. Entretanto, conforme a argumentação levada a cabo

406   *O COMBATE MORAL*

previamente, se estes casos de defesa de um terceiro suspendem a tese da correspondência pela constituição de exemplos nos quais os agentes possuem liberdades *hohfeldianas*, não apresentam eles uma razão para rejeitarmos a tese da correspondência em casos de punição. O motivo disso é que, enquanto esses casos podem estar além do alcance das máximas morais, os que envolvem a punição de outras pessoas não estão.

O argumento dos atos de matar preferenciais versus as omissões preferenciais de salvar

Um segundo acordo poderia ser assumido pelos deontologistas que admitem, de maneira semelhante, que não há obrigações ou permissões para preferir o bem-estar dos entes queridos ao de estranhos, mas que também argumentam que, embora as pessoas tenham obrigações relativas ao agente de não matar, não têm obrigações relativas ao agente para salvar[14]. No caso das duas mães a bordo do navio que está afundando, isso significaria que nenhuma delas dispõe do direito de agarrar o colete salva-vidas se este já estiver de posse da outra porque fazê-lo é *causar* a morte do filho dessa mãe e, assim, violar a obrigação de não matar. Porém, nenhuma das duas mães tem obrigação de renunciar ao colete salva-vidas se este já estiver em seu poder, porque recusar-se

---

14. Para uma defesa desta posição, ver Leo Katz, *Ill-Gotten Gains* (Chicago, IL: University of Chicago Press, 1996), 46; John Finnis, *Natural Law and Natural Rights* (Oxford: Clarendon Press, 1980), 118-25; Richard A. Epstein, "A Theory of Strict Liability", *Journal of Legal Studies* 2 (1973): 198-200; Richard Epstein, "Causation and Corrective Justice, A Reply to Two Critics", *Journal of Legal Studies* 8 (1979): 477; Michael S. Moore, "Torture and the Balance of Evils", *Israel Law Review* 23 (1989): 299-300, 308-12. Para uma crítica deste ponto de vista, ver Peter Singer, *The Expanding Circle: Ethics and Sociobiology* (Oxford: Clarendon Press, e Nova York: Farrar, Strauss, and Giroux, 1981), 149-53; Richard A. Posner, "Epstein's Tort Theory: A Critique", *Journal of Legal Studies* 8 (1979), 460; Ernest J. Weinrib, "The Case for a Duty to Rescue", *Yale Law Journal* 90 (1980): 247.

O CASO MORAL CONTRA O PERSPECTIVISMO JURÍDICO 407

a transferir o colete salva-vidas de seu próprio filho ao filho da outra mãe simplesmente significa omitir-se quanto a salvar essa criança, e não matá-la.

Essa tese implica que, se nenhuma das mães dispõe da prévia posse do colete salva-vidas, nenhuma delas está autorizada a pegar o colete no momento de crise. Fazê-lo violaria a máxima que condena matar, causando afirmativamente a morte do filho da outra. Por conseguinte, se o colete salva-vidas já não estiver de posse de uma delas, ambas só farão a coisa correta se cada uma recusar-se a agarrar o colete. Embora ambas as crianças pereçam, não terão sido mortas; simplesmente não terão sido salvas. Esta posição preserva a tese da correspondência porque as máximas aplicáveis a cada mãe obrigam a outra a não interferir no cumprimento delas. Se uma das mães tem a posse do colete salva-vidas, a outra agirá de maneira correta ao não tomá-lo dela. Se nenhuma das mães estiver de posse do colete, cada uma delas só agirá de maneira correta se nenhuma delas o pegar. Assim, nesta abordagem do conteúdo da moralidade, um agente jamais é justificado por impedir o que o outro agente está justificado a fazer. Se esta constituir a melhor análise desses tipos de casos, esta análise, como a segunda aventada anteriormente, proporciona uma base para pensar que a tese da correspondência deveria ser preservada nos casos de punição.

Essa posição constitui um acordo entre os dois primeiros pontos de vista com os quais começamos porque, embora negue que há obrigações e permissões de preferência, abre espaço para circunstâncias em que as pessoas podem diligenciar o bem-estar de seus entes queridos de preferência ao de outros, isto é, naquelas circunstâncias em que seu auxílio aos entes queridos não causa dano a estranhos (embora possa constituir um malogro no sentido de salvar estranhos do dano). Mas este acordo leva seus defensores a sustentar que, no caso original das duas mães a bordo do navio que está afundando, ambos os filhos deveriam ser sacrificados quando um deles pudesse ser salvo. Embora os

408 O COMBATE MORAL

deontologistas não possam permitir que cálculos conseqüenciais ditem o conteúdo de sua moralidade, lhes é facultado, todavia, considerar que uma teoria deontológica plausível não conteria máximas que os comprometessem com essa conclusão problemática. Podem, assim, continuar a busca de um acordo.

O argumento da intenção com que o tratamento preferencial é concedido

O terceiro acordo que poderia ser tentado segue os dois anteriores ao admitir que não há obrigações ou permissões que tornem correto preferir entes queridos a estranhos. Também incorpora a afirmação de que os indivíduos estão obrigados a não matar, mas não obrigados a salvar. Nega, entretanto, que os agentes violem a obrigação de não matar nas circunstâncias em que eles causam a morte sem uma intenção direta de fazê-lo[15]. Se aplicado à nossa hipótese

---

15. Esta tese parte do que chamo de "deontologia intencional" – o ponto de vista segundo o qual as máximas da moralidade não concernem às ações, mas às intenções. Identifiquei, em outra parte, outras deontologias além da intencional que, de modo semelhante, presumem que as normas deontológicas permitem ou proíbem certos estados de espírito, de preferência a ações causalmente complexas e consumadas – por exemplo, a deontologia motivacional (preocupada com os motivos dos agentes para a ação); a deontologia deliberacional (que exige ou proíbe certos processos deliberacionais); e a deontologia do ato tentado (que se preocupa com o que as pessoas tentam fazer, em vez do que elas conseguem fazer). Ver Heidi M. Hurd, "What in the World Is Wrong?", *Journal of Contemporary Legal Issues* 5 (1994): 157-216. Poder-se-ia recorrer a qualquer uma dessas deontologias como forma de autorizar a competição gladiatória em circunstâncias como a das duas mães no navio que está afundando, pois elas implicam respectivamente que alguém não viole a máxima que condena matar se não estiver motivado a fazê-la, não delibere quanto a matar, ou não tente matar.

Na medida em que cada uma dessas deontologias está sujeita ao problema que frustra o uso da deontologia intencional nesse contexto, nenhuma delas proporciona um meio mais promissor para sustentar o tratamento preferencial dos entes queridos, num desafio à tese da correspondência.

O CASO MORAL CONTRA O PERSPECTIVISMO JURÍDICO   409

anterior, cada uma das mães pode salvar seu próprio filho agarrando o colete salva-vidas da outra mãe ou de algum lugar neutro porque, assim agindo, ela não tenciona diretamente a morte do filho da outra mãe; ela simplesmente sabe que essa morte ocorrerá se ela tiver êxito.

Esse ponto de vista constitui um acordo porque, como a posição anterior, nega a existência de obrigações ou permissões que tornam correto preferir o bem-estar dos entes queridos ao de estranhos, embora estabelecendo circunstâncias em que o exercício dessa preferência não viola nenhuma máxima relativa ao agente. Ao autorizar a salvação de uma vida quando ambas não podem ser salvas, esse ponto de vista escapa da conclusão problemática com a qual a posição de acordo anterior se viu comprometida. Se plausível, esta posição também implica que temos que abandonar a tese da correspondência nos casos do tipo representado pelas duas mães a bordo do navio que está afundando, porque em tais casos um agente não age erradamente impedindo o outro de fazer o que está correto.

Contudo, esse argumento é responsável pela mesma confusão que envolveu as tentativas conseqüencialistas anteriores de limitar as conseqüências retificadoras em termos epistêmicos: ele introduz clandestinamente considerações de culpabilidade na especificação das condições da ação correta. Os agentes que apenas cientemente transgridem máximas morais podem, de fato, ser menos culpáveis do que os que tencionam violar máximas morais, mas antes que possamos nos empenhar nessa discussão, temos que dispor de alguma compreensão independente do conteúdo das máximas morais. Temos que dispor de alguma teoria da ação correta que possa ordenar as intenções. Se é errado matar uma criança inocente para salvar outra, é errado fazê-lo negligente, estouvada, ciente ou intencionalmente – ainda que possa não ser tão culpável fazê-lo tão negligente quanto cientemente, ou tão ciente quanto intencionalmente. É até mesmo errado fazê-lo inocentemente, isto é, baseado numa crença razoável de que não é errado, embora essa ação errada seja totalmente não-culpável.

410   *O COMBATE MORAL*

Assim, os deontologistas não estão capacitados a se valer desse acordo sem confundir a metafísica da ação correta com as condições da culpabilidade. Visto que esse acordo viola a tese da correspondência precisamente porque comete essa confusão, ele não representa nenhuma ameaça à viabilidade da tese da correspondência a favor de uma teoria deontológica plausível da ação correta.

Onde isso nos deixa? Examinamos uma série de casos que parecem funcionar como contra-exemplos em relação à afirmação de que uma teoria moral deontológica incorporaria a tese da correspondência. Descobrimos que, relativamente a todos esses casos, os deontologistas podem, de maneira plausível, adotar uma de duas respostas, a saber: podem negar que as máximas propriamente aplicáveis aos agentes nesses casos violam a tese da correspondência por possuírem conteúdo gladiatório, ou podem admitir que as máximas propriamente aplicáveis aos agentes nesses casos violam a tese da correspondência, mas negando que essa violação atua como precedente para suspender a tese em casos que envolvem punição. Essas respostas nos fornecem boas razões para supor que uma teoria deontológica plausível adote a tese da correspondência em casos que suscitam a questão de punir ou não os justificados.

Quando associado à conclusão geral alcançada na seção anterior, esse resultado sugere a conclusão de que nossas obrigações morais – sejam elas conseqüencialistas ou deontológicas – não podem ser relativas a funções. Se isto for verdadeiro, os cidadãos justificavelmente desobedientes e os juízes que os julgam não podem ser considerados gladiadores morais. A justeza da desobediência de um cidadão tem que tornar corretas tanto a absolvição do cidadão quanto a absolvição do juiz que viola a lei absolvendo o cidadão. Temos que procurar resolver o dilema do perspectivismo jurídico por outros meios além de abandonar o princípio do retributivismo frágil.

Mas se o princípio do retributivismo frágil conflituar autenticamente com o estado de direito em casos que recla-

O CASO MORAL CONTRA O PERSPECTIVISMO JURÍDICO 411

mam dos juízes que julguem atos justificados de desobediência privada, parecerá que os juízes têm que sacrificar o estado de direito. E se o princípio do retributivismo frágil estiver em conflito autêntico com o princípio da democracia e da separação dos poderes em casos que convocam os que concebem o sistema a julgar atos justificados de desobediência judicial, pareceria que os que concebem o sistema têm que sacrificar o pluralismo estrutural. Se a tese da correspondência realmente se aplicar a atos de punição, a moral não permitirá o sacrifício do princípio do retributivismo frágil.

Na parte seguinte e final deste livro, abordaremos a questão de saber se o dilema do perspectivismo pode ser resolvido sem renunciar ao princípio do retributivismo frágil ao qual esta parte emprestou substancial apoio ou tornando triviais os valores sistêmicos que há muito têm sido sustentados como caros em termos jurisprudentes.

QUINTA PARTE
Resolvendo o dilema do perspectivismo jurídico

Na parte anterior, examinamos razões para achar que nossa melhor teoria moral – seja ela conseqüencialista ou deontológica – não imporia deveres relativos a funções a agentes de uma maneira que os lançaria uns contra os outros num combate moral. Se assim fosse, teríamos uma boa razão para crer que os justificados não podem ser justificavelmente punidos, ou seja, teríamos motivos para concluir que a moralidade da desobediência de um cidadão torna correta sua absolvição, e a moralidade de tê-lo absolvido torna correta a recusa de alguém que concebe o sistema de exercer sanção em relação ao juiz desse cidadão.

Mas se, em virtude da análise da parte anterior, tivermos que considerar o princípio do retributivismo frágil inviolado, o dilema do perspectivismo jurídico só poderá ser resolvido submetendo nossos compromissos com o estado de direito e a democracia a esse princípio. Resta-nos investigar se essa solução pode ser viável. Se não puder, seremos forçados a concluir que nossa jurisprudência está irreconciliavelmente em conflito, ou seja, ela simultaneamente não permite a punição dos inocentes e depende desta como meio de proteger nossos valores sistêmicos mais básicos.

Capítulo XII
Práticas legais sem combate moral

Se nossa melhor teoria moral nos compromete com a tese da correspondência em sua aplicação aos atos de punição, não podemos resolver o dilema do perspectivismo abandonando o princípio do retributivismo frágil. Temos que concluir que os transgressores justificados não podem ser justificavelmente punidos. Mas se as exigências da moralidade requerem que os juízes coloquem de lado a lei sempre que sua aplicação produzir uma injustiça, o que será de nosso compromisso com o estado de direito, a democracia e a separação dos poderes? Não seremos governados por regras, a maioria não produzirá suas próprias leis e os poderes não serão averiguados e equilibrados se juízes, individualmente, forem, em última instância, autorizados a colocar de lado as promulgações democráticas sempre que a aplicação destas for insensata ou imoral.

Se a anarquia judicial for o preço que temos que pagar pela preservação do princípio do retributivismo frágil, teremos, efetivamente, razão para repensar a inviabilidade desse princípio. Mas o trabalho executado nos capítulos anteriores nos colocou em posição de articular soluções tanto conseqüencialistas quanto deontológicas para o dilema do perspectivismo jurídico que preservam nossos compromissos sistêmicos sem sacrificar o princípio segundo o qual os inocentes não deveriam ser punidos. Embora os capítulos anteriores tenham sugerido enfaticamente que temos que renunciar ao nosso apego filosófico à noção de que os funcionários da Justiça têm obrigações relativas a funções de obe-

416 O COMBATE MORAL

decer à lei do tipo que assegura o estado de direito e a democracia, esses capítulos também nos deram bons motivos para acreditar que a própria moralidade impede o ativismo judicial significativo. Neste capítulo, discutirei os argumentos que resultam dos capítulos anteriores no que tange a como uma aplicação inflexível do princípio do retributivismo frágil pode ser compatibilizada com um vigoroso comprometimento com o pluralismo estrutural sem recorrer às afirmações da moralidade relativa a funções.

Na primeira seção, articularei o meio de solucionar o dilema que se apresenta aos conseqüencialistas que não tentam limitar as conseqüências retificadoras metafísica ou epistemicamente. Na segunda seção, voltar-me-ei para quatro teorias deontológicas distintas, cada uma delas prometendo reconciliar nossos princípios sistêmicos com uma obrigação relativa ao agente de conformar-se ao princípio do retributivismo frágil. Na terceira seção, relembrarei as razões descobertas em capítulos anteriores que nos fazem pensar que, quando nossos valores sistêmicos não são moralmente constrangedores, eles são epistemicamente importantes, de modo que sua consideração comprometerá (epistemicamente) os juízes com uma teoria moral conseqüencialista ou uma teoria moral deontológica. E, finalmente, na última seção concluirei com uma breve discussão de algumas implicações em filosofia do direito resultantes da negação de obrigações relativas a funções e da resolução do dilema do perspectivismo jurídico a favor do princípio do retributivismo frágil.

A solução conseqüencialista para o dilema do perspectivismo jurídico

Os valores sistêmicos como conseqüências retificadoras

No capítulo X, argumentei que os conseqüencialistas não são capazes de defender a moralidade relativa a fun-

RESOLVENDO O DILEMA DO PERSPECTIVISMO JURÍDICO 417

ções limitando as conseqüências que operam como razões para a ação às que são causadas de maneira imediata por um agente ou às que se acham epistemicamente disponíveis a um agente. Invocar limitações de causa imediata confunde a metafísica da causação. Empregar limitações epistêmicas confunde a metafísica da ação correta. Se essas conclusões estiverem certas, o conseqüencialista terá que admitir que *todas* as conseqüências de uma ação entram no equilíbrio das razões que determina a justeza dessa ação. Resulta que, se as conseqüências sistêmicas da decisão de um juiz também forem conseqüências das ações realizadas pelo cidadão cujo caso é decidido pelo juiz, essas conseqüências sistêmicas constituirão parte do conjunto de conseqüências determinante da justeza das ações do cidadão. Analogamente, se as conseqüências institucionais da decisão de alguém que concebe o sistema também forem conseqüências do resultado judicatório alcançado pelo juiz cujo caso é avaliado por quem concebe o sistema, essas conseqüências institucionais estarão entre as que determinam a justeza da decisão do juiz e da decisão do cidadão que causou a do juiz.

Uma moralidade conseqüencialista não tolhida pela causa imediata e pelos constrangimentos epistêmicos parece, assim, incorporar uma solução direta ao dilema do perspectivismo jurídico. Embora a desobediência de um cidadão possa não ser tão visível quanto a desobediência de um juiz e, por conseguinte, não possa gerar uma quantidade desproporcional de desobediência injustificada por parte de outros, o fato de a absolvição subseqüente desse cidadão por um juiz ser conseqüência da desobediência do cidadão produzirá o caso de a quantidade desproporcional de desobediência injusticada gerada pela desobediência altamente visível, por parte do juiz, ser realmente uma conseqüência da desobediência do cidadão. Assim sendo, essa conseqüência não afeta apenas a justeza da absolvição do juiz; entra também no equilíbrio das razões que determina a justeza da desobediência original do cidadão. De modo semelhante, em-

418   *O COMBATE MORAL*

bora a recusa de um cidadão de cooperar com uma estratégia cooperativa legalmente estabelecida para um dilema dos
prisioneiros não conduza à dissolução dessa estratégia (e a
perda subseqüente de um importante bem coletivo), o fato
de a subseqüente absolvição por um juiz desse cidadão ser
conseqüência da desobediência desse cidadão constitui o
caso de quaisquer efeitos adversos sobre a estratégia cooperativa gerados pela desobediência do juiz serem conseqüências da desobediência do cidadão. Assim sendo, esses efeitos
adversos, para começar, são razões que entram no equilíbrio das razões que determina a justeza da desobediência
do cidadão; não são apenas conseqüências que entram no
equilíbrio das razões determinante da justeza da desobediência do juiz.

O mesmo tipo de análise estabelece que os efeitos institucionais das decisões constitucionais são conseqüências
que afetam não apenas a justeza das decisões constitucionais, mas também a justeza das decisões judiciais e das particulares. Enquanto a desobediência de um cidadão e a absolvição deste cidadão por um juiz são atos que, por si mesmos, provavelmente não afetarão a eficiente separação dos
poderes governamentais, o fato de a decisão subseqüente
de alguém que concebe o sistema no sentido de ignorar
essa desobediência ser conseqüência tanto da desobediência do cidadão quanto da desobediência do juiz constitui o
caso de quaisquer efeitos adversos dessa decisão sobre o
pluralismo estrutural serem conseqüências da desobediência
tanto do cidadão quanto do juiz. Desta forma, essas conseqüências institucionais afetam a justeza tanto da conduta do
cidadão quanto da conduta do juiz, bem como da conduta
do que concebe o sistema.

Assim, nenhuma das razões caracterizadas na parte III
como relativas a funções é realmente relativa a funções dentro de uma compreensão conseqüencialista da moralidade.
Os valores do estado de direito da liberdade, da igualdade e
da proteção dos interesses de confiança são razões para a
ação de cidadãos bem como de juízes, e os valores institu-

RESOLVENDO O DILEMA DO PERSPECTIVISMO JURÍDICO   419

cionais do pluralismo estrutural são razões para a ação de cidadão e juízes, bem como dos que concebem o sistema. Embora alguns agentes possam estar epistemicamente mal situados para avaliar o grau em que suas ações afetarão os valores discutidos nos capítulos da terceira parte, os efeitos conseqüenciais de suas ações sobre esses valores, entretanto, participam da determinação da justeza de suas ações.

Consideremos novamente o caso da esposa espancada que viola a lei matando por antecipação o marido abusivo depois que ele ameaça sua vida e as de seus filhos. Suponhamos que as conseqüências de sua desobediência, incluindo as conseqüências sistêmicas adversas produzidas por sua absolvição e a absolvição de seu juiz (isto é, incluindo todos os efeitos adversos sobre a obediência de outros, os valores do estado de direito e a separação dos poderes) não são tão más quanto as conseqüências de sua obediência. Em tais circunstâncias, a ação desobediente da esposa é a ação correta. E é a ação correta não apenas para ela, mas também para seu juiz e o juiz de seu juiz, porque o equilíbrio das razões que determina a justeza da desobediência dela é idêntico ao equilíbrio das razões que determina a justeza da desobediência deles. Conseqüentemente, se a desobediência dela está correta, a deles tem que estar correta. Assim, seu juiz faz a coisa correta absolvendo-a, e o juiz de seu juiz faz a coisa correta absolvendo-o. Incluído no cálculo que torna correto o ato dela está o fato de que uma absolvição dela pelo seu juiz e uma absolvição de seu juiz pelo que concebe o sistema não estimulará desproporcionalmente atos injustificados de desobediência por parte de outros cidadãos ou juízes e não afetará indevidamente o estado de direito ou a separação dos poderes. Assim sendo, a justeza do ato dela determina tanto a justeza da decisão do juiz de absolvê-la quanto a justeza da decisão de alguém que concebe o sistema de absolver o juiz dela.

Pareceria, portanto, que o dilema do perspectivismo jurídico é elegantemente solucionado por uma moralidade conseqüencialista, uma vez reconhecido que essa moralida-

420   *O COMBATE MORAL*

de torna *todas* as conseqüências de uma ação retificadoras. Os agentes só estão justificados a desobedecer à lei se as conseqüências de suas ações, incluindo *todas* as conseqüências sistêmicas que eles não podem prever ou ponderar com precisão, favorecerem a desobediência[1]. Se as conseqüências da desobediência deles, incluindo todas as conseqüências sistêmicas a eles epistemicamente indisponíveis, forem piores do que as conseqüências da obediência deles, eles serão perpetradores de ações erradas e não estão, de fato, justificados a desobedecer à lei. A recusa de punir os transgressores justificados pode ser compatibilizada com um comprometimento com os valores sistêmicos, que há muito são considerados como definidores dos cargos dos funcionários da Justiça, reconhecendo-se que é necessário levar em conta esses valores sistêmicos ao avaliar se um transgressor está realmente justificado. Assim, nosso comprometimento com o estado de direito e com a democracia não será perigosamente posto em risco pela absolvição (ilegal) dos que justificavelmente violam a lei, pois os que violam a lei só o fazem justificavelmente se sua absolvição não colocar perigosamente em risco o estado de direito e a democracia.

Entretanto, seria precipitado concluir que essa compreensão do conseqüencialismo produz uma solução ao dilema do perspectivismo jurídico que é completamente nãoproblemática em termos filosóficos; isto porque existe um conjunto especial de casos limitadores que confunde nossa capacidade de generalizar a verdade da tese da correspon-

---

1. Pode ser tentador invocar a solução inteligente de Derek Parfit para o que ele chama de "casos de pequeno efeito" a fim de argumentar que haverá um número tão desprezível de situações nas quais as conseqüências da desobediência, ainda que pequena, favorecem a violação da lei que não precisamos nos preocupar com a desobediência justificada numa teoria conseqüencialista. Ver Derek Parfit, *Reasons and Persons* (Oxford: Clarendon Press, 1984), 75. Para uma refutação da teoria de Parfit de que os conseqüencialistas podem defender uma obrigação geral de obedecer à lei, mesmo diante de casos em que as violações exercerão efeitos pequenos (ou imperceptíveis), ver George Klosko, "Parfit's Moral Arithmetic and the Obligation to Obey the Law", *Canadian Journal of Philosophy* 20 (1990): 191-214.

RESOLVENDO O DILEMA DO PERSPECTIVISMO JURÍDICO   421

dência em todos os casos que envolvem a punição dos que violam a lei. Esses casos fazem reviver o dilema do perspectivismo jurídico para uma teoria moral conseqüencialista.

Casos limitadores: conseqüências retificadoras auto-referenciais

Embora a rejeição da causa imediata e das limitações epistêmicas capacite o conseqüencialista a aventar uma solução satisfatoriamente clara para o dilema do perspectivismo jurídico, parece haver alguns casos especiais que limitam o alcance dessa solução. Esses casos não são gerados por confusões conceituais a respeito da metafísica da causação ou da ação correta. Assim sendo, apresentam uma base para pensarmos que o conseqüencialismo pode falhar na reconciliação de nossos valores sistêmicos com o princípio do retributivismo frágil em todos os casos em que esses princípios são competitivos.

Suponhamos que seja o caso de, se uma esposa espancada for absolvida pelo assassinato de seu marido abusivo, ocorrer um aumento substancial dos casos em que outras mulheres recorrerão a essa "solução" em circunstâncias em que é completamente injustificado (por exemplo, em circunstâncias em que é mais simples ou mais lucrativo do que o divórcio). Suponhamos também que essa absolvição terá efeitos adversos significativos sobre a liberdade, a igualdade e certos bens coletivos conquistados cooperativamente. Somadas, essas más conseqüências excedem o valor das boas conseqüências resultantes da ação dessa mulher. Embora o assassinato vá salvar três vidas inocentes, mais do que três vidas inocentes serão tiradas por outras que imitarem esse ato de matar em circunstâncias injustificadas. Embora esse ato de matar vá aliviar o tormento psicológico da esposa espancada e de seus filhos, ele desencadeará a eclosão de uma quantidade desproporcional de angústia por parte daqueles cujos entes queridos são mortos injustificavelmente,

422 O COMBATE MORAL

e engendrará uma quantidade desproporcional de insegurança entre os que temem que eles ou os que eles amam serão os alvos de futuros assassinatos injustificados. De acordo com a análise da seção anterior, a ação desobediente da esposa espancada é injustificada: as conseqüências que funcionam como razões a favor e contra a ação favorecem a decisão de não matar seu marido.

Mas suponhamos que a punição dela aliviasse a maior parte dos efeitos sistêmicos adversos do assassinato por ela cometido – tantos, de fato, que seu ato produziria mais conseqüências boas do que más. Sua punição dissuadiria outras mulheres de matar seus maridos em circunstâncias em que esses atos de matar seriam injustificados e protegeria os valores do estado de direito que, de outra maneira, seriam afetados adversamente pela desobediência dela. Em tais circunstâncias, parece que a punição dela *tornaria* sua ação correta. Criaria a situação em que ela teria salvo três vidas inocentes sem contribuir de modo causal para a perda de um número maior de vidas inocentes.

Esse caso é profundamente enigmático. Na ausência da punição, a esposa espancada faz a coisa errada para salvar sua vida e as de seus filhos porque, assim agindo, faz que outras destruam mais que três vidas inocentes. Assim, uma absolvição faz dela uma *malfeitora* (agente da coisa errada). Uma pessoa moralmente culpável é tratada como isenta de culpa – uma malfeitora cuja punição não constituiria punição dos justificados. No entanto, se punida, ela será uma *benfeitora* (agente da coisa correta). Sua punição acarreta a conseqüência feliz de tornar correto um ato que, de outra maneira, é errado. Mas em virtude de tornar sua conduta correta, sua punição trata como culpável quem é agora isento de culpa. Pelo preço da punição, esse agente salva três vidas sem causar o tipo de más conseqüências que a tornariam uma agente da coisa errada (*malfeitora*) merecedora da punição.

Demonstrando a possibilidade conceitual de ações moralmente justificadas se, e somente se, forem punidas, esse quadro contrapõe um contra-exemplo poderoso à verdade

RESOLVENDO O DILEMA DO PERSPECTIVISMO JURÍDICO   423

da tese da correspondência como tese conseqüencialista a respeito das condições da punição. Dada a natureza autoreferencial das conseqüências envolvidas, a justeza da ação do cidadão não determina a justeza do não punir essa ação. Na verdade, a justeza da ação do cidadão depende da punição desta ação. Como este caso não introduz clandestinamente considerações de culpabilidade ou de causação imediata, ele não pode ser descartado como conceitualmente confuso. Mas há um conjunto de razões que nos leva a pensar que este caso é inteiramente especial – tão especial, na verdade, que sua possibilidade não precisa frustrar a viabilidade geral da tese da correspondência como tese conseqüencialista sobre as condições da punição.

Em primeiro lugar, é crucial reconhecer que, embora a possibilidade conceitual de conseqüências auto-referenciais derrube a afirmação de que a tese da correspondência é necessariamente verdadeira como tese sobre as condições da punição, essa possibilidade não derruba a afirmação de que a tese da correspondência é necessariamente verdadeira como tese a respeito das condições das ações preventivas ou permissivas. Os casos que envolvem ações preventivas ou permissivas não admitem conseqüências auto-referenciais. Conseqüentemente, a tese da correspondência como foi originalmente enunciada permanece necessariamente verdadeira para o conseqüencialismo. Deixem-me explicar.

Lembremos que, conforme expressa originalmente no capítulo I, a tese da correspondência sustentava que a justeza de uma ação determina a justeza de permitir essa ação. Os casos que envolvem conseqüências auto-referenciais não afetam a verdade dessa tese original. Como ficou claro no capítulo X, se é correto para um indivíduo realizar um ato, trata-se necessariamente de que esse ato produzirá mais boas conseqüências do que más, *considerada a totalidade das conseqüências*. Um ato que impede um ato correto não impede apenas suas más conseqüências, mas também suas boas conseqüências. Portanto, se as boas conseqüências do ato

424   *O COMBATE MORAL*

excedem o valor de suas más conseqüências, um ato preventivo (impeditivo) falha na maximização das boas conseqüências. Daí, se um ato está correto, seu impedimento tem que estar errado.

Os que duvidariam que a moralidade de um ato e sua prevenção não podem ser auto-referenciais poderiam divertir-se com o seguinte tipo de contra-exemplo. Suponhamos que um ato preventivo transformasse um ato consumado numa simples tentativa. Não é possível que a tentativa esteja correta, mas que sua conclusão esteja errada e, conseqüentemente, que a prevenção de sua conclusão esteja correta? Consideremos o caso em que uma nação constrói uma bomba atômica como meio de impedir outra nação de empreender uma guerra contra ela. Suponhamos que os que controlam a bomba não teriam justificativa para desenvolvê-la (pois, por exemplo, ela mataria muito mais civis no território inimigo do que os que a primeira nação perderia em seu próprio território no caso de a guerra ser declarada pela nação inimiga). Mas suponhamos também que, no caso da escalada da violência, a única forma de convencer a nação inimiga de que a bomba será usada é iniciando os procedimentos de sua construção. Nessas circunstâncias, não é igualmente correto que um indivíduo aja de modo a desenvolver a bomba e que um outro impeça a conclusão bem-sucedida dessa tarefa?

Embora esse quadro pareça tornar auto-referenciais a justeza de um ato e a de sua prevenção, ele não consegue derrubar a verdade da tese da correspondência original. Se uma tentativa está correta, qualquer um que a contrarie no estágio da mera preparação age erroneamente. E se a conclusão dessa tentativa estiver errada, a que tentou age erroneamente no ponto em que não aborta a tentativa de modo a impedir sua conclusão. Por conseguinte, a prevenção de sua tentativa por parte de outro indivíduo, nesse ponto, será correta. Em ambos os casos, a justeza de um ato determina o erro de sua prevenção, e o erro de um ato determina a justeza de sua prevenção. A tese da correspondência pa-

RESOLVENDO O DILEMA DO PERSPECTIVISMO JURÍDICO 425

rece, assim, impermeável em todo caso que envolve um ato e sua prevenção ou permissão.

Mas a punição é especial[2]. Enquanto um ato punitivo previne atos futuros do mesmo tipo que aquele pelo qual o agente é punido, ele não previne o ato passado desse agente. Assim, diferentemente de um ato de prevenção, um ato punitivo possui a capacidade de preservar as boas conseqüências do ato punido e de prevenir, pelo menos, algumas das más conseqüências desse ato. Assim, a punição de uma esposa espancada que antecipadamente matou seu marido não afasta as boas conseqüências desse ato (isto é, as vidas salvas). Tampouco afasta um grande número de suas más conseqüências (isto é, a perda da vida do marido, a tristeza das crianças por perder o pai, o trauma emocional da esposa por tirar uma vida). Mas afasta, ou pelo menos reduz, as más conseqüências que esse ato exerce sobre futuros agentes e sobre os valores sistêmicos (isto é, seu efeito precedente sobre outros que matariam em circunstâncias injustificadas e seus efeitos adversos sobre a liberdade, a igualdade e os bens coletivos adquiridos cooperativamente). Se a punição reduz as más conseqüências de tal ato ao ponto em que as boas conseqüências do ato excedem suas más conseqüências restantes, a punição pode tornar correto tal ato.

Esta conclusão nos força a restringir a tese da correspondência a atos de prevenção e de permissão? Em termos conceituais, sim. Mas essa admissão não precisa derrubar a defesa do conseqüencialista da tese como contingentemente verdadeira quanto à punição porque há razões empíricas para pensar que a tese da correspondência é contingentemente verdadeira na enorme maioria dos casos envolvendo punição e que ela poderia e deveria ser tornada verdadeira em todos os casos restantes.

Em primeiro lugar, em termos empíricos, a classe de casos em que a punição pode tornar correto um ato errado

---

2. Relembrar a discussão preliminar desta afirmação na segunda seção do capítulo I.

426

O COMBATE MORAL

parece ser muito modesta. Só inclui os casos em que a maior parte das más conseqüências de um ato desobediente são produto do julgamento institucional desse ato, isto é, inclui apenas os casos em que os cidadãos estariam justificados a violar a lei não fosse pelo fato de sua desobediência provocar a proclamação judicial de seu comportamento, pois somente nesses casos os juízes dispõem realmente da capacidade de afetar as más conseqüências dos atos privados dos cidadãos, ou seja, somente quando um juiz for responsável de forma causal pelo número desproporcional de más conseqüências da desobediência de um cidadão terá ele o poder de atenuar essas más conseqüências de sorte a criar a situação em que as ações do cidadão produzam um número desproporcional de boas conseqüências.

Em segundo lugar, existem razões para pensarmos que essa pequena classe de casos decresceria até zero a longo prazo se juízes se recusassem a punir as pessoas em todos esses casos. Se eles se dispusessem, de maneira coerente, a se recusar a punir esposas espancadas que tivessem matado seus maridos abusivos visando a salvar suas próprias vidas, decisões suficientes seriam acumuladas de modo a tornar claras tanto as condições em que os assassinatos conjugais são justificados quanto as condições em que os assassinatos conjugais são injustificados. Com a multiplicação desses casos, o número de assassinatos equívocos diminuiria ao ponto em que os assassinatos justificados não desencadeariam um número desproporcional de assassinatos injustificados. A partir desse ponto, mais vidas inocentes seriam mais salvas do que perdidas mediante a absolvição de esposas espancadas que mataram seus maridos como meio necessário de salvar suas próprias vidas e as de seus filhos. Assim, a partir desse ponto, a punição deteria mais assassinatos justificados do que injustificados. Enquanto forem salvas mais vidas inocentes depois desse ponto do que antes dele, a coisa correta que cabe aos juízes é absolver as esposas espancadas anteriormente a esse ponto. De maneira simplista, enquanto a primeira absolvição de uma esposa

RESOLVENDO O DILEMA DO PERSPECTIVISMO JURÍDICO 427

espancada que salva três matando um marido abusivo pode desencadear dez assassinatos injustificados, é provável que a segunda absolvição desencadeie menos assassinatos injustificados pois deixa mais claras as condições em que os assassinatos são justificados e injustificados. E é provável que a terceira absolvição desencadeie ainda menos assassinatos injustificados, como acontecerá com a quarta e a quinta. No ponto em que uma absolvição desencadeia menos assassinatos injustificados do que justificados, as esposas espancadas não agem mais erroneamente (na ausência de punição) matando seus maridos abusivos para salvar suas vidas. A partir desse ponto, as absolvições estimularão mais ação correta do que errada, ao mesmo tempo que estarão aliviando agentes corretos do dano da punição. Por conseguinte, enquanto houver mais casos posteriores a esse ponto do que anteriores a ele, a coisa correta que cabe aos juízes é absolver os agentes desobedientes anteriormente a esse ponto.

Assim, exatamente como todas as conseqüências entram no equilíbrio das conseqüências determinante da justeza da desobediência de um cidadão, do mesmo modo todas as conseqüências entram no equilíbrio das conseqüências que determina a justeza do ato de punição de um juiz. Se uma absolvição, a longo prazo, maximizar as boas conseqüências, a coisa correta que cabe a um juiz é emitir uma absolvição. E nos casos em que a ação de um cidadão é considerada errada por causa de suas más conseqüências sistêmicas, há motivos para pensarmos que sua absolvição está correta, pois ela, associada às absolvições sucessivas das que, como ele, levarão até o fim a deferência ao valor de igualdade, reduzirá, a longo prazo, as más conseqüências sistêmicas de ações como a dele. Em algum ponto essas ações se tornarão corretas porque suas más conseqüências sistêmicas serão excedidas por sua boas conseqüências. Com a multiplicação desses casos, os atos anteriores de cidadãos desobedientes são tornados corretos. E a justeza desses atos anteriores torna, assim, correto que os cidadãos que os realizaram tenham sido absolvidos.

428 O COMBATE MORAL

Esse argumento não torna a tese da correspondência necessariamente verdadeira como tese conseqüencialista a respeito das condições da punição justificada, mas torna sua verdade contingente enormemente plausível. Permanece possível construir casos em que as conseqüências de certos atos privados e a punição destes continuam permanentemente auto-referenciais (porque, por exemplo, as pessoas continuam esquecidas em relação à autoridade teórica das decisões judiciais e assim não conseguem aprender as condições da desobediência justificada a partir de absolvições sucessivas de agentes desobedientes). E, nesses casos, a tese da correspondência permanecerá falsa. Mas esses casos provavelmente sejam produto da fantasia acadêmica. Enquanto pensarmos que a lei possui autoridade teórica para orientar as pessoas à ação correta, teremos razão para pensar que as pessoas deveriam ser absolvidas quando suas ações são tornadas erradas apenas somente pelo fato de que falta à lei (temporariamente) a clareza para ter perfeito êxito nessa tarefa[3].

Assim, a classe de casos limitadores que descrevi aqui não deveria, em última instância, limitar o alcance da solução conseqüencialista ao dilema do perspectivismo jurídico. Ela permanece tão limpa quanto prometido pela seção anterior. Nossos compromissos sistêmicos com o estado de direito, a democracia e a separação dos poderes são compatibilizados com o princípio do retributivismo frágil pelo reconhecimento de que os efeitos sobre eles gerados por um ato de desobediência têm que ser computados avaliando-se se uma pessoa ameaçada de ser punida é realmente um transgressor justificado. Se nossos valores institucionais detiverem grande interesse, eles terão maior peso na avaliação da justificabilidade da desobediência de um agente.

---

3. Para a crítica desta solução ao problema apresentado por casos de conseqüências auto-referenciais, ver Larry Alexander e Emily Sherwin, "The Deceptive Nature of Rules", *University of Pennsylvania Law Review* 142 (1994): 1199 n. 18.

RESOLVENDO O DILEMA DO PERSPECTIVISMO JURÍDICO   429

Mas se, depois que nossos compromissos sistêmicos apresentarem seu devido peso no cômputo das conseqüências, ao julgar que um agente desobediente produziu mais boas conseqüências do que más, sua desobediência deverá ser considerada justificável. E sob pena de obstar as conseqüências desproporcionalmente boas que necessariamente resultarão de sua desobediência, se esta for realmente justificável, esse agente *não deve* ser punido. Uma aplicação rigorosa do princípio do retributivismo frágil é, desse modo, compatibilizada com nossa lealdade jurisprudente ao estado de direito e às exigências institucionais da democracia.

Soluções deontológicas para o dilema do perspectivismo jurídico

Um deontologista não pode registrar a mesma espécie de vitória sobre o dilema do perspectivismo jurídico de que pode se gabar um conseqüencialista. Diferentemente dos conseqüencialistas, os deontologistas não estão conceitualmente comprometidos com a apreciação dos valores sistêmicos do estado de direito e da democracia como valores que devem ser levados em consideração ao se avaliar a justificabilidade da desobediência de um indivíduo. Nossa melhor teoria deontológica poderia, por exemplo, tornar o princípio do retributivismo frágil o objeto de máximas relativas ao agente, ao mesmo tempo que não atribui *status* deontológico aos nossos princípios sistêmicos. Essa teoria resolveria o dilema do perspectivismo jurídico simplesmente declarando que este não é, de modo algum, um dilema: os juízes não deveriam prestar atenção aos valores do estado de direito quando estivessem diante da perspectiva de punir os que justificavelmente violaram a lei, e os que concebem o sistema não deveriam atentar para a importância da democracia quando chamados a julgar a desobediência justificada de um juiz. Visto que essa solução pode ser articulada por um deontologista sem receio das confusões concei-

430   *O COMBATE MORAL*

tuais que obstruiriam um conseqüencialista que a aventasse, uma teoria moral deontológica não é capaz de garantir que um compromisso com o princípio do retributivismo frágil não significará o completo sacrifício de nossos valores tradicionais em filosofia do direito[4].

Contudo, há, pelo menos, quatro lances filosóficos que os deontologistas poderiam empreender num esforço para reconciliar uma obrigação relativa ao agente de honrar o princípio do retributivismo frágil com os valores institucionais aos quais outorgamos esse peso. Como argumentarei, embora os dois primeiros lances sejam, em última instância, inflexíveis, os dois últimos apresentam meios teóricos viáveis para honrar nossos valores em filosofia do direito, ao mesmo tempo que sustentam um firme compromisso com o princípio do retributivismo frágil.

Os valores sistêmicos como máximas auto-referenciais

Numa tentativa de tornar os valores sistêmicos integrantes da avaliação da desobediência justificada de um cidadão, um deontologista poderia afirmar que as pessoas

---

4. Como argumentei alhures, os deontologistas podem e deveriam afirmar que, na ausência de obrigações impostas por máximas deontológicas, a coisa correta a ser feita é maximizar as boas conseqüências. Ver Heidi M. Hurd, "What in the World Is Wrong?", *Journal of Contemporary Legal Issues* 5 (1994): 164-5; Heidi M. Hurd, "The Deontology of Negligence", *Boston University Law Review* 76 (1996): 252-4. Por conseguinte, os deontologistas deveriam, pelo menos, considerar o estado de direito, a democracia e a separação dos poderes importantes para as razões conseqüentes, mesmo que não façam da proteção dessas instituições os objetos de obrigações relativas ao agente. Pela razão, entretanto, das considerações conseqüentes estarem submetidas às obrigações relativas ao agente, um deontologista que apenas atribui importância conseqüente aos nossos valores sistêmicos enquanto interpreta o princípio do retributivismo frágil como um constrangimento colateral deontológico não pode oferecer uma solução ao dilema do perspectivismo jurídico que satisfaça os que se preocupam com o fato de não podermos proteger o estado de direito e a democracia sem punir os inocentes.

RESOLVENDO O DILEMA DO PERSPECTIVISMO JURÍDICO 431

estão justificadas a violar a lei se, e somente se, forem punidas por sua desobediência. Assim, um cidadão tem uma obrigação (ou permissão) relativa ao agente de violar a lei se, e somente se, ele for punido por fazê-lo, e um juiz tem uma obrigação (ou permissão) relativa ao agente de violar a lei e absolver um transgressor justificado se, e somente se, for punido por alguém que concebe o sistema.

Essa deontologia presta homenagem ao princípio do retributivismo frágil impondo aos juízes uma obrigação relativa ao agente de punir os injustificados e absolver os justificados. Pretende, portanto, resolver o dilema do perspectivismo tornando a proteção de nossos valores sistêmicos – pela punição dos desobedientes – uma condição da desobediência justificada.

Essa solução, entretanto, é extraordinariamente paradoxal. É totalmente óbvio que uma teoria moral que nos exige fazer coisas para as quais exige nossa punição é, no mínimo, uma brincadeira cruel. Pior ainda, provavelmente seja uma teoria moral contraditória porque, se uma democracia pode promulgar uma lei que requer a violação de algum (outro) dever deontológico (exigindo, por exemplo, o assassinato de uma pessoa inocente) e se a violação dessa lei por um cidadão puder, por uma razão ou outra, permanecer impune, esse cidadão poderá ser obrigado a violar a lei (pela obrigação relativa ao agente imposta pela máxima com a qual a lei entra em conflito) ou a seguir essa lei (pelo fato de que sua desobediência se manterá impune).

Ademais, mesmo se essa deontologia pudesse escapar da contradição, inevitavelmente confrontaria funcionários da Justiça com obrigações conflitantes e reviveria a perspectiva do combate moral entre funcionários e cidadãos. Nesse sistema deontológico, a punição feita por um juiz poderia tornar correta a desobediência de um cidadão e, assim, violar a proibição relativa ao agente e referente a punir os justificados. Mas a recusa de um juiz de punir o cidadão poderia tornar errada a ação deste e, assim, violar a obrigação de punir os injustificados. Assim, um juiz poderia estar

432 O COMBATE MORAL

obrigado por obrigações conflitantes. Ele poderia estar obrigado a punir um cidadão desobediente quando essa atitude resultasse em estar obrigado a não punir esse cidadão. De maneira análoga, na medida em que essa solução deontológica implica que a justeza da conduta de um agente pode tornar errada a conduta de um outro agente, essa deontologia nos faz retornar ao combate moral. Se o capítulo anterior nos forneceu sólidas razões para pensar que uma deontologia plausível não forçaria os agentes a competir entre si para cumprir suas obrigações morais, essa solução ao dilema do perspectivismo não constitui, de modo algum, uma solução.

Valores sistêmicos como obrigações absolutas relativas ao agente

Os deontologistas poderiam afirmar que, assim como nossas obrigações relativas ao agente incluem a obrigação de não punir os inocentes, elas também incluem a obrigação de não agir de maneira que ameaçarão o estado de direito e a autodeterminação majoritária, ou seja, os deontologistas poderiam caracterizar nossos valores sistêmicos como objetos de máximas deontológicas categóricas que detêm o mesmo *status* do princípio do retributivismo frágil. Essa teoria deontológica reconciliaria o princípio do retributivismo frágil com nossos princípios sistêmicos e, assim, resolveria o dilema do perspectivismo jurídico, recusando-se a nos permitir *seja* sacrificar nossos princípios institucionais pelo princípio de não punir os inocentes, *seja* sacrificar o princípio de não punir os inocentes pelos princípios do estado de direito e do pluralismo estrutural.

Todavia, como última solução, essa deontologia só resolveria o dilema do perspectivismo jurídico atraindo uma contradição moral e favorecendo o conflito moral. Em primeiro lugar, se as pessoas têm obrigações relativas ao agente para proteger o estado de direito, a democracia e o pluralismo estrutural, elas terão aparentemente que obedecer a

RESOLVENDO O DILEMA DO PERSPECTIVISMO JURÍDICO 433

todas as leis promulgadas democraticamente (incluindo suas exceções). Se o estado de direito exige que os indivíduos ajam de acordo com regras legais, qualquer caso de desobediência pareceria violar a obrigação relativa ao agente para honrar o estado de direito. E se a democracia depende da obediência das regras legisladas por uma maioria, qualquer caso de desobediência pareceria estar violando uma obrigação relativa ao agente para honrar decisões majoritárias. Entretanto, se as maiorias podem promulgar democraticamente leis que ordenam a violação de outras máximas deontológicas, essa teoria se expõe à contradição. Poder-se-ia, por exemplo, ser obrigado a obedecer a leis que exigissem que se matassem pessoas inocentes, se tomasse a propriedade alheia ou se escravizasse uma raça, estando-se ao mesmo tempo sujeito a obrigações relativas ao agente que proíbem o assassinato, o roubo e a escravidão.

Em segundo lugar, mesmo se essa deontologia pudesse ser poupada da contradição moral, ela implicaria, contudo, a possibilidade do conflito moral. Mesmo se as obrigações relativas ao agente de proteger o estado de direito, a democracia e a separação dos poderes não encerrassem uma obrigação categórica de obedecer à lei, a satisfação, por parte de um funcionário da Justiça, dessas obrigações poderia, contudo, depender da punição dos justificados. Como no exemplo de Sartre do filho que se achava simultaneamente obrigado a se unir à Resistência Francesa e a ficar em casa para cuidar da mãe, um juiz poderia ser obrigado a agir de maneiras que promovem o comportamento governado por regras por parte de outros e a absolver os indivíduos que violam regras em circunstâncias moralmente justificadas. Embora essas obrigações possam não ser contraditórias entre si, a parte III deste livro nos apresentou razões plausíveis para pensarmos que às vezes elas não podem ser simultaneamente satisfeitas. Assim sendo, uma deontologia que caracteriza tanto o princípio do retributivismo frágil quanto os princípios sistêmicos por trás do estado de direito e da democracia como objetos de máximas deontológicas envolve a possibilidade de conflito moral.

434   O COMBATE MORAL

Visto que uma moralidade que submete os indivíduos a obrigações conflitantes se mostra kafkiana, temos razão para procurar uma deontologia que não impeça nossa capacidade de satisfazer seus deveres. Voltemo-nos, então, para duas maneiras mais plausíveis pelas quais os deontologistas poderiam reconciliar a recusa de punir os inocentes com os valores sistêmicos que essa recusa encerra.

Os valores sistêmicos como obrigações relativas ao agente de menor peso ou como exceções relativas ao agente

Há duas espécies conceitualmente distintas, porém similares, de teorias deontológicas que permitem a reconciliação de nossos princípios de filosofia do direito sem combate moral, conflito ou contradição. Uma delas é uma deontologia que rejeita o ponto de vista de que as obrigações morais são absolutas, atribuindo, em lugar disso, pesos diferenciais aos nossos deveres. No âmbito dessa deontologia, a incompatibilidade de dois deveres morais é apenas aparente pois, quando examinadas cuidadosamente, uma obrigação inevitavelmente superará a outra. Nessa forma de deontologia, descobrir que alguém tem uma obrigação não é ainda descobrir o que alguém deveria fazer; em vez disso, as obrigações proporcionam razões para a ação (de um peso particular), e constitui tarefa da razão prática ponderar tais obrigações no seu confronto recíproco para determinar a conduta prescrita pelo equilíbrio das razões para a ação.

A outra espécie de teoria deontológica preserva o ponto de vista mais ortodoxo de que as obrigações impelem categoricamente, mas rejeita a possibilidade de seu conflito. Desse ponto de vista, as obrigações detêm exceções que se entrosam, de sorte que, quando dois deveres parecem em conflito, um deles efetivamente admite uma exceção para a aplicação do outro. Descobrir o que alguém deve fazer é, assim, descobrir a obrigação que se aplica unicamente, mas

RESOLVENDO O DILEMA DO PERSPECTIVISMO JURÍDICO 435

fazê-lo pode exigir que se examinem exceções a uma máxima geral a fim de determinar sua verdadeira aplicabilidade.

É inteiramente realista pensar que as máximas da moralidade não nos obrigam da maneira sugerida pelos Dez Mandamentos – isto é, como injunções sem exceção aplicáveis absolutamente em todos os contextos. Da mesma forma que como a obrigação de não matar certamente admite uma exceção, ou é cancelada em casos que requerem defesa própria e a defesa de outras pessoas inocentes, e tal como a obrigação de não mentir contém plausivelmente uma exceção, ou é cancelada no caso do homem a quem um assassino de aluguel solicita o endereço de sua suposta vítima, nossas obrigações sistêmicas e nossa obrigação de honrar o princípio do retributivismo frágil contêm exceções plausíveis que limitam sua aplicação ou são ponderadas de maneira a admitir seu cancelamento.

Não me deterei neste ponto para tratar dos méritos filosóficos dessas duas teorias concernentes à estrutura da moral. No que tange aos nossos objetivos, basta reconhecer que ambas fornecem aos deontologistas um meio de resolver o dilema do perspectivismo jurídico. Do primeiro ponto de vista, os deontologistas podem declarar tanto o conjunto de princípios sistêmicos quanto o princípio do retributivismo frágil como sendo os objetos das obrigações relativas a agentes, mas atribuir a esses princípios pesos que permitem que um supere o outro. Essa deontologia daria peso às nossas obrigações sistêmicas de modo que superassem nossa obrigação de não punir os inocentes. Uma teoria alternativa daria peso à obrigação de não punir os inocentes de maneira que ela superasse as obrigações de proteger o estado de direito e o pluralismo estrutural.

Do ponto de vista da deontologia que concebe as obrigações como detentoras de peso absoluto, mas interconectáveis de conteúdo, pode-se pensar que a obrigação de proteger os valores sistêmicos é a exceção da obrigação de honrar o princípio do retributivismo frágil, ou vice-versa. Na primeira versão, os funcionários da Justiça estariam obrigados

436   *O COMBATE MORAL*

a não punir os justificados *a menos que*, assim procedendo, comprometessem seriamente o estado de direito, a democracia e a separação dos poderes governamentais. Na segunda versão, funcionários da Justiça estariam obrigados a proteger nossos valores sistêmicos *a menos que*, assim agindo, isso resultasse na punição dos justificados.

Certamente é atribuída máxima proteção aos nossos valores sistêmicos se eles forem concebidos como de maior peso que o princípio do retributivismo frágil ou como exceções a esse princípio. Entretanto, se os argumentos expostos no capítulo XI persuadirem os deontologistas de que a adesão à tese da correspondência impede a violação do princípio do retributivismo frágil, os deontologistas terão que classificar nossas obrigações sistêmicas com menor peso do que a obrigação de absolver os justificados ou interpretar a obrigação de absolver os justificados como exceção às nossas obrigações sistêmicas. Terão, assim, que reconciliar nossos compromissos em filosofia do direito sustentando que cidadãos e funcionários públicos têm um dever geral de igual peso de proteger o estado de direito, mas quando, por exemplo, um cidadão está sujeito a uma obrigação de maior peso (digamos, a obrigação de não matar uma pessoa inocente), ele tem que violar a lei e seu juiz tem que honrar o princípio do retributivismo frágil absolvendo-o.

Embora os deontologias que dão menor peso às nossas obrigações sistêmicas do que à obrigação de honrar o princípio do retributivismo frágil (ou tornam este último uma exceção das primeiras) não resolvam o dilema do perspectivismo jurídico a favor de nossos compromissos sistêmicos, eles, ainda assim, reconciliam nossos valores jurisprudentes de formas que outorgam significativa proteção ao estado de direito e ao pluralismo estrutural. Nossos valores sistêmicos estão seguros no âmbito dessas teorias porque um cidadão que os coloca em risco em nome da satisfação de uma obrigação relativa ao agente de menor peso (ou uma obrigação para a qual o dever de proteger o estado de direito e a democracia é uma exceção) não age justifica-

RESOLVENDO O DILEMA DO PERSPECTIVISMO JURÍDICO 437

velmente e, como conseqüência, pode ser justificavelmente punido. Só quando a lei requer que os cidadãos violem deveres relativos ao agente mais importantes (como fez a lei nazista, por exemplo), estará ameaçada a adesão a ela em nome de valores sistêmicos. Mas como foi argumentado no capítulo III, os que defendem obrigações de obedecer à lei certamente deveriam recusar-se a fazê-lo quando a lei exige uma conduta mais imoral do que a desobediência.

A mais séria objeção geral ao meio exposto acima de resolver o dilema do perspectivismo jurídico será proveniente do receio de que os teóricos que defendem essas posições sejam conseqüencialistas sob roupagem deontológica. Tomemos, por exemplo, o ponto de vista de que as máximas deontológicas possuem exceções. Embora seja provável que as máximas de nossa melhor teoria deontológica sejam longas e complexas em vez de curtas e ágeis, a suspeita filosófica legitimamente inspirada por essa solução é que se descobrirá que as máximas apresentarão exceções em todos os casos em que boas conseqüências serão conseguidas mediante sua suspensão. Sob pena de a deontologia descambar no conseqüencialismo, não se pode encontrar uma exceção para uma regra sempre que sua aplicação não conseguir produzir um equilíbrio líquido de boas conseqüências. De maneira semelhante, embora algumas obrigações possam ser mais ou menos importantes do que outras, é preocupante que a relativa importância dos deveres será ponderada pelos que defendem a primeira espécie de deontologia aqui considerada, de maneira a capacitar as pessoas a agir de formas que atingem, conseqüencialmente, resultados ideais. Os que temem que as soluções acima simplesmente renunciem à deontologia em favor do conseqüencialismo podem, assim, prosseguir na busca de um meio sem exceções de ajustar o princípio do retributivismo frágil a uma concepção intuitivamente plausível da função de nossos valores sistêmicos.

438   O COMBATE MORAL

Os valores sistêmicos como disparadores
do limiar numa deontologia do limiar

Restarão, indubitavelmente, os que se apavoram com a afirmação de que nossos valores sistêmicos jamais podem ter precedência em relação ao princípio do retributivismo frágil. Com certeza, argumentarão que o mundo ocidental não precisa entrar em colapso antes que uma mentira seja proferida, um prisioneiro torturado ou uma pessoa inocente punida. Embora, em termos gerais, nossos valores sistêmicos devessem ceder à recusa de punir aqueles que estão moralmente justificados a violar a lei, não podemos, de maneira sensata, advogar uma recusa de punir os justificados quando essa recusa significar a morte da democracia liberal.

Os que expressassem esse argumento, ao mesmo tempo que mantivessem sua fidelidade a uma teoria moral deontológica, provavelmente se caracterizariam como deontologistas do limiar – deontologistas que acreditam que, em algum ponto, as más conseqüências de se conformar às máximas deontológicas podem se tornar tão severas que justificam a violação dessas máximas. Esses deontologistas poderiam procurar resolver o dilema do perspectivismo jurídico argumentando que as obrigações impostas pelo princípio do retributivismo frágil podem ser violadas quando as conseqüências sistêmicas da conformação a esse princípio são tão graves a ponto de ameaçar seriamente o estado de direito, a democracia e a separação dos poderes.

Entretanto, os teóricos que invocam a deontologia do limiar a fim de construir esse argumento não conseguem compreender as implicações de sua própria teoria. Os deontologistas que afirmam que o princípio do retributivismo frágil pode ser colocado de lado para impedir a morte de instituições justas têm presumivelmente que afirmar que quaisquer obrigações possíveis de induzir um cidadão a violar a lei nesses casos são superadas pelas más conseqüências sistêmicas produzidas por essa ação. Daí, um cidadão cuja desobediência ameaça seriamente o estado de direito e

RESOLVENDO O DILEMA DO PERSPECTIVISMO JURÍDICO 439

o pluralismo estrutural (estabelecendo um perigoso exemplo para os outros, por exemplo, ou fazendo com que seu juiz e o juiz de seu juiz emitam decisões que ameaçam a liberdade, a igualdade e a proteção de interesses de confiança) não é justificavelmente desobediente. O princípio do retributivismo frágil permanece inviolável porque jamais pode haver uma circunstância em que um cidadão esteja genuinamente justificado a desobedecer à lei enquanto um juiz seja forçado a colocar de lado o princípio do retributivismo frágil em nome de boas conseqüências sistêmicas.

A deontologia do limiar fornece, assim, uma solução ao dilema do perspectivismo jurídico, mas não aquela inicialmente suposta pelos que a aventam. A solução fornecida é a do conseqüencialista, possibilitada pela crença de que a deontologia tem que ceder ao conseqüencialismo depois que um certo limiar de más conseqüências for alcançado. Assim, se as más conseqüências sistêmicas compelissem um juiz a violar a obrigação imposta pelo princípio do retributivismo frágil (pelo menos se os argumentos do capítulo XI eliminam persuasivamente a possibilidade de obrigações relativas a funções), elas teriam que compelir a violação das máximas que, de outra maneira, exigiriam a violação da lei por parte do cidadão, para começar. Uma deontologia do limiar, assim, produz um forte compromisso com a proteção dos nossos valores sistêmicos compatível com o ponto de vista de que o princípio do retributivismo frágil é absoluto.

Os valores sistêmicos como heurística epistêmica

As seções anteriores demonstraram que tanto as teorias morais conseqüencialistas quanto as deontológicas são capazes de resolver o dilema do perspectivismo jurídico sem se valer da afirmação de que a moralidade é relativa a funções ou sacrificar quaisquer de nossos princípios jurisprudenciais fundamentais. De acordo com os dois tipos de teoria moral, se os nossos valores do estado de direito são va-

440   *O COMBATE MORAL*

lores morais, eles servem como razões para a ação para cidadãos e funcionários da Justiça, ou seja, se nossos valores sistêmicos são retificadores, são eles retificadores para todos os agentes. Um cidadão, juiz ou alguém que concebe o sistema só está genuinamente justificado a violar a lei se sua violação refletir a devida consideração do impacto de sua absolvição sobre o estado de direito e o pluralismo estrutural. Por conseguinte, uma recusa de punir os que estão justificados não colocará indevidamente em perigo nossos valores sistêmicos, porque os que violam a lei só o fazem justificavelmente se sua absolvição não colocar indevidamente em perigo a proteção de nossos valores sistêmicos.

Na parte III, entretanto, nos foram dadas muitíssimas razões para pensarmos que, mesmo quando nossos valores sistêmicos não podem ser pensados como valores morais (porque não são, realmente, retificadores), é possível, todavia, que sejam valores epistêmicos – guias heurísticos para as razões para a ação que são, efetivamente, retificadoras. Se é este o caso, temos outros motivos para pensar que, resolvendo o dilema do perspectivismo jurídico a favor de um comprometimento sem exceções com o princípio do retributivismo frágil, não autorizaremos um volume problemático de desobediência judicial. Os juízes não estarão autorizados a colocar de lado a lei em favor de seus próprios juízos morais sem considerar seriamente que a lei constitui sólida autoridade teórica no que tange ao conteúdo das obrigações que os sujeitam. Embora eu não me proponha a revisitar de nenhuma forma detalhada os argumentos apresentados na parte III e referentes às razões epistêmicas a que cidadãos, juízes e os que concebem o sistema têm que se conformar mediante leis que os legisladores não deveriam ter promulgado, o seu resumo neste ponto ainda poderia agradar aos que receiam que o resultado final da solução ao dilema do perspectivismo jurídico que aventei permita aos juízes suspender a lei sempre que a considerarem injusta.

Em primeiro lugar, com relação a todas as razões examinadas nos capítulos V, VI e IX, deveriam os juízes recear

RESOLVENDO O DILEMA DO PERSPECTIVISMO JURÍDICO 441

que, relativamente aos legisladores, eles estão mal situados para avaliar os méritos de uma lei. Se as leis democraticamente promulgadas têm que ser vistas como detentoras de autoridade teórica em virtude da competência institucional das legislaturas que as promulgaram, como argumentei nos capítulos VI e IX, mesmo se essas leis não forem moralmente obrigatórias, os juízes estarão epistemicamente obrigados a se submeter a elas em casos de dúvida.

Em segundo lugar, posto que se pensa que as leis democraticamente promulgadas possuem autoridade teórica, é de se esperar que os cidadãos nelas confiem como meio de determinar suas obrigações morais e como soluções proeminentes para problemas de coordenação. Como concluímos no capítulo VIII, na medida em que as preocupações de eqüidade e o estímulo à atividade exigem a proteção desses interesses de confiança, os juízes dispõem de uma razão para aplicar leis que a legislatura não promulgou por lhe ter faltado uma boa razão.

Em terceiro lugar, se o tratamento igual é um valor e se os juízes só são capazes de realizar a proporcionalidade comparativa na punição aplicando leis sem exceção (significativa), como se argumentou no capítulo VIII, os juízes terão uma razão para submeter-se a leis com as quais mantêm divergência substancial. Formulado diferentemente, se a lei for considerada detentora de autoridade teórica pelas razões acima mencionadas, a lei proporcionará a melhor evidência da base sobre a qual casos passados foram julgados e proporcionará, assim, a melhor evidência de como casos semelhantes poderão ser tratados semelhantemente no futuro.

Finalmente, se a desobediência de um juiz estabelecesse um exemplo a outros que o seguissem em circunstâncias injustificadas, ou se, sendo desobediente, um juiz perdesse a oportunidade de reforçar a disposição de outros de apelar para a lei quando isso os ajudaria a agir moralmente, um juiz deveria conformar-se à lei mesmo se, ausente o erro moral que sua desobediência provocasse ou não conseguisse prevenir, a coisa correta a fazer fosse violar a lei.

442 O COMBATE MORAL

Está claro que agora podemos considerar que todos esses argumentos servem igualmente como razões epistêmicas para os cidadãos, os juízes e os que concebem o sistema se conformar à lei. Enfatizei aqui o seu papel no raciocínio judicial como meio de responder aos que estão particularmente receosos de que a solução para o dilema do perspectivismo jurídico por mim aventada outorga aos juízes uma licença para serem legisladores. Na medida em que os cidadãos, juízes e os que concebem o sistema continuarão a ter razões tanto morais quanto epistêmicas para se conformar a leis más, não é preciso concluir que uma recusa de permitir que a lei supere a moral significa uma destituição filosófica de valores tão profundos quanto o estado de direito, a democracia e a separação dos poderes governamentais.

Implicações quanto à filosofia do direito

Gostaria de concluir com duas observações jurisprudenciais gerais. A primeira nega uma implicação que tem sido comumente atribuída à minha teoria, enquanto a segunda esboça uma implicação provavelmente surpreendente.

Em primeiro lugar, a filosofia do direito e a teoria política são, sem dúvida, as duas pernas das mesmas calças. Tal como alguém tem que colocar as calças uma perna por vez, os que se dedicam a essas duas disciplinas têm sido forçados a manter inalteráveis as hipóteses do outro como meio de examinar os princípios que compreendem seu próprio objeto de estudo. Os teóricos políticos, por exemplo, em geral permaneceram desinteressados com relação à questão do que *é* a lei, investigando, em lugar disso, se ela seja lá o que for pode nos obrigar. Os filósofos do direito, por outro lado, têm-se mantido principalmente ocupados com a questão do que é a lei, mantendo imutável a suposição de que, em algum sentido, ela obriga.

Meu projeto foi o do teórico político, não o do filósofo do direito. Nada disse a respeito da natureza da lei, nem ex-

RESOLVENDO O DILEMA DO PERSPECTIVISMO JURÍDICO   443

pus nenhum argumento que estabeleça uma posição no debate definidor da filosofia do direito entre o positivista e o jusnaturalista. Como os teóricos políticos, procurei examinar a obrigatoriedade da lei simplesmente assumindo um positivismo inteiramente simplista. Ao longo da discussão, o termo "lei" recebeu seu significado comum – um significado que reflete o ponto de vista de que a lei é tudo o que uma regra de reconhecimento da sociedade a declara ser (o que, em nossa sociedade, é tudo o que as instituições legais – legislaturas, tribunais e convenções constitucionais – formalmente anunciam). Meu uso do significado comum do termo "lei" não implicou que eu seja ou esteja comprometida com o positivismo quanto à natureza da lei; antes, reflete um comprometimento mais frugal com a existência de *alguma* teoria da natureza da lei de acordo com a qual os estatutos serão considerados direito – um compromisso que os positivistas e a maior parte dos teóricos do direito natural podem igualmente assumir.

Pela mesma razão, embora esteja lisonjeada pelo fato de os que estudaram meu trabalho anterior[5] terem atribuído a mim uma sofisticada teoria do direito natural, nada que eu tenha escrito aqui ou alhures constitui uma defesa desse ponto de vista. Embora a resposta aventada na primeira metade deste livro seja que nada obriga exceto a moralidade, a questão para a qual ela constitui uma resposta diz respeito ao teórico político, e não ao filósofo do direito. Argumentei que apenas a moralidade pode obrigar, e não que apenas o que é moral pode ser a lei.

Eu só estaria comprometida com uma teoria do direito natural se o positivismo jurídico necessariamente rejeitasse o ponto de vista de que só a moral pode obrigar. Algumas versões do positivismo jurídico realmente parecem rejeitar

---

5. Ver, por exemplo, William N. Eskridge, *Dynamic Statutory Interpretation* (Cambridge, MA e Londres, Inglaterra: Harvard University Press, 1994), 179-83; Kent Greenawalt, *Law and Objectivity* (Nova York e Oxford: Oxford University Press, 1992), 283, n. 3.

444   *O COMBATE MORAL*

esse ponto de vista. Bentham e Austin, por exemplo, pareceram acreditar que as obrigações legais não constituem uma espécie de obrigação moral, mas constituem um gênero de obrigação inteiramente peculiar. Mas outras formas de positivismo não abusam assim do significado de "obrigação". Na teoria de H. L. A. Hart, as obrigações legais são um tipo específico de obrigação moral, a saber, obrigações morais com respeito ao conteúdo de regras jurídicas válidas. E de modo ainda mais claro, na versão de Joseph Raz do positivismo jurídico, só a moralidade (razão prática) pode obrigar: as obrigações legais são apenas obrigações morais com respeito às leis válidas.

Estou, portanto, apenas comprometida com a rejeição de certas versões extremas do naturalismo e de positivismo jurídicos. Minha suposição de que as regras promulgadas institucionalmente constituem o direito exclui um ponto de vista jusnaturalista puro, segundo o qual o conteúdo da lei é plenamente congruente com o conteúdo da moralidade, e este não é afetado pela história institucional. Meu argumento de que somente a moralidade obriga impede quaisquer formas de positivismo jurídico que negue isso. Porém, versões mais moderadas do jusnaturalismo e do positivismo jurídico permanecem abertas para mim.

Fosse para eu colocar a perna da filosofia do direito dessas calças, nada que eu tenha dito aqui me impediria de defender o positivismo ou o direito natural. Eu estaria livre para afirmar que o conceito de lei é mais bem caracterizado descritivamente por uma teoria positivista, e que há sólidas razões normativas para prover o direito de um registro genealógico por meio de sua gênese institucional. Estaria, de maneira semelhante, livre para afirmar que o direito é descritivamente ajustado a tudo que seja obrigatório (o que, do ponto de vista aqui aventado, é apenas moralidade) e que temos sólidas razões normativas para adotar uma versão da tese segundo a qual a lei não deverá ser vista como tal se se afastar do que é obrigatório. Embora me agradasse ser creditada por já ter aventado uma defesa de um desses pontos

RESOLVENDO O DILEMA DO PERSPECTIVISMO JURÍDICO 445

de vista, a honestidade me leva a negar que qualquer coisa que tenha argumentado aqui ou em outra parte mereça tal implicação.

Em segundo lugar, embora eu não tenha exposto uma teoria do direito, aventei afirmações que se apóiam na metodologia dos que realmente se ocupam dessa tarefa. Se estou certa de que a moralidade não é relativa a funções, conclui-se que a função do juiz não deve continuar preocupando os que fazem filosofia do direito. Embora certamente eu não possa satisfazer aqueles cuja filosofia do direito seja afetada por essa implicação, permitam-me encerrar apresentando um esboço superficial de sua significação.

H. L. A. Hart certa vez se queixou de que a filosofia do direito norte-americana tem "uma obsessão" com os juízes e como eles raciocinam[6]. Hart estava se referindo explicitamente ao trabalho de Oliver Wendell Holmes, e os realistas do direito que o seguiram ao pensar que o direito é uma previsão do comportamento judicial[7]. A filosofia do direito nas mãos deles é, na verdade, um estudo do que guia especificamente as decisões judiciais.

Entretanto, não é a filosofia do direito centrada no juiz que a tese central deste livro afeta. Essa filosofia do direito não está preocupada com a obrigação judicial e, portanto, não é afetada pela verdade de que as obrigações dos juízes não

---

6. H. L. A. Hart, "American Jurisprudence Through English Eyes: The Nightmare and the Noble Dream", *Georgia Law Review* 11 (1977): 969.

7. Nas famosas palavras de Holmes: "As profecias do que os tribunais efetivamente farão – e nada poderia ser mais ambicioso – é o que para mim significa direito." Oliver Wendell Holmes, "The Path of the Law, *Harvard Law Review* 10 (1897): 461. "Se você quer conhecer apenas o direito, tem que olhá-lo como um homem mau que só se preocupa com as conseqüências materiais que tal conhecimento o capacita a prever, e não como um homem bom que descobre suas razões para a conduta, na esfera da lei ou fora dela, nas mais imprecisas sanções da consciência." *Ibid.*, 459. E como Karl Llewellyn uma vez lamentou ter dito: "O que estes funcionários públicos [isto é, os juízes] fazem quanto às disputas é, na minha opinião, o próprio direito." Karl Llewellyn, *The Bramble Bush* (1930): 3. (Ver a segunda edição, que traz sua parcial retratação desse ponto de vista.)

446   O COMBATE MORAL

diferem daquelas dos cidadãos; em vez disso, mesmo se a
tese aventada neste livro estiver correta, essa filosofia do direito prosseguirá justificavelmente com seu foco no comportamento judicial. Afinal, essa filosofia do direito torna
central a pergunta feita pelo "homem mau" de Holmes:
Quando as sanções legais irão me visitar? Como os juízes
são (de maneira geral) os que vinculam sanções legais ao
comportamento individual, essa filosofia do direito (externa e de previsão) tem todas as razões para conservar sua
"obsessão" com o comportamento judicial.

A filosofia do direito que *é* afetada pelas afirmações deste livro é do tipo que o próprio Hart praticou e inspirou em
outros. O conceito de direito de Hart envolve basicamente
os juízes porque é dos juízes a "atitude interna" em relação
à regra de reconhecimento que é crucial para que efetivamente haja direito. Hart achava que nosso conceito de quando uma sociedade é governada pela lei – quando, em outras
palavras, existe um sistema legal – exige basicamente que os
juízes aceitem uma regra que reconheça outras regras como
válidas e, conseqüentemente, que os obrigue[8].

A filosofia do direito de Joseph Raz altera esse foco judicial apenas ligeiramente. De acordo com Raz, os juízes têm
que aceitar a regra do reconhecimento por razões mais específicas do que aquelas admitidas por Hart. A obrigação
judicial só se torna compreensível para Raz quando os juízes
aceitam a regra de reconhecimento *porque* a consideram
justa[9]. O fato de os juízes considerarem justa a regra de reconhecimento, de acordo com Raz, não compromete alguém
que adote sua filosofia do direito com a crença de que essa
regra é justa. Pode-se fazer uma "declaração normativa em
separado", observando que os juízes, no âmbito de um sistema, acreditam que sua regra de reconhecimento seja uma

---

8. Ver geralmente H. L. A. Hart, *The Concept of Law* (Oxford: Clarendon
Press, 1961).

9. Ver particularmente Joseph Raz, *The Concept of a Legal System* (Oxford: Clarendon Press, 1970), 234-8.

RESOLVENDO O DILEMA DO PERSPECTIVISMO JURÍDICO 447

regra justa. Isso é o que evita que a filosofia do direito de Raz se transforme em teoria jusnaturalista.

A despeito de suas diferenças, tanto Hart quanto Raz se devotam à questão de quando existe um sistema legal. E ambos respondem a essa questão em termos de quando os juízes se acreditam obrigados por uma regra de reconhecimento e pelas regras por esta validadas. Nem Hart nem Raz adotam o ponto de vista do direito natural de que essas regras têm realmente que obrigar os juízes a constituir o direito efetivamente; basta, para seus pontos de vista positivistas, que os juízes se acreditem obrigados. A tese moral levantada aqui não se choca com essa tese descritiva quanto ao conceito do direito. Ainda assim, suspeito que se minha afirmação moral – de que as obrigações dos juízes não diferem daquelas dos cidadãos que eles julgam – for verdadeira, ela afetará a atratividade das teorias positivistas levantadas por Hart e Raz. Se minha tese moral estiver certa, o nosso conceito de direito (tal como analisado por Hart e Raz) se apóia num erro moral. Tanto os juízes cujas crenças são tornadas cruciais por esse conceito do direito quanto nós mesmos, ao adotarmos esse conceito, acreditamos em algo falso, a saber, que a função de um juiz concede aos juízes razões para se conformar à lei que não são compartilhadas pelos cidadãos. De acordo com a marca do positivismo aventado por Hart e Raz, é essa (falsa) crença que torna os juízes tão importantes para que efetivamente haja direito.

O fato de as teorias defendidas por Hart e Raz se apoiarem num erro moral não prova a falsidade de suas afirmações descritivas de nosso conceito de direito. Poderia ser o caso de nós, de fato, partilharmos de um conceito construído sobre falsas pressuposições. Afinal, sem dúvida partilhamos de um grande número desses conceitos, e o conceito do direito poderia estar entre eles. Mas esse erro moral deveria se chocar com as versões normativas da filosofia do direito de Hart e Raz; ou seja, se trocarmos a questão descritiva do que é o nosso conceito de direito pela questão normativa do que deveria ser esse conceito, o fato de que o conceito de

448   *O COMBATE MORAL*

direito articulado por Hart e Raz dependa de um erro moral nos proporciona boa razão para rejeitá-lo em favor de um conceito que não preste especial atenção à obrigação judicial.

Ainda mais claramente afetadas pela tese central deste livro são as teorias jurídico-naturalistas expostas por Ronald Dworkin e Michael Moore. Ambas não apenas dão atenção especial às obrigações judiciais, mas também o fazem de uma maneira que as torna ainda mais centrais para o conceito do direito do que nas mãos de positivistas como Hart e Raz.

As teorias aventadas por Dworkin e Moore são exercícios de filosofia do direito interna, isto é, ambas dedicam-se à questão do que é o direito da perspectiva de um juiz no âmbito de nosso sistema legal. Quando Dworkin indaga se um princípio (tal como o de que ninguém deveria tirar proveito de seu próprio erro) é um princípio *legal*, a resposta depende de se sua aplicação por parte dos juízes é obrigatória ou discricionária. A suposição de Dworkin é que as obrigações dos juízes *vis-à-vis* um padrão particular determinam plenamente se esse padrão constitui parte da lei[10]. De maneira semelhante, quando Moore teoriza a respeito de como a lei deve ser interpretada, ele o faz explicitamente em termos da função judicial. A função de um juiz é definida pelos valores do estado de direito e é o exercício adequado dessa função que determina se uma interpretação legal particular está correta[11].

Na medida em que são as reais obrigações dos juízes (e não as obrigações acreditadas dos juízes) que determinam se uma proposição se constitui em direito, tanto Dworkin quanto Moore aventam teorias que estão justamente dentro da tradição do direito natural. Entretanto, se as obrigações reais dos juízes não diferirem daquelas dos cidadãos (ou policiais, advogados, promotores, jurados, os que concebem

---

10. Ver particularmente Ronald Dworkin, "The Model of Rules", *University of Chicago Law Review* 35 (1967): 14-54.

11. Ver Michael Moore, "A Natural Law Theory of Interpretation", *Southern California Law Review* 58 (1985): 277-398.

RESOLVENDO O DILEMA DO PERSPECTIVISMO JURÍDICO 449

o sistema etc.), a filosofia do direito natural do tipo defendido por Dworkin e Moore está equivocada ao selecionar as obrigações judiciais como pedra de toque do direito. A filosofia do direito natural tem que retornar à de Tomás de Aquino. A lei precisa obrigar moralmente para efetivamente se constituir em direito, mas na medida em que não há obrigações morais relativas à função, as obrigações morais dos juízes não merecem mais atenção do que as obrigações morais de garçonetes e motoristas de caminhão. Os teóricos do direito natural contemporâneos podem prosseguir falando das obrigações dos juízes se o fato de fazê-lo constituir um meio útil de articular as obrigações às quais todos nós estamos sujeitos, ou se o fazê-lo de outra maneira tiver um particular valor retórico. Mas nada mais podem reivindicar em nome da função judicial porque as obrigações dos juízes são simplesmente as obrigações de todos nós.

Descobrir que a moral não pode nos tornar gladiadores implica, portanto, que nossa filosofia do direito não pode declarar os funcionários da Justiça como os necessários vencedores em casos nos quais seus deveres estão em aparente conflito com os dos cidadãos. Embora essa implicação possa nos forçar a revisar algumas de nossas hipóteses jurisprudenciais e políticas mais básicas, ela silencia o medo de que nossas instituições legais possam fazer o sucesso moral de uma pessoa depender do fracasso moral de outra. Temos que concluir que a lei não requer e não pode permitir o combate moral.

Bibliografia

ACTON, Harry B. *Kant's Moral Philosophy*, Londres, Macmillan & Co., 1970.

ALEXANDER, Larry. "Constrained by Precedent." *Southern California Law Review* 63 (1989): 1-64.

————. "The Gap." *Harvard Journal of Law and Public Policy* 14 (1991): 695-701.

————. "Law and Exclusionary Reasons." *Philosophical Topics* 18 (1990): 5-22.

————. "Painting Without the Numbers: Noninterpretative Judicial Review." *University of Dayton Law Review* 8 (1983): 447-63.

————. "Pursuing the Good – Indirectly." *Ethics* 95 (1985): 315-32.

———— e Emily Sherwin. "The Deceptive Nature of Rules." *University of Pennsylvania Law Review* 142 (1994): 1191-225.

———— e Ken Kress. "Against Legal Principles." *Law and Interpretation*, ed. Andrei Marmor, 279-327 (Oxford Clarendon Press, 1995).

AMERICAN Law Institute, *Model Penal Code*. Projeto oficial proposto. Filadélfia, PA: 1962.

Nova exposição (segunda) de delitos civis. Filadélfia, PA: 1965.

AQUINO, São Tomás de. "Summa Theologica". *Basic Writings of Saint Thomas Aquinas*, v. 2, ed. A. C. Pegis. Nova York: Random House, 1945.

ARENDT, Hannah. "What Was Authority?" *Nomos I: Authority*, ed. Carl J. Friedrich, 81-112. Cambridge, MA: Harvard University Press, 1958.

ARISTÓTELES. "Eudemian Ethics". *The Complete Works of Aristotle*, v. 2, ed. Jonathan Barnes, trad. J. Solomon. Princeton, NJ: Princeton University Press, 1984.

————. "Nicomachean Ethics". *The Complete Works of Aristotle*, ed. Jonathan Barnes, trad. David Ross, rev. J. O. Urmson. Princeton, NJ: Princeton University Press, 1984.

————. "The Politics". *The Complete Works of Aristotle*, v. 2, ed. Jona-

452   *O COMBATE MORAL*

than Barnes, trad. Benjamin Jowett. Princeton, NJ: Princeton University Press, 1984.

ARRINGTON, Robert L. *Rationalism, Realism and Relativism: Perspectives in Contemporary Moral Epistemology.* Ithaca, NY: Cornell University Press, 1989.

ARTHUR, John. ed. *Democracy: Theory and Practice.* Belmont, CA: Wadsworth Pub. Co., 1992.

ATIYAH, P. S. *Promises, Morals and Law.* Oxford: Clarendon Press, 1981.

BAIER, Kurt. *The Moral Point of View.* Ithaca, NY: Cornell University Press, 1958.

BAUER, Steven e ECKERSTROM, Peter, "The State Made Me Do It: The Applicability of the Necessity Defense to Civil Disobedience." *Stanford Law Review* 39 (1987): 1173-200.

BENNETT, Robert W. "Mere Rationality in Constitutional Law: Judicial Review and Democratic Theory." *California Law Review* 67 (1979): 1049-103.

BENTHAM, Jeremy. *A Fragment of Government and an Introduction to the Principles of Morals and Legislation,* ed. Wilfred Harrison. Oxford: Oxford University Press, 1948.

BICE, Scott H. "Rationality Analysis in Constitutional Law." *Minnesota Law Review* 65 (1980): 1-62.

BINGHAM, Joseph W. "The Nature of Legal Rights and Duties." *Michigan Law Review* 12 (1913): 1-26.

BLACKBURN, Simon. *Spreading the Word.* Oxford: Clarendon Press, 1984.

BOAZ, Franz. "The Mind of Primitive Man." *Journal of American Folklore* 14 (1901): 1-11.

BORK, Robert H. "Neutral Principles and Some First Amendment Problems." *Indiana Law Journal* 47 (1971): 1-35.

BRANDT, Richard B. *Ethical Theory: The Problems of Normative and Critical Ethics.* Englewood Cliffs, NJ: Prentice-Hall, 1959.

BROAD, C. D. *Five Types of Judicial Theory.* Nova York: Harcourt, Brace, 1930.

BUCHANAN, James M. "Politics Without Romance: A Sketch of Positive Public Choice Theory and Its Normative Implications." *The Theory of Public Choice II,* eds. James M. Buchanan e Robert D. Tollison, 11-32. Ann Arbor: University of Michigan Press, 1984.

———— e TULLOCK, Gordon. *The Calculus of Consent: Logical Foundations of Constitutional Democracy.* Ann Arbor: University of Michigan Press, 1962.

BIBLIOGRAFIA 453

BURTON, Steven J. "Particularism, Discretion, and the Rule of Law." *Nomos XXXVI: The Rule of Law*, ed. Ian Shapiro, 178-201. Nova York e Londres: New York University Press, 1994.

CARDOZO, Benjamin N. *The Nature of the Judicial Process.* New Haven, CT: Yale University Press, 1921.

CAUTHEN, Kenneth. *The Passion for Equality.* New Jersey: Rowman and Littlefield Pub., 1987.

CHRISTIE, George C. "On the Moral Obligation to Obey the Law." *Duke Law Journal* 1990 (1990): 1311-36.

COHEN, Carl. "Civil Disobedience and the Law." *Rutgers Law Review* 21 (1966): 1-42.

COHEN, Marshall. "Law, Morality and Purpose." *Villanova Law Review* 10 (1965): 640-54.

COLEMAN, Jules. *Markets, Morals and the Law*, Cambridge e Nova York: Cambridge University Press, 1988.

———. "Moral Theories of Torts: Their Scope and Limits: Part II." *Law and Philosophy* 2 (1983): 5-36.

COOPER, John. *Reason and the Human Good in Aristotle*, Cambridge, MA: Harvard University Press, 1975.

CORRY, J. A. "Administrative Law and the Interpretation of Statutes." *University of Toronto Law Journal* 1 (1936): 286-312.

CULLER, Jonathan. *On Deconstruction: Theory and Criticism After Structuralism*, Ithaca, NY: Cornell University Press, 1982.

DAHL, Robert A. *Preface to Democratic Theory*, Chicago, IL: University of Chicago Press, 1956.

D'AMATO, Anthony. "Can Legislatures Constrain Judicial Interpretation of Statutes?" *Virginia Law Review* 75 (1989): 561-603.

DAN-COHEN, Meir. "Decision Rules and Conduct Rules: On Acoustic Separation in Criminal Law." *Harvard Law Review* 97 (1984): 625-77.

DARWALL, Stephen. *Impartial Reson*, Ithaca, NY: Cornell University Press, 1983.

DAUBE, David. *Forms of Roman Legislation*, Oxford: Clarendon Press, 1956.

DAVIDSON, Donald. *Essays on Actions and Events*, Oxford: Clarendon Press, 1980.

DECREW, Judith Wagner. "Moral Conflicts and Ethical Relativism." *Ethics* 101 (1990): 27-41.

DEGEORGE, Richard T. "The Nature and Function of Epistemic Authority." *Authority: A Philosophical Analysis*, ed. R. Baine Harris, 76-93. University: University of Alabama Press, 1976.

454   *O COMBATE MORAL*

DICKERSON, Reed. *The Interpretation and Application of Statutes*, Boston, MA: Little, Brown, 1975.

DONAGAN, Alan. *The Theory of Morality*, Chicago, IL: University of Chicago Press, 1977.

DREIER, James. "Internalism and Speaker Relativism." *Ethics* 101 (1990): 6-26.

DWORKIN, Ronald M. *A Matter of Principle*, Cambridge, MA: Harvard University Press, 1985.

————. *Law's Empire*, Cambridge, MA: Harvard University Press, 1986.

————. *Taking Rights Seriously*, Cambridge, MA: Harvard University Press, 1978.

————. "The Elusive Morality of Law." *Villanova Law Review* 10 (1965): 631-39.

EASTERBROOK, Frank H. "Statutes' Domains." *University of Chicago Law Review* 50 (1983): 533-52.

ELSTER, Jon. *Ulysses and the Sirens: Studies in Rationality and Irrationality*, Nova York: Cambridge University Press, 1979.

ELY, John Hart. *Democracy and Distrust: A Theory of Judicial Review*, Cambridge, MA: Harvard University Press, 1980.

EPSTEIN, Richard A. "Causation and Corrective Justice, a Reply to Two Critics." *Journal of Legal Studies* 8 (1979): 477-504.

————. "A Theory of Strict Liability." *Journal of Legal Studies* 2 (1973): 151-221.

ESKRIDGE, William N. *Dynamic Statutory Interpretation*, Cambridge, MA, e Londres: Harvard University Press, 1994.

————. "Dynamic Statutory Interpretation." *University of Pennsylvania Law Review* 135 (1987): 1479-1555.

FALK, W. D. "Morality, Self, and Others." *Ethics*, eds. Judith Thomson e Gerald Dworkin, 349-62. Nova York: Harper and Row, 1968.

FELDMAN, Fred. *Introductory Ethics*, Englewood Cliffs, NJ: Prentice-Hall, 1978.

FINNIS, John M. *Fundamentals of Ethics*, Oxford: Oxford University Press, e Washington, DC: Georgetown University Press, 1983.

————. *Natural Law and Natural Rights*, Oxford: Clarendon Press, 1980.

————. "The Authority of Law in the Predicament of Contemporary Social Theory." *Notre Dame Journal of Law, Ethics and Public Policy* 1 (1984): 115-37.

————. "Law as Co-ordination." *Ratio Juris* 2 (1989): 97-104.

BIBLIOGRAFIA 455

———, BOYLE, J. e GRISEZ, G. *Nuclear Deterrence, Morality and Realism.* Oxford: Clarendon Press, 1987.

FLANAGAN, Owen e RORTY, Amelie Oksenberg, eds. *Identity, Character and Morality: Essays in Moral Psychology*, Cambridge, MA, e Londres: MIT Press, 1990.

FLATHMAN, Richard E. *The Practice of Political Authority*, Chicago, IL: University of Chicago Press, 1980.

———. *Political Obligation*, Nova York: Atheneum Press, 1972.

FLETCHER, George P. *Basic Concepts of Legal Thought*, Nova York e Oxford: Oxford University Press, 1996.

———. "Fairness and Utility in Tort Theory." *Harvard Law Review* 85 (1972): 537-73.

FOOT, Philippa. "Moral Relativism." *Relativism: Cognitive and Moral*, eds. Michael Krausz e Jack W. Meiland. Notre Dame, IN: University of Notre Dame Press, 1982.

———. "Morality as a System of Hypothetical Imperatives." *The Philosofical Review* 84 (1972): 305-16.

FRANKENA, William K. "The Concept of Social Justice." *Social Justice*, ed. Richard Brandt. Englewood Cliffs, NJ: Prentice-Hall, 1962.

———. *Ethics*, Englewood Cliffs, NJ: Prentice-Hall, 1963.

———. *Ethics*, 2.ª ed., Englewood Cliffs, NJ: Prentice-Hall, 1973.

FRIED, Charles. "Moral Causation." *Harvard Law Review* 77 (1964): 1258-70.

FRIEDMAN, Richard. "On the Concept of Authority in Political Philosophy." *Concepts in Social and Political Philosophy*, ed. Richard E. Flathman, 124-43. Nova York: Macmillan, 1973.

FRIEDRICH, Carl. *Tradition and Authority*, Londres: Pall Mall Press, 1972.

FULLER, Lon L. *The Morality of Law*, ed. rev. New Haven, CT: Yale University Press, 1969.

———. "A Rejoinder to Professor Nagel." *Natural Law Forum* 3 (1958): 83-104.

———. "Human Interaction and the Law." *American Journal of Jurisprudence* 14 (1969): 1-36.

———. "Human Purpose and Natural Law." *Journal of Philosophy* 53 (1956): 697-705. Reimpresso em *Natural Law Forum* 3 (1958): 68-76.

———. "Positivism and Fidelity to Law – A Reply to Professor Hart." *Harvard Law Review* 71 (1958): 630-72.

FUMERTON, Richard A. *Reason and Morality: A Defense of the Egocentric Perspective*, Ithaca, NY: Cornell University Press, 1990.

456 *O COMBATE MORAL*

GANS, Chaim. *Philosophical Anarchism and Political Disobedience*, Cambridge: Cambridge University Press, 1992.

———. "The Normativity of Law and its Co-ordinative Fuction." *Israel Law Review* 16 (1981): 333-55.

GAUTHIER, David P., ed. *Morality and Rational Self-Interest*, Englewood Cliffs, NJ: Prentice-Hall, 1970.

———. *Morals by Agreement*, Oxford: Oxford University Press, 1986.

GEWIRTH, Alan. "Political Justice." *Social Justice*, ed. Richard B. Brandt, 119-69. Englewood Cliffs, NJ: Prentice-Hall, 1962.

GILMORE, Grant. *The Ages of American Law*, New Haven, CT: Yale University Press, 1977.

GODWIN, William. *Enquiry Concerning Political Justice*, ed. K. Codell Carter. Oxford: Clarendon Press, 1971.

GOLDING, Martin P. "Realism and Functionalism in the Legal Thought of Felix S. Cohen." *Cornell Law Review* 66 (1981): 1032-57.

GOLDSTEIN, Abraham. *The Insanity Defense*, New Haven, CT: Yale University Press, 1967.

GOUGH, J. W. *John Locke's Political Philosophy*, 2.ª ed., Oxford: Clarendon Press, 1972.

GOWANS, Christopher W., ed. *Moral Dilemmas*, Nova York: Oxford University Press, 1987.

GRAY, John Chipman. *The Nature and Sources of the Law*, 2.ª ed., Boston, MA: Beacon Press, 1963.

GREEN, T. H. "The Principles of Political Obligation." *The Political Theory of T. H. Green*, ed. John R. Rodman. Nova York: Appleton-Century-Crofts, 1964.

GREEN, Leslie. *The Authority of the State*, Oxford: Clarendon Press, 1990.

———. "Law, Co-ordination, and the Common Good." *Oxford Journal of Legal Studies* 3 (1983): 299-324.

———. "Law, Legitimacy and Consent." *Southern California Law Review* 62 (1989): 795-825.

GREENAWALT, Kent. *Conflicts of Law and Morality*, Nova York e Oxford: Oxford University Press, 1987.

———. *Law and Objectivity*, Nova York e Oxford: Oxford University Press, 1992.

———. "A Contextual Approach to Disobedience." *Columbia Law Review* 70 (1970): 48-80.

———. "Comment." *Issues in Contemporary Legal Philosophy*, ed. Ruth Gavison, 156-64. Oxford: Oxford University Press, 1987.

———. "The Natural Duty to Obey the Law." *Michigan Law Review* 84 (1985): 1-62.

BIBLIOGRAFIA   457

———. "The Perceived Authority of Law in Judging Constitutional Cases." *University of Colorado Law Review* 61 (1990): 783-93.

———. "Promise, Benefit and Need: Ties That Bind Us to the Law." *Georgia Law Review* 18 (1984): 727-70.

GRICE, H. P. "Meaning." *Readings in the Philosophy of Language*, eds. Jay F. Rosenberg e Charles Travis, 436-48. Englewood Cliffs, NJ: Prentice-Hall, 1971.

HALL, Jerome. *General Principles of Criminal Law*, 2.ª ed., Indianápolis, IN: Bobbs-Merrill, 1947.

HAMILTON, Alexander. *The Federalist N.º 78. The Federalist*, ed. Max Beloff. Oxford: Basil Blackwell, 1948.

HAMPSHIRE, Stuart. *Morality and Conflict*, Cambridge, MA: Harvard University Press, 1983.

HAND, Learned. *The Bill of Rights*, Cambridge, MA: Harvard University Press, 1958.

HARMAN, Gilbert. *The Nature of Morality*, Nova York: Oxford University Press, 1977.

———. "Moral Relativism Defended." *The Philosophical Review* 84 (1975): 3-22.

HARRIS, Charles E. *Applying Moral Theories*, Belmont, CA: Wadsworth Publishing Co., 1986.

HARRIS, Edward A. "From Social Contract to Hypothetical Agreement: Consent and the Obligation to Obey the Law." *Columbia Law Review* 92 (1992): 651-83.

HARRISON, Geoffrey. "Relativism and Tolerance." *Relativism: Cognitive and Moral*, eds. Michael Krausz e Jack Meiland, 229-43. Notre Dame, IN: University of Notre Dame Press, 1982.

HART, H. L. A. *The Concept of Law*, Oxford: Clarendon Press, 1961.

———. *Essays on Bentham*, Oxford e Nova York: Oxford University Press, 1982.

———. "American Jurisprudence Through English Eyes: The Nightmare and the Noble Dream." *Georgia Law Review* 11 (1977): 969-89.

———. "Are There Any Natural Rights?" *The Philosophical Review* 64 (1955): 175-91.

———. "Book Review." *Harvard Law Review* 78 (1965): 1281-96. (Revisando Lon L. Fuller. *The Morality of Law,* New Haven, CT: Yale University Press, 1964).

———. "Positivism and the Separation of Law and Morals." *Harvard Law Review* 71 (1958): 593-629.

——— e HONORE, A. M. *Causation in the Law*, 2.ª ed., Oxford: Clarendon Press, 1985.

458   *O COMBATE MORAL*

HART, Henry M. e SACKS, Albert M. *The Legal Process: Basic Problems in the Making and Application of Law*, eds. William N. Eskridge e Philip P. Frickey. Westbury, NY: Foundation Press, 1994.

HAYEK, F. A. *The Constitution of Liberty*, Londres e Chicago, IL: Routledge and Kegan Paul, 1960.

The Road to Serfdom. Chicago, IL: University of Chicago Press, 1944.

HENDEL, Charles W. "An Exploration of the Nature of Authority." *Nomos I: Authority*, ed. Carl J. Friedrich, 3-27. Cambridge, MA: Harvard University Press, 1958.

HENRY, Nannerl O. "Political Obligation and Collective Goods." *Nomos XII: Political and Legal Obligation*, eds. J. Roland Pennock e John W. Chapman, 263-89. Nova York: Atherton Press, 1970.

HERMAN, Barbara. "Obligation and Performance: A Kantian Account of Moral Conflict." *Identity, Character, and Morality: Essays in Moral Psychology*, eds. Owen J. Flanagan e Amelie Oksenberg Rorty, 311-37. Cambridge, MA, e Londres: MIT Press, 1990.

———. "The Practice of Moral Judgment." *The Journal of Philosophy* 82 (1985): 414-36.

HERSKOVITS, Melville J. *Cultural Relativism: Perspectives in Cultural Pluralism*, Nova York: Random House, 1972.

———. *Man and His Works: The Science of Cultural Anthropology*, Nova York: A. A. Knopf, 1948.

HOBBES, Thomas. *Leviathan*, ed. Michael J. Oakeshott. Oxford: Basil Blackwell, 1946.

HOCUTT, Max. "Must Relativists Tolerate Evil?" *The Philosophical Forum* 17 (1986): 188-200.

HOHFELD, Wesley Newcomb. *Fundamental Legal Conceptions*, ed. W. W. Cook. New Haven, CT: Yale University Press, 1919.

HOLMES, Oliver Wendell. "Natural Law." *Harvard Law Review* 32 (1918): 40-4. "The Path of the Law." *Harvard Law Review* 10 (1897): 457-78.

HOSPERS, John. *Libertarianism: A Political Philosophy for Tomorrow*, Los Angeles, CA: Nash Publishers, 1971.

———. "What Libertarianism Is." *The Libertarian Alternative*, ed. Tibor Machan. Chicago, IL: Nelson Hall Co., 1974.

HUGLY, Philip e SAYWARD, Charles. "Moral Relativism and Deontic Logic." *Synthese* 85 (1990): 139-52.

HUME, David. "Of the Original Contract." *Social Contract: Essays by Locke, Hume and Rousseau*, ed. *Sir* Ernest Barker, 147-66. Westport, CT: Greenwood Press, 1980.

BIBLIOGRAFIA   459

HURD, Heidi M. "Challenging Authority." *Yale Law Journal* 100 (1991): 1611-77. "Correcting Injustice to Corrective Justice." *Notre Dame Law Review* 67 (1991): 51-96.

———. "Interpreting Authorities." *Law and Interpretation*, ed. Andrei Marmor, 405-32. Oxford: Clarendon Press, 1995.

———. "Justifiably Punishing the Justified." *Michigan Law Review* 90 (1992): 2203-324.

———. "Relativistic Jurisprudence: Skepticism Founded on Confusion." *Southern California Law Review* 61 (Nota 1988): 1417-509.

———. "Sovereignty in Silence." *Yale Law Journal* 99 (1990): 945-1028.

———. "The Levitation of Liberalism." *Yale Law Journal* 105 (1995): 795-824. (Revisando John Rawls, *Political Liberalism*, Nova York: Columbia University Press, 1993).

———. "The Moral Magic of Consent." *Legal Theory* 2 (1996): 121-46.

———. "What in the World is Wrong?" *Journal of Contemporary Legal Issues* 5 (1994): 157-216.

IDLEMAN, Scott C. "A Prudential Theory of Judicial Candor." *Texas Law Review* 73 (1995): 1307-417.

KADISH, Sanford H. "Complicity, Cause and Blame: A Study in the Interpretation of Doctrine." *California Law Review* 73 (1985): 323-410.

———. "Methodology and Criteria in the Due Process of Adjudication: A Survey and Criticism." *Yale Law Journal* 66 (1957): 319-63.

KALIN, Jesse. "In Defense of Egoism." *Ethical Theory: Classical and Contemporary Readings*, ed. Louis P. Pojman. Belmont, CA: Wadsworth Publishing Co., 1989.

KANT, Immanuel. *Critique of Practical Reason*, trad. Lewis W. Beck. Nova York: Macmillan Publishing Co., 1956.

———. *Foundations of the Metaphysics of Morals*, trad. Lewis W. Beck. Indianápolis, IN: Bobbs-Merrill, 1959.

———. *The Metaphysics of Morals*, ed. Mary Gregor. Cambridge: Cambridge University Press, 1991.

———. *Metaphysical Elements of Justice*, trad. John Ladd. Indianápolis, IN: Bobbs-Merrill, 1965.

———. "On the Common Saying: 'This May Be True in Theory, But it Does Not Apply in Practice.'" *Kant's Political Writings*, ed. Hans S. Reiss, trad. H. B. Nisbet, 61-92. Cambridge e Nova York: Cambridge University Press, 1970.

———. *Lectures on Ethics*, trad. Louis Infield, Londres: Methuen, 1979.

KAPLOW, Louis. "Rules Versus Standards: An Economic Analysis." *Duke Law Journal* 42 (1992): 557-629.

KATZ, Leo. *Ill-Gotten Gains*, Chicago, IL: Chicago University Press, 1996.

460   *O COMBATE MORAL*

KEETON, Robert E. *Venturing to Do Justice: Reforming Private Law*, Cambridge, MA: Harvard University Press, 1969.

KELMAN, Mark. "On Democracy-Bashing: A Skeptical Look at the Theoretical and 'Empirical' Practice of the Public Choice Movement." *Virginia Law Review* 74 (1988): 199-273.

KELMAN, Steven. *Making Public Policy: A Hopeful View of American Government*, Nova York: Basic Books, 1987.

————. "'Public Choice' and Public Spirit." *The Public Interest* 87 (1987): 80-94.

KELSEN, Hans. *General Theory of Law and State*, Cambridge, MA: Harvard University Press, 1945.

KENNEDY, Duncan. "Form and Substance in Private Law Adjudication." *Harvard Law Review* 89 (1976): 1685-778.

KLOSKO, George. "Parfit's Moral Arithmetic and the Obligation to Obey the Law." *Canadian Journal of Philosophy* 20 (1990): 191-214. "Political Obligation and Gratitude." *Philosophy and Public Affairs* 18 (1989): 352-59.

KRUSCHWITZ, R. e ROBERTS, R., eds. *The Virtues: Contemporary Essays on Moral Character*, Belmont, CA: Wadsworth Publishing Co., 1987.

LADD, John. "The Issue of Relativism." *Ethical Relativism*, 107-29. Belmont, CA: Wadsworth Publishing Co., 1973.

————. "Legal and Moral Obligation." *Nomos XII: Political and Legal Obligation*, eds. J. Roland Pennock e John W. Chipman, 3-35. Nova York: Atherton Press, 1970.

LESNICK, Howard. *Listening for God: Religion and Moral Discernment*, Nova York: Fordham Universisty Press, 1998.

LEWIS, David K. *Convention: A Philosophical Study*, Cambridge, MA: Harvard University Press, 1969.

LEWIS, H. D. "Ethical Theory and Utilitarianism." *Contemporary British Philosophy*, ed. H. D. Lewis, 4.ª série. Londres: George Allen & Unwin, 1976.

LIPPMAN, Matthew. "Civil Resistance: Revitalizing International Law in the Nuclear Age." *Whittier Law Review* 13 (1992): 17-105.

————. "Liberating the Law: The Jurisprudence of Civil Disobedience and Resistance." *San Diego Justice Journal* 2 (1994): 299-394.

LLEWELLYN, Karl. *The Bramble Bush*, Nova York, NY: 1930.

LOCKE, John. *The Second Treatise of Government*, ed. J. W. Gough. Oxford: Basil Blackwell, 1976.

LOUDEN, Robert B. "Some Vices of Virtue Ethics." *American Philosophy Quarterly* 21 (1984): 227-36.

BIBLIOGRAFIA 461

LYONS, David. *Ethics and the Rule of Law*, Cambridge e Nova York, Cambridge University Press, 1984.

———. *Forms and Limits of Utilitarianism*, Oxford: Clarendon Press, 1965.

———. "Ethical Relativism and the Problem of Incoherence." *Relativism: Cognitive and Moral*, eds. Michael Krausz e Jack Meiland, 209-25. Notre Dame, IN: University of Notre Dame Press, 1982.

———. "Need, Necessity and Political Obligation." *Virginia Law Review* 67 (1981): 63-77.

MACCALLUM, Gerald C. "Legislative Intent." *Yale Law Journal* 75 (1966): 754-87.

MACCORMICK, Neil. *Legal Right and Social Democracy*, Oxford, Clarendon Press, 1982.

MACDONALD, Margaret. "The Language of Political Theory." *Essays on Logic and Language*, ed. (1.ª série) Antony G. N. Flew, 16-86. Oxford: Basil Blackwell, 1952.

MACHAN, Tibor R. *Individuals and Their Rights*, La Salle, IL: Open Court Publishers, 1989.

MACINTYRE, Alasdair C. *After Virtue*, Notre Dame, IN: University of Notre Dame Press, 1981.

———. "Egoism and Altruism." *The Encyclopedia of Philosophy*, ed. Paul Edwards, v. 2, 462-66. Nova York: Macmillan, 1967.

MACKIE, John L. "Obligations to Obey the Law." *Virginia Law Review* 67 (1981): 143-58.

MARMOR, Andrei. *Interpretation and Legal Theory*, Oxford: Clarendon Press, 1992.

MAYO, Bernard. *Ethics and the Moral Life*, Nova York: St. Martin's Press, 1958.

MCMORROW, Judith A. "Civil Disobedience and the Lawyer's Obligation to the Law." *Washington and Lee Law Review* 48 (1991): 139-63.

MEIKLEJOHN, Alexander. *Free Speech and Its Relation to Self Government*, Nova York: Harper, 1948.

MILL, James. "Essay on Government". *Democracy: Theory and Practice*, ed. John Arthur, 43-9. Belmont, CA: Wadsworth Publishing Co., 1992.

MILL, John Stuart. "On Liberty". *Selected Writings of John Stuart Mill*, ed. Maurice Cowling, 121-229. Nova York: New American Library, 1968.

———. "Representative Government". *Utilitarianism, Liberty, and Representative Government*, 235-532. Nova York: E. P. Dutton and Co., 1951.

462   *O COMBATE MORAL*

————. "Utilitarianism". *Selected Writings of John Stuart Mill*, ed. Maurice Cowling, 243-304. Nova York: New American Library, 1968.

MILLER, Geoffrey P. "Pragmatics and the Maxims of Interpretation." *Wisconsin Law Review* 1990 (1990): 1179-227.

MILLER, H. e WILLIAMS, W., eds. *The Limits of Utilitarianism*, Mineápolis: University of Minnesota Press, 1982.

MINNOW, Martha A. "Breaking the Law: Lawyers and Clients in Struggles for Social Change." *University of Pittsburgh Law Review* 52 (1991): 723-51.

MONTAGUE, Phillip. "Comparative and Non-Comparative Justice." *The Philosophical Quarterly*, 30 (1980): 131-40.

MOORE, G. E. *Ethics*, Cambridge: Cambridge University Press, 1912.

————. *Principia Ethica*, Cambridge University Press, 1903.

MOORE, Michael S. *Law and Psychiatry: Rethinking the Relationship*, Cambridge: Cambridge University Press, 1984.

————. *Placing Blame: A Theory of Criminal Law*, Oxford: Clarendon Press, 1997.

————. "Authority, Law, and Razian Reasons." *Southern California Law Review* 62 (1989): 827-96.

————. "The Moral Worth of Retribution." *Responsibility, Character, and the Emotions*, ed. Ferdinand Shoeman, 179-219. Cambridge: Cambridge University Press, 1987.

————. "A Natural Law Theory of Interpretation." *Southern California Law Review* 58 (1985); 277-398.

————. "The Need for a Theory of Legal Theories: Assessing Pragmatic Instrumentalism." *Cornell Law Review* 69 (1984): 988-1013. (Revisando Robert S. Summers, *Instrumentalism and American Legal Theory*, Ithaca, NY: Cornell University Press, 1982.)

————. "The Semantics of Judging." *Southern California Law Review* 54 (1981): 151-294.

————. "Torture and the Balance of Evils." *Israel Law Review* 23 (1989): 280-344.

MURDOCH, Iris. *The Sovereignty of Good*, Londres: Routledge & Kegan Paul, 1970.

MURPHY, Jeffrie G. e COLEMAN, Jules L. *Philosophy of Law: An Introduction to Jurisprudence*, Totowa, NJ: Rowman & Allanheld, 1984.

NAGEL, Thomas. *Equality and Partiality*, Nova York e Oxford: Oxford University Press, 1991.

————. *The Last Word*, Nova York e Oxford: Oxford University Press, 1997.

————. *Mortal Questions*, Nova York: Cambridge University Press, 1979.

BIBLIOGRAFIA 463

————. *The Possibility of Altruism*, Oxford: Clarendon Press, 1970.

————. *The View From Nowhere*, Nova York: Oxford University Press, 1986.

NELSON, William N. *On Justifying Democracy*, Londres e Boston: Routledge & Kegan Paul, 1980.

NIELSON, Kai. "Against Moral Conservatism." *Ethics* 82 (1972): 219-31.

NOZICK, Robert. *Anarchy, State and Utopia*, Nova York: Basic Books, 1974.

OLIPHANT, Herman. "Current Discussions of Legal Methodology." *American Bar Association Journal* 7 (1921): 241-3.

PARFIT, Derek. *Reasons and Persons*, Oxford: Clarendon Press, 1984.

PATEMAN, Carole. *Participation and Democratic Theory*, Cambridge: Cambridge University Press, 1970.

PENCE, Gregory E. "Recent Work on Virtues." *American Philosophy Quarterly* 21 (1984): 281-97.

PERRY, Michael J. *Morality, Politics and Law*, Nova York: Oxford University Press, 1988.

PERRY, Stephen R. "Judicial Obligation, Precedent and the Common Law." *Oxford Journal of Legal Studies* 7 (1987): 215-57.

PLAMENATZ, John. *Consent, Freedom and Political Obligation*, 2.ª ed., Londres e Nova York: Oxford University Press, 1968.

————. *Man and Society*, v. 1. Londres: Longmans, Green and Co., 1963.

PLATÃO. "Crito". *The Collected Dialogues of Plato*, eds. Edith Hamilton e Huntington Cairns, trad. Hugh Tredennick, 27-39. Princeton, NJ: Princeton University Press, 1961.

————. *Laws. The Collected Dialogues of Plato*, eds. Edith Hamilton e Huntington Cairns, trad. A. E. Taylor, 1225-513. Princeton, NJ: Princeton University Press, 1961.

————. "The Republic". *The Collected Dialogues of Plato*, eds. Edith Hamilton e Huntington Cairns, trad. Paul Shorey, 575-844. Princeton, NJ: Princeton University Press, 1961.

POJMAN, Louis P. "Gilbert Harman's Internalist Moral Relativism." *The Modern Schoolman* 68 (1990): 19-39.

POSNER, Richard A. *Law and Literature: A Misunderstood Relation*, Cambridge, MA: Harvard University Press, 1988.

————. "Epstein's Tort Theory: A Critique." *Journal of Legal Studies* 8 (1979): 457-75.

POSTEMA, Gerald J. "Coordination and Convention at the Foundations of Law." *Journal of Legal Studies* 11 (1982): 165-203.

464   *O COMBATE MORAL*

QUINTON, Anthony. *Utilitarian Ethics*, Londres: Macmillan, 1973.

RACHELS, J. *The Elements of Moral Philosophy*, Filadélfia, PA: Temple University Press, 1986.

RADIN, Margaret Jane. "Reconsidering the Rule of Law." *Boston University Law Review* 69 (1989): 781-819.

RAILTON, Peter. "Alienation, Consequentialism, and the Demands of Morality." *Philosophy and Public Affairs* 13 (1984): 134-71.

RAPHAEL, D. D. *Moral Philosophy*, Nova York: Oxford University Press, 1981.

RAWLS, John. *A Theory of Justice*, Cambridge, MA: Harvard University Press, Belknap Press, 1971.

———. *Political Liberalism*, Nova York: Columbia University Press, 1993.

———. "Justice as Fairness." *The Philosophical Review* 67 (1958): 164-94.

———. "Two Concepts of Rules." *The Philosophical Review* 64 (1955): 3-32.

RAZ, Joseph. *The Authority of Law: Essays on Law and Morality*, Oxford: Clarendon Press, 1979.

———. *The Concept of a Legal System*, Oxford: Clarendon Press, 1970.

———. *The Morality of Freedom*, Oxford: Clarendon Press, 1986.

———. *Practical Reason and Norms*, 2.ª ed., Londres: Hutchinson & Sons, 1990.

———. "Authority and Consent." *Virginia Law Review* 67 (1981): 103-31.

———. "Authority and Interpretation in Constitutional Law: Some Preliminaries." *Objectivity in Constitutional Law*, ed. Larry Alexander. Cambridge: Cambridge University Press, 1998.

———. "Authority, Law and Morality." *Monist* 68 (1985): 295-324.

———. "Dworkin: A New Link in the Chain." *California Law Review* 74 (1986): 1103-19. (Revisando Ronald Dworkin, *A Matter of Principle*, Cambridge, MA: Harvard University Press, 1985).

———. "Liberalism, Skepticism, and Democracy." *Iowa Law Review* 74 (1989): 761-86.

———. "Promises and Obligations." *Law, Morality, and Society*, eds. P. M. S. Hacker e Joseph Raz, 210-28. Oxford: Clarendon Press, 1977.

———. "Reasons for Action, Decisions and Norms." *Practical Reasoning*, ed. Joseph Raz, 128-43. Oxford e Nova York: Oxford University Press, 1978.

———. "Voluntary Obligations and Normative Powers." *Aristotelian Society Proceedings* 46 (Supl. 1972): 79-102.

BIBLIOGRAFIA   465

REGAN, Donald H. "Authority and Value: Reflections on Raz's *The Morality of Freedom.*" *Southern California Law Review* 62 (1989): 995-1095.

———. "Law's Halo." *Philosophy and Law*, eds. Jules Coleman e Ellen Frankel Paul, 15-30. Oxford: Basil Blackwell, 1987.

———. *Utilitarianism and Co-operation*, Oxford: Clarendon Press, 1980.

REIMAN, Jeffrey H. *In Defense of Political Philosophy*, Nova York: Harper, 1972.

RIKER, William H. *The Theory of Political Coalitions*, New Haven, CT: Yale University Press, 1962.

ROSS, Alf. *Why Democracy?* Cambridge, MA: Harvard University Press, 1952.

ROSS, W. D. *Kant's Ethical Theory*, Oxford: Clarendon Press, 1954.

———. *The Right and the Good*, Oxford: Clarendon Press, 1930.

ROTHBARD, Murray N. *The Ethics of Liberty*, Atlantic Highlands, NJ: Humanities Press, 1982.

———. *For a New Liberty: A New Manifesto*, Nova York: Collier Books, 1978.

ROUSSEAU, Jean-Jacques. The Social Contract. *Social Contract*, ed. *Sir* Ernest Barker, trad. G. Hopkins. Westport, CT: Greenwood Press, 1980.

RUSSELL, Bertrand. *My Philosophical Development*, Nova York: Simon & Schuster, 1959.

———. "On Denoting." *Mind* New Series 14 (1905): 479-93.

SADURSKI, Wojciech. "Harman's Defence of Moral Relativism." *Philosophical Investigations* 12 (1989): 33-51.

SARTORIUS, Rolf E. *Individual Conduct and Social Norms*, Encino, CA: Dickenson Publishing Co., 1975.

———. "Political Authority and Poltical Obligation." *Virginia Law Review* 67 (1981): 3-17.

SAYWARD, Charles. "System Relativity." *Ratio* 1 (1988): 163-75.

SCHAUER, Frederick F. *Playing by the Rules: A Philosophical Examination of Rule-Based Decision-Making in Law and in Life*, Oxford: Clarendon Press, 1991.

———. "Easy Cases." *Southern California Law Review* 58 (1985): 399-440.

———. "Formalism." *Yale Law Journal* 97 (1988): 509-48.

———. "Judicial Self-Understanding and the Internalization of Constitutional Rules." *University of Colorado Law Review* (1990): 749-71.

466   *O COMBATE MORAL*

———. "Statutory Construction and the Coordinating Function of Plain Meaning." *The Supreme Court Review* 7 (1990): 231-56.

———. "The Practice and Problems of Plain Meaning: A Response to Aleinikoff and Shaw." *Vanderbilt Law Review* 45 (1992): 715-41.

———. "Rules and the Rule of Law." *Harvard Journal of Law & Public Policy* 14 (1991): 645-94.

SCHEFFLER, Samuel. *The Rejection of Consequentialism*, Oxford: Clarendon Press, 1982.

SCHELLING, Thomas C. *Micromotives and Macrobehavior*, Nova York: Norton, 1978.

———. *The Strategy of Conflict*, ed. rev. Cambridge, MA: Harvard University Press, 1980.

SEN, Amartya e WILLIAMS, Bernard A. O., eds. *Utilitarianism and Beyond*, Nova York: Cambridge University Press, 1982.

SHINER, Roger. "Law and Authority." *Canadian Journal of Law and Jurisprudence* 2 (1989): 3-18.

SIBLEY, Mulford. *Obligation to Disobey*, Nova York: Council on Religion and International Affairs, 1970.

SIDGWICK, Henry. *The Methods of Ethics*, Indianápolis, IN: Hackett Publishing Co., 1981.

SILVING, Helen. "A Plea for a Law of Interpretation." *University of Pennsylvania Law Review* 98 (1950): 499-529.

SIMMONS, A. John. *Moral Principles and Political Obligations*, Princeton, NJ: Princeton University Press, 1979.

———. "Consent, Free Choice, and Democratic Government." *Georgia Law Review* 18 (1984): 791-819.

SIMON, Yves René Marie. *A General Theory of Authority*, Notre Dame, IN: University of Notre Dame Press, 1962.

SINCLAIR, M. B. W. "Law and Language: The Role of Pragmatics in Statutory Interpretation." *University of Pittsburgh Law Review* 46 (1985): 373-420.

SINGER, Peter. *Democracy and Disobedience*, Oxford: Clarendon Press, 1973.

———. *The Expanding Circle: Ethics and Sociobiology*, Oxford: Clarendon Press, 1981; Nova York: Farrar, Straus, and Giroux, 1981.

———. *Practical Ethics*, Cambridge e Nova York: Cambridge University Press, 1979.

SMITH, Holly M. "Two-Tier Moral Codes." *Foundations of Moral and Political Philosophy*, eds. Ellen Frankel Paul, Fred D. Miller e Jeffrey Paul, 112-32. Oxford e Cambridge, MA: Basil Blackwell, 1990.

SMITH, M. B. E. "Is There a Prima Facie Obligation to Obey the Law?" *Yale Law Journal* 82 (1973): 950-76.

BIBLIOGRAFIA

SMITH, Steven D. "Radically Subversive Speech and the Authority of Law." *Michigan Law Review* 94 (1995): 348-70.

———. "Skepticism, Tolerance, and Truth in the Theory of Free Expression." *Southern California Law Review* 60 (1987): 649-731.

SOMMERS, Christina Hoff. *Vice and Virtues in Everyday Life*, Nova York: Harcourt, Brace, Jovanovich, 1985.

SOPER, Philip. *A Theory of Law*, Cambridge, MA: Harvard University Press, 1984.

———. "Law's Normative Claims." *The Autonomy of Law*, ed. Robert George. Oxford: Oxford University Press, 1996.

———. "Legal Theory and the Claim of Authority." *Philosophy and Public Affairs* 18 (1989): 209-37.

———. "The Moral Value of Law." *Michigan Law Review* 84 (1985): 63-86.

STACE, Walter Terence. *The Concept of Morals*, Nova York: Macmillan Co., 1937.

STIGLER, George J. "The Theory of Economic Regulation." *The Bell Journal of Economics and Management Science* 2 (1971): 3-21.

STRAWSON, Peter. "On Referring." *Mind* New Series 59 (1950): 320-44.

STURGEON, Nicholas. "Moral Disagreement and Moral Relativism." *Social Philosophy and Policy* 11 (1994): 80-115.

SUMMERS, Robert S. *Instrumentalism and American Legal Theory*, Ithaca, NY: Cornell University Press, 1982.

TAYLOR, Richard. *Ethics, Faith, and Reason*, Englewood Cliffs, NJ: Prentice-Hall, 1985.

TENNYSON, Allfred *Lord.* "The Charge of the Light Brigade." *The Poetical Works of Tennyson*, ed. G. Robert Strange, 226-7. Boston, MA: Houghton Mifflin, 1974.

THOMSON, Judith Jarvis. "Causality and Rights: Some Preliminaries." *Chicago-Kent Law Review* 63 (1987): 471-96.

THOREAU, Henry David. "Civil Disobedience." *Civil Disobedience: Theory and Practice*, ed. Hugo A. Bedau, 27-48. Nova York: Pegasus, 1969.

TRIANOSKY, Gregory W. "Supererogation, Wrongdoing, and Vice: On the Autonomy of the Ethics of Virtue." *The Journal of Philosophy* 83 (1986): 26-40.

TULLOCK, Gordon. "Problems of Majority Voting." *Journal of Political Economy* 67 (1959): 571-79.

ULLMANN-MARGALIT, Edna. *The Emergence of Norms*, Oxford: Clarendon Press, 1977.

468   *O COMBATE MORAL*

VON LEYDEN, Wolfgang. *Aristotle on Equality and Justice: His Political Argument*, Nova York: St. Martin's Press, 1985.

WALDRON, Jeremy. "The Irrelevance of Moral Objectivity." *Natural Law Theory*, ed. Robert P. George, 158-87. Oxford: Clarendon Press, 1992.

———. "Legislators' Intentions and Unintentional Legislation." *Law and Interpretation*, ed. Andrei Marmor, 329-56. Oxford: Clarendon Press, 1995.

WALKER, A. D. M. "Political Obligation and the Argument from Gratitude." *Philosophy and Public Affairs* 17 (1988): 191-211.

———. "Obligations of Gratitude and Political Obligation." *Philosophy and Public Affairs* 18 (1989): 359-64.

WALLACE, James D. *Virtues and Vices*, Ithaca, NY: Cornell University Press, 1978.

WARNOCK, G. J. *The Object of Morality*, Londres: Methuen, 1971.

WEINRIB, Ernest J. "The Case for a Duty to Rescue." *Yale Law Journal* 90 (1980): 247-93.

WEISS, Paul. "The Right to Disobey." *Law and Philosophy*, ed. Sydney Hook, 98-101. Nova York: New York University Press, 1964.

WELLINGTON, Harry H. "Common Law Rules and Constitutional Double Standards: Some Notes on Adjudication." *Yale Law Journal* 83 (1973): 221-311.

WESTEN, Peter. "The Empty Idea of Equality." *Harvard Law Review* 95 (1982): 537-96.

———. *Speaking of Equality*, Princeton, NJ: Princeton University Press, 1990.

WESTERMARCK, Edward. *Ethical Relativity*, Nova York: Harcourt, Brace & Co., 1932.

WESTPHAL, Kenneth R. "Kant on the State, Law, and Obedience to Authority in the Alleged 'Anti-Revolutionary' Writings." *Journal of Philosophical Research* 17 (1992): 383-426.

WHITEHEAD, John W. "Civil Disobedience and Operation Rescue: A Historical and Theoretical Analysis." *Washington and Lee Law Review* 48 (1991): 77-122.

WILES, Anne M. "Harman and Others on Moral Relativism." *Review of Metaphysics* 42 (1989): 783-95.

WILLIAMS, Bernard A. O. *Ethics and the Limits of Philosophy*, Londres: Fontana Press/Collins, 1985.

———. *Morality: An Introduction to Ethics*, Nova York: Harper & Row, 1972.

BIBLIOGRAFIA 469

———. "A Critique of Utilitarianism." *Utilitarianism: For and Against*, eds. J. J. C. Smart e Bernard Williams, 77-150. Nova York: Cambridge University Press, 1973.

———. "The Truth in Relativism." *Proceedings of the Aristotelian Society* 75 (1974-75): 215-28.

WOLF, Susan. "Moral Saints." *The Journal of Philosophy* 79 (1982): 419-39.

WOLFF, Robert Paul. *The Autonomy of Reason: A Commentary on Kant's "Groundwork of the Metaphysics of Morals"*, Nova York: Harper and Row, 1973.

———. *In Defense of Anarchism*, Nova York: Harper and Row, 1970.

———. "In Defense of Anarchism." *Is Law Dead?*, ed. E. Rostow, 110-33. Nova York: Simon & Schuster, 1971.

WOLLHEIM, Richard. "A Paradox in the Theory of Democracy." *Philosophy, Politics and Society*, eds. Peter Laslett e W. G. Runciman, 71-87. 2.ª série. Oxford: Basil Blackwell, 1962.

WONG, David B. *Moral Relativity*, Berkeley, CA: University of California Press, 1984.

WRIGHT, R. George. "Legal Obligation and the Natural Law." *Georgia Law Review* 23 (1989): 997-1020.

ZEDALIS, Rex J. "On First Considering Whether Law Binds." *Indiana Law Journal* 69 (1993): 137-214.

ZIFF, Paul. "On H. P. Grice's Account of Meaning." *Analysis* 28 (1967): 1-8.

Índice remissivo

ação. *Ver também* ação amoral; ação judicial; razões para a ação; ação correta: baseada em razões dependentes e independentes de conteúdo, 96-8; baseada em autoridade epistêmica, 171-2; baseada em razões de primeira e segunda ordem, 96-128; que consentem no exercício da autoridade influente, 163-4; na tese conseqüencialista, 357-8; razões dependentes de conteúdo para (Raz), 108-9; privilégio *hohfeldiano* para, 392-4; de valor incomensurável, 38-43; ação moral da tese da correspondência, 41-2; valor moral da, 337; promessas como preditores de, 163; correta e moralmente correta (Hocutt), 52; razões relativas a funções para, 12-21; valores do estado de direito como razão para, 418; como signo de consentimento, 158; de consentimento tácito (Locke), 157-9
ação amoral: tese da correspondência não aplicável a, 41-2; definida por liberdades *hohfeldianas*, 392
ação correta: condições da, 372; concepção conseqüencialista da, 357-78; do conseqüencialismo, 9-10; nos problemas de coordenação, 234-44; na tese da correspondência, 4-8; definida, 366; interpretação do deontologista, 379-411; distinta da ação culpável, 368-71; intuição para, 266; razões para, 366-9; teoria da, 373
ação judicial. *Ver também* desobediência, judicial: interpretação conseqüencialista, 357-65; teoria instrumentalista da democracia, 319-31; teoria internalista da democracia, 332-44; relacionada à eficiência institucional, 345-51; relacionada ao julgamento de juízes, 344-5; sob os valores do estado de direito, 281-313
acordo, teoria sintática, 80-2

472

Acton, John (*lord*), 329
Alexander, Larry, 18n14, 238-9, 257, 261, 263, 270n12, 272n14
aproveitamento, 300-1
Aristóteles, XXI, 301n20, 309n22
autonomia: teorias internalistas da democracia argumentadas de, 336-44; valor da, 336
autoridade. *Ver* autoridade consultiva; autoridade epistêmica; autoridade influente; autoridade prática; autoridade téorica
autoridade consultiva: condições para alguém ser julgado, 180-2; exercida somente por pessoas, 173-4; função de, 84n2; regras indicadoras (Regan), 172, 175-6; teoria da autoridade legal como autoridade epistêmica em, 171; emissões como sinais, 178
autoridade epistêmica. *Ver também* autoridade consultiva; autoridade teórica; ações baseadas em prescrições de, 172-4; conselho de, 84-7, 91; atribuída a certas pessoas, 180-2; dependência de conteúdo de, 86; indivíduo como, 100; da lei, 185, 224-5, 242-3; autoridade teórica como, 211-2
autoridade influente: compromisso com a interpretação intencionalista, 206-9; gratidão como teoria baseada em ato de, 147-54; dever natural da teoria da justiça, 164-70; natureza da, 130-2; reciprocidade como teoria baseada em ato da, 140-7; pedido pela, 87-8, 92; fontes da, 133; teoria da, 83, 129-30
autoridade prática: argumentos contra, 106-28; comando por, 89-92; compromisso com a interpretação intencionalista, 200-6; confusão conceitual em, 106; dissolução da, 98-128; função da, 203; paradoxo da, 93, 122, 127-8, 205; o ponto de vista *raziano* da lei funcionando como, 235; o ponto de vista de Raz do paradoxo da, 95-8; teoria, 83
autoridade teórica: como autoridade epistêmica, 211-2; função da, 84n2; da lei, 191, 218-20, 232, 238; ponto de vista *raziano* da lei funcionando como, 237; exigências da, 212

bens coletivos, 299-301
Bentham, Jeremy, 13n9, 444
Bingham, Joseph, 50n21
Boas, Franz, 47n15
Bork, Robert, 320
Brandt, Richard, 57n31

Carroll, Lewis, 220
Christie, George, 94n12
Código Penal Modelo, 23n19, 24n20, 25n21
coerência: teoria semântica da, 79-82

ÍNDICE REMISSIVO 473

comando: pela autoridade prática, 89-92; razão para agir para obedecer, 104-5
conceito de incomensurabilidade, 38-43
conceito de incomensurabilidade moral: usado para justificar permissões, 40-1; usado para justificar privilégios, 41-2
condição de independência, 166
condições: razões baseadas em condição de independência, 133-5; razões baseadas em condição não-excludente, 133-5; relacionadas com obrigações de reciprocidade (Rawls), 141-2
confiança: atos adversos de, 290; justificada, 294-5; na punição dos transgressores justificados, 283-95; injustificada, 295-7
conselho: diferença efetiva do pedido, 87-8; da autoridade epistêmica, 84-7, 91; como evidência, 179
consentimento: distinção entre sinais e signos do, 158-9; expresso, 157, 159; função do, 386; dos justificados à punição, 384-6; pessoal e histórico, 154-5; tácito (Locke), 157-9
convencionalismo: moral, 227-8; dos relativistas, 78-82
convenções morais (Williams), 49-71
cooperação: ligada a máximas de moralidade, 246; autoridade prática

proporciona incentivos para (Raz), 245-6; confiança para coordenação baseada em, 297-307; onde moralmente superior a não-cooperação, 247
coordenação: efeito da lei sobre a coordenação social, 241; soluções legais para problemas de, 232-3; norma ou convenção, 238; proteção de interesses de confiança com, 297-307
crenças: autoridade consultiva afeta as razões para, 175; conjuntos de crenças de indivíduos, 59; tocantes a ação correta, 214; falsas, 272-5; justificadas, 290; racionais e irracionais, 176-7; razão para, 98-9
culpabilidade: condições de, 372-3; na tese da correspondência, 6-8; ação culpável distinta da ação correta, 368-71

Dan-Cohen, Meir, 13n9, 272n14
defesa própria: argumento das permissões competitivas, 391-2; argumento dos privilégios *hohfeldianos*, 392-4; argumento das permissões de não cometer nenhum erro, 394-7
democracia: argumento da eficiência institucional, 345-51; argumentos a favor da separação dos poderes e, 316-45; condições para o desenvolvimento da

474

moralidade, 334-5;
incompatibilidade com os
princípios do retributivismo
frágil e regras jurídicas, 1, 3-30;
argumento da autoridade
influente da, 135-9; teorias
instrumentalistas da, 317-31;
teorias internalistas da, 318,
332-44; justa, 168; princípio
da, 1; teorias sobre a
importância da, 316-8
deontologia: para resolver o
dilema do perspectivismo
jurídico, 429-39; valores
sistêmicos na deontologia
do limiar, 438-9; do limiar,
438-9
desobediência: argumento
sofisticado da tese do erro,
263-6; do cidadão, 357, 367;
hiato entre a punição
justificada e (Alexander),
261; avaliação por parte do
juiz da desobediência do
cidadão, 367; justificada civil,
255, 384-5
desobediência, judicial: como
erro, 328-9; ponto de vista
de Hamilton da, 330-1;
conseqüências sistêmicas,
368
dever: dever natural da teoria da
justiça (Rawls), 164-70;
político (Rawls), 165-6
dever natural de justiça (Rawls):
na teoria substancial da
justiça, 166-7; suporte de
instituições políticas justas,
165-6
dilema de Sartre, 380, 433
dilema do perspectivismo

O COMBATE MORAL

jurídico, 21-30; solução
conseqüencialista, 416-21;
soluções deontológicas ao,
429-39; opções apresentadas
pelo, 257; pressuposições do,
31-2; confiança na tese da
correspondência, 42-3;
quando exigências morais
substituem exigências legais,
252, 255-8
dilemas dos prisioneiros:
solução da lei para, 246-7;
argumento de Raz para
autoridades práticas em,
244-5; interesses de confiança
em casos de, 299-301
Dworkin, Ronald, 222, 448-9

educação, moral, 277
eficiência: como razão para
punir juízes, 348-9; como
valor, 346-7
Ely, John, 320
engano, 272-9
eqüidade, 288. *Ver também*
surpresa não eqüitativa
escolha: autônoma, 337-40;
valor moral da escolha
democrática, 341-3; teoria da
escolha pública, 183-4
estado de direito: condições
para o sistema legal cumprir
(Fuller), 281;
incompatibilidade com os
princípios do retributivismo
frágil, da democracia e da
separação dos poderes, 1,
3-30; liberdade individual
como valor da, 283-7;
julgamento baseado em
valores de, 281-3; proteção

ÍNDICE REMISSIVO

da igualdade como valor de,
307-13; proteção dos
interesses de confiança
como valor de, 287-95;
valores, 283, 418; quando
exigências de moralidade
substituem exigências da
lei, 252

Estados Unidos contra Kirby
(1968), 202

Estados Unidos contra Kirby (1969),
296

evidência: acrescentando
conselhos da autoridade
consultiva como, 179-80;
conselho como, 179; em
diretivas de autoridade
teórica, 214-5; signos e sinais
como categorias de, 178;
sumária e primária, 178-9

exceções, relativas ao agente,
434-7

Finnis, John, 186, 241n42, 242,
245n46
Flathman, Richard, 84n1, 91n9,
112n32, 120n40, 173n2
Foot, Philippa, 44, 78n59, 81
Frankena, William, 44, 56n30
Friedman, Richard, 112n31
Fuller, Lon, 15n11, 185-6, 190,
242, 277, 281, 284, 288n11,
335n22
Fumerton, Richard, 362n3,
370nn12, 13
funções contratuais: argumento
das obrigações e permissões
preferenciais relativas ao
agente, 399-403; argumento
da negação das obrigações e

permissões preferenciais
relativas ao agente, 403-5;
argumento das liberdades
hohfeldianas preferenciais,
405-6; argumento da
intenção relacionada ao
tratamento preferencial,
408-11; argumentos dos
assassinatos preferenciais v.
omissões preferenciais de
salvar, 406-8

Gans, Chaim, 282n4, 315n2
Gauthier, David, 246
Gilmore, Grant, 186
Godwin, William, 162n29
gratidão: condições para
geração de obrigação ou
dívida de, 150-4; fracasso da
teoria da, 153-4; como teoria
da autoridade influente,
147-54
Green, Leslie, 96n14, 98,
100n18, 102, 109n27,
123n41, 159n27, 233, 249
Greenawalt, Kent, 217n3
Grice, Paul, 178n6, 199

Hamilton, Alexander, 329-31
Harman, Gilbert, 64, 71-7
Harrison, Geoffrey, 47
Hart, H. L. A., 79, 140, 165, 186,
360-6, 444-8
Hart, Henry, 204n39
Herskovits, Melville, 46
Hocutt, Max, 49, 51-2
Hohfeld, Wesley, 40, 392-4
Holmes, Oliver Wendell,
208n43, 445n7
Honore, A. M., 360-3

476   O COMBATE MORAL

Hooker, Richard, 154n17
Hugly, Philip, 57n31

igualdade: valor do estado de
direito para proteger, 307-13
informação: autoridade
consultiva como fonte
secundária de, 172-3;
disponível para juízes e
tribunais, 326-7; disponível
para legisladores, 327;
disponível para o observador
moral, 189; juízes como
fontes de informação legal,
302; necessária a ação moral,
217; proporcionada por
autoridade epistêmica, 172
instituições: decisões colocadas
de lado por instituições não
democráticas, 318; a
democracia argumentada a
partir da eficiência
institucional, 345-51;
competência institucional
argumentada a partir de
teorias da democracia, 326-9;
valores do pluralismo
estrutural, 417-9
intencionalismo: interpretação
para comandos da
autoridade prática, 203-6; na
interpretação legal, 192;
ligado à autoridade prática,
201-6; ceticismo do, 195; na
teoria da autoridade
consultiva, 193-4; na teoria
da autoridade teórica, 217-8
intenções, semânticas, 194,
196-7, 208
interesses de confiança:
proteção no argumento da

coordenação, 297-307;
proteção no argumento da
eqüidade, 288-95; proteção
no argumento da atividade,
295-7; valor do estado de
direito para proteger, 283-95
interpretação legal:
intencionalismo na, 193-201;
na teoria da autoridade
teórica, 218-32
intolerância: autorizada pelo
relativismo moral, 48
intuição, moral (G. E. Moore),
227

juízes: obtendo
proporcionalidade
comparativa, 310-1; poder
para embargar sanções, 271;
punição dos justificados,
284-5
juízo: baseado em valores do
estado de direito, 281-3
juízo moral: significado dos
termos do, 74; relativismo do
(Harman), 71-7; padrões
para o, 57-8; substituído por
regras jurídicas, 42-3
juízos. *Ver também* juízo moral:
dos legisladores, 327
justiça: dever natural de
(Rawls), 164-6; concepção
procedimental da, 168;
justiça substancial (Fuller),
185; teoria substancial da,
167-8

Kadish, Sanford, 50

Ladd, John, 144n9
Lee, Dwight, 183

ÍNDICE REMISSIVO

legislação. *Ver também* regras, promulgadas pela maioria: com legisladores como observadores morais, 174, 182-92; requisitos da (Fuller), 185; validade da (Waldron), 226-9

legisladores: juízos precisos dos, 327; suposição de capacidade dos, 182-3, 189-92; faltando perícia moral, 277-9; perícia moral dos, 277; suposições motivacionais e de capacidade a respeito dos, 182-92; suposição motivacional dos, 182-9; intenções semânticas e motivações lingüísticas dos, 194, 196-7; intenções semânticas dos, 194; intenções de compreensão dos, 194-6, 218-21

legislatura: como autoridade consultiva sobre obrigações, 182-3; modelo de delegação de intenção legislativa, 198-9

lei. *Ver também* autoridade consultiva; autoridade epistêmica; autoridade influente; legislação; autoridade prática; estado de direito; regras, promulgadas pela maioria; autoridade teórica; capacidade para coordenar a ação, 241; autonomamente escolhida, 338; violação da lei para proteger interesses de confiança, 298; condições para tornar acessível a moralidade, 275-7;

condições para proteger a liberdade, 284; soluções de coordenação proporcionadas pela, 302; autoridade epistêmica da, 185, 224-5, 242-3; força da autoridade prática da, 126-8; moralidade interna de Fuller da, 242; concedendo autoridade influente a, 207; como guia da ação moral na tese do erro, 275-7; na teoria da autoridade influente, 83; informação relacionada à ação moral na, 217-32, 246; intencionalismo na interpretação das leis, 195-6; nas teorias internalistas da democracia, 332; responsabilidade na lei civil, 28; responsabilidade na lei criminal, 28; argumentos pós-estruturalistas contra a autoridade da, 230; na teoria da autoridade prática, 83; prescrições da, 246-7; razões protegidas para a ação, 100; punição dos transgressores justificados sob a, 24-30; razões para deferência diante da, 261-3; como guia moral confiável, 232-4; esfera da autoridade prática da, 122-6; desempenhando funções, 232; como fonte de coordenação (Alexander), 238-40; autoridade teórica da, 191, 218, 227, 232, 241; na autoridade teórica dos textos legais, 211-53; teoria da autoridade consultiva

478   *O COMBATE MORAL*

aplicada a, 182-92; na teoria
da autoridade influente, 129;
exceções não estabelecidas à
autoridade prática da, 119-22
Lewis, David, 234n32
liberdade: agentes em estado de
(Hohfeld), 40; do indivíduo
como valor do estado de
direito, 283-7
linguagem moral, 74
Lippman, Matthew, 24n20
Llewellyn, Karl, 445n7
Locke, John, 157-9
Loesch, Martin, 24n20
Lyons, David, 76

Mackie, John, 156n19
*MacPherson contra Buick Motor
Co.* (1916), 293-4
Marmor, Andrei, 201, 204n39
mérito legal, 16n13
mérito moral, 16-7
Mill, James, 324-6
Mill, John Stuart, 261, 288n10,
333, 335n23
modelo do interesse público,
183-6
Moore, G. E., 227, 364n9,
365n10
Moore, Michael, 222, 265n6,
448-9
moralidade: agentes não
constrangidos e não
protegidos pela, 41;
condições para avanço na
democracia da, 334-5;
condições para o acesso da
lei, 275-7; no conteúdo das
leis, 22-30; cooperação
ligada a máxima da, 247; da

tese dos deontologistas, 10-2;
moralidade interna da lei de
Fuller, 242; interpretada nas
leis e nos textos legais, 216-
23; tornando moral o mal,
50-5; do relativismo moral,
53-77; exigências para a
ação, 263-4; autoridade
teórica a respeito de
assuntos da, 211-2; através
do engano, 272-5
moralidade, relativa a funções:
aceitando ou rejeitando, 262-3;
argumento em defesa da,
267-71; baseada na tese do
erro, 278; circunstâncias para
o êxito da, 285; afirmação em
nome da, 277-9; valores do
estado de direito como fonte
da, 257-9; com confiança
injustificada, 297;
retributivismo frágil sob a,
18-9
motivações, lingüísticas, 194,
197, 208

Nagel, Thomas, 145n12, 389
normas, deontológicas, 393
Nova Crítica (Posner), 231n26
Nozick, Robert, 142n8

obediência. *Ver também*
desobediência: teorias
baseadas em ato da, 140-64;
razões para a, 332; relação
com as sanções, 271
obrigação: baseada em ato
(Hart), 164-5; de atribuir
autoridade influente a
funções do governo

ÍNDICE REMISSIVO

democrático, 154-5; baseada em dever (Rawls), 164-5; dinâmica da, 88; da gratidão, 151-4; política (Green), 159n27; da reciprocidade (Rawls), 140; especial, xi-xii; teoria da obrigação legal (Soper), 153n16; quando os atos são sinais de consentimento, 158; quando os atos são signos de consentimento, 157-8

obrigação, relativa a funções: valores sistêmicos como absolutos, 430-2; valores sistêmicos como relativos, 434-7

observador moral: características e recursos do, 180-2; ideal, 189; legisladores na teoria da autoridadade consultiva como, 174, 189-92

padrões: no significado dos juízos morais, 48; regra de reconhecimento para identificar (Hart), 79

paradoxo: gerado pela teoria da autoridade consultiva, 175-7; da autoridade prática, 91-2, 93-4, 122, 127, 204

Parfit, Derek, 420n1

participação, política, 333-6

Pateman, Carole, 333-6

pedido: diferença efetiva do conselho, 87-8; pela autoridade influente, 91; razões em apoio da autoridade do, 134-5

permissões: competindo, 390-1; tese da correspondência como tese em torno de, 390-7; de não fazer erro algum, 394-7; como privilégios *hohfeldianos*, 392-4; como um direito, 390-1

Perry, Stephen, 126

perspectivismo, 20. *Ver também* dilema do perspectivismo jurídico; judicial e constitucional, 315-6

Platão, 147, 309n22

pluralismo, estrutural: para contra-ameaça da tirania (Hamilton), 329-31; valores institucionais do, 418-9

pós-estruturalismo, 231

Posner, Richard, 222n11, 229

Postema, Gerald, 16n13, 237n37

princípio de bivalência, definido, 55; estratégia do relativismo moral para escapar da contradição, 56-77; violação do, 79

princípio de reflexão, 18n14

princípio do estado de direito, 1

princípio do retributivismo frágil: argumento para colocar de lado, 439; condições para rejeição, 16-8, 257-8, 279; incompatibilidade com os princípios do estado de direito, da democracia e da separação dos poderes, 1, 3-30; concepção de Postema, 16n13

privilégios *hohfeldianos*, 392-4

problemas de coordenação: condições para, 234-6;

480

comportamento moral não definido para (Raz), 236-7; dilemas dos prisioneiros como (Raz), 244-6; requisitos de equilíbrio nos, 236-8; soluções empregando a lei, 240-2

procedimentos de justificação: distintos de procedimentos de descoberta, 213

produção de decisões: autônoma e não autônoma, 339-41; legal dos legisladores, 327; decisões morais de juízes e tribunais, 326-8; resultados e leis de p... ditatoriais, 149-54; decisões morais pessoais e legais, 189

produção de decisões, democráticas: para atingir resultados corretos, 317; da teoria internalista, 332; excelência intrínseca da, 318; superioridade moral dos procedimentos para (Waldron), 226-7; resultados e leis, 148-54

produtores de leis. *Ver também* legisladores

promessas: como intenções de agir, 162; como previsões de comportamento, 162; razões protegidas para a ação, 101-2; exceções não declaradas nas (Rawls), 119-21

proporcionalidade, comparativa, 309-10

proposições morais: relativizando pressuposições das, 60-4; com valor de verdade, 60-2

punição: aplicação da tese da correspondência a atos de, 12-4; violação da lei para proteger interesses de confiança, 299; proporcionalidade comparativa em casos semelhantes, 309-10; tese da correspondência aplicada a, 353-5; hiato entre a desobediência justificada e (Alexander) a, 261; dos justificados, 285-6, 295; para a desobediência civil justificada, 383-5; dos transgressores justificados, 290-3; transgressores escapando, 286; para reduzir o erro moral, 271

racionalidade: de uma ação, 106-7; ditados da racionalidade prática, 268n8, 270

Rawls (John), 120, 140-1, 165-7, 262n2, 274-5

Raz, Joseph, 201, 205, 222, 270n12, 446-7; argumentos contra a autoridade prática, 100-28; argumentos contra a teoria da autoridade teórica, 240-9; sobre a autonomia, 341-2; sobre o conceito da autoridade prática, 95; sobre o consentimento, 387-8; razões dependentes de conteúdo de, 87-8, 104-28; razões excludentes de, 103-7; sobre a incomensurabilidade, 38; razões protegidas, 90, 100-6; questiona a lei nas

ÍNDICE REMISSIVO

481

soluções para problemas de coordenação, 234-5; sobre razões para a ação, 4n2
razões para a ação: no conselho da autoridade consultiva, 174-209; argumento sofisticado da tese do erro, 263-7; baseadas na autoridade teórica, 211-53; condições para a motivação de julgar, 180-2; dependentes de conteúdo, 86, 96, 100-1, 109-10, 133-5; independentes de conteúdo, 87-93, 97, 101, 129-35; na tese da correspondência, 4-5; na autoridade epistêmica, 84-7; excludentes, 52-3, 97, 101-28; de primeira e segunda ordem, 96-128; na autoridade influente, 87-8; nos valores institucionais do pluralismo estrutural, 417-9; legisladores como observadores morais, 174, 182-92; sob as leis da legislatura democrática, 332; nas regras promulgadas pela maioria, 140-64; modificação do conceito de razões excludentes (Perry), 126; como obrigação (Raz), 247-9; na autoridade prática, 89-93; valores do estado de direito como, 281-3, 418
razões, protegidas, 97; para a ação (Raz), 103-4; incoerência conceitual das, 98, 128
realismo, não natural, 228
reciprocidade: princípio da (Hart e Rawls), 140-1; como

teoria da autoridade influente, 140-7
Regan, Donald, 172, 175-8
regra de reconhecimento (Hart), 79
regras: comparação de regras jurídicas e morais, 28-30; regra de reconhecimento (Hart), 79
regras indicadoras: proporcionadas pelo conselho (Regan), 172, 176-7
regras, promulgadas pela maioria: comportamento coerente com, 137-9; dever natural da teoria da justiça, 164-70; como razões para a ação, 139-64; teoria do consentimento, 154-64; teoria da gratidão, 147-54; teoria da reciprocidade, 139-47
Reiman, Jeffrey, 136n3
relacionamentos, baseado em posição: argumento das obrigações e permissões preferenciais relativas ao agente, 399-403; argumento da negação de obrigações e permissões preferenciais relativas ao agente, 403-5; argumento das liberdades preferenciais *hohfeldianas*, 405-6; argumento da intenção relacionada ao tratamento preferencial, 408-11; argumento dos assassinatos preferenciais v. omissões preferenciais de salvar, 406-8
relativismo: avaliação (Williams), 64-71; pragmático, 64-77;

482

pressuposicional, 60-4;
semântico, 56-60, 78-82
relativismo, metaético: teorias
instrumentalistas da
democracia argumentadas a
partir do, 320-3
relativismo moral: argumento
contra, 50-5; argumento a
favor, 34-8; contradições no,
56; defesa do, 47-50;
abandono implícito do, 53;
interpretação pragmática
(Williams), 64-71; como
pressuposição do dilema do
perspectivismo jurídico, 33;
princípio de tolerância
surgindo do, 46-8
relativismo moral, metaético:
tese da correspondência no,
45; teorias subjetivistas e
convencionalistas do, 43
relativistas: crítica externa pelos,
51-5; crítica interna pelos,
50-4; lances para escapar da
contradição, 56-77; como
observadores externos dos
sistemas morais, 47-8
relativistas semânticos. *Ver*
relativismo.
responsabilidade, causal (Hart e
Honore), 360-3
Rousseau, Jean-Jacques, 324n10
Russell, Bertrand, 62

Sacks, Albert, 204n39
sanções: para induzir a
conformação, 300; influências
nas razões para a ação, 246-
53; poder dos juízes para
embargar, 271; nos sistemas
legais reais (Green), 233-4,

249; autoridade teórica da lei
para impor, 247
Sartorius, Rolf E., 15n12, 18n14,
282n3
Sayward, Charles, 53n27,
57n31, 78n60
Schauer, Frederick, 257-8,
269n11, 309n21, 315, 345-6
Schauer, Frederick F., 29-30
separação dos poderes:
argumentos a favor da
democracia e, 316-45;
solução de Hamilton para a
tirania potencial, 329-31; no
princípio da democracia, 1,
3-30
significado relativizado, 56-60
Simmons, John, 138n4, 151
Singer, Peter, 140n6, 168n34
Smith, Holly, 269n10, 273, 275-6
Smith, Steven, 55n29, 160n28
Soper, Philip, 92n10, 153n16,
283n6
Strawson, Peter, 62
Sturgeon, Nicholas, 48n18
subjetivismo: condições para
que o relativismo descambe
em, 55; dos relativistas
morais, 77-82; do pós-
estruturalismo, 229
surpresa não eqüitativa, 289

*Tennessee Valley Authority contra
Hill* (1978), 296
teorema de Condorcet, 226
teoria da autoridade consultiva:
conselho avaliado por
autoridade não consultiva,
173, 181-2; diferença da
teoria da autoridade teórica,
215-6; legisladores como

ÍNDICE REMISSIVO

observadores morais, 181, 182-92; modificada, 177-8; potencial para o paradoxo, 174-80; exige compromisso com a teoria intencionalista da interpretação, 174-5, 192-201

teoria da autoridade teórica: capacidade da lei de coordenar a ação, 240; autoridade da lei na própria lei, 171; viabilidade conceitual e normativa da, 216-7; natureza da, 212-6; tese da não diferença relacionada (Raz) a, 232-4; objeções baseadas em teorias metaéticas, 226-30; objeções a, 219-26

teoria do caso de paradigma, 219

teoria do claro significado, 219

teoria do consentimento: argumento para, 154-6; razões para rejeitar, 156-64

teoria do direito natural, 219-20

teoria metaética: doutrina do relativismo moral como, 48

tese conseqüencialista: definida, 357-8; *reductio* da, 361-4; da ação correta, 8-9

tese da correspondência: aplicada na ausência do erro, 278; como aplicada à punição, 353-5; casos que limitam a verdade da, 421-9; desafios do relativismo moral a, 35-8; circunstâncias para a aplicação da, 14-5; contestada usando o conceito de incomensurabilidade moral,

39-40; argumento deontológico para a, 379-411; no combate ameaçador da vida, 388-90; na teoria metaética do relativismo moral, 45; objeções a, 5; plausibilidade da, 3-5, 8-9; suspensão plausível da, 382-5; da ação correta, 5-8, 33; nas competições esportivas, 382-8; como tese a respeito das permissões, 390-7; verdade da, 373

tese da não diferença (Raz), 232-4

tese da justificação normal (Raz), 113, 126-8, 201

tese do erro: argumento do exemplo, 263-7; argumento da oportunidade, 267-72; argumento do erro pessoal, 261-3; como base para a moralidade relativa a funções, 272-9; fundamentos (Alexander), 263-4

tese dos deontologistas: da moralidade, 9-12; atos corretos e incorretos, 379

textos legais: interpretando para produção de conclusões morais, 230-1; posição pós-estruturalista sobre o significado dos, 229-31

Thoreau, Henry David, XXI, 144n10

tirania: teorias instrumentalistas da democracia argumentadas a partir da, 329-32

tolerância: defesa da, 47; da verdade do relativismo moral, 46-9 transgressores: átos adversos pelos, 291-2; crença justificada na punição dos justificados, 290-3; justificados no direitô civil e criminal, 23-30; justificação moral para transgressões dos, 287; impunes, 290-1

Ullman-Margalit, Edna, 244n45
utilitarismo: teorias instrumentais da democracia argumentadas a partir do, 323-6; utilitarismo das regras, 325

valor: de autonomia, 336; eficiência como, 346; incomensurável, 40; do estado de direito, 281-97, 307-13, 344-5
valores sistêmicos: como obrigações relativas ao agente absolutas, 432-4; como valores epistêmicos, 439-42; como obrigações e exceções relativas relacionadas ao agente, 434-7; como máximas auto-referenciais, 430-2; como disparadores do limiar, 438-9
verdade: princípio de bivalência relacionada a, 55-77
Vincent contra Lake Erie Transportation Co. (1910), 26

Waldron, Jeremy, 226-9
Warnock, G. J., 97n16, 112n31
Westen, Peter, 308n21
Williams, Bernard, 47, 64-71, 274
Wolff, Robert Paul, 94n11, 136n3, 168
Wollheim, Richard, 226

Zedalis, Rex, 20n17

Impressão e acabamento.
Rua Uhland, 307 - Vila Ema
03283-000 - São Paulo - SP
Tel./Fax: (011) 6104-1176
Email: cromosete@uol.com.br